活出生命的丰盛

原生家庭、亲子教育与财富密码

上册

吕炯纬 著

知识产权出版社
全国百佳图书出版单位
—北京—

图书在版编目（CIP）数据

活出生命的丰盛：原生家庭、亲子教育与财富密码．上册 / 吕炯纬著．北京：知识产权出版社，2024. 5.—ISBN 978-7-5130-9188-6

Ⅰ. G78

中国国家版本馆 CIP 数据核字第 20249PC073 号

内容提要

本书分为原生家庭、亲子教育、财富丰盛和深度财富功课四篇内容，环环紧扣，一脉相承。立足中国传统文化，以孔孟、老庄等国学智慧为依托，结合现代心理学及真实案例，从家庭和社会两方面，揭示了生命中存在的问题，以及如何通过实践达到自我和谐、家庭和谐、社会和谐。第一篇探讨了如何重新看待原生家庭，突破原生家庭的禁锢；第二篇阐述了教育的真相，主张身教胜于言教；第三篇揭示了财富的规律和运转法则，以及如何寻找自己的财富之路；第四篇强调了如何实现财富运转的正向循环，内在精神与外在物质的双赢。

本书理论与实践相结合，案例与方法相呼应，具有较强的实操性。其中的案例都是作者实际教育过程中的真实故事。

责任编辑：张水华　　**责任校对：**潘凤越

封面设计：臧　磊　　**责任印制：**孙婷婷

活出生命的丰盛（上册）

原生家庭、亲子教育与财富密码

吕炯纬　著

出版发行：知识产权出版社有限责任公司		网　　址：http：//www.ipph.cn	
社　　址：北京市海淀区气象路 50 号院		邮　　编：100081	
责编电话：010-82000860 转 8389		责编邮箱：46816202@qq.com	
发行电话：010-82000860 转 8101/8102		发行传真：010-82000893/82005070/82000270	
印　　刷：北京中献拓方科技发展有限公司		经　　销：新华书店、各大网上书店及相关专业书店	
开　　本：880mm×1230mm　1/32		印　　张：10.625	
版　　次：2024 年 5 月第 1 版		印　　次：2024 年 5 月第 1 次印刷	
字　　数：230 千字		总 定 价：79.00 元（上、下册）	

ISBN 978-7-5130-9188-6

作者序

我从小就对《论语》《孟子》等经典爱不释手，经常自发性地背诵“四书”和其他古文。但在青少年阶段，传统文化对我似乎没有太多帮助，因为圣贤的智慧是人生的哲学，求学阶段的我还看不出效果，也不知道怎么运用。直到28岁那一年，我开始学习家道五伦之后才恍然大悟，28岁以前真是白活了，因为从没有依照圣贤经典的教育来实践，人生越活越痛苦。

身为人，所要尽的本分是伦常道（五伦：夫妇、父子、兄弟、君臣、朋友），所要行的道是十义（父慈、子孝、兄友、弟恭、夫义、妇听、长惠、幼顺、君仁、臣忠）。虽自小学习传统文化，但却不懂得在伦常道上做好，当然再好的方法都无法解决人生的问题。对父母不懂得尽孝，对兄弟姊妹不懂得尽悌，在工作职场上不懂得尽忠职守，不懂得人生的五伦之道，当然活得一团混乱。当我明白自己的所作所为在哪儿出现偏差之后，便从头要求自己，效法古人的精神，学一个圣贤道理，就照着圣贤的话去做，我才开始出现了变化。

这些转变的过程，让我明白圣贤经典的记载无非就是要告诉后人，懂得在生命当中转换禀性，并通过正确的方法，让自己的生命逐渐通达。我重新看待圣贤的智慧，体会古人的用心良苦，通过自身的改变，验证经典的内容都是千真万确的实学，并非空谈理论。只有当我们愿意依照圣贤的话去行，才能真正得到宝藏，并使命运得到转变，如果只是一味地背诵，或是作为知识上的研究、沽名钓誉，这对于生命没有任何帮助。

就在我不断地成长与改变之后，内心生起了想要兴善举与弘扬孝道五伦的念头，于是我走上了推广传统文化之路。这一过程历经相当多的考验与挫折，然而我并没有因为这些困难而放弃，因为我知道，这些挑战跟前辈们所遇到的挑战比起来不算什么。道是行的，德是做的，只有当自己走上这条路之后，才明白国学不是让我们用来夸耀自己的。

现在我仍在不断地学习与阐释圣贤思想，为弘扬传统文化尽上绵薄之力，尽可能地帮助他人从国学的智慧中找到自己安身立命的方法，并走出人生的困惑与瓶颈，得以实践自我的生命价值。每当看见他人因国学的启发而改变生命，我就非常欢喜，更相信每一个人的内在本自具足、祥和、喜悦、智慧与清静，我们本来可以过上幸福圆满的人生，只因迷惑又缺乏引导，才误入歧途，造成自己生命上的困窘。

我是一个幸运的人。我认为能够学习圣贤经典，让内心喜悦祥和、清静自在是世上最快乐的事情；圆满五伦生命关系，让人生过得幸福，是这一生最有价值的事情。也许我们在现实生活中碰壁已久，尝尽了各种方法，仍是不得其门而入；或是我们渴望得到智慧，想知道到底该怎么做，才能活出自己想要的人生，家庭和谐、生命丰盛。那么，就请给自己片刻的安静，一同翻开下一页吧。

前言

家是我们小时候生活、玩耍的地方，但随着年龄的增长，我们对家积累了许多情绪。我们曾经离家几千里，只为了逃避双亲的约束、家庭的纷争和吵闹的气氛。人在外漂泊，心里虽然惦记着家，却不想面对这个家。逢年过节，匆匆回家又急急忙忙离开，总倚着有工作要忙、单位有事的种种借口应付了事，草草结束，好似心里松了一口气，终于可以卸下一个负担。

谁知，不论你走到哪里，这个负担永远都在你的心里，放不下也解不开，说不清也改变不了。看似长大了、成家了、立业了，生活还是一团混乱，为家庭，为孩子，总有说不出的心事，总有未完结的情绪。忙里忙外，好不容易清静一会儿，头脑中浮现的是父母的身影，不知二老过得如何？想要关心，又不知从何说起，一说又总是一堆意见不合，关心变成了唠叨，每想到这里，又不想联系了。明明是最亲近的人，却没有可以说的话，一切看似平静，彼此在意着对方，却感应不到内心的连接。

生命中错综复杂的因缘不断交杂着，然而内在的心结需要我们用智慧一步一步来解开。真诚地面对自己的内心，重新看待生命的种种过往，也许我们彼此都误解了对方，都等待着彼此的释然。原来爱一直都在，家的大门总是敞开并欢迎我们回首，只是我们内在的怨恨恼怒烦障碍了自己的步伐，锁住了自己的内心，我们看不见对方，也感受不到对方。曾几何时，我们是腻在父母身边的小孩，寸步不离，撒娇淘气，是父母怀中的可爱宝贝。再忆过往，父母又何尝不是呵护陪伴我们，与我们逗闹玩乐，开心的场景盈满心田，一日不见，思念便油然而生，顿然一见，疲劳消除，欢喜涌现。那时的我们，没有那么多复杂的心情，只有孺慕之情、赤子之心，享受着天伦之乐，沉浸在和乐融融的气氛里。

今天，我们都需要回归赤诚之心，与自己和解，与父母和解，与孩子和解，让过往的种种犹如日光照雪，冰消瓦解。除了天性与爱，没有什么可以阻挡我们之间的感情，愿我们都可以找回自己的初心，都可以回归最自在本真的天性，圆满一体，幸福如初。

目录

第一篇　原生家庭 / 001

第一讲　原生家庭的作用力 / 003

第二讲　原生家庭对生命的意义 / 020

第三讲　重新看待原生家庭中发生的一切 / 038

第四讲　原生家庭如何形塑人格命运走向 / 055

第五讲　探索原生家庭背后的力量与价值 / 071

第六讲　突破原生家庭的禁锢 / 089

第二篇　亲子教育 / 109

第一讲　管与教 / 111

第二讲　爱与教 / 126

第三讲　教育中的怕 / 140

第四讲　原生家庭对教育的影响 / 153

第五讲　孝之道 / 167

第六讲　悌道的奥秘 / 182

第七讲　看清自己的教育模式 / 196

第八讲　教育的真相 / 211

第九讲　学会反省与觉察 / 227

第十讲　认清教育目标 / 242

第十一讲　夫妻关系对教育的影响 / 257

第十二讲　用正念引领教育 / 270

第十三讲　回归自己的本位 / 286

第十四讲　培补自己的能量 / 301

第十五讲　成为孩子的榜样 / 318

第一篇

原生家庭

第一讲

原生家庭的作用力

原生家庭作用力的展现不外乎外显性与内显性两种。外显性是什么意思呢？比如我牙痛，那我就去看牙医；我皮肤哪里不好，我就去看皮肤科，病症一目了然，这是外显性。但如果我们想要了解整个系统的问题，开始探究发病的内在原因，这内在原因便是内显性。我们的生命也是一样，会有很多内显性的问题，但是我们看不见，我们无形当中好像被一种思想或是被一种惯性不断牵引着。我们没有觉察，只是不断走下去而已。当然，出现问题或困难的时候，我们想去找答案，但是找到的答案通常只能处理到某一种程度，而我们内在真正的问题还是没有办法解决，因为有很大一部分来自内显性，通常是隐而不见的，所以我们说原生家庭的作用力第一个特点就是它运作于无形。它不断地运作，但我们没有察觉，也不容易明白，所以我分享实际案例，让大家了解作用力的真相。

接下来，我会谈到很多真实的案例。有些案例是我自己的成长过程，有些是我的学生和我处理过的个案等。我讲述真实案例，是为了让大家更加了解问题所在，也唯有通过案例，一一对照自己，才能更进一步地想办法处理自身问题。有一天，一对夫妻来找我，因为一些事情，他们闹得非常不愉快。这个问题很简单，但是却值得我们思考探究。问题是这样的，他们蒸馒头的习惯不一样，怎么不一样呢？先生呢，因为他从小看他妈妈蒸馒头，就是下面煮一锅粥，粥煮熟了之后呢，上面放个铁箅子再把馒头放在上面。从小到大，他妈妈都是这样蒸馒头，他觉得就应该这样蒸。但他的太太却不这样认为，太太认为这个粥是湿的，而馒头是干的，馒头放在上面会变得湿哒哒、黏糊糊的，一点儿都不好吃，所以太太只要看到先生在蒸馒头，她就把馒头拿下来。先生呢，看到太太把馒头拿下来就不高兴，他就再把它放回去。这么简单的事情，成为他们心中的一个不愉快，先生不明白太太为什么总要来找麻烦，心想厨房的事是他在做啊，为什么太太一定要来干扰。但是太太觉得：为什么你从来不会考虑我呢，这黏糊糊的一点儿都不好吃。

其实两个人都没错，然而当这两个人把这段话说出来的时候，两个人都同样讲到一句话：我从小就是看着我妈妈这样蒸馒头的，所以，我只是照着这样做，我没有觉得有什么奇怪的。

运作于无形

当然，我不是要讲夫妻沟通的问题，我要讲的重点是原生家庭的作用力运作于无形，具有内显性。你不易察觉，但是你无意当中产生了冲突，你无意当中产生了不愉快，你无意当中形成了你的价值观，你无意当中形成了你的思维模式。问题的重点在哪里？重点在于你不觉得自己有错，但两个人的相处却非常不愉快；虽然只是一件小事，但总想要对方改变。

也许你觉得我讲的这个案例，实在太小题大做，是鸡毛蒜皮的事情，这夫妻实在太没意思了。那我再换个例子说明，这也是真实案例，是我处理过的，也是让我觉得非常有意思的。同样是一对夫妻，先生从小生长在大家庭，不论是买菜、逛街还是出去玩，他的兄弟姐妹都是一起走，他觉得走在一起就是有伴，走在一起就有力量，走在一起心就聚在一起。但是太太不是，太太从小就非常独立，做任何事情都是一个人去做，再加上她排行老大，所以她时常要带弟弟妹妹。带弟弟妹妹的过程当中，有时候她会走得比较快，因为只有带领着弟弟妹妹往前走，他们才不会拖拖拉拉，不会懒散。在带领的过程当中，她永远都是走在前面，她的弟弟妹妹永远都是跟在后面，就像母鸡带着小鸡。结婚之后这位先生就发现了问题，他觉得太太永远走在前面把他丢在后面，好像他不重要，好像很不在意他，不关心他。太太觉得他走路很慢，永远都跟不上，怎么不想办法赶紧跟上来。先生很难过，觉得太太不够爱他，太太觉得先生很拖拉，不知道在干什么，就连走路散步他们两个都可以闹矛盾。这也是一件小事，但是双方都不觉得自己有问题。问题在哪里？这就是原生家庭的作用力，两个案例都非常简单，但双方却充满矛盾，而且互不理解。

我们思考问题永远都是从自己的立场出发，所以我们被称为凡夫。我们的生命为什么会有这么多问题，原因都在这里。其实我们很少跳开自己的原生家庭去看待一切，因为我们没有时间去想对方，我们每个人所想的都是自己，因此我们很容易忽略彼此之间的感受，我们永远都要求别人来配合我们，要别人来遵从我们的意思，所以产生了对立，产生了冲突，这就是原生家庭最基本的作用力，它运作于无形。

家庭文化

这个无形来自什么？来自我们每个人的家庭都有各自不同的家庭文化。我刚才讲的那个叫基本式，什么是基本式？即它很单纯，还没有发生变化。当我们探讨越多的时候，就越发现原生家庭的复杂性，还有我们人是如何错乱一切的，这运作于无形的作用力来自双方各自的家庭文化。从这个地方我开始延伸，希望各位慢慢理解。通过实际案例我们讨论原生家庭的作用力是怎么造成的，你会更有感受，你才能够思考你自己的问题。

我相信各位生活上都有类似的情况。有一对夫妻，他们的家庭环境不一样，太太呢，她小时候她的父母亲没有时间管她。那个时代大家的生活条件都不是很好，父母亲自己也忙，甚至早中晚饭都没时间做，都是她自己做，所以她从小就学会了做饭。她的家庭就是爸妈各自忙自己的，所以家庭文化就是大原则要遵循，小细节不用太在乎。父母亲也不太在乎孩子的功课，想念书你就念，不想念书，你就自己想办法谋生，你不想考试、你想休学父母亲也不管，反正从头到尾你要自己管理自己，你要为你自己的人生负责。当然这位太太，年轻时候是蛮乐观和比较上进、开朗的人，所以她不觉得父母亲不爱她，但是有的人可能不会这样解读。通过这个案例我们看到，因为从小养成了这种自由自主性，她觉得人生很多事情只要自己愿意处理就好了，没有什么严重的，也没多么麻烦，都是小事，父母亲不回来做饭也不代表不爱她。她的生活就是这个样子，这是她的家庭文化。我现在强调，原生家庭的作用力中隐藏的规则，其中一个就是家庭文化。

这位先生的家庭环境就完全不一样了，他的父母亲做事有条理，家教严格，从小就给他立了很多规矩。所以在他成长的过程中，通常是父母亲让他做什么，他就做什么，他很少有自己的想法，大部分事情父母亲都规划好了。庆幸的是，先生的内心非常单纯，也非常正向，他不会误解为父母亲是在管他，也不觉得父母亲很唠叨，他觉得父母亲很爱他，非常疼他，生活在这样的家庭里，他觉得很快乐。大家可以想象一下，这样成长背景的先生，跟那样成长背景的太太相处，夫妻关系会是怎样的？

也就是说这个先生比较有条理、有规矩，做事严谨，自然做很多事情也比较容易紧张。但对于太太呢，她觉得这都是小事，没什么好在意的，在生活上也比较随意，比较随心，比较自在洒脱。各位可以想象这对夫妻结婚之后，相处模式会变成什么样。这就是原生家庭中，双方各自的家庭文化无形中干扰着婚姻关系。什么意思呢？先生会觉得太太对家庭没有责任心，太太会觉得这个先生很难相处、很拘谨、很不自在。各位，我们现在讲的案例都还不是很复杂。因为这两个原生家庭的父母亲都是好的，亲子关系中没有什么对立，都还能进行良好沟通。所以当他们出现冲突时，只要愿意了解彼此想法，再想办法跨过障碍，渐渐地就会找到适应彼此的方法。但就这样简单的问题，双方要调整都非常不容易了。

因为太太不喜欢先生唠叨，先生常常告诉她什么时间要做什么，什么事情不能忘记，衣服要怎么洗……她觉得很烦。但是，对先生而言，他觉得太太什么事情都不管，很不在意这个家庭，这个菜到底是多少钱，她也不在乎，公婆是什么个性、喜欢穿什么衣服，她也不愿意多关心一下。先生觉得太太做人的基本道理都不懂，人情世故都不会，与人之间的来往也不重视，他觉得非常头痛，相处很痛苦，这让他们的生活冲突越来越多，问题越来越多。

这就是原生家庭带给我们的影响，看不见，但是却不断运作。就像蒸馒头那个案例一样，先生从小看母亲那样做，所以他不觉得有问题。每个人往往看不见自己的盲点，也看不见自己的问题，我们很自然地会把与我们不一样的想法（做法）划入错误。我们学习原生家庭很重要的一个观念就是，不要轻易把与我们不一样的想法（做法）称为错误，否则非常容易陷入对立，无意当中就会开始批评对方：你爸妈是怎么教你的？难道你不懂得做人吗？你对这个家庭没责任吗？你怎么这么自私？我们很容易陷入对立，这一对立继续下去，接下来的事情会非常复杂，很难处理，也不容易看清问题。人与人之间会越来越多怨怼，这时候原生家庭的作用力就开始变化了，这个变化就是移情作用，这是心理学中的一个专有名词，我们刚才讲的那个是运作于无形的一个规则，我们看不见，但慢慢地就会开始移情作用。当我们投入过多的个人情绪及主观判断的时候，后面的路就会非常复杂。

移情作用

以上举例都很简单，叫作原生家庭的原形，原形的意思就是当事人没有投入过多判断，没有投入个人的情感解读。但是经过移情作用的影响，事情就开始复杂了。我们中国人常讲清官难断家务事，因为“公说公有理，婆说婆有理”，而我们生命中大部分的问题，就来自移情作用的影响。

我们学习原生家庭时要有一个清楚的认知：要尽可

能地将问题恢复到最简单的状态，就是原形——基本式，这样才能把问题看清楚。下面的案例会复杂些，是我自己的经历，其中有我自己的体悟与反省。这是我与太太相处过程中所发生的一些变化，这事情牵涉我刚才讲的家庭文化，如果我没有学习，没有学会转换自己的内在问题，我同样会被这些问题障碍，也就是说我会被外显性的问题障碍。当我处理内在问题的时候，我越来越看清楚自己的模式，最后能够走出这个模式。我的家庭文化是非常随意的，比如过年过节也跟平常一样，吃完饭各自行动，要么看电视，要么看书，各忙各的，家人之间不会因为某些节日而刻意有很多交流。但如果想交流的时候，我们会有很多讨论，比如看了哪些非常好的书，或是体悟了哪些人生道理，或是一些经验的分享。但就一个外人来讲，他会觉得我家过节日怎么过得不像节日，事实上我们是很自由自在的。

我与太太结婚后的前几年，她没有办法理解这样的家庭文化，为什么？因为她的家庭背景是逢年过节，甚至平常日，大家吃完饭就聚在一起，在餐桌旁或在家里客厅沙发上坐着，大家聚在一起聊天。什么都可以讲，从左邻右舍讲到亲戚朋友，从吃饭讲到睡觉，可以讲两三个小时。这是两个截然不同的家庭文化。因此，前几年当她到我家过年的时候，问题就产生了，她觉得我的家庭气氛非常诡异，大家非常冷漠，彼此之间没有过多的关心。这是因为她不了解我的家庭文化，所以她产生了一个评判，她带着自己原生家庭的影响，她没有觉察。那时候，她负责洗碗、打扫卫生，她觉得她在这个家庭很受冷漠。她内心开始移情，她觉得是不是大家不喜欢她，是不是她没有做好什么事情……种种胡思乱想就开始了。在移情作用下，问题开始变复杂了，她开始判断这个家庭，开始错误地解读，并用异样的眼光看待我们。她解读这个家庭是冷漠的，她解读这个家庭节日不温暖，她甚至觉得我连陪爸妈讲话都不愿意，怎么宁可自己看电视也不跟家人多聊聊，难得回家也不陪伴家人？她开始产生种种误解。那我呢？头几年，我到岳父岳母家的时候也很不习惯，怎么有一个家庭从早上吃饭到睡觉前，可以一直讲一直讲，讲两三个小时，四五个小时，甚至讲一整天，都没有休息呢？我听得都有些烦躁了，心情都不高兴了，内心都有火气了。要和这么多人打招呼，要去交谈，就这样一整天，接着第二天又开始，我内心开始厌倦，我想逃避，觉得这个家庭很吵，与我格格不入。此时，我也开始移情。我加入个人的主观判断，我觉得我的家庭是多么清静、悠闲，怎么你们家这么吵闹，这么混乱，叽叽呱呱讲不停，真是吵死人了，我内心很烦躁，很不喜欢。

因为内心排斥，只要他们在聊天，我就自己睡觉去，我躲在房间里不出来。一开始她的父母对我有一点误会，认为我是心情不好或是很孤僻等，我们开始有了些误解。但庆幸的是，我已经学道（学习中国优秀传统文化），很容易处理这些问题，我也知道该怎么化解内心复杂的纠结。我不断了解对方的家庭文化，还有我自身解读与内心批判的来龙去脉，我调整运作于内心的无形模式。几年过后，这些问题慢慢就理顺了，而且我们也发展出一个新的模式。

学习原生家庭，不是让大家去找原生家庭的麻烦，不是要大家去批判、批评对方原生家庭的问题，也不是让大家去否定自己的原生家庭，我们要懂得尊重以及正确地解读原生家庭，不然我们会有很多问题。如果我们是抱着仇恨，抱着怨恨父母的情绪，给自己人生失败找一个借口，找到一个可以攻击或推卸责任的理由，如果用这样的心态来探讨原生家庭，没有任何意义。我要让各位学习的重点是：看清楚原生家庭的模式，选择一条适合我们的路。我再说一次，我们的人生之所以痛苦，是因为我们看不清楚模式，看不清楚真相。今天我们学习原生家庭，就是要看清楚模式，看清楚真相，选择适合我们的路，突破枷锁，突破困难，让人生自在轻松、正向。所以我们必须搞清楚到底是什么让自己混乱，我想帮助各位看清楚，我们生活当中有多少冲突、矛盾，使自己混乱不堪，原生家庭所带给我们的是什么，哪些是我们的移情作用，如果自己都不明白要处理什么，我们又要怎么走出一条路来。如果你已经知道，自己做了移情，你就必须冷静思考，你就必须更加客观地看待这些事情，而不是一直陷入对立与批评，不然只会越来越混乱。我们每个人的内心，都想要突破生命的瓶颈，都想要让生命过得越来越自在，越来越真实。因此要先从尊重原生家庭开始，只有这样我们才能调整内心的复杂，回归平静的生命状态。

核心情结

我用一个案例来说明原生家庭的影响有多深。个案中的当事人，在他还很小的时候，父母就离婚了，因此他是由奶奶照顾长大的，虽然他跟父亲一起生活，但是父亲必须努力赚钱，所以大多时间父亲都在工作。他读高中时，想买较昂贵的东西，向奶奶要钱，奶奶当时不愿意给他。结果他与奶奶吵架，甚至还有肢体冲突。他的父亲知道这件事情后，觉得很奇怪，因为儿子平时不是这样的人，怎么会对奶奶用这种口气，还有粗暴行为呢？这样的行为，当父亲的不能理解，询问儿子后，儿子讲了一句话："我从小看爸爸对奶奶就是这样的态度，恶语相向，我当时也不知道自己为什么会对奶奶用这样子的语气和行为。"这就是原生家庭运作于无形的厉害。我们教育子女所讲的那一套，其实一点儿用都没有，生命真正运作的那一套是看不见的。我们无意中被控制，根本不知道为什么。这就是为什么要学习原生家庭、为什么要突破内在自我盲点的原因。其实一个人的家庭幸福、事业成就与否，都与内在模式有很深的关系。爸爸教儿子要懂得尊重老人家、孝顺奶奶，为人态度要好，口气要好，可是为什么儿子会这样？答案很简单，因为当下他所展现的情绪，是与原生家庭连接，是潜意识直接运作所产生的行为。

这个案例让我回想起我念大学的时候，那时候我大概十八九岁，与我太太正在谈恋爱，我平时是一个很安静的人，别人觉得我的脾气应该很好，不会发什么脾气。可是我对我太太呢，我自己都无法理解为什么会有这样的行为，就是跟她吵架的时候，我会摔东西。各位，我分享这些，是为了帮助各位理解原生家庭运作于无形的重要性。它会在关键时候产生作用力，而我们人生中出现的多数问题都是无形的作用力在运作，这就是为什么我们在紧要关头，通常不是理智在做决定，而是潜意识在做决定的原因。

这样的行为发生一次、两次，我就开始反省自己了，因为我从来不会这样。我长这么大，在我的家庭里，甚至与其他任何人相处，我从来不会如此失控，为什么我会在女朋友面前摔东西，而且脾气大到自己没法控制？我那时候非常惊讶，我自己反省，我从十几岁就开始学国学了。我先反省自己这行为到底怎么来的？谁教我的？我怎么会有这样的行为？（我向各位说明，如果你的孩子在小时候就开始学习自我觉察，那么这对他的人生会有很大的帮助。）

从小到大，我的父母亲经常吵架，我对于吵架的行为充满愤怒，但我又不能表达，只能不断压抑情绪。在这样的氛围下长大，无形当中我受了原生家庭的影响，无意中我复制了父母亲的行为模式，尤其当我没有办法控制自己的情绪时。从这例子我们就可以理解，为什么有些人会家暴，他明明知道不对，为什么还会做。那都是来自原生家庭的作用力，也就是说，真正运行于我们心中的，是那一套看不见的规则。而我们常讲的知识教育，在关键时刻常常失灵，因为孩子看到的、感受到的才是真实的教育。

就像我刚才讲的那个案例，孩子为什么会出现异常的言语和行为？因为深深烙印在他内心的是爸爸对奶奶的态度与言行，还有他内在不断受环境影响所产生的情绪。这就可以解释为什么有的人明明脑袋很清楚，可在决策的关键时候，他突然就乱了，接着就是犯错，或是他明明知道这样做是不对的，但偏偏在紧要关头，他反复犯这个错误。如果我们没有办法突破这一个关键点，那我们这一辈子都会被这个问题困住。当我了解自己的行为之后，我开始转换模式，我开始跟太太讨论，我这样的内心是怎么形成的，我应该怎么解决。当我有情绪的时候，我要先疏导，比如说出内心的感受，要懂得抒发，懂得转换，这样就不会让那个问题出现。当然，再加上我不断地在化性（转化禀性），不断突破自己固有的模式，这个问题最后就解决了。

案例中的男孩突然爆发，背后还有个更重要的原因，就是原生家庭的第三个重要特征：核心情结。什么意思？就是有那么一个点总会让你在关键时候爆发。那是你所有模式产生的固定根源。你每到一个状况的时候，那个模式就会启动，会不断地启动，只要你不刻意练习，你就没办法控制，大多数人一辈子都深陷其中。我们通过学习，可以通过觉察的智慧引导我们突破核心情结，也就是断掉让我们爆发、让我们产生问题的那个关键点。到目前为止，我们已经探讨了原生家庭作用力的三大特征：第一，运作于无形当中；第二，移情作用；第三，核心情结。这三个内容就是我们学习的重点，把问题找出来，看明白这些问题如何影响我们的生活。其影响的层面有五个：第一个是会影响我们个人的主观思想，也就是我们的个性；第二个是会影响我们的爱情观、婚姻观；第三个是会影响我们对金钱、事业、财富的观念；第四个是会影响我们的家庭观念、教育子女的观念；第五个是会成为我们内在的阴影。各位，我们今天的学习不是盲目的，我们也没有办法一次处理好这五个问题，我们不能贪心、贪快。

原生家庭的作用力会在这五个方面产生影响，你只能一个个地解决。如果你一次处理五个，你会没办法运转，负荷量太大。你可以先选一个作为你的突破点，也可以找一个你的卡点或者哪个最影响你，你就先处理哪一个。这样你就会不断进步，你也能感受到生命进步的喜悦。

五个影响

第一个，原生家庭会影响我们个人的主观思想，也就是我们的个性。我用一个简单的例子来说明，如果你从小很少得到父母亲的肯定，长大之后，你内心非常渴望得到什么？想得到别人的肯定、赞美，你内心会很渴望这个感受，你很想要这个感受，可是你得不到，这时候你产生了移情问题。由于你一直得不到，你会通过其他表现，比如做出吸引父母注意力的行为，可是你的父母偏偏没有认同你。当你一次又一次受到冷落时，你心里产生了新的认知，你开始认定你的父母亲不爱你，他们根本就不在意你。一段时间后，你内心默默地产生一个信念，这信念一产生之后就不容易消解了，有的人开始认为自己太没用，有的人产生了一种自卑感，总是否定自己，在面对人际关系时总是胆怯、怕不被喜爱。这就是原生家庭作用力之下所形成的个人主观思想。

第二个，原生家庭会影响我们的爱情观、婚姻观。怎么讲呢？父母时常吵架，我们处在非常紧张的家庭气氛下，耳濡目染，内心产生了担心、害怕的思想，担心自己的婚姻不会幸福，担心自己没有能力处理婚姻中的问题。如果是位女士，她一方面想要被呵护，想要被疼爱，想找一个可以让家庭圆满的另一半，另一方面她内心同时也害怕，于是就处在这样的自我冲突、矛盾当中。在很多案例当中，潜意识很有可能会让她选一个与她父亲或母亲很像的人。

为什么我们最后找到一个与自己爸爸或妈妈很像的伴侣，原因就在于我们的脑袋是理智的，其实想要找一个好对象，但是最后找到的却是我们最不想要的，这就是潜意识受原生家庭影响运作于无形。

第三个，原生家庭会影响我们对金钱、事业、财富的观念。什么意思？比如一个人从小家里穷，看到父母亲没有钱，他很懂事，非常听话，所以时常站在父母亲的立场想问题。这样的思想，可能造成他不太敢花钱，他花钱时有一种罪恶感，这看不见的思想会障碍他的金钱观，往后他只要有一点存款，他就开始不安，这其实是因为他内心觉得，如果他有钱了，享受了，很对不起他的父母，这无形中影响了他金钱、事业的关系。

当然，每个人都不一样，同样的家庭环境，但产生的思想却不同。比如有人会觉得，家里都快没有钱了，那现在有钱就及时行乐，难得现在有钱，一定要先满足自己，结果到处乱花，最后还是一样没有钱。我们内在的模式是隐而不见的，除非我们开始面对这些功课，不然我们的生命活不出真正的快乐。我们只有突破内心的障碍，才有办法自在幸福，才有办法实现财富自由，才有办法解脱内心的痛苦，才有能力引导孩子，让孩子生活幸福。

第四个，原生家庭会影响我们的家庭观念、教育子女的观念，这个内容在亲子课程当中，我们会有更多讨论，在这个地方，我们先提供一个方向让各位了解。如果我们自己就是一个没有信心的人，我们怎么引导一个孩子有信心？我们怎么引导一个孩子正向思考？怎么正向处理内心的种种纠结？这就是我们学习原生家庭的重点，我们不希望下一代跟我们一样辛苦，我们不希望他们跟我们一样为自身的问题所苦。我们今天能够处理自身内在种种的复杂问题，我们就有办法处理下一代面临的问题，因为人的内心是共通的，人与人之间的模式是固定的，只要经过系统的学习，最后我们会发现这些模式都是可以处理的，是有迹可循的，一点都不难。因此在处理自己原生家庭问题的时候，我们等于间接地提升了自己的教育能力，我们能够更好地看清楚孩子内心的问题，更懂得他现在处在什么样的瓶颈，因为他也在受我们这一个原生家庭的影响。夫妻就是孩子的原生家庭，我们现在所创造的一切就是孩子往后原生家庭的问题，而我们也受我们原生家庭的影响，只要我们可以处理自己的问题，我们就可以帮助我们的孩子提升。

第五个，原生家庭的影响会成为一个人内在的阴影，变成一种牢不可破的内在信念。这样的人通常是什么情况呢？原生家庭有很大的变故，或是有一些重大伤痛。这种情况因人而异，有的人身世很悲惨，但他很乐观，但有的人觉得自己很可悲，这跟自身内在的能量有关系，不能把问题全怪罪于原生家庭，其实每个人都有生命的功课要完成。

原生家庭作用力的这五个层面，会不断影响我们这一生。而我们在处理的时候，要一个一个地来。

第二讲

原生家庭对生命的意义

今天能跟大家一起讨论原生家庭，我非常高兴，因为我是一个教育工作者，我非常了解，人这一生如何受观念的影响。有人终其一生都没有办法觉察自己的问题而深受其害，因此我希望大家的学习是循序渐进的，而且按部就班、踏踏实实地自我改变。

我认为从事教育的人，要负起责任，因为我们影响的是每一个人，以及他人生的方向。只有我自己亲身经历并且已经自我突破的东西，我才敢分享。我分享的案例都是真实案例，唯有通过真实案例，我们才会知道改变的重点在哪里。我请大家把学习到的观念用在生活中，不断地落实，突破自己的内在，让我们自己，也让我们的下一代过得更好、更幸福。

上一讲提到原生家庭影响我们生命的五大层面（个性、婚姻观、金钱观、教育观、阴影）。原生家庭作用力的特征之一是运作于无形，这是一种隐藏的规则，我们每个人生命背后都有一个主要思想在运作着。这是一个很重要的观念，在现实的家庭环境里面，不论你的父母亲是好是坏，无形当中都在塑造你的思想，也就是你的个性，这是没有办法避免的，每个人都是这样。

原生家庭中，最单纯的就是家庭文化。我们今天开始拆解原生家庭带给我们生命的意义。就像我上一讲说的，一位太太，她从小就无拘无束，家里人都不怎么管她，她想怎么做就怎么做，在这样的家庭环境下长大，她形成了一个主要的个性就是比较放任自由，什么事情在她看来都不严重，也不用那么紧张地过生活。但是她的先生，从小家教比较严格，事事都要先准备、规划，父母亲的要求也比较多，所以他的个性比较拘谨，做事比较严谨，对于未来想得比较多。这是两种不同的性格，因此生活在一起就很容易有矛盾。家庭文化很重要，在我们了解原生家庭带给我们生命的意义之前，请先把对方的家庭文化当作故事来看。

就像小时候看童话故事一样，当你看《三只小猪》的时候，你会不会很讨厌大野狼？你在看《小红帽》的时候，你很讨厌大灰狼吗？你在想，有这样的大灰狼，那我要怎么改变自己，我应该怎么提升自己？这两种不同的思路会导致不同的人生观。家庭文化也像是一个故事，听完故事之后你产生什么想法就是重点。故事要怎么演，不是我们可以控制的，有的人会说这个故事很好，有的人会说这个故事烂透了。

我们每个人的家庭都像一个童话故事，当你在看另一半的故事时，他就是在演一个故事给你看，当你站在一个看故事的立场，你应该没有太多个人情绪。就像在看《小红帽》的故事时，我们不会恨大灰狼恨到晚上睡不着。但是如果这个人换成你的太太，或是你的领导、你的丈夫，你会气得睡不着，因为你对那个故事赋予了过多的情感。

我们今天看待原生家庭的一切，要把它当故事来看，不要投入太多主观意识，太投入的话，就会痛苦，就会产生很多偏见，形成内在的阴影。当深陷其中的时候，我们会看不出隐藏性的规则。而你不需要害怕大灰狼或是讨厌大灰狼，就像你在看连续剧、看电影一样，你不需要讨厌反派的角色，只不过是在呈现一个故事而已，是你内在有很多东西被勾起，你添加了过多的情感，你产生了移情作用，才开始复杂了。当你深陷复杂的情感当中，你会看不清楚事实的真相，你看不见自己到底在执着什么，你很容易陷入对立，陷入争吵，你看不明白生命的意义。

原生家庭如何影响个性

我们设身处地地想一下，假如我们从小没有得到父母亲的肯定、赞美，请问我们会形成什么样的个性？答案不是固定的，因为每个人不一样。就像每个人看童话故事产生的解读不同。我们出生在一个没有得到肯定的家庭，请问我们会产生什么内在思想？这才是我们要探讨的重点，我要帮助各位看清楚的就是这一部分。你可能会想：我没有得到肯定，所以我特别在意别人对我的评价。

请问各位，这样的想法合不合理？非常合理啊，完全自然，而且没有任何问题，但是如果我太想得到别人的肯定与赞美，那么我与人交往时，若对方内心有一点不认同我、嫌弃我，我就会把它放大。我就觉得对方不喜欢我，不爱我，他可能会抛弃我？这样的想法就是过了。可是你内在的模式运作了，你看不见，那是因为你从小渴望得到父母亲的认同，而你没有得到，所以内心产生自卑、委屈，进而想要讨好别人、得到别人的爱，但你活在纠结中，自己都不明白原因。

你长大了，但你没有觉察，你用这样的心态过一辈子，只要有人稍微批评你，工作上给你一点意见，你内心就很难过；你的男朋友或者女朋友给你一点批评，你就觉得很悲惨，为什么？因为你受了原生家庭的影响，可这不是你父母亲的问题，是你内在的问题，如果你懂得突破自己，你就懂得看见生命的意义。同样，有的家庭，父母很少表达爱的语言、表达情感，所以孩子从小不懂得表达情感，不知道怎么表达内心的真实情感。比如他明明很爱对方，但是说不出口，因此变相地表达爱。比如，给孩子或另一半买好吃的，偏偏孩子不喜欢，另一半恰巧不喜欢这个，结果他们表达不爱吃，你错误地认为他打击了你，不接受你的爱，但事实是什么？你买的东西，不是对方需要的，但是你把对方误解成不接受你的爱，不领情，不爱你，不好伺候……

对方不喜欢这个东西，你认为是对方拒绝你，这就是你无形之中受到原生家庭的影响，成为你的内显个性，而你自己不知道。过多的移情作用使你产生了情绪，你心里想：我再也不为你买东西了，我为你所做的一切，你都不懂，我做再多都没有用。但是，我们今天站在一个客观的立场看，就像看故事一样。对方会想：你买给我的东西是我不喜欢的，我就只是很单纯地不喜欢这个东西而已，这怎么是我不接受你呢？我们不知道自己不懂得表达，我们的情感表达转变成买东西，而自己又处理不好，结果把关系弄得更复杂。有的变成一种扭曲的爱，比如说，他通过捏痛对方，通过调皮闹事，来展现对她的爱。但是对方不会这样想，对方会觉得，你的表达方式为什么总让我不舒服？这都是原生家庭无形中造就了我们的思想与行为。而我们没有办法看见自己的问题，也不觉得自己的表达有问题，反而还认为是对方不懂我们，不接纳我们。

每个人的家庭背景不一样，每个人的家庭文化不一样，故事就不一样，因此我们很难了解别人背后的原因，我们希望别人用我们喜欢的方式来对待我们。原生家庭的故事非常多，它还会带给我们性格上的转变。我再举个例子，我有个学生，每天在打骂、吵架的环境中长大。他的父母亲永远都是否定与批评他，我理解他内心的痛苦，他非常没有信心。这形成了他的个性，他做任何事情，都有种自卑感，遇到困难无法突破自己，他没有办法理解这是为什么。他内心时刻在想他的家人真的爱他吗？他们为什么从来不支持他？会不会他不听他们的意见，有一天就抛弃他？他做的事情如果他们不喜欢，他们会不会不爱我？这样的思想，形成了他害怕改变的个性，因为他怕做错了又被批评。

请问一下，以后他跟另一半相处的时候，只要另外一半态度稍微不好，或有不好的语气时，他是不是就会怀疑对方是真的爱他吗？对方是不是不喜欢他？他永远不敢做自己。他只能做出要让别人喜欢的那个样子，永远不是他自己。他活得压抑，内心痛苦，原生家庭的环境造就了他的内在思想，他没有办法自拔，他只能顺着这一个隐藏性的规则走下去，他没有选择的余地。我们从小在原生家庭的环境中长大，性格的发展，其实就是一条生存之道的演变，很多情况都是被迫的。我们为了得到父母的欢心，为了得到别人的肯定，逼迫自己变成那个样子。如果我们没有觉察，不知不觉地把这些个性带入新的环境，带入新组成的家庭，就会影响我们的下一代。

这就是我说的原生家庭的议题，如果你产生了过多的移情作用，之后你就不好处理。因此我希望各位在学习原生家庭的时候，要把原生家庭的问题分成两个步骤来处理。第一，把原生家庭的事件当作看故事书一样地看过去。第二，你看完了，重新检视自己过去投入了哪些过度的情感，如果你看不见哪些是你添加进去的情感，你就无法客观地找出原生家庭所带给你的生命意义。各位，能明白我的意思吗？比如今天你考试，一道题做错了，打了个叉。你只要知道错在哪儿，修正就好了，你有必要哭吗？你有必要觉得很自卑吗？然后觉得自己是笨蛋或是自己很生气吗？没有必要，各位理解我的意思吗？请你看故事的时候，就好好看故事，请你剖析自己的时候，好好地了解自己，看清楚自己有哪些过分的移情作用。

原生家庭如何影响爱情观、婚姻观

我用处理过的案例来向大家说明原生家庭如何影响我们的爱情观、婚姻观。我们的父母大多是通过相亲结婚，大多数情况是，女人嫁给了一个自己不爱的人，男人娶了一个自己不爱的人。不爱的人还要在一起生活，其实内心是没有什么交集的。他们的生活就是各过各的，过得非常冷淡，想一下，孩子在这样的家庭当中长大，会形成什么样的思想？当然每个人的思想不一样，功课也就不同。

我这个当事人是一个很敏感的人，为什么？因为她的父母亲这一辈子都是勉强自己去接受对方，去爱这个家庭。在生活中，他们有各自的朋友圈，各自过各自的生活。爸爸喜欢打麻将，妈妈喜欢学习传统文化，两人永远都没有交集，他们根本没什么话讲。早上妈妈把饭煮好了就走，晚上回到家也是各自过各自的生活，夫妻相处只是形式。这个女孩子形成了一个想法，她想找一个真正懂她的人一起过生活，她有这样的想法是很正常的，没有错啊。但这样的个性，只要跟她在一起的对象，有一点点不想了解她，她内心就开始焦虑、反感。各位，这就是我们讨论原生家庭的重点，她产生这个思想没有错，她不想跟父母亲过一样的家庭生活，所以她想要找一个懂她、爱她的人，他们生活有交集、心灵契合，可以共同做事，这样的家庭生活才是她梦寐以求的。有没有错？没有错啊。但这个思想产生之后，她没有觉察，只要另一半没有办法配合她的时候，她内心就开始感到孤寂，觉得自己选错人。她心里会觉得，她跟她的父母亲是一样的，对方在生命当中是在勉强自己。

各位，看见原生家庭如何影响爱情观或是婚姻观了吗？原生家庭影响人的个性，现在越来越复杂了，就像滚雪球一样，越滚越大。女孩的个性是这样，接下来进入家庭之后会变成什么？只要另一半有不配合她的地方，不了解她的感受，她就开始把事情想复杂，没有安全感。我想很多夫妻之间也有这样的问题。各位，你现在从第三者的角度来观察，事情很严重吗？真的需要放大成这样吗？没有安全感是谁的问题呢？各位，如果我们没有看清楚原生家庭带给我们的影响，我们就一直深陷在痛苦之中，不仅自己痛苦，对方也很痛苦。我们要去理解生命的意义，我们应该有这样的思想：原生家庭可以带给我们的成长是什么？就像你看完童话故事之后，它带给你的成长是什么？今天我们为什么来学习原生家庭，不就是希望自己活得更好，可以创造一个更好的家庭生活、家庭文化吗？

各位，我们深入了解一下，不论是夫妻关系，还是亲子关系，对方在行为上的一种缺失，对你造成伤害是不应该，但是你已经在这样的家庭里，你有选择的权利吗？各位，人生有时候是一种无奈，我们只能被迫接受。你能选择你的父母亲是什么个性吗？能选择你兄弟姐妹是什么个性吗？你没有办法选择，你只有用智慧去改变自己，这才是我们要学习的重点。假设父母亲的确在家庭上、婚姻上出了些问题，比如忠贞问题、赌博问题，请问这些问题让你产生了什么样的观念？在我处理的案例里，大部分人出现的心态就是我以后不要像他们一样，这样的想法有没有错？没有错，这是正确的，我们本来就应该忠贞，我们本来就要负责任，这是很正常的。但是，他从小看着父母亲因为这些问题吵得永无安宁，他的内心很痛苦。于是他告诉自己，他不应该这样，他要做一个有责任的人，要忠贞、不可以赌博，他总是提醒着自己。

他处处提醒自己要忠贞、不可以沾染恶习，他背负着强大的压力，用强大的责任感与对方相处，结果适得其反。因为这无形中养成了一种苛责的个性，过分地严肃，只要有一点点的起心动念不正确，他就很紧张、想控制，自身出现了很严重的问题，这样的性格不仅影响了婚姻，也影响自己的职场，因为没有办法与人共事，这都是原生家庭无形中的影响。结果他自己的婚姻生活过得很累，一样是吵吵闹闹，虽然没有染上恶习，但是一有钱一样乱花，经济状况也不好。请问一下当事人的想法有没有错？没有错。但是这个模式只要你解不开，只要你没有办法看见原生家庭背后的意义，你的生命就会耗在这里面。当你耗在这里面的时候，你就会想：我明明这么努力了，为什么没有办法改变生命状况，还有我跟另一半的关系呢？事实上这是你内在的核心情结所造成，这个不解决，只会不断痛苦。

我这里还有一个案例也非常值得跟大家探讨。一对夫妻，结婚三四年了还没有蜜月旅行。他们一直说要去蜜月旅行，但是到现在还没有旅行。这位先生呢，他的父母亲是比较恩爱的，家庭气氛比较好。他自然比较重视家庭气氛。但是他的太太不一样，她的成长背景是父母亲几乎天天吵架，所以她时常活在一种紧绷的压力下，也就是说，只要看见吵架，她内心就非常紧张、害怕。问题的重点在这里，当他们一起规划旅游的时候，常常因为一些不同的意见而使气氛不好，这也是很正常的，想法不同，看法不同，拿出来说，当然会气氛不好，但是每当他们吵架时，他们就不想去蜜月旅行了。一吵架，女方就想到自己的爸妈，就很害怕，她想：如果我去玩，还要吵架，那不如不去玩，为什么花那么多钱去吵架？男方想的是：我家从来不会吵架，竟然为了这些事情吵架，那还有什么好玩的？所以这一对夫妻结婚四年了仍旧没有去开始蜜月旅行。但是他们每年都规划要去蜜月旅行。每当他们跟我说这件事的时候，我真觉得他们很好笑。

请问原生家庭父母亲非常恩爱，就表示孩子内心一定健康吗？孩子的思想一定正确吗？案例中这个男的反而没有办法处理冲突。同样，女方家里总是冲突，只要有冲突的时候，她就选择逃避，不想面对。一个是不懂得处理冲突，一个是直接逃避冲突，这两个人都有各自要成长的地方，都有生命功课要突破，他们俩之间要互相帮衬、相互扶持。所以，从家庭故事当中，可以得到什么样的生命智慧？这是你要用心的地方，你要去探索。你以前不明白自己的模式，今天通过案例来帮你看明白，你要找到背后的意义，这需要你自己下功夫，我没有办法说服你去改变自己的认识，只有你自己可以说服你自己，因为你才是生命的主人。各位，你不要觉得这些都是小事，人生所有的问题看似小事，但小事积久了就变成大事，我们要认识到这些问题的严重性。

原生家庭如何影响金钱观、事业观

有些人的父母亲经历过比较困苦的时代，所以把金钱摆在人生的重要位置，这样有没有错？没有错。各位，我不知道你有没有发现，我不断在强调原生家庭的故事都没有错，因为这是人之常情，合情合理啊。我们的父母亲从小经历过苦难的生活，今天他们拿钱来作比较，希望自己的孩子赚的钱比别人多，请问这样有错吗？没有错。他们处处用钱比较，甚至觉得有钱才能够证明成就，才可以获得他人的肯定，这样想有错吗？没有错。问题是你怎么解读父母亲对你的要求，你内心想的是什么？通常我们对这样的家庭文化会产生怎样的心态呢？

我们内心想达到父母亲的期望，可是我们的能力又有限，没有办法达到。我们会养成一种自我折磨的心态，这就是我们创造出来的问题，也是原生家庭创造出来的内在模式。对于社会成就和世俗物质，如果追求不到，我们会变得偏激，为什么？我相信没有人想做不孝子，我们都想光耀门楣，但是我们不得不承认我们的能力有限，我们就是不会赚钱，但这不表示我们不会生活、我们的家庭不会幸福，这不代表我们的人生就要失败。我们产生了太多的移情作用，所以我们把父母亲的期待或者要求解读成他们只爱钱，造成我们自己性格偏激，活在矛盾和自我折磨中。

今天我们学习了原生家庭，我们要试着走出自己的伤痛，我们要看见原生家庭所要带给我们的生命意义与功课是什么？就像我讲过的，有的人家庭非常穷困，孩子的内心很自卑，觉得花钱有一种罪恶感，这就是偏激与自我矛盾，他宁愿买次级品，这样心里好受一点。这也是原生家庭中父母亲的金钱观对我们的影响。有的人，只要手中有一点点钱就要把钱花光，否则他觉得良心不安，他觉得就是应该贫穷，因为这个感受在他内心已经根深蒂固，他觉得只要有钱就对不起爸妈，所以他必须穷才可以。但是他心里又很希望有钱，可是他只要有一点钱，他就觉得不应该，他从小被这样的心理感受给影响了，这就是移情作用。这样的心理模式潜藏在内心深处，不断运作，往后他只要有一点钱，就把它花完。

各位，我再讲一下我最近才处理的案例，女孩的父母亲非常有成就，几乎可以说是社会上非常顶尖的，而且财富、地位真的非常好。孩子可以说是衣食无忧，她内心对金钱没有任何一点恐惧感。各位，你很难想象这样的孩子有问题。这个孩子变成了一事无成的人，简单讲，连自己的生活都没办法打理。怎么造成的？各位，不是好的家庭环境就不会有问题。这孩子为什么会变成这样？因为父母做的任何事情都太好了，所以她心里就想：我做再多也不会比你们好啊，那我何必再努力呢？怎么做你们都看不上，都认为我不好，那你们留的钱够我用一辈子了啊，我又何必这么努力呢？是啊，各位，这样想有没有错？没有错啊。可是我们出生穷困的人，看到这样的家庭时，我们会怎么想？我们会想，如果我们的父母有这么好的资源给我们，我们可以创造出完全不一样的生命！很抱歉，那是我们用现在的思想来看待，那样的原生家庭不是我们的生命功课。简单讲，就不是我们的命，也就是说我们遇不上那样的环境。那你可以说，这个孩子不懂得上进，但这样的孩子有她的生命功课，她的父母也有不是用钱能处理的生命功课。我们可以讲明白一点，如果他们不懂得处理自己原生家庭的问题，也就不懂得如何教育子女。

原生家庭，没有所谓的好坏，完全看你怎么解读，以及你想走出一条怎样的生命之路。如果你只懂得抱怨，你要检讨自己。如果你异想天开地觉得父母给足了你一切，你的生命就没事了，你要反思这是真的吗？我们不用羡慕别人的好，我们也不用觉得自己不好，我们要活出自己生命应该活的价值与意义。然后思考你可以给下一代什么？在我的案例里面，还有父母亲花天酒地、赌博发生财务危机的家庭，孩子有上顿没下顿，孩子养成了什么内在性格？他非常悲观与恐惧，他不知道下一刻该怎么办？他过着比别人更没有安全感的生活，这样的个性直接影响往后的理财观念。他的银行卡里要有多少钱他才有安全感呢？他对任何事情都没有安全感，这样有没有错？没有错，因为他小时候形成的个性，但这会对他的家庭生活、夫妻相处形成障碍。另一半没有办法理解为什么他有这样的行为？其实是另一半不够了解对方，不够了解对方的家庭故事、家庭文化。这是我们要学习、要下功夫的地方。

原生家庭如何影响教育子女的观念

我们形成的家庭思想，会影响我们的孩子。我们父母这一代，生活困苦，没有机会受太多教育，因此不太在意我们的感受，只在意有没有达到他们要的目标。而我们这一代也是一样，看似环境变好了，教育提高了，但很多时候以钱为主，到处攀比，我们也不太在意孩子的感受，我们只在意目标是否达成，我们以为我们更重视孩子的教育，其实我们犯了同样的错误。在这里我要说一句，如果我们已经为人父母，这个心态，值得我们深刻反省一下。

各位，你觉得孩子会不知道你是真的爱他，还是为了达到你的目标而爱他？他当然知道。我们的父母亲不在意我们的感受，请问一下我们会怎么想？父母爱我们的条件是必须满足他们的喜好，我们必须依着他们的喜好来生活，达到他们要的目标。请问，这会形成什么样的个性？如果我们的父母亲从来没有真实地在意过我们的情感，从来没有认真地考虑过我们，我们会不知道吗？我上述讲的这些案例，是我很清楚地讲述出来，所以你们很清楚。但是你看自己的时候，你是看不清楚问题的。你不知道父母亲这样对你的时候，你内心产生了什么模式。各位，我讲了这么多模式，就是要帮助各位进行自我探索。一个父母亲都不在意他的感受的人，他长大之后，会形成什么样的个性？我以为，因为他从来没有被尊重，所以他有了孩子后一定会特别尊重孩子的感受。他的确会这样做，但不是真的尊重，很少有人可以看清楚这一切。如果真看得清楚，那就好解决，因为从小他的父母亲就是为了达到目标，不在意孩子的感受，所以他无形当中受了影响，他也是这样要求下一代的。也是为了达成目标，也会忽略孩子的感受，只是要求的项目不一样而已，原生家庭的影响就是这样运作于无形的。

各位，坦白地说，在职场生活中，我们考虑的是绩效、业绩，很少考虑员工的感受、员工的心情、员工的家庭。这样的情况，我们心知肚明，我们无形当中养成的个性，我们都无法否认的，我们无意中就是这样对待自己的孩子的。无形当中，我们也要孩子达到我们要的目标，我们高高在上，不管孩子做的事情，只要是我们不喜欢的，我们不断要求、苛责、批评，只要不照我们的意思，我们就发脾气。请问，在这样的环境下长大的孩子，不就在走上我们以前的老路了吗？我们真的比上一代更进步？

各位，明白我的意思了吗？今天学习原生家庭，就是在帮助自己看见它后面隐藏的力量。有些家庭，父母经常吵架，吵架时就问孩子，“你支持谁”？这种情况经常发生，这是我们最常用的伎俩。我希望各位不要再用这种方式逼孩子选择。对于一个孩子，他从小被迫站在某一方，你逼他内心早熟，你这是在逼他无法做自己，他必须隐藏自己内心真实的情感，因为他被迫要做某一方的陪伴者、支持者，他会分不清楚是你的感受还是自己的感受，他以后内心会很混乱。

各位，我们想一下，哪个人从小不希望得到爱？哪个人不渴望被爱、被呵护？孩子想得到你的呵护，但是他知道你现在正软弱，他必须支持你，你不觉得他内心很矛盾吗？这样的人，以后怎么懂得爱子女、爱自己？他的爱很矛盾，自己渴望被爱，却又要爱孩子？他会想：为什么要爱你？他也会剥夺孩子的感受，要求孩子来爱他、支持他，用情感绑架孩子。他内心不断地自我折磨。现在想想，我们内心有多少意见、多少声音都是自相矛盾、冲突的。我们自己都看不见，这无形当中都是受原生家庭的影响。我们渴望被爱，又害怕伤害，所以变相地控制，处处想要掌控。我们的个性就是这么形成的，我们要看清楚，这非常重要。

最后一种，也是我们最难以处理的，就是原生家庭所造成的伤害太震撼、太剧烈，在当时的年龄，作为孩子的我们内心无法承受。这种问题，通常需要高度的正能量，通过个案咨询的方式才能深入处理。所以第五种，通常是深度的伤害，内心阴影很重，走不出来，这也不是我在课堂上一两句话能说清楚的。我们大部分的人，从第一个到第四个层面，受原生家庭的影响，几乎都可以处理。只要我们愿意下功夫，加上循序渐进地学习，几乎没问题。

今天，我们通过这么多的案例，帮助各位看见自己的模式，看见原生家庭要带给我们的生命意义是什么，这是各位的功课，也是共修中的重点。我在这里要跟各位分享，我们生命当中出现的每一个事件，都有它要带给我们的生命意义，若现在还看不懂，请不要否定它，因为只要你一否定它，你就会把它划入对立面，你就找不到答案，请你先看懂它。

学习原生家庭的生命意义，就是帮助我们解开自己内在的核心情结，解开自己内心产生的错误模式。你不用管别人做得对不对，合不合理，到底爱不爱你，你不需要管这些，因为那不是你的事。你的生命当中有太多的交杂，不是你本来应该去想的事，你要解开你自己所添加上去的移情作用。

用这样的方式来面对你的原生家庭，你才会看见内在的力量，你会活出不一样的自己，这才是我要引导各位的，也正是这一堂课的价值。希望各位在找寻自己的过程中，看见真正影响你内在的那一个情结是什么。那一个情结是怎么产生的？你如何过度渲染当时的事件？你的心结在哪里？把它找出来。先观察自己的模式，每当发生一件事情的时候，你通常有什么行为？你通常有什么想法？这样的想法，来自谁？怎么来的？你首先要清楚自己的家庭文化、家庭故事。这个故事，你要很清楚地看见，而不是想象出来，你清楚地知道故事的来龙去脉，你才有办法判断你的问题。对自己的家庭我们还有很多不了解的地方，所以才会产生偏差与误解，才会看不懂。如果我们真的用心了解原生家庭的一切，我们会对原生家庭充满感恩与尊重，因为它会带给我们生命的能量，这能量是为了解决往后生命所遇到的难题，我们会非常感恩原生家庭的这一切。

希望大家抱着正向、积极的心态提升自己，探索自己的生命意义，让自己拥有更开阔的心胸、更平静的内在。

第三讲

重新看待原生家庭中发生的一切

如何重新看待原生家庭中发生的一切事情？这个主题涵盖的面非常大，从上一堂课可以知道原生家庭影响我们的个性、婚姻观、金钱观以及教育观。当然，我还是再次提醒，不要一次处理全部的问题，我们一个一个地处理，处理好一个，再处理下一个。学习不能贪心、着急，我们应该有目标，给自己定一个方向，好好下功夫处理，在一个主题或方向下，我们要先学会处理核心情结的问题，并看清楚它的运作模式。

我想这样的学习效果，会更符合我们生命的需要。如果你只是把学习当作一种作业、功课，这样做起来不会快乐。我认为学习、自我成长是非常快乐的，因为你可以突破种种自我束缚，知道是哪些观念不清楚，导致生命出现很多迷惘，做出一些后悔的事情。当然，这些事情让你付出了巨大的代价，你不希望这样的事情再发生，希望能够得到一个系统的解决办法，所以才会有今天的学习。既然你已经参加了学习，我相信每一位一定是对自己生命的突破、成长非常用心的人。而我也了解，因为想要赶快改变，可能会变得贪心，求好心切，反而让自己容易泄气。生命转换的过程，有一定的节奏，就好像一个孩子的成长有一定的过程，就像一个孩子在小学阶段不太可能会理解高中的数学，如果过度要求，只是会让孩子内心的兴趣磨灭，提早消磨孩子内在的学习动力。同理，每一个人内心都渴望成长，渴望幸福与自在，但如果我们在突破的过程中，太过于求好，就很有可能变成一种负担、压力，所以我希望大家调整一下自己学习的节奏，这样比较容易进步。

为什么我一开始要叮嘱这些，其实这些思想也都来自原生家庭的影响，如果你能越来越冷静地看待自己生命所发生的一切，你会找到一些蛛丝马迹。我们的生命状态为什么会变得急躁，或是想急于求成，或是想要快速改变自己，这些都是因为我们在成长的过程中，受到家庭文化的影响，价值观发生变化。因此，我们要重新看待原生家庭中发生的一切，我希望各位先了解一些观念。

主流价值观

第一，请你跳出来看待这个社会世俗的主流价值观。如果我没有误解现在社会的状况，大部分人的主流价值观就是要获得名利、地位、权力。你当然可以说不是这样，但我说的是，大部分人，包括一些媒体，衡量的标准就是物质、金钱。我希望各位先保持一个观察者的立场，跳出这一框架。因为在面对生命功课的时候，我们生命中所发生的一切，会不知不觉受到社会价值观的影响。哪怕是我们的父母，也是这个样子。所以，我们在原生家庭中，尤其是有关财富、金钱的观念，无形当中深受父母亲的影响，如果我们的父母没有太大的社会成就，那么他们很容易把这一份对财富的期待转嫁到我们身上。

各位，这样的想法是人之常情，我们也会这样做。如果我们没有看见背后的一切，我们也会不知不觉地把我们所没有得到的寄托在下一代身上，这样的想法没有错，但在这种环境中成长的孩子，他的内心会产生很多扭曲。我想，我们检讨自己、反省自己的时候，应该可以感受到这个问题。因为社会主流价值观有很大一部分是错误的，先提醒各位，你要重新看待原生家庭所发生的一切，你不能以物质条件作为衡量的标准，这是关键。主流社会价值观所引导我们的，会让我们失去内心的感情。人的心态是这样的，当我们被灌输一个衡量标准之后，我们的心会以那个为目标，我们在追逐的过程当中会忽略其他事情的意义，忽略生命所要带给我们的美丽风景。讲个更简单的比喻：我们只想赶快登到山顶，我们不在意爬山过程中的一切美景。这样的心态很容易导致我们误解原生家庭所发生的一切，甚至很容易否定自己的原生家庭，会用批判、否定的心态来看待原生家庭，那么我们就很有可能没办法走出原生家庭带给我们的困扰。因此，面对原生家庭的时候，我们要慢慢厘清，人生并不是以物质为目标进行的，用金钱、物质等解读生命，本身就是一种错误。

为什么这样说呢？我之前讨论了一个案例，原生家庭比较贫穷，加之父母错误的财务观，所以孩子心里有一种恐惧感。这种恐惧感会让他觉得，他身上一定要有一些钱，不然就会害怕。这样的想法很正常，也没有错，但是人的情感会加以扭曲，最后会变成，觉得自己的父母不会赚钱很丢脸，自己没有办法跟别人比，所以很没有面子。我们已经被物质误导了，看不见生命真正的价值。这个孩子很有可能，在社会条件、能力比较好的人群中表现出不自信，或者会产生严重的嫉妒心，或是在生命过程当中，产生了爱慕虚荣的心，否定自己的父母。这都是受了物质条件为目标的主流价值观影响。而我们忘记了，即便父母做的是一份不起眼的工作，一样有它的价值，父母对我们付出的是爱，与金钱的多少无关，我们没有看见这个，因为被错误的价值观障碍了，从而扭曲了事情的真相。

单向式运作

为什么我先提醒各位这一点，因为这影响我要说明的第二点：我们大部分人的头脑运作是单向式运作。什么叫单向式运作？如果我告诉你往东，你只会一心一意地想往东。如果你的爸妈告诉你往西，你只会一心一意地想往西。因为在我们还没有学习自我探索以前，我们的思想其实是单向式的。比如说：我的父母亲没有钱，所以我没有办法跟同学品头论足，因此我就觉得自卑，所以我往后要有钱，有钱我就可以不自卑。这就是一种单向式的思考，单向式的思考让人非常容易陷入以物质条件为目标的社会价值观，在此框架之下，我们更难看见自己心理模式上的偏差。

在讲第二点的时候，我再把上一讲的很多例子拿出来看看。例如：我从小没有得到父母亲的肯定，父母亲也不懂得肯定我，不懂得赞美我、鼓励我，导致我的内心比较缺乏自信，渴望被鼓励、认同。请问这样的思想有没有错？没有错，这是正常的，我们每个人都一样。但问题的重点在哪里？重点在于我们长大了。你从小没有得到肯定，没有得到赞美，所以你希望得到肯定、赞美，你希望另一半给你肯定、赞美，你才会觉得这叫幸福，你才觉得这叫有人疼、有人爱。请问一下，这是不是单向式的思考？你缺什么，你就想得到什么，你从小没有得到钱，所以你想要得到钱才可以证明你的成功，你从小没有得到妈妈的肯定，所以你长大想要得到另一半的肯定，觉得这样才是幸福，如果对方没有给你肯定，你的婚姻就走不下去。

各位，静下来想一想，你不觉得这样的思考充满着问题吗？这种单向式的思考模式是我们问题的最大来源，为什么我们一定要得到赞美、肯定，我们的人生才会幸福？如果你有办法冷静地回答这一切，你就开始跳出原生家庭的影响。为什么你一定要有钱，你才觉得是成功？为什么你一定要另一半对你做的任何事情都给予肯定与赞美，你才会觉得这样的家庭你能够经营下去？这中间充满着疑惑，这中间充满着很多的不成熟，这是单向式思考模式的问题所在。

合理化理由

人可笑的地方就是把单向式的思考变成一种合理化的理由，这就是第三点。你没有办法重新看待原生家庭的一切，因为你把你单向式的思考变成一种合理化的理由。“因为我的爸妈没有给我足够的爱，所以我长大了也不懂得怎么去爱我的孩子，因此我不懂得怎么教育我的孩子。”各位，你现在已经这么大了，三四十岁了，或者四五十岁了，你听到我讲这句话的时候，你不觉得这样说是推卸责任吗？

你从小没有得到爱与赞美跟你不会教育孩子有什么关系？跟你不懂得跟另一半相处有什么关系？为什么你可以把自己的行为合理化到这种程度，把所有的问题怪罪到你的父母亲、你的原生家庭，你怎么可以这么不负责任呢？如果你的头脑够清楚，你现在的心情够平静，你应该会告诉我：如果我从小没有得到爱与肯定，那我就应该多学习爱与肯定来教育我的下一代，让孩子从小可以在充满爱的环境下长大。你应该更懂得这样做的重要性，这才是我们真正要成长的地方，不是吗？

各位，我们从小没有学会表达内心的情感，所以造成了我们表达内心情感的方式是扭曲的，难道我们可以告诉自己：我现在对待下一代的行为是对的，我对待另一半的方式是对的，你要来配合我的模式，而我不必在意你的感受。各位，你不觉得这听起来很无理，很不成熟吗？这样的心态怎么重新看待原生家庭的一切？这代表你把原生家庭所发生的一切当作合理化的借口。请问，你从小到大没有得到安全感，你想要在未来的家庭、另一半那里得到安全感，这样有没有错？没有错。但你不能单项式地思考：我因为从小到大都没有得到安全感，所以你跟我结婚之后，你对我哪怕有一句话的批评，我就会没有安全感，我就觉得不幸福。这是理由吗？难道另一半要完全配合我们？难道另一半要完全失去自己的生命主宰权，就为了让我们有安全感，配合我们的一切？打个比喻，我一个人在卫生间的时候会很害怕，所以每天我在卫生间的时候，我需要我的另一半在旁边陪我，这样才有安全感，这是理由吗？我只是在讲一个比喻，各位会觉得我的比喻很夸张，但是我要告诉各位：我们对于自己的内在模式没有办法看清楚的时候，那种执着和上面这个比喻是一模一样的，我们会执着到这种程度，并且不认为是自己的问题。“只要你做的不符合我的要求，不符合我的心意，就代表你不重视我。”我们就是用这样的思想在经营家庭。各位，我们今天的生活过得这么痛苦，如果我们还不愿意冷静下来，重新看待这一切，我们要怎么突破自己的生命瓶颈？我们只会越陷越深。

过分的要求（走极端）

当我们以合理化的理由为借口时，我们接下来的行为就会成为第四点：过分的要求（走极端）。就像我刚刚讲的，“我从小没有安全感，所以你往后所做的任何一件事情，只要让我觉得没有安全感，就代表你不爱我”，这个就是走极端。“因为我从小是在无拘无束的家庭长大，父母亲从来不管我，只是给我一个大原则、大方向。因此我有了这样的价值观：生命的成长要多尝试，不要把事情看得太严重。”请问这样的想法有没有错？没有错啊，但是如果把这样的价值观变成一种极端，你会认为只要别人稍微给你一点意见，或是要你去配合对方一点事情的时候，你就把它解读为“你在管我，你跟我的爸妈不一样，你不给我自由”“你这样做违背我爸妈的教育，违背我的家庭文化，你在跟我搞对立”。各位，有这么严重吗？真的有必要这么极端吗？这就是我刚才讲的，我们的思想已经单向式到某种程度之后，我们没有办法看见自己的问题。如果我们今天仍然保持这种单向式的思考，那么不会有进步。

就像我自身的例子，在我们家过年过节，大家就是吃完饭后，各忙各的、各看各的，不会特意聊天什么的，但是我们很自在。在这样的家庭文化中，我会形成什么个性？当我看到有人要刻意地去拜年，刻意地跟人寒暄问候时，我心里觉得这太虚假了，我这样的反应就叫单向式的思考。

单向式的思考模式不仅给自己一个推脱的理由，一个怪罪别人的理由，还有可能发展出极端、过分的要求。在这样的条件之下，更不可能看见原生家庭这个故事所要带给我们的启发是什么。各位，我们永远都要记住一句话：事情有一好就有一坏，我们拿了好处就必定付出代价。在这个家庭当中，你得到了某些好处，你必定也要付出一些代价。我有一个朋友，他的社会成就真的非常大，但是他的孩子连自己的生活都没有办法处理，所有的事情都要别人帮她打点安排，完全没有上进心。所有人都会想，这样的人以后怎么在社会上立足？让我们看待这个事件，也许我们会想，父母亲给她这么好的条件，她怎么不懂得珍惜？但这一个好的条件，引发她内在的一个模式：既然你们都帮我准备好一切了，我又何必努力呢？你们留给我的财产都用不完，我这辈子还努力什么？我这么认真也不会比你们好，何必这么辛苦呢？这就是代价，凡事都有两面性。

如果我们出生在一个比较穷困、条件没有那么好的家庭，我们反而抱怨，父母亲没有给我们这一切，我们认为如果有更好的人脉、更好的条件，我们今天的社会成就会完全不一样，我们怪罪父母没有栽培我们，不懂得引导我们，才让我们人生这么辛苦，我们活得自怨自艾。客观地来看，我们似乎过得辛苦，却也得到一个好处，什么好处？因为环境的关系，我们必须比别人更愿意付出，比别人更愿意吃苦耐劳，更愿意打拼。这就是原生家庭的礼物，只要我们看得懂每一个原生家庭背后的故事，我们就能得到启发。

今天我们看完一部电影，都会有些感悟，怎么我们看完自己的家庭故事，说不出任何一点感悟，不能产生自我改变的动力？今天重新看待原生家庭的一切，我们必须建立这样的观念：不要过度地单项式思考，要慢慢地站在一个更客观的立场来看待我们的原生家庭。那要怎么来看待我们的原生家庭？

第一，尊重每一个家庭成员。你具备了我刚刚讲的那些条件之后，你要开始做功课，请你尊重每一个家庭成员。我们现在这个年纪，要承认一件事情，没有人想被别人控制，每一个人都想活出自己的生命价值，我用一个更简单的讲法就是，我们都想做自己。各位，做我们自己不代表不懂得人情世故，不代表我们不懂得做人，不是你想干什么就干什么。我们要学会尊重别人，而不是去树立我们个人的权威。家庭成员当中的每一个，或是生命当中跟我们有关系的每个人，我们都必须非常尊重他。因为每一个人都有选择自己生活方式的权利，每个人都有选择自己价值观的权力。我们的价值观有很多种，为什么我们偏偏选择以物质导向来衡量所有一切的？

我们没有办法看见生命所要带给我们更幸福的地方，这才是我们要进步的。当你学会尊重每一个人的时候，你就可以看出他生命故事背后所要带给你的意义。如果你不懂得尊重，只要别人生命故事的价值观跟你不一样，你就会讨厌，你就很容易否定对方，接着对立就产生了，你跟他相处的每一天，都会觉得痛苦。因为你看对方的故事是糟粕，因为你不懂得尊重，越是跟你不一样，你就越觉得对方是错的；你想控制他，你想在他面前树立威信。各位，请你放弃这些错误的观念，生命最终的价值观不是谁对谁有威信，谁对谁可以控制，生命中所有一切的衡量标准只有一个：你带给我生命的价值是什么？你带给我生命的改变是什么？人走到最后一刻，想的都是这个。没有人在意你的社会成就有多大，没有人在意你赚多少钱，大家只在意你在他的生命当中留下什么，影响了他什么，提升了他什么。这就是我们中国人讲的留德。只有留德，我们的内在才会不断地突破与改变。因此我还是不断地强调，不要以物质条件作为标准，否则会障碍、阻碍我们解读原生家庭。请你先记住：你需要对方尊重你，对方也需要你尊重。

第二，为自己的行为负责。各位，如果已经习惯抱怨，你要停止这个单项式的循环，你要为自己的行为负责。你应该思考一个问题，父母亲已经尽可能地给了我们一切，接下来我们要靠自己打拼，而不是把自己的失败怪罪给父母亲。另一半已经尽可能地提供给我们安全感了，我们要突破内心缺乏安全感的问题，而不是把自己内心的一切问题，全部依赖别人为我们做到。各位明白我在讲什么吗？你想要获得别人的肯定，你当然会选择一个愿意给你肯定的对象，但是你不能要求对方给你全部肯定，不然你就没有力量，请你为自己的行为负责，不要推卸责任，不要逃避自己的问题。到底他人要做到什么程度，你才会有安全感？到底他人要做到什么程度，你才会觉得得到肯定？到底父母亲要提供你多少条件，你才会成功？

我们来人世间一趟，就是要活出自己的价值，要突破自己的生命功课，这才是我们生命来这一趟所要体验的。当你为自己的行为负责时，你解读原生家庭所看到的一切就会完全变化，你会感谢父母，也会感谢另一半对你的照顾，你会感谢周围所发生的一切，不论是打击还是鼓励，你都会找到感恩的点，那时候你的内在会充满能量，你的内心会非常正向。同样的道理，如果这件事情是别人应该要承担的责任，请你不用帮他承担，这不是无情，这是他要独立成长与自我改变的重点，我们可以帮助他，但不是帮他承担。同样，我鼓励各位突破，但我不会背负你们的家庭功课，然后帮你们完成，我会不断地引导你们，让你们看见你们应该从哪个地方下功夫再提升自己，你会越做越好，我会不断地鼓励你，但不是帮你完成。我们每一个人都有自己的生命功课，我们都走在自己生命的这一条路上，我们可以相互交流与成长，我们感恩彼此的陪伴与鼓励，但不是依赖。

第三，保持宽容的心态。这一点非常重要，也希望大家能做到。当你重新看待原生家庭的一切时，请你保持宽容的心态，什么意思？因为你以前被一个主要的价值系统模式阻挡着，就是单向式的思考阻碍着你。当你用一种宽容的心态面对时，你可以包容并从不同的角度来看待事情，你会体会到：不同立场下的眼光，有不同的解读方式。你的心胸会完全不同，你会看到你平常看不到的东西。这非常重要，因为各行各业的人，都有他们思考的模式、立场与价值观，当我们不断包容不同立场的思考与价值观的时候，我们的心胸自然就会宽大。这样的心态，在生命遇到瓶颈时，会走出另一条路来，明白我的意思吗？如果你陷在自己的思考模式里，你的思考模式就来自你从小到大的原生家庭，当你认定自己那一套是对的时候，别人讲的那一套，你就不会接受了，别人所提供分享的，你也不会认同了。你会过得辛苦，因为你永远都在想你要怎么让别人来认同你，那你也太累了吧，你过着一种想要控制他人的生活，也就代表着你没有学会尊重，那你为什么没有学会尊重？因为你看的太少，你接触的太少，你自我的突破太少。当你拥有宽容的心态，你就会有不同的看法。比如，我的爸爸常常比较谁挣的钱比较多，谁多么会赚钱，我不会把它解读成他不满意我，他在给我压力。我会把它解读成：我爸爸在鼓励我，他希望我懂得上进，我要不断努力。我不会把爸爸的言语解读成他就是爱钱，他只在意他的面子。我重新看待之后，我看见什么？爸爸到现在还是不断地担心我们，还是放不下我们，担心我们没有办法养活自己，没有办法过好的生活。当你从这个角度看问题的时候，你就会看懂原生家庭，爸爸是多么爱护你，他不是在挑剔你，他不是在否定你、给你压力，他是想鼓励你，但是他又不懂得如何表达内在的关心，所以他拿别人来做比较，其实，他内心是多么爱你呀。

第四，论事不论人，也就是对事不对人。你不要对你的父母亲产生偏见，他们讲的这一句话，做的这一件事情，背后一定有他们的用心，你看不懂，不代表它不重要。你看不懂，不代表他们不好，你不了解对方，那就要下功夫，是我们的脑袋还没想通，是单向式思考障碍了我们。

一个女人，她结婚的时候是被迫的，所以这对夫妻一辈子都痛苦地活着。各位想一下，孩子在这样的家庭之下长大，看到父母亲的婚姻是各过各的，一点情感都没有，她希望未来的丈夫可以跟她患难与共，有说有笑，处处可以分享，有没有错？没有错。但是当她丈夫没有办法每一件事情都做到她的期望时，她会怎么想？这里要学习的是，请对事不对人。他没做到这件事情，不代表他不想跟她好好过，不代表他不爱她。当她建立这样的观念时，她不会放大对方的错误，她才可以接纳不同的生活方式。等她进步之后，她才会重新看待原生家庭中的父母，其实父母这样过生活也很有智慧啊，爸爸一样非常有责任地完成了家庭责任，妈妈一样过上了自己想要的生活，他们之间保持一个非常好的默契，彼此不干涉。各位，你不觉得这是非常值得我们学习的吗？如果是我们，我们有办法过得这么好吗？

为什么你要解读父母亲是没有感情基础的，只是为了生活而生活？所以你找的对象一定要每天陪着你，你今天去看电影，他要跟你去看电影，你今天看了一本书，他也要跟你一起看这一本书，你今天听一首歌，他要跟你一起喜欢这一首歌，你今天有什么感觉，有什么境界、体悟，他也必须跟着你有这样的境界与体悟。各位，为什么你会有这样的思想？而你不是像我刚才讲的：我的父母亲彼此不相爱，但他们一样对家庭负起责任；他们之间交集少，只是各有各的兴趣与生活安排，他们一样可以过非常好的生活。请问你为什么没有看到这个，而看到的是他们都在勉强地生活？请问，这是我们重新看待原生家庭所发生一切的重点吗？哪些是你要提升的？

第五，真诚地赞美。你真心赞美过一个人吗？你真心肯定、欣赏过一个人吗？你没有。因为你的内心从来没有肯定对方，因为你的内心总觉得自己最重要，这就是问题所在。简单地讲就是：在你的生命当中，所有人、事、物的发生，你找不到任何一点好处，所以你必定活在痛苦当中，越活越痛苦。原生家庭是你一生最大的能量场，是你生命当中的充电宝，你生命当中无法解开的问题，你在外面遇到的困难，你只要从原生家庭中找答案，你只要能找得出好处，找得出原生家庭带给你的生命意义，你的困难就可以解决，你慢慢体会、感受这一切，这是你的选择，而你现在组成的新家庭，也是你生命的功课。

我们都是带着没有完成的生命功课来到这个世界的。我们生命的答案都可以在原生家庭中得到，这就是原生家庭给我们的动力。你要爱你的家庭，你要尊重你的家庭，哪怕你的家庭像连续剧一样离奇，但它依然有着非常深厚的能量。

第六，接受不完美。请接受这一观念，没有十全十美的父母，也没有十全十美的孩子。但我们同时也要有一个观念：我们要懂得完善自我，要懂得提升自我，因为提升自我的过程，就是让自己的心理健康，让自己越来越成熟的过程。一个真正长大的人，他懂得为自己负责，他是懂得解开自己生命困难的人，这样成熟的人才有办法带领他的家庭、带领他的孩子，过真正幸福自在的生命。

当你足够了解自我，将自己提升到一定程度时，你会清楚地知道自己的长处与短处。各位，如果你清楚地知道这个缺点是你应该要改变的，只是你自己不愿意承认，然后把所有责任都推卸掉，要别人来配合你，那不是很惹人讨厌吗？你要清楚地知道自己的长处与短处，真实地接纳自己，在真实的认知当中改进。比如说我就是缺乏安全感，好，那我知道了，那我就改。请不要把缺乏安全感变成一种借口，真实地认识自己，接纳自己，然后好好地改变，提升完善自己，这才是重点。

第七，勇敢地面对。把单向式的思考做一个转换，你在原生家庭中没有得到的一切，或是原生家庭所造成的一切生命困难，请你勇敢地面对，让它成为你生命的动力，而不是阻力。当你愿意从缺陷当中走出来的时候，代表着你的内在已经在转换了，你已经开始具备勇气了，生命开始变化了。当你愿意承认与接纳种种不圆满，当你有勇气改变的时候，就代表着你开始重新看待原生家庭中所发生的一切了，那就是你生命焕然一新的时候，也就是你要开始过不一样的人生了。那时候你的人生，就是完全由你自己做主，而这不代表你不懂得人情世故，不代表你不会做人，而是你有智慧了，你懂得引导别人了，你是懂得如何教育子女的好父母以及别人的好朋友。

最后，希望大家在学习原生家庭的过程当中，一步步地看清楚生命的原点，当你越了解自己的故事，你就越懂得感恩自己生命中所发生的一切。祝福在座的每一位，在你的生命当中找到能量，找到让自己生命发光的能量，而不是自怨自艾、悲观地度过一生。祝福大家家庭幸福，生命充满智慧。

第四讲

原生家庭如何形塑人格命运走向

我们出生的时候，都是一张白纸，我们的孩子也一样。在今天的学习过程中，大家要适当地转换角色，有时候你可以想象你的孩子，有时候你也可以用一个新立场看待自己，你要不断地变化角色，看清楚自己。我们会通过很多实际案例来帮助各位，因为当自己是故事的主角时，我们不容易看清楚自己，但是当我们很客观地看待别人的事情时，我们就会清楚地看见自己。

孩子是一张白纸，我们小时候也是一张白纸。这是学习原生家庭时很重要的观念，大家要先记住这个观念。刚出生的时候，我们都是孩子，我们什么都不懂，我们是怎么产生思想的，我们是怎么形成自己的个性，怎么产生判断的？所有的一切其实都来自外在环境的刺激。

比如，家里发生了一些事情，而且这个事件通常很重要，这刺激了你的思想。比如说，有的人家庭环境很困苦，他从小就到处搬家，或是说到处去向别人借钱，他受到外部环境的刺激，内在产生的思想影响自己的行为，只是他那时候还不知道。因为他当时没有学习，通常都是被迫地接受讯息，加上没有人引导，所以产生的思想，自己看不清楚。在这个地方我要向各位说明，通常这样的思考方式都存在偏见，有很大的问题。

这些情境当中会有事件，会有人，事件中的人物出现最多的就是父母亲。我们受父母亲的影响、刺激形成想法。我们的想法是怎么产生的，在这个地方也要请各位多了解，我们人不会无缘无故产生思想。如果你出生后，我就把你关在一个房间里，没有任何声音，也不跟任何人交流，你是不会产生思想的，因为没有外在的刺激。

换一句话说，所有的思想都是被刺激或是教育而来的。当我们看见父母亲的表情或是话语给予我们很多刺激的时候，我们就开始产生思想，因此今天在学习原生家庭时，我们先要了解这些，所有的思想并不全然是父母亲给我们的，父母亲给我们的只是一部分，重点是我们受到外部环境的刺激后，我们内在产生了什么，这个很重要。

我打个比方，比如父母亲常常说：你要是不乖，我就不管你了，我就不要你了。父母想的是孩子要乖，要听话，就这么简单，但是因为我们还很小，我们不懂，因此，我们被这样的环境、这样的语言、这样的眼神、这样的态度所拘束，我们会害怕，认为爸妈不爱我们，这才是重点——也就是说，原生家庭中父母亲讲的这一句话，让我们内在产生的思想才是重点。而这会导致我们的个性发生变化。比如说你看到别人的一种眼神，就会想他是不是不爱你，因为他会让你连接起过往父母亲讲过的话，当下产生了相似性，这时候你就像启动雷达感应一样，你很自然地会跟过去的事情连接，这是潜意识自行运作的，并非大脑可以控制的。

各位，现在我们已经长大了，如果我们够理智，没有情绪，我们应该可以判断父母亲说的那句话根本不是不爱我们，父母亲只是想让我们乖一点、听话一点而已。可是因为我们小时候太好动了，太调皮了，让他们很难管理，让他们很累，所以父母希望我们能够安静一点，但我们却把它解读成父母亲不爱我们，父母亲偏心，这是我们自己产生的思想。这就会影响我们的性格和我们往后的行为。我们在学习原生家庭的时候，思想的变化就是重点，我们必须先把这个搞清楚。

我们这一生，大部分人都会有两个家庭，第一个是生养我们的家庭，养育我们长大的家庭，其实就是原生家庭。第二个就是我们结婚之后的家庭。它会创造出其他方面的议题，会帮助我们看清楚原生家庭的问题，只是今天我们先不谈论这一块，这是延伸的领域，以后有机会再谈。

原生家庭指的是生育我们、养育我们的父母组成的家庭，而教养的这个过程所产生的思想、性格是来自外界的刺激，以及父母亲的教育言语、态度等所展现出来的行为过程，而我们内在产生的思想系统，称为原生家庭的影响。所有外界环境的任何人、事、物都只是一种刺激，这些外在的刺激帮助我们建立自我人格，而我们的人格是自己塑造出来的，不可以把自己人格的缺陷归罪于他人和环境。

父母亲的言语，当时家庭的环境，只是一个因缘。然而，你在这个因缘中，刚好产生了某些特定的思想，且不断地运作下去，成为现在的你。所以你要先建立起这个架构，如果你清楚了，你理解了，通过我讲的案例，你就能清楚地知道，这一切是怎么变化的，原生家庭如何影响性格及命运的走向。你越清楚，就越知道人生的路要怎么走，你才不会把能量、精力耗费在没有办法改变的事实上面。

有个学员写信给我，希望通过适当的引导，帮助她走过人生艰难的阶段，我把她写的一段话念给大家听，大家自己感受。“我是一个二十多岁的女孩，从小就生长在一个邻居认为不正常的家庭。我们家常常上演的就是吵闹打架，我爸爸外遇不回家，我妈妈常常在我面前闹脾气，想要自杀。看着我的家庭这么不幸福，我感到非常不幸。我从小因为家庭的原因，被老师看不起，被邻居看不起。我是一个内心很敏感的人，对方一个眼神、一句话我就很容易胡思乱想，即使对方不是这样的意思，我也没有办法控制自己的思想。我对自己的要求很高，因为我害怕做错事情，而造成大人们又开始吵架。”

各位，我们先理解思想是怎么产生的，我们先把心静下来看。你现在长大了，你是成年人了，我相信你现在一定是理智的。只要我们不带情绪，我们一定可以走出这个问题。从小生长在一个邻居认为不正常的家庭，这一句话的背后，其实是有问题的，为什么？因为她从小看着父母亲经常吵闹打架，她的爸爸有外遇，妈妈在她的面前常常要自杀。各位，听到这样的故事，我不知道你心里怎么看，但是如果你换位想一下，假如你是他们的孩子，请问你有办法面对吗？

没有学习内在成长课程之前，我们都是被外在环境操纵的。如果我看见爸爸不回家，妈妈在我面前想自杀，我的内心承受什么样的压力？我可能很在意同学怎么看待我，很在意别人的眼光；我很在意邻居怎么谈论我们家庭，我觉得很丢脸。各位仔细想一下，如果你从小看着妈妈在你面前想自杀的时候，请问你内心承担着什么样的压力？这些环境的上演，只能让她选择被迫面对，对不对？她会变成什么样的个性？她是个很敏感的人，为什么她很敏感？因为她不希望被老师看不起，她不希望被邻居看不起。所以对方的一句话、一个眼神，她就止不住地胡思乱想，这就形成了她的性格，影响到她的人生。她对自己要求很高，从小害怕做错事，因为她觉得只要她做错事，大人又开始吵架，这些思想不断产生。各位，我们还原事情的真相，事情的真相就是父母吵架，为什么孩子会产生这么多思想？你没有办法理解对不对？

每个人都有自己原生家庭的功课，你不要用过度的批判思想看待原生家庭，你要站在一个客观的角度来看待原生家庭，就像我现在讲的这个案例。我们仔细看一下问题，不就是父母亲吵架吗？爸爸外遇不回家，妈妈有情绪自己没有办法疏导，没有办法宣泄，所以她想不开，想要自杀，先把事情单纯地看！但是，当我们受到情绪的刺激时，我们内在产生的思想是什么？这个女孩子害怕别人看不起她，这就是我说的，所有环境的刺激包含教育，不管是思想还是言语，最后产生的内在系统才是最重要的。她产生的内在系统，就是觉得自己生活在一个不正常的家庭，她会被人看不起。她是一个很敏感的人，这就是她产生的个性，这个很重要。所以我要请各位学完这堂课就去做练习——你原生家庭的重大事件，或者你可以回忆起的事件，这些事件让你产生的思想系统是什么？

如果你没有清楚地认识自己产生的系统，你会进入另外一个问题，你会将人生的不幸怪罪到父母头上，怪罪那个事件，怪罪那个人，甚至怪罪自己。这对你没有任何帮助。这就是我刚刚说的，你花了太多的能量在没有必要的事情上面，你真正要处理的是你内在产生的这个系统，产生的这一人格思想的个性，这个才是重点，如果你没有处理这个，只是不断地想：我爸爸为什么有外遇？我妈妈为什么要自杀？你想这个，你是不会解决问题的。

我请各位先理解这件事情，事实就是真相。你不需要与事实抗争，你需要重新解读事实，以及你内心产生的思想。各位，我们长大了，请问一下，如果你是男人，你会不会想要选一个适合的人重新开始？我现在讲的都很客观，我现在不跟你谈所谓的道德思想，我们先不讲这个，因为越讲越复杂。你说外遇明明就不对啊，我现在不讲这些，我要你把事情回归到发生的真相就好了，不要过度地渲染。

当然处理方式有很多种，我们现在站在别的立场看，你就心平气和了。妈妈在你面前自杀，代表妈妈自我情绪处理能力很差，自我调整的能力很差，她把自己内在的痛苦呈现给孩子，让孩子承接到这种痛苦。而孩子因为太心疼母亲了，所以她自然跟妈妈产生连接。

如果我们没有办法重新看待原生家庭，我们会越来越复杂，我们要回归原本的状态，用第三者的角度看这个故事时，我们就会很冷静、很客观。不需要过度地解读和批判父母亲，没有必要，因为这就是他们选择的方式。我们现在长大了，我们也有自己人生的选择方式，我们为什么要受父母亲的影响，一直影响到现在，那不就代表着我们揪着过去不放吗？所以我希望各位，通过案例让自己清楚地看见思想上的盲点。

案例中的女孩养成了什么性格？她怕别人看不起她，她是一个很敏感的人，自我要求很高，从小害怕做错事，所以她要求完美。各位，这样的性格会有什么样的行为？我们再往后看，她没有办法走出家庭带给她的伤痛，为什么会这样？这几年她开始学习孝道，她慢慢地与妈妈产生连接，这个非常好。

但是她跟妈妈产生连接的时候，出现了一个问题，她妈妈有时会像疯了一样，歇斯底里地打电话来骂她，又说要自杀。这时候我们来看女孩的内在，她觉得：妈妈独自一个人生活，我要多体谅她，我很爱她，但是我内心又很恨她。这是一种矛盾的感觉，对妈妈很失望，可又担心妈妈过不好；很想回家关心妈妈，但是又不想面对自己内心的痛苦，因此时刻自我折磨。这内在的矛盾，让她讲了一句话——我常常游走在情绪的两端，我觉得有时候快要崩溃了。各位，这就是她的人格与命运的走向。她现在长大了，她知道妈妈很不容易，她要多体谅她，可是她消化不了自己的情绪。

我们每个人都一样，只是事情大小不一样。我们对父母亲也是一样，又爱他们又恨他们，都一样。我们内在存在一种很强烈的矛盾，我们知道妈妈很辛苦，可是我们就是不喜欢她的某些行为，因为压得我们喘不过气来，因为她的性格造成我们的痛苦。女孩很想回去，但是又无法消化自己的情绪，只会产生冲突。这无法消化的情绪，就是内在系统产生的，因为女孩跟过去的事件有太深的连接，所以变成一种矛盾，造成自己时刻在情绪的两端，她觉得自己没有办法控制。其实，每个人都一样，这就是原生家庭带给我们的内在影响，也许我们的外在看起来很开朗、很乐观，在外面笑哈哈，可是事实上我们一回到家，内在情绪很大，我们自己也不明白。

仔细想想，你会发现你跟父母亲有很多相似的地方，因为你一直在跟你的父母亲产生连接。我们在学习的过程当中，就是要把这个看清楚。女孩后面又写了一段话，她觉得，在外人看来，她是一个很乐观正向的女孩子，在外人面前她总是嘻嘻哈哈，可是常常一回到自己的家，她就会崩溃，她就会哭。她觉得，她跟她妈妈一样，有些歇斯底里，内心很痛苦。各位，我们现在仔细看这件事情，接下来我们要怎么面对这件事情，这很重要，她跟她妈妈很像的原因是什么？是什么让她不断地受到刺激与影响？

那她需要做的事情是什么？她需要做的是：还原事实真相，让爸爸妈妈回归家庭位置。虽然妈妈不懂得处理自己情绪，但她要过好自己的生活；她不需要过度地产生连接，但是她要关心她妈妈，要孝顺她妈妈，要照顾她妈妈。可是我们人在充满情绪的情况下，没办法做好，我们一定会产生连接，这就是原生家庭带给我们的人生功课。每个人都有，看起来好像不好，其实那就是我们生命的功课，我们不能逃避。

她无法回归家庭位置，她用情绪生活，她永远活在情绪两端，她很想照顾妈妈，但是她又没有办法处理妈妈的问题，为什么会这个样子？因为从小到大，没有人引导她走出这个框框，这就是原生家庭的框框。她受了外在环境的刺激，没办法走出自己的情绪，她想要改变，想要拯救妈妈，而在这个过程当中，她失去了自己，因为她觉得，除非父母过得好，她才能好，不然她永远觉得痛苦。

请问，事实的真相是什么？事实的真相就如同我所说的，爸爸只是在外面遇上了可以让他幸福的人。而妈妈因为没有办法调整好内在的情绪，所以在她面前不断上演情绪化的反应，在她面前闹自杀。妈妈唯有不断地闹自杀，才能宣泄情绪。但是孩子被这样的情景与内在情绪控制住了，她害怕了，她一生都没有办法走出这个痛苦，内心担心父母真的会发生什么不幸，心就此被绑住了。

我们学习原生家庭，并不是让各位怪罪父母。我是让你把事情看清楚，让你的内在有空间，不要让自己一直陷在情绪当中，让自己一辈子在痛苦的路上走。

这是第一个案例，大家先学习、了解，而我们也有自己的故事，在故事当中，我们要先看清楚与父母亲的相处产生了哪些连接。这个连接有过度的地方，就是我们要调整的地方，也就是我们内心要转换的重点。

接下来，我跟大家讲另外一个案例。这个案例只是家庭中的一种呈现方式，你可以慢慢地感受。我刚讲的那个案例，是比较严肃的，比较难的。我现在讲的，比较生活化。快要过年了，我觉得过年，其实是非常好的自我突破时机，因为我们会跟很多人在一起，思想会产生碰撞，而碰撞的过程，就是在反映我们原生家庭的问题，每一次思想的碰撞，背后都有我们关于原生家庭的功课。

一对夫妻回婆家住几天，家人们欢聚一堂。先生的家庭是比较随性的，吃饭也很随性，不一定一起吃，吃完饭后，各自看电视、打牌、聊天什么的，各忙各的。对太太而言，她很难理解，她内心不舒服，为什么？因为她独自一个人洗碗，收拾餐桌上的餐盘，她内心非常伤心，她觉得自己被冷落。这样的心情让她的先生很不理解。当先生陪她回娘家的时候，岳父岳母一早起床，就把饺子煮好了，大家都穿着整齐、漂亮的衣服，然后一起吃早饭。可是她先生因为不了解妻子的家庭习惯，他很随便，穿着也很随意。太太感觉先生对这个家庭好像很不愿意投入，很不愿意融入。请问一下，这对夫妻的问题在哪里？

原生家庭里面都没有对错。因为当你从一个习惯的环境突然到一个新的环境中，你很难融入，任何人都一样。我们人的特性是，只要与我们的内在系统抵触，或是不一样，我们通常都持批评的态度，极少数的人能理解与包容。如果你有出国的经历，比如说你到一些比较落后的国家，环境比较脏乱，你一进去绝对会批评，你会觉得在我们中国绝对不会这样，为什么我们先是批评？其实就是内在系统的冲突。同样，当我们进入别人的家庭时，其实就像我们出国旅游一样。

这个太太内心的障碍是什么？因为在她的家庭当中，大家穿着整齐，然后全家人坐在一起开心地吃饭，但是她的先生家不一样，在先生家大家起来后，各自忙各自的，不一定一起吃饭，吃完了，想要先离开也可以。她来到这个家，会觉得这个家庭没有向心力、很不团结，为什么大家不坐在一起聊一聊呢？她心里很冲突。等到她的先生陪她回娘家，她看到先生都不融入她的家庭，她又气得要死。

问题在于，她用自己原生家庭的思想方式套在她的先生身上，她一直活在自己原生家庭的模式里，只是她没觉察到。她一直觉得先生对她的家庭不够用心，一直觉得先生的家人之间没有心灵交流，觉得她先生不尊重她。这不就是原生家庭影响了人生命运走向、影响夫妻关系的走向吗？我们永远都活在自己的世界，没有看清楚原生家庭带给我们的命运是什么，用什么样的模式在考验每一个人，而我们不知不觉都在批评、对立以及否定对方。

我们要么过度地陷入父母亲的痛苦中，要么让别人遵从我们自己的规则。我们不断地形塑自己的人格特质与命运走向，却没有一刻是自己清明决定的。如果我们内在产生的思想都不是脑袋清明的时候产生的，都是被环境逼着而胡思乱想产生的一套，完全都不是清明自在的，那我们到底在过什么样的人生？我们看这个案例，不觉得这个太太很奇怪吗？为什么她的内心有这么多抵触、批评呢？为什么有这么多的不容与不适应呢？我们现在可以看得很清楚。可是当我们是当事人的时候却解不开，会陷入其中。

原生家庭的影响与事件本身的大小没有关系，与人有关系。那个事件你看上去很大，事实上不大，都是外在环境的刺激而已，那不是真相，你不断产生、持续解读的这个才是关键。所以在此有两句话提醒各位，这对你面对原生家庭、夫妻关系很有帮助。第一句，当你没有感受到爱的时候，不代表爱不在你的身边，因为每一个人表达爱的方式不一样。第二句，当你觉得你很受伤的时候，并不代表别人是故意要伤害你。其实没有人故意伤害你，也没有人不给你爱，是你自己产生的内在思想在伤害你自己。

我对自己不断突破内在的过程有深刻的体验。比如，我们现在很少用电话，大部分都用微信、QQ 等通信软件，其实文字的表达都是模糊的，但我们在解读的时候，会将情绪投入其中。你解读一句话的情绪，是用自己的思维方式在解读。每个人表达文字时的心情都不一样，其实你看文字的过程，是用自己的情绪在解读，也许对方根本没有这个意思，但是你误会了。所以我认为用文字交流、传达情绪的时候，本身就有很大的解释空间，因为文字背后的情绪，每个人的解读都不同。那么情绪的产生，就缘于自己内在的解读。我要说的是，我们解读事情的方向时要很小心，每一个偏颇的思想背后，都有需要面对的功课。所以我才说：当你没有感受到爱的时候，不代表爱不在你身边；当你觉得你很受伤的时候，不代表别人是故意要伤害你。

第二个案例中，这位先生真的不尊重太太的家庭吗？真的不在意她，而让她一个人去洗碗吗？不是，那只是一种习惯而已，这与爱不爱没有关系，更谈不上伤害与不伤害。但是太太却把它解读为受伤、不关心，这全部都是内在思想产生的结果，而她的先生根本没有伤害她的心。当然你可以说，这个先生太不懂得太太细微的心理感受，也可以说这个先生做人做事还不够圆满，但是她内在产生的偏颇信念会变成她的痛苦，就是她生命的功课了。

今天，你是站在一个旁观者的角度看问题，所以你会看得很清楚，觉得没什么，你不会觉得很痛苦。你还会觉得，对呀，为什么她要这样？可是当事情发生在自己家庭的时候就不一样了，你会过度地解读，完全看不清楚问题。这就是为什么我们要通过案例，帮助我们看见自己的问题。在此，我想告诉各位，不仅对方不是故意的，甚至不是不爱我，是我们的内心没有足够的慈悲，是我们内心的能量不够。为什么我会这样讲，我说了你就会明白，今天我们为什么活得这么辛苦，其实代表我们内在缺少爱，缺少能量。这才是事情的真相。

我们会遇到这些事情，就是要唤醒我们内在的爱与慈悲。其实原生家庭所出现的问题，也是要唤醒你内在的爱与慈悲。就像第一个案例，女孩其实很爱她的父母亲，可是又很讨厌他们，她不想面对父母亲，又很想接纳他们。她明明很爱父亲，但她不能接受父亲的行为，她也爱母亲，但妈妈的心情她无法照顾，她处在矛盾之中，其实是她内在的爱不够，内在的能量不够，她才会陷入这种纠结，而原生家庭就是在提升我们内在的爱与慈悲。

如果你在工作中，在家庭中，在面对一些人、事、物的时候，你发现内在的动力不够，你可以回归原生家庭，从原生家庭当中找答案。各位，原生家庭是我们生命动力的源泉，也是我们的根，这就是我们古人讲的孝道。其实西方讲的原生家庭，就是我们老祖宗所讲的孝道。我们会发现，面对父母的时候，就是我们解开自己生命纠结的时候。

为什么在面对父母亲的时候，她内心很纠结、很痛苦？如果她跨不过这一关，她没有办法心甘情愿地面对父母，她就没有办法让生命的能量产生单一性。能量单一，才有办法对外处理问题。如果你内在的能量充满着矛盾，你就没有办法面对外面世界的复杂，因为你不知道这样做到底是对还是不对，是爱还是不爱。你内心永远在挣扎，你会活在一种很模糊的状态。这个模糊的状态是怎么产生的？来自你与父母亲的连接，你对原生家庭的认知。你若没有办法突破，你就会一直陷入批评与对立的状态。

最后，我要跟各位分享单一性的重要性。刚才说到单一性，请你在家庭当中给孩子一个单一性的能量。各位，父母亲的关系越稳定，越和谐，孩子越会获得以下三个方面的能量：第一个安全感，第二个责任感，第三个亲密感。这三个方面各位也可以自己审视看看。

第一，问问自己，你的安全感如何？第二，你对事情有没有责任感？第三，你跟伴侣相处，或是与人相处，你有没有亲密感？这些都来自你的父母亲关系稳不稳定。也就是说，孩子越在稳定的状态下成长，这三个方面就越健全。

人都一样，我们今天没有办法面对外面的世界，是源于我们的内心没有一个单一性的能量，我们的思想很混乱。我们处在一种模糊不清、犹豫不前的状态，所以我们没有办法面对。我们内在有很多冲突，一方面来自我们与原生家庭的冲突，另一方面来自与父母亲关系的不稳定。

现在你懂了这个道理，那么请你尽力承担一个父母亲应该有的责任，不要把教育子女的责任推给另一半，教育孩子是你们两人共同的责任，不要期待一个人的付出会让你的孩子变好，孩子是你们两个人的，你们都要负起这个责任，这是你要做的功课。如果我们没有时间在家里常常照顾孩子，而要另一半负担起全部的责任，那么，这样做的效果很有限。

夫妻双方都要努力，我们要建构一个和谐稳定的家庭关系、夫妻关系。经历过的痛苦，我们要有处理的能力，还要帮助下一代，不要让他们再次痛苦，这才是学习原生家庭的意义。我希望通过这一讲，各位能看清楚自己怎么与原生家庭产生过度的连接，又应该怎么看清楚自己的内在，要怎么还原事情的真相，而不是过度地投入情绪。希望各位在学习这一系列的课程过程中，不要只是听，要下功夫做功课。

第五讲

探索原生家庭背后的力量与价值

前面讲到，教育孩子时，我们需要能量的单一性。各位仔细想想，这样的状态真的只是孩子需要吗？大人不需要吗？我们现在没有办法处理外面的事情，也是源于我们内在没有单一性的能量。我们内在存着很多复杂的情绪，我们无法统一对外，我们混乱痛苦。如果内在的能量是单一性的，那么面对外面的事情反而好解决，我们不会很纠结。

我用个简单的比喻，你今天想要得到一个好的东西，如果你很清楚地知道，一个好的东西，必须付出劳力、时间、金钱等代价才可以得到它，那么你在付出的时候，你的内心不会痛苦。然而，如果你的内心存着不劳而获的心态，那么你想要得到一个好东西时，就会很痛苦。比如：你想得到好的收成，但你不想付出劳力；

你想要得到成就，但你不想付出时间；你想要得到好的东西，但你不想付出金钱。如果我们心存不想付出代价但想要得到好处的想法，那我们把情况变复杂了，思想情绪开始产生很多变化，用错了心机，对我们没有帮助，因为我们并不是最聪明的人，我们也不是能力最强的人，很有可能让自己陷入混乱的生活之中。

单一性的能量，就是在帮助我们理解，让我们很清楚地知道，我们要得到任何好处，都必须付出相对应的代价。这样我们就不会有过多的心机，想占便宜，或是逃避责任，甚至认为自己很有本事，做一些打擦边球、走灰色地带的事。

我跟大家分享这个观念，是要帮助大家在学习原生家庭的时候，先回归内在最原始单一性的能量，我们对孩子进行的教育也是如此。我并不是说我们不需要懂变通，或是不需要做变化，但是我要跟各位讲，如果我们连基本的单一性能量都没有做好，那么我们没办法驾驭变化的思维。我们每一位都是成年人，应该可以理解我想要表达的意思。我并不是叫大家不要变通，但我要告诉大家的是，如果你没有基本功、不够稳定，那么变通对你而言就会产生混乱，非常有难度，对于一个孩子更是有困难，这是我要跟各位表达的重点。

你今天不能跟一个思想还不成熟的孩子说，这样的情况也可以，那样的情况也可以，否则孩子会分不清楚什么情况之下是对的。我们每个人成长的过程，其实都是在建立一个标准，每个人都有自己的标准，都有自己的框框，而这个框框要能够符合或是能应对大部分的人、事、物，因此这个框框很重要。如果我们在教育孩子的过程当中，孩子在原生家庭的成长过程中，没有办法建立一个稳妥的框框，那么他往后的人生就会活出混乱的状态。

我们用这样的态度来反省自己，在人生面临问题时，之所以没有办法处理，是因为内在思想混乱，其实也就是原生家庭造成的混乱。因为当时我们还小，这个混乱的程度我们没有办法驾驭。但是我们长大了，现在有足够的能力驾驭当时的混乱了。当然我们要脑袋清楚，否则我们也没有办法处理当时的混乱，这就是我们在学习原生家庭时，我一直强调并建立很多重要的基础观念、重要原则的原因。

如果你不遵守这些原则，那么接下来的学习也是混乱的，就好像你有很好的开车技术，如果你不遵守交通规则，那么一样出交通事故。同样的道理，今天学习原生家庭，我们要先回归单一性的能量，只有如此才有办法解决内在的混乱。

我们都是成年人了，我们都想给孩子一个稳定和谐的家庭关系。这样的关系代表着单一性的能量。当然我也理解很多人的家庭，可能因为某些原因父母离异了，但是这都没有关系，重点在于和谐与稳定的内在状态。人与人的相处，就是要建立一个稳定且和谐的状态，这样孩子才有办法发展出稳定的思想，这是我们要建立的，也是我们现在需要的。

接着，我要谈谈原生家庭中第一个重要的问题即安全感。从安全感这个角度，帮助大家深入剖析思想与个性是怎么变化的。

有这样一个案例，一个女孩明明很优秀，但是她每次恋爱的对象都是对情感不忠诚。我从大学跟她认识到她结婚，我感觉怎么好像所有的悲剧都发生在她身上，她也怀疑自己的判断能力。很多人都不能理解，同学、同事、朋友也不能理解她。为什么？因为她的内在能量出了问题。

我们每个人的内心都需要安全感，什么是安全感？小时候，当你害怕的时候，需要被拥抱，需要被鼓励，对不对？这是单向式的需求。今天你跌倒了，你哭了，心里最需要的是鼓励。如果这时候，父母亲鼓励孩子说"乖，不用害怕，自己站起来，不用担心，走过来，妈妈（爸爸）疼你"，那么孩子建立的是单向式的心理能量。但是，如果父母亲在这个时候说"跌倒了有什么好哭的？男孩子不要哭，哭没有用，你怎么这么爱哭！"那么，这个时候孩子内心产生的能量比较混乱。

各位应该可以理解我的意思，也就是他内在的情感需求，在这个时候产生了冲突。他内在这个时候需要的是安全感，但是他又怕被妈妈否定，认为哭会得不到爱，此时内在产生了矛盾，这时候问题产生了。我们认为这是小问题，长大之后，我们也是用这样的方式在对待下一代，这是复制原生家庭的模式，看起来很小的事情，但却产生了很大影响。那就更不用说，家庭很不和谐、很不稳定所产生的能量上的纠结，因为他内在产生的冲突更大。我们每个人的内心都需要安全感，只是需要安全感的程度不同，比如有的孩子你拥抱他十分钟就够了，有的孩子要半个小时，你说谁对谁错？

我们每个人的内在都需要安全感，当我们充满安全感，或是被足够关心时，我们自然会迈出步伐，愿意探索未知，愿意提升自己。各位，我用个最简单的比喻，今天你随便考都可以考六十分，请问你考六十分还会快乐吗？你是不是自然会要求自己考七十分？人充满安全感的时候，自然有动力提升自己，其实不需要被要求，当满足你最基本的需要时，你就会往上挑战自己了。同样的道理，今天你的人生状态没有办法进步，没有办法突破，代表你心里有某部分的安全感没有得到，而这个问题，成为你人生的一个缺陷，也就是说你永远没办法突破这个心理状态，因此你生命的问题反复上演。

安全感是我们每个人内在强烈的需求，一个孩子，他越有安全感，以后面对社会的复杂，他越有自我面对、自我处理的能力，他内在是有能量的。因为他的父母亲给了他足够的爱，足够的安全感，因此他不需通过向别人乞讨爱来得到安慰。他结婚之后不用向另一半乞讨爱，反而他是可以付出爱的人，因为他内在拥有稳定的能量。案例中的问题，在于女孩的内在很恐慌，安全感的需求很大，所以她对自己没有信心，很自然地选择比她差的人，因为她迫切想要得到安全感，误以为比她差的人就可以让她安心，就不会离开她，是她可控制的。但事实上，越差的人，问题越多。最后，她内在产生了一个信念，她认为只要找一个可以陪她的人就可以了。这个思想就成为一个很大的问题，各位，找一个可以陪自己的人不就是最基本的条件吗？这就是她的需要。她内在的能量如此低落，她所感召的姻缘会呈现出什么情况？这是她内在的缺失所创造出的问题，所以她找的人反而创造出更多的安全感问题，因为真正需要被改变的人是她自己，没有任何人可以给她足够的安全感。

在成长的过程当中，我们常常因为自己的缺失而看不清楚问题的真相。各位，我想大家都有这样的体验。我们很缺某个东西，我们会怎么样？我们会希望下一代不要缺，对不对？我们会给孩子很多爱，甚至会溺爱孩子，因为我们以前没有啊！所以我们现在尽量地满足，给孩子很多。各位，给孩子很多物质上的满足之后，孩子就会有安全感吗？也不会，为什么？因为孩子内心没有办法感受到安全感，其实是你要先面对自己，解决自己安全感的问题。

因为你从来不知道如何建立正确的安全感，你以为是外在条件的不足让你没有信心，其实是你在成长过程中的能量混乱。因此，你的孩子，即使你给他所有的一切，他也不会得到安全感，你会看见孩子跟你有一样的问题，问题不在于你给孩子多少物质条件，而在于你有没有办法解决自己内在的问题。只有你能处理好自己的问题，你才有办法引导下一代处理问题，因为我们人的内在是共通的。所以，除非我有办法面对自己内心安全感的问题，不然我也没有办法处理你们的问题。

还有一个案例，有一个学员的妈妈晚上总是很晚才回家，他常常看不到妈妈，内心感到孤独，感到冷漠、冷淡、寂寞，希望有一个人陪他，但这其实是他自己内心必须突破的。然而，有的人不会，他回到家，如果妈妈不在，也不会觉得孤独，他不会没有安全感，他觉得有书可以陪着他，有音乐可以陪着他，他觉得这就是一种安全感，所以他没有这个问题。一样的家庭环境，但是他却没有这个问题，因此他往后知道怎么引导孩子，他看得清楚问题的真相。

建立安全感，他就不会产生很强烈的两极化。事情的真相是什么？这个妈妈，因为要做好几份工作，所以没有办法很早回到家，没有办法陪孩子。但是因为那时候孩子还小，在念小学，自然觉得很孤单，因为吃饭都是自己，会产生寂寞的感觉，因为这样的想法，所以孩子很痛苦，觉得没有安全感。

然而，有的人不会，有的人觉得这跟安全感没有关系，这就只是一件事情而已，他没有太多的情绪。他通过看电视来处理妈妈不在的空缺，所以他用电视来陪伴自己，但是他往后比较不懂得跟人相处沟通，因为他的妈妈很晚回到家，跟他相处的时间很少。同样的问题，有的人通过电视，有的人听音乐、看书，有的人懂得正确处理内在的感受，用正确的方式解决实际的生活问题，无须夹杂过多的情绪。

但是如果你今天产生的想法是：因为我的母亲没有给我足够的陪伴，我内心很痛苦，所以我没有安全感。那么你内心产生了一个信念，这个信念就是：我要陪我的孩子，我要有足够的时间陪他，他要什么我都要尽量地满足他，这样子孩子才会有安全感，才不会跟我一样。真的是这样吗？也许，站在事情的另一面来看，如果我是你的孩子，我会解读成，我的妈妈永远只会给我物质的东西，可是我内心在意的，妈妈都不懂，我一样没有安全感。因为你自己缺少体验，所以你不懂得怎么处理这个问题。在教育上，如果你没有足够清楚的思路去面对真实的问题，那么问题会越来越复杂。

安全感是我们内心最重要的一个需求。我们可以仔细观察孤儿院的孩子，试着去接触他们。这些孩子我归纳出两种特别的性格，我们可以仔细反省自己有没有同样的情况。因为从小被抛弃，他们觉得自己是没有人要的孩子，所以对人的反应很麻木，他们也不会笑，也不想与人有过多的接触，自然也不想过多地关心别人，这是第一种。第二种，你再仔细感受，有的孩子会表现过度的热忱，他想要让你喜欢他，因为他想得到别人的喜爱，他不希望自己又被抛弃，所以他一直都在讨好，那种感觉好像失去了自己，“只要有人愿意疼我，我就对他好，因为我害怕再被抛弃”。

因为过去的家庭问题，孩子被抛弃了，所以孩子的内心世界产生了两个极端的反应(上述的两种情况)。各位，是什么原因？就是他内在没有安全感，内在没有充分得到安全感。因此他往后产生的所有行为与个性都会是两个极端，而这些行为与个性都不是我们解决自己生命问题的正确方向，这些行为与个性都是在过与不及的状态下产生的。

因此，要面对原生家庭带给我们的生命力量和价值，我们就必须先处理安全感这个问题。安全感是很抽象的感受，我们必须先练习觉察：你从小最需要，但是你一直都没有办法得到满足的是什么？这让你产生了什么心理需求？这是很重要的练习功课。我们每个人的内心都有这个问题。

比如你曾经失去什么，所以你很渴望得到什么？我们把那种渴望得到的东西，变成内心的一种缺陷，这种缺陷变成痛苦，让你过分执着，因而产生了很大的幻觉。我用一个简单的例子帮助大家理解。我曾经有一个亲戚，因为他家里很穷，所以他要到外地打工挣钱养家。他从小就离开父母，离开故乡，离开他熟悉的环境。在他的印象当中，他家附近有一条很大的河，那时他和邻居常在河里抓鱼，大家玩得很快乐，这是他存在头脑中的印象。他家附近有一片很大的果林，果林里有很多水果，可以摘来吃，大家都爬到树上摘，玩得很快乐。因为他从小就离开家去打工了，所以他脑中的印象就是如此。后来他结婚了，有一天他回到故乡的时候，他说，家旁边不是有一条大河吗？怎么现在找不到了呢？他觉得很奇怪。这时旁边的邻居说，家旁边没有大河，你脑中的大河其实是一条水沟啊。他内心很纳闷：不对呀，我印象当中它是一条大河，附近有一片果林，有很多水果可以采来吃啊。邻居就告诉他：没有啊，就这几棵水果树而已啊。各位，明白我要讲什么了吗？因为我们还小，我们对很多事情的解读就像是这种情况。等他长大再回到小时候生活的地方看，其实就是一条水沟，旁边就只是几棵果树而已，但是他小时候的解读与现实存在很大的差距。

我们所谓的安全感，等我们长大再回头看的时候，会看清楚那是小时候的幻觉，如果我们没有处理，我们不去面对，这个幻觉就会变成内心的一种痛，那么我们一生都会觉得没有安全感。也就是说，你从小最需要且没有被满足而产生的种种心理需求，就像你小时候看到的那一条大河、那一片果林，那都是你的幻象，并不真实。

你现在长大了，你应该回归你的内心，看清楚事实，就是：你的母亲没有时间回来，因为她有很多工作要做，这跟你有没有安全感没有关系。当你可以突破内在这个问题的时候，你就会有转变，你的生命就会获得力量与价值。各位，我们一辈子在寻找的安全感，其实就是我们生命的力量。什么意思？因为你一直想要寻求安全感，所以你的内在产生了一个信念，这个信念就成为你人生的动力。

因为你从小缺少爱，缺少安全感，所以你要给你的孩子安全感，这成为你生命的动力，但这个动力是有问题的，如果你没有处理好自己，你的孩子一样不会感受到爱与安全感。为什么？因为你内在产生的这个动力，很容易充满仇恨、愤怒或是扭曲的爱等极端情绪，它会摧毁你一切的成果，摧毁你一切的努力。你要记住，如果你的内心永远都在两端，那么你产生的就是仇恨与愤怒，你没有办法看清楚事情的真相，也就没有办法解决你原生家庭所带来的问题。

当你看清楚父母亲就只是没有时间回来陪你，与你的安全感是否建立没有关系时，你就能够修补自己的内在能量，它就会成为你生命当中真正的力量和价值。如果你内在产生的生命力量来源于仇恨、愤怒、抱怨，那么这样的力量到最后会摧毁你的一切努力，除非你看明白事件的真相，化解这一份错误的动力。当你内心没有缺憾，面对事情的时候，你就突破了原生家庭所带给你的困难，你就走出来了。

在原生家庭里面我们需要单一性能量，不然会影响第二个主要问题，就是亲密感。各位，我要跟大家说明，每个人从出生开始，第二个需要被满足的叫作抚摸，或者说是被拥抱，也就是肢体上的触摸。有的孩子很黏妈妈，一直需要被抱，抱到两三岁、四五岁甚至再大一点。你知道这让孩子产生什么思想与性格行为吗？就是爱的感受能力。

亲密感的需求什么时候能被满足？没人知道。什么意思？请问，你的生命当中，你长个儿最多的时候是哪一个时期，有的人初中时就长个儿，有的人高中时才长个儿，这没有办法勉强，因为每个人的成长有他自己的节奏。我时常跟大家分享，每个人的生命成长有他的需要。如果你的孩子到三岁、四岁、五岁还黏着你、要你抱，你不要觉得他是依赖，你要说他需要的时间比较久。请你不要在这个过程当中对他的行为进行否定。我们很容易否定别人，一个孩子需要拥抱的时候，你跟他说你现在很忙，不要来吵你，这就像孩子跌倒了，你对他说哭没有用，哭什么哭，那他内心会产生冲突。其实你只要鼓励他站起来就好，拍一拍，然后来你身边，你抱抱他，这样他的内心自然会有能量。

同样，他需要亲密的时候，你要给他更多的爱，通过拥抱及身体的接触安慰他，可是假如你一直拒绝他，那么孩子得到的信息是什么？就是“你不爱我，你不喜欢我”，他内在需求没有被满足，从而成为心理缺陷。

这会产生什么问题？以后他成家了，在夫妻相处的时候，他没有办法正常地表达爱。我想我们都有这样的问题，各位应该都有这样的感受。尤其你对孩子的表达方式，应该更明显，你明明很爱孩子，但是你讲出来的话通常都是威胁、恐吓与控制。比如孩子尿床了，他哭了，请问这个时候你应该说什么？不要哭啊，抱抱他，告诉他下次赶快起床上厕所就好了。可是这时候你偏偏笑他、骂他、指责他，然后说“这么大了还尿床，真丢脸，你羞不羞啊！”

请问孩子的内心会感受到什么？孩子的内心感受不到爱，这会造成他往后与人相处的时候觉得别扭，尤其是对越亲密的人，他做出的行为越别扭。这就是为什么很多夫妻明明很相爱，可是他们相处的时候常常在吵架，其实他们很关心对方，但是讲出来的话却让对方痛苦，为什么？因为在成长的过程中，他没有办法感受到亲密感，这导致他内在有冲突，并且不知如何正确表达。

人出生的时候都是一张白纸，通过对方的反应来发展自己的行为与思想。如果我们在路上看到一只很可爱的小狗走过来，这时孩子说“狗狗好可爱”，妈妈或者爸爸会说什么？“有什么可爱的？脏死了，不要摸。”这时孩子想的是什么？各位，不要小看这些话，就这一瞬间会让孩子的内心有很大的冲突。比如说，我们都曾经带孩子出去玩，孩子只是很好奇地在地上玩沙，玩得正欢的时候，妈妈说：“不要玩了，那里有很多细菌，你是笨蛋吗？不要去碰，不听话是吗？”孩子接收到的言语都是负向的，我们没有看到孩子内心的需要。孩子觉得小狗好可爱，我们做父母的不要马上反对，而要说“对呀，好可爱哟，我们摸完狗之后呢，要洗洗手”。各位，明白我表达的意思吗？我都是单一地处理能量，我没有逆着他的能量。“这泥土真的很好玩儿啊，我们可以做很多城堡，那我们玩好后要记得洗手。”如果我们这样说了，他的性格与思想会发展地更好，这就是能量单一性的重要。

往后他对太太与孩子，就懂得用这样的方式表达。这就是家庭不断影响我们的地方。我们有时对自己的行为百思不得其解，其实都是受原生家庭潜移默化的影响。看起来好像我们都长大了，都很理智，其实我们内心世界仍然不断跟我们小时候受到冲突的那个环境连接。我再说一次，我们读了这么多书，受了这么多的教育，但我们在紧要关头，面对一些行为所做的反应，都跟小时候在原生家庭所产生冲突的那一个内心做连接，我们当然没有办法改变。

孩子内心产生的想法是，妈妈不喜欢。他看到小狗很可爱，他内心产生的想法是“妈妈不喜欢”，他不想让妈妈不高兴，一方面压抑自己内心的喜爱，另一方面又要考虑情感，不然会被打、被骂。从此以后他表现的行为就是矛盾的，往后他在亲密关系中所表达的言语与行为都是矛盾的，别人不易理解。内心有这样的缺憾，他内在产生的力量就是“以后我的孩子要做什么就给他做什么”。这就变成纵容，他没有学会真正的引导与教育，他产生出来的行为是纵容，因为他觉得自己从小没有得到，现在他要让他的孩子玩个够，满足个够。

你不懂得怎么引导孩子，为什么？原生家庭所产生的生命与价值，就在这个地方。你内在产生的信念，就成为你生命的动力，也就是你想实现的价值。而你到现在还没有办法实现价值，原因在于你当时内在的那个冲突没有解决。你从小到大只是在做机械式的反应而已，你就是这样成长的，而非觉醒式的成长。

又比如说家里有两个孩子或者三个孩子。第一个孩子，我们特别疼他，等第二个孩子出生时，我们自然把注意力放在第二个孩子身上。那么这个时候，第一个孩子会有一种情绪，会觉得爸妈都在关注弟弟或妹妹，他内心产生一种难过、孤单的感受，这是很正常的事情。可是，当我们看到为了争宠得到爱，大的欺负小的，我们这个时候会说："你怎么这么不懂事，他是你的弟弟（妹妹），你都不会让一下吗？"这时候他内心产生的想法可能是：你们都偏心，你们不爱我。

以后，表面上，你在的时候他很疼爱弟弟妹妹，等你离开的时候，他欺负弟弟妹妹。如果你这时候的表达，很清楚地让孩子知道，他其实也需要被爱，需要亲密，需要被支持，你把大的叫过来，对他说："你是不是觉得爸爸妈妈比较疼爱弟弟妹妹，你觉得你自己很可怜，好像我们冷落了你？"这时候孩子会哭起来，或是有其他的一些行为反应，你完全可以知道了。这个时候你抱抱他，摸摸他，然后对他说："我知道了，我知道你很在意。好，以后如果你觉得很难过，很孤单，你就来妈妈（爸爸）这边，妈妈（爸爸）会抱你，会爱你，你有需要直接说，不要用欺负弟弟妹妹的方式表达，这样懂吗？"

请问这时候孩子学习到什么？孩子学习到正确的表

达。这时候，他内在的情感能量是单一性的，他的内心不会纠结，他的能量是顺畅的。如果我们懂得用这样的方式引导孩子，孩子往后自然懂得表达、懂得爱，懂得处理自我内在的情绪。如果这个时候，大孩子觉得父母亲偏爱弟弟妹妹，所以私底下欺负弟弟妹妹，被爸妈知道后，爸妈狠狠地打他一顿，骂他一顿，请问他内在产生的情绪是什么？也许他心里很气，会觉得爸爸妈妈不公平，这个时候他会产生什么样的思想？也许他会很在意公平，希望事事公平。这样的思想发展形成他的个性，等到他往后跟另一半相处时，他的行为很自然依此运作，但是他不自知。

假如这个孩子是你，长大后你跟你的太太（先生）相处时，你心里很在意公平，这个时候，你的另一半需要你多关心一点，多疼爱一点，你会觉得不行，这样不合乎原则。你认为事情归事情，疼爱归疼爱，你太理智了，这会成为你们夫妻相处的障碍。我们长大了，我们要回归当初事情的原型，我们讲这些变化的过程，目的是我们都要回归，重新看待事情的原型、真相。

何谓原型、真相？你长大后，你也有两个孩子或三个孩子，请问你真的比较疼小的吗？你真的不爱大的吗？不是。因为人没有办法绝对公平，你在做事情的时候，你知道时间是固定的，因此你很难做到公平。当你能够看见事件的原型时，你就能够解开内在的错误认知，也就是爸妈不是偏心弟弟妹妹，是时间不够，无法面面俱到，所以照顾你的时间减少了。当你内在没有仇恨、怒气、愤恨的时候，那么你所呈现的生命力量就可以带给你生命的价值，不然，你努力经营的一切成果，最后都会被自己毁掉。

在此，我要跟各位分享的第二个修炼功课就是——你从小常有哪些负面情绪？这些负面情绪是怎么产生的？一定会有某个事件触发，有可能是与父母的关系，或是你自己成长的过程中发生的一些事情，这些都会影响你的内在思想与情绪，你要做探索，你才有办法面对自己。我们长大了，我们不是让自己沉浸在当时的事件当中，我们要客观地看见真相。

今天，我希望各位把心静下来，脑袋要清楚，慢慢地思考，一步一步地做共修。通过案例，帮助你看清楚。因此，请大家去做第二个功课：你常常产生的负面情绪是什么？它怎么来的？当时发生了什么事情？请你搞清楚。

原生家庭对我们生命力量的第三个影响就是责任感。责任感是怎么产生的？在我们每个人的成长过程当中，安全感、亲密感、责任感，这些都是自然产生的。从小，每个人都有自我管理能力与自我要求能力。我们知道要把玩具收好、把书桌整理好，我们有表演时，会想努力做好，这些都是责任感，我们都有面对自己问题的能力。有的人责任感强，有的人责任感弱，这是怎么来的？原因就来自我们生命力量所产生的信念。

各位可以想想过去，比如当时家里发生了一些事情，当我们不如意的时候，我们会把问题指向某一个人，或者某一件事的主导者，当我们把问题指向某个人或某件事的时候，我们的内心产生了强烈的能量。当我们长大之后，这个能量并没有消除，那它什么时候会出现？你的同事、配偶、小孩，甚至左邻右舍这些人出现时，如果他们的行为与你当初的内在能量有连接，你会无意识地将你当初的感情投射到那个人身上。也就是说，你无意中会把当初的情绪用在你的另一半身上，或是把你的同事、领导当作发泄仇恨的对象，你抱着愤怒的情绪，投射到那个人身上，这个过程会影响你的责任感，影响你的人生态度。而我们的人生态度就是这样来的，当我们没有办法真心地尊重一个人时，对方会在内心默默地放弃那份责任感。

你回想看看，你明明不是故意做不好，但是因为父母亲看不到你的用心、你的付出，反而批评了你，否定了你，你是不是很自然地告诉自己：我不想这么努力了，我这么努力，你们也没看到。这个就是你内在的信念，就会产生你的生命力量，就是：我不想做这么多了，我做这么多也不会得到什么好处，反正你们还是不喜欢我。因此你的责任感也就慢慢消失了。

一个人内心没安全感，无论给他多少东西，他都会很不安，活得非常痛苦。一个内心没有亲密感的人，无论他的爱人给他多少爱、多少关心，他永远觉得自己是不被爱的，他一样活得很痛苦。一个没有办法为自己负责的人，他永远会把责任怪到别人头上，他会一事无成，也不会快乐。

我们学习原生家庭，就是要不断突破内心与父母产生的冲突，提升我们的生命能量、生命动力。我们的内在与父母有太多的冲突，我们要把这个内在的冲突化解为单一性的能量，尽可能地提升自己。我们通过原生家庭，与父母与自己和解，通过父母了解自己的过去，重新成长。在此，要给大家布置第三个修炼功课——你小时候发生了什么事情，造成了内心对责任感、人生态度上的转变？而这人生态度的转变跟你的内在信念有关系，请问你的内在信念是什么？请你把它找出来。

如果没有办法和解，我们很容易出现两极化的思想行为，要么过度依赖，要么冷漠疏离。因为你小时候没有得到爱，所以很黏人，你要对方每天都在旁边陪你，不然就没有安全感，对方会有一种窒息的感觉。或者因为从小没有得到家人的陪伴，内心感觉到孤单，因此不懂得关心别人，行为上变得冷漠、随时可以抛弃对方。这就是同样的环境所造成的两极化结果。或是说，你从小被管教得很严格，长大了，你变得呆板，不懂得变通，一板一眼；或者就是没有原则、弹性很大。因为从小被管得很严，所以长大了，不想什么都被管，有一点约束就感到痛苦，所以不喜欢对方管，反而变成一种混乱。

只要你没有办法和解，你的生命就很容易处在两种极端的状态，也就是你内在没有单一性的能量。当你时刻在两种极端的情况下，生命很容易处在混乱的状态。你必须找到和解的方式，和解会帮助你看清楚所有的一切。当你内心是单一性能量的时候，你就会知道生命的力量与价值在哪里，这个就是原生家庭给你的力量与价值。只要你能够找出和解的力量，你就能活出生命的价值。把和解的力量找出来，看见原生家庭所要带给你的价值，是我们这一堂课非常重要的地方。希望大家可以通过这三个方面，做自我的突破与觉醒，让我们的生命越来越好。

第六讲

突破原生家庭的禁锢

每个人都在成长，每个人的成长都有自己的步调。就像我之前说的，你什么时候要长个儿，没有人知道，但是我相信每个人都会长个儿。一样的，我们每一个人的内在都在成长，每一个人都在不断地自我突破。我们不能勉强任何一个人，我们也不能强迫任何一个人，当然我们更不能讨厌一个人。唯有自在的时候，他自然会长大，这观念背后的重点是什么？就是单一能量的发展。

给予单一方向的能量

我希望大家清楚这个观念，从单一方向进行教育，发展单一方向的能量，这非常重要。我们每个人都是如此，我们没有办法在一个混乱的环境下长大。因为人的内在需要一个稳定的成长过程。每个人从小到大，如果给他越稳定的环境，他的思想、个性就会越稳定。如果妈妈今天讲的是一套，明天讲的又是另一套，后天因为情绪来了又一套，那么孩子的内心会混乱。所以，如果我们今天在环境变动的困难下，仍然坚持做好，那么孩子自然就能学会负责、自我突破与心理成长。

如果我们平常讲的是一套，等到事情发生的时候，表现出来的是沮丧、失落、挫败等情绪，孩子学习到的就是矛盾与冲突，因为他不知道如何面对自己。而我们心情好的时候又是一套，孩子的内心会分不清楚状况。因为孩子是一张白纸，他一开始接受到的环境就是原生家庭。若我们的父母面对问题时，内心是错乱的，那么我们长大了，在面对问题的时候，也会很错乱。我们从小形成、发展思想与心理的环境就是原生家庭，我们无形当中在模仿着一切，这就是问题所在。

我们中国人，尤其是老祖宗留给我们的传统文化，其实就是很好的单一性能量，是非常强大的智慧，能让我们在面对事情的时候有非常好的处理依据。

今天我们讲这一套，当发生事情的时候，我们依着这一套去做，孩子学习到的就是一种责任。如果我们没有，孩子学习到的就是可以放弃。我们要时刻检讨自己能不能保持单一性的能量，就是我们常讲的一句话：言行一致。言行一致有多难，我们仔细想一下。我们在塑造什么样的原生家庭？今天我们高兴的时候，我们告诉孩子人生是充满希望的，我们努力付出，一定会达到目标。但是当我们遇到困难、遇到失败挫折时，回到家我们是一副沮丧的样子，我们对孩子发脾气，我们对人生表现出一种没有希望的样子……请问，孩子无形当中学习到什么？他不会知道这是原生家庭的作用力。等到孩子面临人生困难时，我们鼓励他要努力、要加油，请问孩子能接受吗？他不会接受的，因为他平常看到父母遇到困难的时候，表现出来的就是沮丧、失败、失落，这个时候我们告诉孩子“你要努力，你要加油，你一定可以突破的”，他是不会做到的。在这样的环境下长大，他内在的能量不够，他当然没有办法好好地往前走。

每个人的家庭环境，都不敢说是最好的，也一定有很多人的家庭环境是很困苦的。我们上一代生活的环境，要吃饱已经很不容易，在那样的成长环境下，我们想要买喜欢的东西很难，我们很自然变得压抑，而这个压抑从哪里来的？这个压抑从原生家庭中来，当我们想要买喜欢的东西时，父母告诉我们家里没有钱，钱不是说有就有的，所以我们被灌输了一种压抑的感觉，这造成我们内心非常冲突，我们想要一个好的，但是我们不敢去要，我们变得压抑，就好像我们想要得到爱，但是我们又很怕表达爱。如果这时候父母亲会教育，适当地加以引导，告诉孩子：你今天可以买喜欢的东西，但是我们家庭的经济条件是什么样的状况，所以我们只能买什么价格范围内的东西，在这个范围之内你可以买一个。孩子就知道，原来他只要在这个范围以内选择就可以购买。重要的是，他的能量是顺畅的，他可以买喜欢的东西，内心可以得到满足，他也很清楚地知道消费与正确的金钱观念。就好像我们现在长大了，工作了，每个人的收入状况不一样，我们很清楚地知道自己的收入状况，我们只能购买或者只能消费某个范围以内的花销。这并不代表我们过得不好，我们只是在不同的层级里面买我们喜欢的东西。我们的内心不会冲突、纠结，我们很清楚地知道我们在这个消费阶段，我们接受这个层级的购买力。

如果我们从小到大，因为家庭环境不好，内心产生很多压抑；如果那时候的父母亲懂得这些教育观念，或是说他们懂得表达，“孩子，你可以买你喜欢的东西，但是呢我们只能买这个品牌里面的东西，你可以挑你最喜欢的那个”，这时候孩子接收到的信息会是“我一样可以买好的东西，我可以买我喜欢的东西”，这时候他将能量适当转移了，他不会一直局限在“我们家没有钱”的这个情绪里面，然后压抑自己，觉得他永远不能买喜欢的。我们今天要突破原生家庭给我们的障碍，就必须往这个方向努力，我们要让自己往单一方向的能量去走。

我们必须找出背后的价值，而不是一直活在纠结、痛苦、矛盾当中，因为这对我们没有任何帮助，这只会让我们很难过，很痛苦。我之前跟大家讲过一个比喻，一个孩子在路上看到一只很可爱的小狗，他充满着喜悦、热情去跟小狗玩。这个时候，父母亲的语言表达是“它很脏，不要去碰”，孩子内心就会产生冲突。如果这个时候父母亲顺着孩子说“好可爱哟！摸完了，我们要记得洗手哦！”这个时候，孩子学习到的观念就是“我摸完了之后要洗手，因为野狗，它不干净，有细菌，我要懂得卫生观念，我一样可以爱小狗”，孩子情绪没有受到影响，反而会学习到好的成长观念，孩子会建立正确的思维。但是如果我们当下是否定态度：它很脏，不要碰它，我要说几次你才懂，你总是不听话！这时候他内心会产生的想法是：妈妈不喜欢我这样做，我好怕妈妈，妈妈不喜欢狗，妈妈不喜欢小动物，他甚至会解读成妈妈都不了解他的感受。各位明白我的意思吗？这里会变复杂，几乎没有固定的答案，孩子要怎么想没有人知道。这就是我们面对原生家庭最困难的地方，今天我们要突破原生家庭的禁锢，就必须先回归单一能量的总结。我们对孩子的教育，就要如此进行。

希望大家在这个地方一定要弄明白，这非常重要，我们人不可能活在太复杂的状态中。什么意思？我只是在讲一个很单纯的思想，如果你今天选择了这一个，你就要从这一个里面去贯彻，你必须顺着这个能量走下来、表里一致。之前也讲一个孩子，他看到泥土很好玩，他想玩，这时候父母亲说：“很脏！不要摸地上的东西！”他会被吓到，他当下的内心会产生冲突的能量，他往后做决定的时候，对自己会充满怀疑与不自信。如果我们教育孩子能做到单一能量，而且是非常有规矩的，非常有条理的，孩子就能学会在每一个条件下所需要建立的思想是什么。今天我工作了，我一年只能赚一万块，那么我会知道自己的消费水平在哪里。如果我想要有更高的消费水平，那我必须更努力。如果我没有更多钱，我也知道我不应该去想更多，那我就在我的那个层级里面享受就可以了，我的心态可以平衡，我的情绪能量可以通畅，自然不会有自我冲突。

如果我们没有归纳成单一性的能量，或是没有单一性的教育，那么孩子永远抓不到重点，他永远是看着家长的反应而产生自己内心的结论。这也与安全感问题有关，今天妈妈晚回家，因为要兼好几份工作，为了养家活口，那她必须很晚回家，但是孩子在内心产生了不一样的思想，她觉得一个人在家好孤单，她觉得没有人陪她，所以很没有安全感。她往后产生了一个想法“我只要找一个人陪就好了”，这就产生了问题。请问，她想不想要一个又帅又好的老公，她需不需要？当然想要啊。但是她内心很纠结，她不敢要啊，她怕又帅又好的人没有时间陪在她旁边，不是她可以控制的，她没有信心拥有啊。因为能力好又长得帅的人，时常要打拼，就没有时间陪她，因此她选择放弃这一个。她只想要一个愿意在旁边陪她的就可以了，所以她找到的对象永远都是很差的，最后连陪她都不一定能做到。

如果小时候，她的妈妈了解她内心的这个状态，懂得关心她，告诉她：“妈妈会晚一点回家，你不要觉得孤单，如果你觉得孤单，我晚上回来了，你没有睡着，妈妈一定陪你说说话，如果你已经睡着了，妈妈一样都会到你旁边看你，甚至抱着你睡觉，帮你盖棉被。其实妈妈心里在意的都是你，只是因为工作，时间无法配合上你，纵使你睡着了，妈妈都想在旁边陪伴你。”这样的信息会让孩子内心接受爱的能量，孩子会产生单一能量的总结，这会让她的内在产生力量，她会觉得妈妈一直都在旁边陪她，这就是单一能量的重要性，她自然会建立安全感，妈妈在不在她都会有安全感，思想是人给予的，也是我们自己创造的。

同样的道理，我们长大了，因为我们不了解小时候发生什么事情，很多思想都是我们自己产生的，情绪的变化也源于此，所以我们自然会跟小时候产生连接。我们长大了，当另一半在外面工作又不常回家的时候，我们心里会害怕、孤单、没有安全感，为什么？因为跟小时候的情绪产生了连接，小时候妈妈可能没有时间在身旁陪她，偏偏现在老公又经常出差。这时候应该怎么做？一个经过学习的人，他知道怎么做单一能量的总结，他会告诉他太太，“我不在的时间呢，其实我一样都是在陪你，我一样都是在想你，我随时会打电话给你，随时会关心你，我一直都是爱你的，你安心地生活与工作吧”。

这时候，她就会知道，即使先生不在，他的内心也永远都在牵挂着她。我们要做的事情就是这一个。因为我们每个人的内在都有混乱、矛盾的时候，这些矛盾、混乱也是我们的弱点，都来自我们小时候能量的混乱，现在我们长大了，我们就必须适当回归单一能量，单一能量会帮助我们突破原生家庭的矛盾。比如爸爸明明很爱我们，但是他没有时间在旁边陪我们，我们要看清楚真相，解开自己的错误纠结。如果爸爸没有时间陪孩子，孩子内心可能产生“爸爸会不会不要我了”的想法。其实孩子很想跟爸爸说说话，但是他怕爸爸不爱他了，所以表现得很乖。因为他让人觉得太乖了，也不敢表达，造成往后性格上出现某些问题。如果这时候，孩子懂得表达，而他的母亲也懂得适当地引导，她可以告诉孩子说，如果你需要抱抱的时候呢，你来找妈妈，妈妈会把手边的事情暂时放下来好好抱你，或是说爸爸只是在忙，爸爸很爱你的，你可以去找爸爸说说话，爸爸会想听的。那么孩子接收到的就是单一能量，就不会乱想，就不会误以为：我要是吵闹，妈妈就不会爱我，或是爸爸不想跟我说话，如果我在爸爸妈妈最忙的时候吵他们，我就不乖，会得不到爱。

人如果抱着这个思想，一直到长大，他都没有办法处理自己的内在纠结，因为这是在他很小的时候就形成的。我们要回归事情的真相，我们要让内心回归单一能量，那么我们就必须突破冲突，突破矛盾点，因为这个矛盾是我们自己的情绪与思想纠结而成的，事实很单纯，就是爸爸很忙或是妈妈晚上要做很多工作而已。

内在思想是自己产生的，而每个人都不同，没有人知道你在想什么。父母亲也不会知道我们在想什么，除非我们愿意表达，那么同样的环境，都是妈妈没有回家，妈妈很忙，有的孩子不会产生不安全感，他会产生没有亲密感。比如他自己看电视，这造成他很少跟人沟通，因为妈妈很少有时间跟他沟通交流，因此他跟人相处时没有亲密感，不容易信任，比较有距离。

当他觉得孤独的时候，或是没有人陪伴的时候，他选择看电视来打发时间，这就是他选择的方式。所以他不懂得表达，没有亲密感。有的人，他产生的是没有责任感。他觉得：你们都不回来陪我，你们都不关心我，你们只是留钱在桌上，叫我自己去吃饭，那我也不需要太在意你们。因此他对事情就少了一份责任感，他结婚后，他对另一半的态度就从这个地方延伸出来了。类似这些问题，都是我们小时候的环境造成的，也许都是同样的环境，但是每个人内在的问题不同。各位可以做一个功课，问你们从小到大一起生活的兄弟姐妹：你觉得爸爸是一个什么样的人？你觉得妈妈是一个什么样的人？讲出来的答案会跟你想的完全不一样，你会非常震撼，一样的家庭环境，每个人内心产生的看法却不同。

一切问题来自我们自己

我们必须很清楚地知道，一切问题来自我们自己，我们必须先让思想回归单一，我们必须先看清楚当时环境的真相。我们突破原生家庭对我们内在的禁锢，需要七个步骤。

第一步，回归过去。

第一件要做的事情就是检视过去，你必须回到过去，把过去的事情写下来，让你能够客观地看待一个故事。当你回到过去，重新看待过去的时候，你会发现过去的故事很单纯，但是我们添油加醋了。所以我们内在产生的能量就不同了。

每个人都受原生家庭的影响，从而形成了我们的生命力。生命力有两种：一种是因为痛苦而产生的生命力，另一种是和解之后所产生的生命力，这两种生命力不同，导致我们人生的结果不同。如果我们是抱着仇恨、愤怒，那么我们努力的结果不会长久，因为那个是假象，是我们抱着仇恨、抱着愤怒的生命力所产生的，最后会崩溃，我们的成果会被摧毁。但是和解之后，你重新看待过去，你得到的力量是生命的价值，它会带给你源源不绝的生命能量，帮助你突破生命中的困难，这就是我们原生家庭的价值。

第二步，加以探索。

你必须把原生家庭中的事情像写故事一样写下来，越清楚越好，因为这个故事里，有你要进步的地方，有你要探索解码的地方。首先你要先回归过去，然后你要加以探索，你要撇开你添油加醋的地方，探索事情的真相，探索对方当时的心境与你所想之间的差距。

比如说我小时候，我觉得我的爸爸非常重视事业，非常重视功成名就，但他赚到的钱很少往家里拿。为什么我会产生这样的想法，因为我认定爸爸赚到的所有钱应该给家里，让家里过得好，而不是让我们连喜欢的东西都不敢买，这是我错误的认知。现在我长大了，我重新回过头来看，因为我自己也是男人，我也成家立业了，我才发现原来男人有事业心，他不可能把所有的钱都给家里，他想把一部分用来发展自己的事业。而他给家里的钱，就好像要做适当的分配，比如吃要花多少钱，穿要多少钱，家里的水电要多少钱等，他有一个预算。等我长大之后，我再回看这一过程时，发现我的爸爸不是不给家里钱，他只是在做适当的分配，那么我过去对父亲产生的那个仇恨，导致我的生命能量有问题，这就是我要加以探索的地方。我送给大家一句话：家庭当中的每个人其实都不容易，每个人都有自己的立场，都有自己的本分，都没有办法圆满。

假如我们有三个孩子，他们年龄不一样，需要陪伴的时间就不一样，但是每个人的内心又都希望得到最多。我们没有办法，只能减少陪某些孩子的时间，这就是每个人都有让他为难的地方，都有他不容易的地方，也就是没有人可以完美。但我们今天已经是一个大人了，我们要走出原生家庭的困惑，我们学习之后，看见真相，要在内心与父母亲和解。

过去我跟我的父亲有很多交流，但每次交流的时候都会很激烈。我自己也在反省，为什么每次我跟父亲交流的时候都很激烈，我终于发现，因为我们中国人，尤其是男性，都很爱自己的孩子，但是不懂得怎么表达，因此讲话都很硬，都很严肃，话题也是有压力的，要么讲怎么赚钱，怎么做企业、做事情，要么就讲什么历史、政治，反正都是很严肃的东西。而讲这些严肃的东西，无意中会与我内在的观点、价值观有冲突。

我从初中、高中到大学，一直误解我的父亲是一个很严肃的人，总是讲怎么赚钱、如何功成名就的事，当他讲这些话的时候，我就会想，我到底要做到什么样的程度，他才会满意？难道我要做到跟马云一样吗？跟李嘉诚一样吗？不可能，所以我内心很愤怒。直到那次回家，我有很大的变化，我发现原来中国的男人太爱自己的孩子，不知道怎么跟自己的孩子交流，所以总讲一些很严肃的话题，其实爸爸就只是想找话题跟孩子说说话而已，就在那一刹那，我内心与他和解了，所有的问题全部突破了。

第三步，找出情绪按钮。

要解除原生家庭的禁锢，我们必须找出情绪的按钮。就像我刚才讲我跟爸爸的例子，每次我与爸爸讲话，我都会非常激动、激烈，我都在跟他进行价值观的争辩。

晚上躺在床上，我就在想，我明明很爱我的爸爸，可是为什么讲起话来这么激烈。激烈，带有仇恨；激烈，带有愤怒。我才发现这里面有一个情绪按钮，这个按钮是在我初中、高中、大学的时候不断累积产生的，这个情绪按钮就是要帮助我、提醒我的生命功课。换句话来说，你跟谁相处有情绪，背后就有功课，背后就有生命动力、生命能量。

当你找到情绪按钮的时候，你就会看见，你背后一定都有一个内在信念。简单地讲，就有点类似自己的誓言。比如说，你父母亲在你小时候常常吵架，你内在就产生了一个信念——我结婚以后绝对不吵架，或者说我一定要找一个不像我爸爸的人。类似的内在誓言，在你的内心一定会产生。我产生的内在信念、誓言，就是我爸爸为什么总是那么在意金钱与功名，我以后绝不会这样。实际上爸爸只是在跟我找话题聊天而已。

当我自己发现这一真相的时候，我非常快乐，因为我突破了内在的问题，原来爸爸就是想找个话题，不然我们两个坐在一起不知道讲什么，而爸爸讲的话当然是他感兴趣的。这时我才发现，十多年来我们的相处都是误会啊，爸爸只是在表达他的看法而已，他只是在讲看到什么事情，这些事情很好，可是我都把他解读成：他拿这些事情来要求我。各位，我今天才发现真相啊。今天妈妈没有回家，我们产生了什么？父母亲在吵架，我们内在又产生了什么？这里面有太多故事，这些故事都是我们自编自导自演所产生的自我痛苦。

第四步，找出情绪按钮背后的信念。

我们的内在就是唯一的导演，我们编的这么多故事，让自己的生命有这么多问题，是我们内在产生的，所以我再帮大家确定一下，我们要突破内在的禁锢，必须先从单一能量的方向走。要怎么做到：第一步，回归过去；第二步，加以探索；第三步，找出情绪按钮；第四步，找出情绪按钮背后的信念。当你找出来了，你就必须回归事情的真相，看清楚事情的真相，你要花时间去想、去处理自己的内在情绪，你要花时间突破与了解，这非常重要。

如果在这个过程当中你不知道问题在哪里，那么我告诉你，人与人互动时，其实就是在透露我们原生家庭的模式，因为我们与人互动时会呈现出我们的内心。从你与他人之间的互动方式，就可以看出你存在哪种问题，你就可以从里面找答案。人跟人相处大概有六种模式。

第一种讨好。至于怎么来的，我不细讲了，就是你很怕别人不喜欢。如果你有这种模式，那你现在就要回去找当时是怎么原因，把它看清楚，突破自己。

第二种没有办法判断事情的对错。什么意思？你没有办法做决定，很多人都是这样，因为你谁都不想得罪，那就变成什么决定都不能做，或者做出最安全的决定。这样的人生是最痛苦的，因为你做的决定，很多都不是你喜欢的，都是为了安全，所以生命没有什么动力。

第三种过多的责任感，完美主义。通常内心很敏感，自我要求很高，原因不同。常常想证明自己很有价值，处处都要证明自己很有本事，这种人内在非常痛苦。要回去看清楚原生家庭的故事，把这个故事看清楚，和解了，就可以走出来。

第四种时刻冲突，很容易陷入激烈对立。就像我与我父亲的冲突、激烈抗争。你总觉得别人讲话好像是要冒犯你一样，或是都来挑战你一样；你总是要压过别人，你有这种心态。这些性格、这些问题都是原生家庭产生的，你要回去看明白这个故事。

第五种很想掌控。你很想控制别人，或是自己很容易被控制。不管怎么样，会有这种情况：你一定要控制别人，你才觉得自己有价值。

第六种要有很多事情来做，想通过工作来肯定自己、充实自己。什么意思？你不想面对人生的问题，通过忙工作，把一切不想面对的问题都忘了，然后让自己过得好。你不想面对家里的困难，通过忙碌逃避这个家庭。

通过这六种人与人之间的互动模式，你可以看见你自己内在的问题，帮助自己和解。这六种都是我们要突破的，只要有一种，背后就有你的功课，原生家庭占了生命百分之八十的功课。为什么中国人这么强调修身、齐家？家一定要齐，只要能够突破家庭中产生的障碍，所有事情都能突破。你在外面所有的问题、所有的情绪都跟你的家庭有关系。

原生家庭所产生的问题，所产生的影响，只会有两种：第一种就是我们原封不动地接受，然后不断复制给下一代，我们不断复制，这最简单。这个很容易找答案，因为我们只是完全地复制。比如说，你的爸爸就是通过骂来表达对你的爱，那么你也不清楚，你被影响了，你也用打骂来表达对孩子的爱，那你的孩子也跟着痛苦，你自己也不知道原因，这个是最简单的，完全复制。

第二种比较复杂，完全变相的，相反的。比如说：你的爸爸通过打骂来表达对孩子的爱，那么你就不要这样做，因为你内在誓言告诉自己，你从小就被打骂，所以你不想用打骂的方式对孩子，所以你非常友好，孩子要什么，你就给什么。你用这种方式来表达，就产生矛盾了，因为你内心对父亲是充满仇恨的，没有和解，虽然你用好的方式教育下一代，但是孩子会感受到你内在压抑着这一个愤怒，因为家庭关系当中的每个人都是以能量在交感，纵使你不断给他好的一切，他也会出现莫名的行为来冲撞你的内在誓言，让你产生想要打骂他的行为，这就是原生家庭非常奇怪的地方。

对于原生家庭，我们要么就是完全的复制，要么就是复杂一点的变相，其实也简单，我们只要找到和解之处，通过和解，看清楚事情真相，完全疏通内在的情绪，产生一个单一性的能量就好。这个单一性的能量必定是爱与慈悲，没有其他的。就像我看明白我的父亲，他就是想找我说说话而已，我内心升起的念头解开了过去的误解，原来我父亲是这个意思，他是爱我的。爱与慈悲产生的时候，我们才有办法突破内在的问题。

第五步，自我省察。

同样一个事件，你从不同的角度去看，结果不一样。我建议各位不断做这件事，你写下来这个故事，你每次看它都会不一样，因为你的内心在成长，以前我解读父亲讲这么多功成名就的故事，我会觉得他是在表达他的想法，我做孩子的要耐心地听他讲，但是几年过后，我又重新解读，原来我爸爸只是想找个话题聊聊。我的内心不断地在扩展，我的能量在通过自我省察不断提升，其实事情都是一样的，但我在不断进步。

也就是说，过去家庭中所发生的一切，会是我们一辈子不断成长的动力。虽然故事的剧本都一样，但是因为我们看的角度不同，所以收获、感受不一样。就好像我们在看一部电影：是用观众的角度看，还是用导演的角度看；是用编剧的角度看，还是用一个演员的角度看，完全不一样，但都是同一个故事。原生家庭带给我们生命源源不绝的动力与价值就在这里，虽是同一套故事，但是我们不断成长，不断突破与和解，我们看到答案的价值越来越不同，我们生命的能量就越来越好。

第六步，记录情绪。

情绪就是一种答案，每一种情绪背后一定有可以让你不断成长的地方，希望各位在做这样的功课时，自己要不断加油，不要小看你的家庭，你要爱你的家庭。这就是古人讲的“天下无不是的父母”。当我们真的到理解“天下无不是的父母”的境界时，我们就有了突破原生家庭的力量。我们中国人在这一领域已经有五千年的经验，这是我们的骄傲。只要我们可以理解“天下无不是的父母”这个意义，那就代表我们的内心不断在成长。

第七步，营造新经验。

什么叫营造新经验？我们被过去的经验绑住，所以我们很痛苦。我们要营造新的经验，当我们用新的角度看待时，我们的经验就不同了。所以我最喜欢做的方式就是去听，同样一件事情，同样的环境下，都是人，为什么他们处理的态度、经验和情绪完全不同。同样都是主管给我们一个工作，我很喜欢去问那些成功的人、能量好的人怎么看。这个就是在营造新的经验。

同样的家庭环境，我去问那些表现好的兄弟姐妹，为什么你们可以活得这么好？因为他们内在的能量解读完全不同。这就是营造新的经验。我生命遇到困难，我去问成功的人，我去问能量好的人，问他这种事情如果发生在他身上，他会怎么想。他们提出的想法，与我们看到的世界完全不一样，这是我们要学习、要进步的地方。我们要多跟正能量的人在一起，我们要多跟成功的人在一起，我们要多跟积极正向的人在一起，为什么？因为他们在营造新经验，不然我们只会陷入过去旧有的经验，而我们过去旧有的经验就是情绪按钮，只会不断挫败而已。

我们一直活在自己过去旧有的情绪中，有意义吗？没有意义。既然我们要成长，我们就要常跟正能量的人在一起，跟正向思维的人在一起，跟不断产生新经验的人在一起，因为他们可以扩展我们的视野，可以打开我们的感受，不会让我们一直活在悲痛、自我谴责之中，如此我们的生命才可以成长，这是我们进步的原因。所以我跟大家分享的这七个步骤和人际互动的六种模式，可以帮助大家探索自己的原生家庭。希望各位懂得运用，通过一步一步地改变，营造新的经验，创造出新的人生感受。

我们唯有不断地学习，不断地进步，自我反省，我们才会突破。学习不是听听课而已，如果我们不愿意为自己的人生负责，不愿意为自己的人生投入，我们只是期待听到答案，那么我们永远没有自主能力。我希望各位要有自我改变的能力，当我们没有能力的时候，我们通过上课引导，慢慢建立自己的能力去解决自己的问题。我也希望每个人不断地突破之后，可以帮助周围更多的亲人、朋友突破，那是另一种成就，那是生命能量的另一个层次的展现。

生命是彼此互相的，你成长了，你周围跟你有缘的人才能成长，而你周围出现的这些人，到底要带给你的生命什么契机，就是你的生命功课。所以，千万不要放弃，不要忘记你还有慈悲心，用慈爱去照顾众生的心，这就是我们生命源源不绝的动力。原生家庭所给予我们的就是在提升我们的爱与慈悲。而众生的存在，周围朋友的存在，就只是不断反复地提醒我们，我们的生命功课还没有完成，我们必须回归家庭。所以，我们周围的朋友不就是来救渡我们的吗？我们不断地成长，就会适当地帮助到他们。

你要看见全部的故事，你要看见每个人的立场，你要了解每个人的不容易，你才能把你的心胸打开，那么你才会真正具备爱与慈悲。你才会具备生命的能量，你才能够创造生命的价值。价值、能量不是嘴巴说说的，是发生问题的时候，你具备处理的能力，那才是你生命的能量与价值。如果遇到问题就自怨自艾，还唉声叹气、怨天尤人，那代表我们还是活在痛苦当中，我们自以为好像很有能量，其实都是骗人的，真实的人生就在人与人相处的当下。

希望我们每个人，都可以活出生命的价值。我不断强调这件事，多与家人在一起相处，你会看见自己内心还有很多没有办法突破的地方，那就是你的生命功课。而你可以突破的每一个地方，就会带给你生命的能量。感恩你的家人，感恩你的父母，感恩你的兄弟姐妹。我们这一辈子最要感恩的就是与我们有缘的亲人。

第二篇

亲子教育

第一讲

管与教

这一系列课程，无非是要我们明白，到底怎么教育孩子。说起来人生也是蛮无奈的，懵懵懂懂的，我们在这个过程中走了不少弯路。

其实人都是在犯错中成长，等我们搞清楚一些事情的时候，通常都吃了很多亏，也犯下了无法挽回的过错。当然，如果用现在的智慧去面对年轻时的我们，相信一定可以处理得更好。但是我们的人生好像还没有准备好就已经进入了下一个阶段，所以我们要为自己的人生提早做准备。

课程的第一个重点

人生大概有这样几个阶段，在这些阶段我们要有清楚的认识。第一个阶段——以自我为中心的成长阶段。从我们出生到有交往对象以前，我们都是一个人生活，看起来我们和家人生活，与朋友生活，在学校生活，或是在工作当中，在没有对象之前，其实都是一个人生活。你想的都是你自己，只要自己好就行了。每个人都是这样，除非他有特别不一样的心量。

慢慢地，我们开始有了恋爱对象，我们谈恋爱、结婚，进入人生的第二个阶段。还没有下一代之前，我们进入了两个人的世界，这时我们考虑的就不仅是自己，还有对方，你要跟他沟通，你要跟他生活。这中间有太多问题、有很多智慧可以探讨，不过这不在我们此次课程的讨论范围之内。当然，这也是我们生命很重要的一部分。

慢慢地，我们进入人生的第三个阶段，有下一代的阶段。不管你有几个孩子，简单而言你成了别人的爸爸或妈妈。这时有一个非常重要的转变，我们从来没有注意，但是我们已经在运用。这个阶段说起来没有什么，但你跟孩子之间的相处会充满很多矛盾。出现这样的矛盾，我们会想不开，想不明白，我们彼此间会闹得不愉快，其实有一个很重要的观念要改变。这个重要的观念就是从你只是为自己想，到为双方想，再提升到更高的层次，我们称为教育。

你可能没有想过，其实你是一个教育家，说得更明白，其实你就是孩子的老师。但是，你从来没有这样想，你大部分时间想的是：我是孩子的父亲或母亲。我们都知道教育孩子，但想的只是我是孩子的父亲或母亲，这会影响你后面与孩子的相处。这样的观念如果没有在你脑中时刻提醒你，你会忘记自己有这样的身份！

第四个阶段，就是孩子长大了离开这个家庭，有了自己的家。你进入另外一个阶段叫智慧蜕变期，这个时候你要找寻生命更高层次的体悟。当然，这不在我们此次课程要讨论的范围之内。

当你的人生没有准备好，你根本什么都不懂的时候，就已经成了别人的父亲或母亲。你内心还没有准备好，甚至你根本不知道怎么教育孩子的时候，简单地说，我们就只是在养孩子，我们没有在教孩子。也许我们认为在教，但那种教并不是脑袋清楚地教，通常都是解决问题地教，通常都是被眼前问题逼迫着来教，这就不叫教。

我相信各位可以了解我在讲什么，当孩子哭闹的时候，我们想的绝对不是教；当孩子有突发状况的时候，我们想的不是教；当我们工作很累下班的时候，我们想的不是教。我们想的都是什么？想的都是自己！也就是说根本没有把教育这个角色放在我们的生命里，我们永远都是在做父母而已，我们并没有做老师，我这么说，希望各位不要不服气。我举一个例子，你们就会认同我讲的话。

你仔细想一想，你孩子是重视老师讲的话还是你讲的话？各位，在学校就是教育，你的家庭对他而言不是教育，这样可以理解了吗？我们并没有在贯彻教育的理念，我们只是在行使养育、抚养的理念，孩子的教育我们没有系统，没有原则，甚至非常混乱。所以，孩子在学校是一个样，回到家他是另外一个样子。从这一点上面，我可以讲一句话，我们没有在做教育，我们知道要做，但我们从来没有在做。

希望从今天这堂课开始，我能提振大家内心对于教育的重视，有系统，有准备，有承担，有包容，整个过程称为教育。如果没有，我们就是在散养而已。那么，对于孩子而言，我们在他的生命当中没有起到影响他的关键角色。

课程的第二个重点

什么叫管教？管教就是立规矩。想想看，你在家里的状况是不是如此？孩子吵闹、孩子任性，你没有办法，你所做出来的行为都是打骂，没有系统，杂乱无章，这样称不上教育。没有考虑后果，也不知道原因，糊里糊涂，这种临时抱佛脚的随便方式都不是教。

对我而言，这样的教育，就是无限的混乱，甚至是无奈的包容，或是没有办法之下的办法。各位，我们所做的教育，所对待孩子的行为往后只会让孩子活得痛苦。因为当孩子离开家的时候，不会有同学对他无限包容；当孩子走入社会的时候，不会有领导、有同事对他无限包容。

我们这个社会不会允许这样的事情发生，而这样教育的后果，会造成孩子终身的痛苦，因为我们没有教他规矩，我们没有教他情绪管理，我们没有教他反思，他在家里没有学会这些东西，走入社会他就会痛苦。这就是我们为人父母要明白的地方。如果我们现在还是散养教法，没有系统的教法，我们还希望孩子有多么好的结果，这不太有可能。

既然管教是一种规矩，那我就要问，我们所建立的规矩是什么？我们有没有依照这样的规矩去落实？我们在建立规矩的时候，和我们一般所说的管教、那种发脾气的管教是不一样的。各位要明白我的意思，如果我们只是脾气来的时候发脾气，该打的打，该骂的骂，这种不叫管教，这种叫暴力行为！就像你吵架吵不赢你老公，吵不赢你老婆，你就打他，你就骂她，这叫暴力行为，称不上管教。

管教即建立规则、原则。如果你今天在管教的过程中，建立了规则，而你的孩子破坏了规则让你生气了，让你没有耐心了，让你没有办法了，让你不知道怎么面对眼前的问题了，所以你起了情绪，动了脾气，你用了不该用的手段，你做出了不应该做的事情，通常会导致孩子要么就是胆小怕事，要么就是逆反不听话，这是必然的结果。

在成长过程中，必定要有原则，必定要有规矩。就像我们开车必须遵守交通规则，因为没有规则就会错乱，就会天下大乱。我们不能说规则不重要，规矩不重要，我们要了解制订规矩背后的用意。

我们要先了解，什么情况下建立规矩，什么情况下教育，建立规矩是为了什么，是不是有所谓的系统性、长远性、逻辑性。请问建立交通规则是不是全国都可以用？是大范围的、全国性的、系统性的、长远性的，是不是这样？也就是你今天所定的规矩，必定是让孩子避免犯大错，而犯大错是会影响他以后整个人生的。你要有长远考虑，这才叫教育。

你的规矩、原则必定包含着不可以犯错的事情，让他知道什么该做、什么不该做，只要违规了，后果无法想象。今天你在高速路上逆行，这产生的后果，我们应该可以想象，非常惨烈。规矩的建立是避免往后人生出现重大的问题，这才称得上管教的重要性。我们要先知道，管教的重要性在哪里。我现在所说的管教和你所说的管教是不是一样？我们之间管教的心胸和格局是不是一样？

假如今天你跟孩子做一个约定，晚上只能看一个小时的连续剧，看完电视剧要睡觉，看连续剧之前要把作业做完，这叫约定，这叫规矩，请问你定这个规矩的用意是什么？第一生活作息要规律，第二你考虑孩子以后就是先做完正事再玩儿，娱乐要有限制，你考虑到孩子往后的生活，其实我们自己的人生也是一样的思考方式。

你设立的这些规矩、这些规则，背后必定有长远的考虑，如果这个时候孩子不依照规定了，他破坏了规定，看完一集还想再看第二集你怎么办？他跟你吵，跟你闹，跟你说他心情不好，找出种种理由，你怎么办？

各位今天有人违反交通规则，我们是不是也一样？我们就跟交警吵，就跟交警解释：事情不是这样，我是有原因的。我们跟小孩子是不是一模一样？如果我们就是这样子，请问我们还怎么教育？各位，建立了原则和规矩，你自己先要遵守。

你要依照承诺去做，还有你不可以随意乱发脾气，你必须情绪非常稳定地来开导他。就像交警不会和你吵架，他会保持他的情绪，然后拿出他该做的记录，就这么简单。同样，你今天跟孩子之间所定下来的约定，你是否可以不动脾气，不用任何手段，只是做好该做的本分，依照你的约定。如果还做不到很自然，你可以把电视插头拔掉，然后跟他说很抱歉，我们约定就是要这样做，妈妈（爸爸）是这样做的，你也要这样做，我们都一样，很公平。

他会哭闹一次，哭闹两次，但他知道你有原则，他知道你是说话算话的，他知道你不会发脾气，所以他只能乖乖地遵守，这样的过程我们称为立规矩，称为原则，称为管教。不同成长阶段的孩子，有不同的做法，我们必须了解。如果我们不了解，我们所做的管教会完全失去意义，错失了重要的时机，再来行使这个原则就来不及了。也就是说，如果我已经二十多岁了，你再给我定规矩，已经没有用了。因为这个时候你所定的规则，在我的年龄阶段已经不起作用，也就是说在不同的年龄阶段有不同的管教方法。就像什么？就像你走上社会与读书阶段相比，做人处事的方法会不同。同样的道理，孩子的成长过程也有好几个阶段，每个阶段要有不同的管教方式，若我们想用一套单一方法掌管他的一生，是不行的。

课程的第三个重点

不同年龄阶段，管教的侧重点不同。从孩子出生到三四岁之前，这是第一个阶段，这个阶段你给孩子讲道理没有意义。在孩子 0~4 岁这个阶段，我们要建立什么样的规矩，什么样的原则？比如我的外甥女两岁多吃饭的时候到处跑，到处吃，如果父母都是追着孩子跑，追着孩子喂饭，孩子以后会怎样？这个时候你要教什么原则，很简单，吃饭就是坐在椅子上，食物饭菜就是摆在桌子上，这叫大原则、大规矩。请问你建立这个规矩的用意是什么？吃饭有固定的地方，读书有固定的地方，洗澡有固定的地方……这些就是在教育孩子。这些其实在古书里就写得很清楚，孩子在什么岁数，自然会发展什么样的行为，大脑的发育会越来越齐全。

这个阶段的观念是什么？就是坐在椅子上吃，食物摆在桌子上吃，这叫大的原则，他要吃几个小时不重要，因为你给他的大原则是坐在餐桌旁吃。我外甥女也一样，吃饭的时间，我就把她的小板凳搬过来，说“舅舅坐着吃，你也坐着吃”，孩子很乖，至于她怎么吃，我不管，她用手吃，用汤勺吃，不要管，如果连这些都要管，她会生气。我们要建立大的原则，考虑长远。当然如果你懂得儿童心理学，了解孩子内心的状况，那会有利于你教育孩子。

现在我回家吃饭的时候，外甥女自己会搬着小板凳坐在那里，她正在学说话，她会说“坐这里吃饭”。至于怎么吃，吃得满地、满桌，到处都是米粒，没有关系，为什么？她七八岁的时候自然就不会了，不用担心这个。如果她吃到一半想在沙发上跳，请问可不可以？不可以。什么叫约定？不能打破的就叫约定。这个过程就是在给她建立规则、规矩。

4~8 岁差不多进入第二个阶段。这个阶段要让孩子有界限感：这个是妈妈的钱，这个是你的钱，这个是你的位置，这个是你放衣服的地方，这个是你的书桌，这个是你的空间……教育这些。这些在清代童蒙读物《小学韵语》里面有记录，“数与方名，六岁可知，男女异席，七岁别之”，他自然会数数，他会数 1、2、3、4，他会有男女的分别，他会区分是自己的东西还是别人的东西，是自己的钱财还是别人的钱财，他开始懂得积蓄等。这些在 6~8 岁的时候越来越明显，可是出生时到三四岁时呢？他没有这些概念，这些概念很薄弱。你教育他的时机对不对呢？现在他已经进入了五岁、六岁、七岁，这个时候你的教育也要提升了，提升到什么内容呢？这个是哥哥，对哥哥要尊重；这个是邻居，对邻居要友好。

“递至八岁，乃入小学，讲习少仪，罔敢或错。”八岁，他已经开始有是非对错的观念了，要教他怎么做决定了，他已经开始懂得辨别了，他开始有自己的想法了，比如想要看自己喜欢的书，他喜欢某些绘本，他喜欢某些游戏。而这个阶段你要建立更大的原则，比如说如果跟朋友出去玩，第一不可以把衣服弄脏，第二不可以去危险的地方。这些都是大原则。甚至你可以讲，你有哥哥和弟弟妹妹，你要带着妹妹，你要照顾她。这个时候你讲这些他都听得懂。

在这个阶段，你要给他自己做决定的空间，比如说“妈妈做了这些菜，你喜欢吃什么你自己讲”，他可以说他喜欢吃的，但是不可以偏食，“你可以少吃，但不能不吃”，这就是教育。请问我们往后的人生是不是也这样，有喜欢吃的菜我们多吃，不喜欢的菜，我们不能一点儿不吃。在这个阶段，我们用一个更大的原则教育孩子，学习观念个性的转换。

在这个阶段，开始教育他要有爱、有礼貌，生活作息要正常，很多都要开始教育了。这个阶段，孩子还会反复犯错误，或者做的不是如你所愿，这个时候你要懂，你要有耐心。如果你错过了这个阶段，那到接下来的第三个阶段你一定越来越辛苦。

第三个阶段就是从小学三、四年级到初中毕业，大概是九岁到十五岁这个年龄阶段。当孩子年龄大的时候，你没有办法再哄骗他了，小的时候你可以哄骗他“你不要乱爬，要是掉下来摔伤了你会痛，你哭了妈妈不管”，你可以用这样的方式哄骗他，恐吓他。等他长大，到了十二三岁的时候，你再用这一招他不会理你了。

他小的时候不懂，他三四岁的时候不懂，乱爬，你说等你掉下来会痛，是不是这样？他不懂什么是热水，他直接去摸的时候烫痛了就开始哭，因为紧急，你给他讲道理他不懂，那个时候用哄骗办法还有效果。可是他今天到了十二三岁，你还用这种方式教他，他不会理你，他会觉得“我这个父母亲没有智慧，我的心声他们都不听，就只是回绝我，就要我照着他们的意见做”，孩子会这样想，我们自己小时候是不是也这样觉得，对不对？

这个阶段的教育方式，就是古人写的已经进入所谓的“大学”的教育，已经开始进入迈往成年礼的过程，对他的教育要建立大原则。此时，要建立观念疏导的教育理念，比如我们说的这个约定，在这个阶段，他还会愿意听，只要你讲的有道理，他愿意听。小时候你不容易讲道理，他似懂非懂，这个时候讲道理他可以接受了。我拿我自身的例子来说，现在的孩子都很喜欢打电玩，我想都一样，我小时候也喜欢打电玩，但是总不能天天打，我是说建立一个大的原则，考完当天，也就是全部考完了可以去打电玩，这个时候你想让他再念书，我想任何人都念不下去了。这时候爸爸妈妈允许我，考完的那一天可以去打电玩，这一天连续打多久都行，时间截止到晚上九点，因为九点就要睡觉，所以我考试完，比如说是下午四五点钟，我就可以一直打，打到睡觉以前。

请问考完试当天，做父母亲的需要管孩子吗？不需要管。因为你建立的是原则。如果孩子明天还要打游戏，你就可以和他讨价还价建立新的规则，或是看你想要教什么。我今天讲的是我的父亲母亲，他们只跟我约定一天，只有考试考完的那一天可以打游戏。第二天我还是想打游戏，我不想念书，我想玩，这个时候做父母亲的该怎么办呢？

这个时候，父母就要有所惩戒，比如如果你今天还是一样要打游戏，可以，但是你今天的零花钱会少一半。这个就是约定。我们从走入社会就知道，这个事情你答应了，如果没有做到，那你要付出代价。那孩子想要零花钱还是想要打游戏他会选择。我们走入社会之后，是不是也在选择？这个阶段开始教育孩子一些人生的观念，观念正确，他往后的人生会顺利，不然都是混乱的。

如果你的教育方式是把电脑插头拔掉，甚至设密码，那都没有用，因为他不懂得取舍与代价，他没有选择的机会，他会无理取闹，因为任何一个人考完试，放松下，站在人性的立场，是很正常的，如果你禁止他玩，会有很大的冲突。你这个时候给他选择，零花钱少一半，那他觉得零花钱太重要了，“我打游戏打一天零花钱就少一半太不划算”。他会衡量，当然我这是举例，实际状况各位可以调整。重点是，你要给他一些观念，而不是打骂、暴力行为。我觉得打骂是没有办法的办法，我们被情绪障碍，智慧全部都不见了。

在这个阶段可以培养孩子的财商观念。他可能说“零花钱少一半就少一半”，于是你继续说“第二天开始零花钱就没有了”。他可能因此跟你赌气，跟你怄气，接下来，你就要做教育了，你不可以自己动脾气或是妥协，你要好好找他坐下来聊，坐下来谈。其实这个阶段你跟他谈什么他都还愿意听。像我们这种二三十岁、三四十岁年龄就不一定会听了。可是这个阶段，我讲初中以前的这个阶段，他都还愿意听，这个时候是教育的最好时机。

你可以跟孩子说，这是你跟妈妈约定好的，或是你跟爸爸约定好的，你今天不照着做，那以后我答应你的我也不照着做，这样是你损失，还是我损失？你教育他人生的责任观念，第三阶段的亲子教育，很多原则是来自于自我的责任感。你对孩子讲：爸爸妈妈花钱让你念书，念不念是你的事情，但你以后的人生要自己负责，这个阶段的孩子他会听。你打破了承诺，以后对你的老师和朋友也这样吗？别人怎么看你？别人以后还想和你做朋友吗？你以后还有真心的朋友吗？你讲这些他都听得懂。如果你自己做人做事非常有章法，你是非常成熟的人，我相信这个阶段的教育难不倒你。怕的是我们自己无理取闹，我们自己也不负责任，我们也是用吵的方式，我们大概也没有好的方法教育孩子。在这个阶段，也要让孩子的内心得到肯定。不同阶段有不同阶段的原则、规矩，这个才是管教。

第四个阶段是高中这个时期，甚至往后进入大学快成年的阶段。有的人到初中还听得进父母讲的话，上高中就不一样，像我高中之后就有很多自己的想法了。父母亲讲的不是很有道理，或者父母表里不一致，我内心不会认同了。如果前面三个阶段都没有做好，这个时期的教育就非常困难。

这个时候你连讲威胁的话都没有用了，“你要是不好好念书的话，以后你就会没有出息”，这种话没有用，他不会理你。第三个阶段，你讲这种话他还会接受，第四个阶段他不会接受这些话了，他会觉得大不了我自己出去生活。这个阶段他会有骨气，他会和父母对着干，甚至他反抗你。所以第四个阶段的教育，就是我们讲的成人教育，这个阶段的管教不一样，这个时候的教育，要开始慢慢进入生命原则。

你要让他自己做决定，让他自己做判断，让他为自己的行为负责任，让他为自己造成的后果负责任，付出代价。我说前三个阶段如果都没有做好，第四个阶段只能这样。如果前三个阶段你都在做，第四个阶段教育反而变得很轻松。你已经可以跟他谈人生观念、价值观念、社会观念，你可以跟他谈很多。但如果前三个阶段没有做好，第四个阶段你能做的教育只能是代价教育，要他为自己所做的任何行为付出代价。

而这个阶段你已经帮不上他什么了，他完全自理，你也不用担心什么，他以后有没有工作都不需要担心，这个时候都要他自己独立去做。他要为自己的人生负责，这个时候父母讲的话他也不一定听得进去了。比如上什么大学，选什么专业，他有他自己的想法，你讲的他也不一定听。这个阶段你可以分享你的看法。你可以找专业人员给他谈，通过更专业的人来引导他，因为我们不是这个领域的专业人员，他不相信我们。

更早让他理解生活，理解这个世界是怎么运作的，反而会帮助他成长，所以这个是管教的四个阶段，这四个阶段都没有离开原则教育、规矩教育。而古人定义十六岁过后，也就是成年礼过后，人生要自己负责任。古时，十六岁就可以结婚了，人生要自己下决定，就要自立了。

今天的课程有三个重点：第一，我们所谓的原则和规矩，到底有没有考虑长远性，有没有考虑一致性，有没有真正的逻辑性。不能我们今天脾气来了就教训，脾气不好的时候就打骂，脾气好的时候就随便，孩子犯错也不说什么，没有原则，乱七八糟，你是随着自己的心情去教，这个我们要注意。

第二，每一个阶段，我们都要了解孩子心理背后的原因。如果你了解孩子不多，不懂怎样引导他，这样的教育效果不好。也就是说，我们即使建立大原则也会让人家觉得很无情，很死板，这个时候就要有慈爱的教育融入，而这个慈爱的教育是我们每个人都有的。很多人的慈爱会变成无限的包容，其实这是错误的。

第三，希望大家多留意这四个阶段，每个阶段孩子的心理状况都不一样，我们应该怎么调整自己的管教方式，我想这是身为父母要下功夫的地方。我所举的例子，是适用于我自己的方法，自己的家庭。而你的孩子要有适合他的教育方式，我们大家要投入时间和精力，要去想，这才叫教育。希望他的人生好，我们就要用心，用心才会有好的结果。

最后，再跟大家做个提醒，你不要管教管到最后都动禀性、耍脾气，这样就非常麻烦。如果你的管教是有大原则，是不动脾气，这样的教育才叫管教，不要一味地要孩子守规矩，结果气得要死，然后用脾气、用禀性去管教，孩子不会认同你的教育方式。这一点我们要时刻反省自己，只有在非常稳定的情绪下所做的管教，孩子才会配合，永远要记住这一点。

第二讲

爱与教

我们都是很平凡的人，总是出现了问题才想办法改变，每个人都一样。我们必须承认我们就是不聪明，所以我们更要学习，学习的人跟没有学习的人，差别就在于犯错了知不知道改变。没有学习的人，他一生都在不断犯错，而且还是不断犯同样的错误。坚持学习的人，虽然一时没有办法改变，但终究这个问题可以转换。所以我们坚持学习和提升，其实是非常好的，这是对生命负责任的表现。

就像我们对孩子的教育，不是一岁两岁，不是一年两年，他们总是在成长，我们也要不断地改变自我。也许孩子的出现就是在帮助我们成长，或者可以说我们是被迫地成长，但无论如何我们就是在这个过程当中不断地进步与成长。

有人因为错过了某些阶段，十分感慨，感到可惜，其实并不可惜，为什么我这么说呢？有时，人失去了才懂得珍惜，有时人犯错了才会更加努力。所以不用担心错过了几个阶段，迷迷糊糊走到今天，现在学这个到底有没有用，我想跟各位分享的是，纵使你错过了孩子的成长期，也许孩子都已经结婚了，你仍然可以教育他，你仍然可以对他有影响力，你仍然可以改变他，你从心态上不要先否定、先放弃，你就会找到生命的出口和动力。

每个阶段我们都有要面对的生命功课，出现什么样的课题，不是我们可以想象的。很多时候孩子出现的问题根本不在我们设想的范围之内，突如其来，不按常理出牌，我们很辛苦。辛苦是因为我们内在情绪非常混乱，波动非常大，影响了我们的行为、话语。相信大家都有体会。所以我们教育孩子的时候要先讲管教，当然更要讲爱的教育。

既然要教育，就必须有规矩，但如果只有规矩，没有爱作为后盾，那么我们的教育很容易变得刻板，变成严格、无情的相处方式。身为父母在这之间要做转换和拿捏，这需要经验，也需要不断调整，不断自我检讨。其实所有的规矩都是建立在爱的基础之上的。

我们是爱孩子才设立了一些规矩，不是为了管教孩子。但是为什么我们先讲管教呢，我们必须了解，孩子成长过程中，不同阶段的变化是什么。大家在学习的时候，要去了解，不断反省，不断创造，找出我们与孩子的相处模式。

在爱的教育方面有四个阶段。孩子从出生到四岁是第一个阶段，我们很清楚这个阶段的孩子需要我们时刻关注，没有办法，他还小，他的自我能力还没有发展完全，他甚至不懂什么叫危险，什么叫不危险。他只有好奇，只有尝试，他什么都不懂，也什么都不害怕。我们想想自己家里的孩子，玻璃瓶打碎了散落一地，他还会用手去摸，他觉得好玩。这个阶段的孩子就是这样，他在考验你的耐心，促使你时时刻刻关注他，如果你不具备这样的爱，这个阶段的孩子很容易随时受伤，一下子这里出问题，一下子那里又有麻烦。

在这个阶段，你对他的所有照顾都要小心翼翼，你甚至不知道什么原因使他感冒，什么原因造成他肠胃有问题，排便不顺畅……太多了。在这样的过程，我想问各位你是否具备慈爱，如果你没有，你会觉得这个阶段非常累，做什么都不快乐，说又听不懂，教又不是一次就会，孩子做出来的行为是又好气又好笑，你根本不知道该怎么办，而这个过程就在培养你的耐心。

我们不得不承认，养育这个阶段的孩子，是我们最辛苦的时候，是最考验我们耐心的时候，所以在这个阶段你要多陪伴、多关注他，因为这个阶段是他的安全期，非常重要。这个阶段的孩子在看不到妈妈时会哭。爸妈要上班的时候，孩子会哭着送别，还依依不舍，所以这个阶段你要照顾孩子内心的安全感。在这个阶段，你要有耐心。

我也说过，这个阶段的孩子，你要给他建立原则。

在这个过程中，他会做出不顺你心意的事情，比如他就不想坐在桌子旁边吃饭，他跑来跑去，这个时候你要有耐心，你要懂得转换，你怎么用智慧让孩子好好坐下来吃饭，你不能打他，因为越打他，越不会有效果。这个时候的孩子，打不是最有效的方法。

为什么我会这样说，因为这个阶段的孩子，他在测试你的底线。孩子三岁、四岁、五岁，他都会测试你的底线，他想看看你讲话算不算话，他想知道你对他的行为是什么反应，然后他会输入到自己的潜意识当中。这里我要跟各位分享，这个阶段，他输入进去的思想，往后就形成他和你相处的方式，造成没有办法改变的基调，这是大方向的基调。

我讲一个实际例子，你一听就会感同身受。我有一个朋友，他的孩子两岁多。爸爸跟妈妈的教育完全不一样，妈妈的教育方式是孩子吃饭时，妈妈送到嘴边，所有事情都是妈妈处理，照顾得非常好，所以这个妈妈非常累。可是爸爸完全不一样，爸爸的教育观念是，人生所有的事情都要自己来，除了危险性的事情父母要照顾之外，孩子可以自己处理的事情，他从来不帮孩子做，包括吃饭。

两岁多的孩子自己吃，自己夹菜，自己挑，看到这个情况，我非常讶异。因为通常这个阶段的孩子，都是父母亲喂着吃，而他自己吃。还有，这个阶段的孩子嘴巴还小，很多青菜要用剪刀剪成小块儿才能吃进嘴里。看到这个情况我就说，“这个孩子这样吃饭会不会很辛苦，你要不要用剪刀把菜切成小块儿？”这时爸爸讲了一句话，“这是他要想办法的事情，不是我要想办法的事情”。

我也觉得这个孩子很特别，他竟然自己想办法吃，想办法弄，我那个时候非常讶异，我说你不会担心你孩子吗？他说不会，因为人与生俱来就有这样的能力，他要自己想办法。这样的孩子，在这样的关注之下，他自然会做这件事。可是很奇怪，只要妈妈一出现，这个孩子就要妈妈喂，这妈妈跟我抱怨，说她做得好累，她老公什么事情都不用做。为什么她老公会这样，因为她老公觉得孩子什么事情都可以自己做，不用替他担心。

但在这个过程当中，爸爸注意到安全问题，只要没有危险，都让孩子自己动手，两岁多的孩子居然会在家里拿着扫把扫地，会去洗碗，我难以想象，这个爸爸是怎么做到的。我从这个地方看见的是什么？是在这样的教育方式之下，孩子懂得自我成长，爸爸放手让孩子自我成长，但看管住孩子的每一个危险行为。

当孩子进入 6~8 岁的第二个阶段，孩子的成长就发生改变了，这时候的孩子需要家长陪伴。请问什么是陪伴？你愿意跟他一起看故事书吗？你愿意花两个小时好好给他讲故事吗？你愿意好好陪他一起画图画吗？

我记得在这个阶段，我的爸爸会念故事书给我听，那个时候我还小，但我记得这个事情。我不识字，但爸爸每天都会念小狗的故事，我很喜欢听，每天都听，一天讲一则，每天固定的时间我就把书拿给爸爸让他念，爸爸在念的时候，我跟爸爸之间产生了感情连接。这是我们为人父母必须要做的事情。

我想问大家，你在孩子成长过程当中，真正陪伴他多少时间？陪伴是指用心在他身上，而不是敷衍他，“手机你拿去，妈妈（爸爸）在忙”，这不叫陪伴。你是全心全意地把这段时间留给他，还是在过你个人的生活？很多人当了父母之后，还没有把自己提升到教育家的位置，总认为孩子会自己长大，孩子会自己懂。

如果你只是在敷衍，你只是随随便便地在做，你没有真心陪伴，往后他也不会理你了。这个阶段的孩子最需要陪伴，需要你引导他非常多的东西。当你没有关注他的时候，他会做出很多你没有办法接受的行为，他要引起你的关注，他希望你把心思放在他身上，但是你不做，你也不愿意，你不想费心，若这样往后的教育就会出现很大的问题。

这个时候磨炼你内心的是，是否愿意耐心地与孩子交流，是否愿意把自己的事情放下，好好和孩子相处。我讲个实例，孩子上幼儿园回来了，突然兴高采烈地想来跟你分享学校的事情，请问你怎么回应：妈妈在忙，你去旁边看书，等妈妈忙完了我们再说。若是这样，那你就错过了最好的相处时间，多少父母亲犯下这个错误，以后想再有机会，也没有了。

你想想看，你现在都成人了，今天听了课，兴高采烈、非常有兴致地回去很想跟你的家人分享，结果你一分享他说：我现在在忙，等我忙完我们再来聊。请问你什么感觉？你还会想聊吗？你还想跟他表达你的情感吗？你还想和他说说你的故事吗？我想没了，都冷下来了，这热菜都变成凉菜了。

我们兴高采烈的心情，是想要有就有的吗？我们想一下，孩子这个时候最想和你交流，你拒绝他了，然后换你不忙了，你说：来，儿子，跟妈妈说说学校发生的事情。你想想这时孩子的心情。你是要孩子报告学校的事吗？你在做军队管理吗？你这不叫交流，你这叫报告，叫汇报，孩子跟你之间的感情会越来越淡。我们今天是成人了，我们都有这样的经验，我们今天就特别想要抱抱自己的老公或老婆，当你想抱他/她的时候，他/她拒绝你，你什么心情，你下次还抱吗？

同样的道理，这个阶段的孩子来烦你了，你要做什么，我想我们都清楚了，要先放下手边的工作。我们手边的工作真的有那么重要吗？真的放不下吗？如果你愿意放下你手头的工作，也许就是五分钟而已，或许孩子就是想跟你抱一下，有时候就是想撒娇，我们都有这样的经验，这个时候就是在做心灵交流。

孩子需要从你身上得到爱，各位，你多久没有真心地抱过孩子了？我之前在幼儿园教书，我下课给孩子十分钟充电时间，我扮演充电宝，我坐在椅子上，然后孩子排一整排，来让老师抱抱。我当时教的幼儿园孩子大都是四到六岁。我坐在那里，一个孩子过来，我就抱着他，我可以感受到有的孩子抱得很近，孩子依偎着我，我那个时候就想，孩子怎么了，难道家里的父母亲没有给孩子抱抱吗？每一个孩子都来，有的孩子抱着我说“老师，我好久都没有抱了”。我们现在父母忙成什么样子，忙得没有时间跟孩子交流，没有时间陪伴孩子。

我们今天忙的时候叫孩子自己看电视，等有空的时候，把孩子叫过来问今天发生什么事，如果是你，看电视时把你叫过来分享心情，你会讲吗？我们错过了最重要的交流时机。这个阶段的孩子，我们要多花时间。我跟孩子一起画画的时候，那种感觉很特别，我不会刻意叫孩子画什么，他画完的时候我会问他：你画的是什么，你想表达什么呢？这个时候的重点，不是他做出多好的成果，画出多好的画，这不是重点。重点是这个孩子在画画的时候，跟你诉说了什么样的心情，什么样的家庭。我跟孩子充电的时候，孩子会跟我讲他父母的事情，你可以看到这么小的孩子的感情世界，你懂你孩子吗？有时候我常感慨，孩子不顺我们的意，我们经常发脾气，为什么我们不问问自己，我要花多少时间陪伴他、了解他，有什么好生气的，有什么好发脾气的，这是我们要修炼的功课，是我们要进步的地方。

所以我说，这个阶段孩子需要我们耐心陪伴，这个阶段的孩子也容易惹你生气，有时他是故意的，因此，这个阶段心灵的交流与陪伴非常重要。我外甥女，五岁多，她非常聪明，让我难以想象，她做错事她会哭，会耍脾气，一般小孩儿都是在家里哭，可是她站在街上哭，她哭给邻居听，我觉得很丢脸，她好像知道什么事情会考验家长的内心。

孩子会故意讲出某些言语或是做出某些行为刺激你的内在，而且每刺必中，光这件事就能把你气死，她能在大街上哭两个小时，我不理她还不行，最后一定要跟她讲话。孩子要拗，你拗不过她，如果我们内在没有慈爱作为后盾，我们的规矩和原则很容易被打破。这个时候必须花时间和她交流，问她为什么要这样哭，刚刚舅舅哪里做得不好……你跟她交流内在，你就会听到孩子所在意的东西是什么，这就是我要跟各位分享的，我们要做心灵的交流。

这个阶段过去之后，就进入了第三个阶段，尤其是孩子到初中了，你觉得他还要抱抱吗？你觉得他还想和你心灵交流吗？如果在第二个阶段你没有和他养成心灵交流的习惯，这个时候他有心事会跟你讲吗？不会了，这个时候的他不会和你交流。而这个阶段，如果我们懂得做教育，我们可以从另外的方面开始和他进行心灵交流，我们可以做什么？这个阶段的孩子喜欢被肯定和喜欢，这个阶段同学之间开始比较，也在意别人的看法，自己帅不帅、美不美，这个时候很在意外在的一切，因此他内在需要肯定、尊重。

这个阶段的孩子，我们肯定他了吗？他犯错了，他表现不好了，我们还肯定他吗？你应该知道这个阶段孩子的思想，不可能有多成熟，怎么可能不会犯错，但你愿意让他尝试吗？犯错之后，你愿意鼓励他吗？你愿意引导他吗？这个阶段其实可以建立你与孩子的信任感，希望各位不要错过第三个阶段，当你与孩子建立信任感之后，他遇到困难、有了心事他才会愿意和你商量。如果这个阶段他做的不好，你总是嫌弃他，你总是否定他，他不会再来找你了，他不会理你了，这个时候你只想跟他讲道理，他听不下去，因为他内心想要的是被肯定与引导。

这个阶段的管教，是要给孩子责任感，让他知道自己可以做决定，我们从小到大也是很想自己做决定。让孩子自己做决定，让他自己选择，因为是他自己选的，他会自己负责，当他做错了，失败了，父母亲要包容，趁机引导他，而不是落井下石。在这个时候又骂他，又指责他，说“我已经跟你讲过了吧，你看，失败了吧”。这不叫教育，这也不是鼓励，这叫摧毁，这叫落井下石，这样的教育没有意义，这样教育孩子也不会进步。

有时候我看着父母亲的行为觉得很好笑，父母亲想训练孩子承担自己的事情，所以小的时候就让孩子自己背书包，可是这个书包很重，孩子会怎么样，很自然叫妈妈背，他不想背，好辛苦。妈妈训练孩子独立是好事，这个心态也是对的，但她说：你的包包你自己背，人生就是自己的工作要自己做。乍听之下很有道理，你不背以后谁帮你背？可是你想想孩子的心理。如果你是孩子，或是这件事情发生在你身上，你会觉得这个妈妈很无情，很严格，这个时候你为什么不用肯定的方式来引导，“孩子你很优秀，妈妈自己的东西也都自己拿，你也自己拿好不好？你最棒了！”这个时候你给他肯定和鼓励很重要。

我们说过，这个阶段的孩子非常需要肯定，你可以用肯定的方式讲：“孩子，你真的很优秀，妈妈跟你同样年纪的时候，还没有像你这样什么都自己来呢！你多棒啊，自己的东西自己拿，你以后一定比妈妈更优秀。”可是我们常常讲出来的话，在他听起来是发脾气、是打击，这样的教育方式，我们要反思。

今天的分享，是希望大家建立正确有效的教育观念，因为我们在养成孩子的性格，在养成孩子成长中自我负责的性格，我们就必须用肯定、赏识、爱的教育。而这种爱不是说，“哎呀，我的孩子太辛苦了，这个包包我来拿，你什么事都不用做，读书就好”，各位这不叫爱的教育，这叫盲目的爱。

最后一个阶段，初中过后到高中，甚至往后进入大学快成年的阶段。当然有的人比较早熟，初中就可以进入这个阶段的教育。我跟各位分享的这几个阶段，并没有严格限定几岁到几岁，多个一两岁，或少个一两岁，不要太计较这个岁数，重点是这几个阶段，我们的心态有没有拿捏好或者转变好。当孩子进入第四个阶段，这个时候你讲什么都不重要，他已经有自己的思考能力与判断能力，你讲的话他不一定会全部相信了，这个时候你还能教育他的大道理真的很有限了。

这个阶段孩子宁愿听朋友说，也不愿听你说，所以在这个阶段你要信任你的孩子，你要相信他。这个阶段慈爱的教育在于信任，我信任我的孩子，他既然这样讲，这样做，我要信任他，他才懂得付出代价，他才能学会自我控制。就像我，我十五六岁的时候，就开始学习自己做决定，我的父母亲在学业上懂的不多。那个时候他们也没有上过大学，无法帮我判断科系。上一代的父母亲，每天忙着三餐，孩子的功课都没时间顾及，还谈什么科系。孩子在这个阶段，让他自己去想，自己去做功课，现在网络这么发达，让他自己去找答案。这个阶段的教育重点是对孩子要有信任，要保持沟通，他决定的事情你也要知道，你要知道他是怎么想的，这样你才可以帮助他。你要给他做决定的权利，你要相信他做这样的事情有他的考虑，你可以补充，但是不可以强迫他接受。只有经历这样的过程，他才学会自我控制，不断养成内在的坚强，养成承受挫折的能力。

当他失败了，当他受到挫折了，你要鼓励他、肯定他，跟他一起分析，跟他一起讨论。就像我们进入社会，我们遇到困难找朋友，讨论商量要怎么做。这个阶段你可以扮演与孩子商量的角色，让他在人生迷茫的时候，或者思想还不确定的时候找你讨论。他会问“妈妈，如果我这样想会不会哪里有问题”，如果他愿意跟你沟通，就是好事，分析讨论完之后，接下来你要信任他的选择。

因为在这个阶段，我们已经没有办法百分之百地确定决定是对还是错，是好还是不好。事情往往是有利有弊，有得有失，这才是真实的人生。这阶段重要的是讨论。每个家庭不同，每个孩子的个性也不同，我不能说我的方法是最好的，但我们可以来讨论。我们用什么方法教，适合的就是好的，不适合的再好的都没有用。这四个阶段，就是不断扩展我们内心的过程，从一开始对孩子全心全意地投入、关注，到耐心陪伴，到对孩子的肯定赞美以及最后的信任与商量。

每个阶段的互动都是爱的教育，每个家长都扮演着重要的角色。有人可能会说，“我已经错过了前面那几个阶段，该怎么办？”各位，别忘记了，前面几个阶段你花心思做好，到后面自然就轻松，但是如果没有，只要你现在开始愿意信任他，跟他好好商量、好好沟通，你一样可以做到亲子关系融洽。就怕你没有耐心，就怕你不愿意去做，怕你看到他就讨厌，怕你不是从内心真的爱他。

我担心的是你不给自己机会，你也不给孩子机会，你认定的是“我都错过了，我再努力也没有用了”。不是的，生命的任何阶段，只要你愿意开始下功夫努力，就会改变。只要你愿意花时间投入，就会改变。因为我们以前没有花时间，所以我们改变的过程比较辛苦，但不代表不会变化。下面我给大家总结一下，管教与慈爱教育必须有几个条件做后盾。

第一，你要尊重他，你要把他当作大人看。我非常强调这件事，我们往往把孩子当小孩看，想打就打，想骂就骂，我想你对大人绝对不敢这么做。不论哪个阶段，在管教或者慈爱教育过程都不能丧失尊重。什么是尊重?我尊重你的选择，但你也要尊重我的选择，不是不干涉，是尊重。

第二，接纳。接纳他自己所做的决定，比如这个孩子，他想买这一条裤子，可是你说这不好看啊，穿在你身上不合适等，你不要管他。你既然让他做选择，就接纳他选择的东西，纵使他选了以后不喜欢了，我们刚好可以借由这个机会做教育：妈妈让你选择，那你选择之后不喜欢，你要负责任。这个就是接纳，不要在这个时候否定他，批评他。因为唯有这样他才会吸取教训，他才不会一犯再犯。如果你一直帮他做决定，他会说我不喜欢因为是你选的，那你无法教育。可是如果你让他选，买回来又不合适，你就可以在这个时间做教育。这个时候可以做的教育很多。

第三，你要让孩子得到你的信任，你也要信任你的孩子，信任很重要。不要担心太多，这个阶段的孩子就是不成熟，我们纵使活到现在这个年纪了，也不敢说我们自己做的决定一定是对的，一定是最成熟的，谁都不敢这么说，但信任可以化解很多困难、很多危机、很多猜疑，信任是非常重要的，尤其在亲子关系中。

你要相信他能够处理好这些事情，就像我那位朋友，他的孩子两岁多能做很多事情，我真的没有见过这样的孩子，吃饭的菜碗汤勺自己弄，竟然还会自己洗碗。只要你愿意信任，其实孩子都会做。像我自己，在做的读经班中，三岁多的孩子洗碗、拖地、叠被子，在我们看来没有什么好奇怪的，各位你要相信你孩子做得到。

你要给予正确的方法，你也要培养内在的智慧。希望通过这两讲，我们可以看见自己教育上的盲点，可以慢慢梳理和改变，想想如何提升自己，哪些是自己的性格、自己的脾气，造成很多事情的障碍，这是我们要修正的。唯有不断自我改变，自我突破、调整，才能生出更多智慧，找出更适合孩子的教育方法。就像我外甥女在街上哭，我就要想办法，到底要怎么处理这个事情，这激发出我很多智慧，还有我内在的包容心。其实我很感谢孩子的行为，尤其那种我无法接受的行为，通常可以让我内在做很多转换，只要我们内心能够转换，我相信想出来的教育方式就有很大的突破，所以我认为，真正的教育方法都是建立在慈爱上面的，唯有慈爱才会让我们有更多的智慧和更多的教育方法。

第三讲

教育中的怕

这堂课主要给大家分享在教育中要注意以及要避免的一些问题。我们所“怕”的事情就是我们想要避免的。因为知道一些困难，当然会想办法解决，这是好事，所以我们要绕过这个困难，不要担心害怕事情不能解决，怕的是不知道怎么处理和面对。

首先我想说，身为父母亲，教育真的不是一件容易的事情。我们都是第一次为人父母，也都没有经验，也都是在这种反反复复的学习、修正、改变的过程中成长，没有人敢说自己的决策和教育方式是最好的，我们只能不断检讨、反省、改变。重点是要找出适合自己孩子的教育方式，而不是最好的教育方式。

现在的社会大家都求好、竞争，所以也导致我们在思想上有很多害怕和担忧，但毕竟孩子不是我们的竞争品，孩子并不是为了满足我们的欲望和理想而生的，孩子有他自己生命的节奏和他要面对的功课，有时候你也知道这样做对他最好，但他就是没有办法接受，他就是听不进去。就像我们从小到大，父母亲也是耳提面命，希望我们不要走他们辛苦的老路，但问题是我们不一定能接受，我们也听不进去。

我们要抱持一个谨慎的态度，但不要变成紧张和压力，我们只要不断往前、不断提升自己就好了。每一位父母已经背负很多压力，不仅要考虑孩子的健康，还要考虑孩子的未来，我敢说打从孩子生下来之后，我们从来没有安心过，这就是我们的天性，是我们内在的慈悲，身为父母对孩子的关爱和关心是无法想象的，是令人敬佩的。

但孩子也许不这么认为，因为对他而言，他有自己的生命功课，他有自己的思想方式，再加上我们现在的父母，也越来越不像上一代父母那样有权威，我们会跟孩子交流沟通，因此，在某些行为上我们不容易获得快速有效的结果，但这是个过程，各位不要觉得气馁，只要我们愿意且方向正确，我相信最后都是好的结果。

我们要了解，在教育的过程中，能避免几个错误就好了。

第一个要避免的是——怕孩子输在起跑线上。我希望各位慢慢放下这个观念，不论孩子在哪个年级，哪个年龄阶段，我相信你都不容易放下，但如果你有这样的想法，你内心就会紧张并产生压力，只要你孩子的表现不如你意，你就会非常焦虑，你会满脑子想着要把这个问题处理好。没有办法，这是天性。因为没有人希望自己的孩子比别人差，没有人希望自己的孩子走入社会时没办法养活自己、照顾好自己。但我也要给各位说件事情，并不是赢在起跑线，人生就可以过得很好。我在教育的过程当中，最大的思想转换就是，人的成长需要时间，而这个时间是一个人心智成长最好的良药，我知道你希望孩子好，比如学习才艺，让他上补习班等，但这都不会帮助他马上更好。

因为对这个孩子而言，他现阶段的生命不需要这么多的东西，你所给他的都不是他想要拥有的，所以你与其害怕输在起跑线上，不如让他自由一些，让他内心燃起学习的欲望，不用担心孩子吃不饱，不用担心孩子没饭吃，只要你能够培养他内在的兴趣，他自然会找到吃饭的方法，这是人类的本能，不用过度担心。

回想小时候，我记得我的父母亲，几乎没有干预我在学校的成绩与表现。我上小学的时候，成绩都是全班的中后位，简单说不是最亮眼的，父母亲从来没有管教我，要我考多高的分。只要不是太差，该懂的都懂，孩子自己想念书，这才是重点。我父母亲知道学习这个事情最后都要靠自己努力，他们知道今后所有的一切我都要自己努力，而他们唯一培养我的就是我愿意努力的这种态度。在我小时候，爸爸会教我把零花钱存起来，会鼓励我把存的钱拿去买书，所以我从小就养成看书的习惯。当然，只是自己看书会非常无趣，我看完书会跟爸爸分享。有时我还会跳到爸爸身上去，把我当天看书的内容分享给他，虽然爸爸有时已经睡下，但他还是会起来听，我就把我看到书的内容讲完才去睡觉。这就是我之前讲到的陪伴，因为有陪伴，孩子的学习热情就会越来越浓厚。

我这样的习惯一直到读大学、读研究生，我买什么书，看完就会把这些书寄回去给爸爸看，爸爸看完就和我一起分享，聊里面的内容，这成为我们家非常好的亲子时光。尽管我现在已经三十多岁，但我们一直保持着这样的交流方式。你不要怕孩子输在起跑线上，你要担心的是他有没有真正的兴趣，你要培养他内在真正的兴趣，这才是重点，而不是担心他今天考多少分，及不及格，或是到底排多少名次。

在我念初中高中阶段，对于看教科书非常痛苦，因为它只是为了升学考试。我闲暇之余会看很多非考试范围内的书，这样反而会让自己成长更多，因为父母培养了我喜欢读书的习惯。各位不要认为孩子现在不好，以后就会很差，这样的担心、害怕要放下，因为这样你会很容易失望，并对教育成效产生否定。

小学阶段，我的成绩都不是非常好，到了初一成绩也不是很理想，但有个转折我永远都记得。初一有一次考试完之后，我就在想，为什么我读书都很随便，难道我就不能认真一点吗？我想看看我认真读的话，名次会怎么样？我从初一下学期就开始认真读书，成绩就突飞猛进，连我自己都难以想象，在那个时候我才知道，原来我可以把书读得很好。

这就回应我先前跟各位分享的内容，每个人的成长都有他的阶段性，他什么时候想通了就会好。所以爸妈从来没有强迫我读书，但他们会不断鼓励我养成读书的习惯。我养成看书的习惯，并不是父母强迫我去读书，或者他们说“你去看书吧，下课了先去把功课做完”等。父亲会做一件事，他会直接把电视都关掉，然后他会坐在书桌前念书，在这样的家庭环境中，很自然我也去念书了。

我在初一的时候突然自己想通了，初一以后读书成绩几乎都是班里前三名，毕业的时候也非常幸运，成绩是全校前三名，获得“三好学生”称号，有机会上重点高中。

无论如何不要担心孩子输在起跑线。我记得小时候在幼儿园，一天老师告诉我妈妈说“你的孩子反应力比较慢，他读小学最好晚一年入学，这样孩子会读得比较有信心”。我妈妈很担忧，她看我的确是不聪明的样子，然后我就比别人晚一年上学。我是很明确输在起跑线上的，但生命的安排不是我们想的那样，孩子生命需要的，不是我们焦虑得那些。

第二个要避免的是——怕孩子跟不上进度。我常常鼓励很多父母亲说，学习进度是人定的，生命的进度才重要。你现在回想人生，初中考试考得很好，赶得上进度，真的跟你的人生有关系吗？高中晚一年毕业或大学重考一年，人生真的会因此就失败吗？

我记得念大学的时候，我有一个非常敬仰的老师，他给我们讲了他的故事。他初中高中不喜欢念书，考了一个非常不好的专科学校，毕业后整天在化学工厂工作，他感到很痛苦。他想，我的人生难道就这样了吗？一辈子就做化工厂的工人吗？他就自己努力去补习，去上夜校，重新考试。我觉得这个人真的很难以想象，他考上了清华大学，太厉害了。他考上了资讯工程类专业，跟开发软件有关。毕业之后，他去科技公司上班，工作一段时间他发现对这一份工作没有兴趣，他不想整天盯着一台电脑，他觉得人生多没趣啊，所以他放弃了这样的工作，然后重新去考试，去考研究所，竟然考上了某大学的商业研究所。

他考上了商业研究所，他说他的生命从这一天开始放光，他说他找到了人生最有兴趣的科目。他一毕业就在商业公司上班，他开始学习做生意，他觉得这是他生命中最快乐的时光，他一直做到企业高层的位置。这个故事一直鼓励着我，甚至我很清楚地理解，人生际遇不是我们想的那样，不要怕跟不上进度，重点是要找出孩子内心想要奋斗的目标和理想。

人最可怕的是什么？最可怕的是盲目地生活，只是为了生存！如果我们想培养孩子内在的目标和理想，也许他今天失败了，他会想办法再去创造，他会去找寻。怕的是什么？怕的是我们都给他规划好了，当有一天我们没有办法给他方向时，他也不知道怎么走。我们到底要给孩子什么？我们要给孩子自主负责的生命，而不是一个被掌控的机器，这个就是教育。

所以说第四个阶段的孩子你要给他信任，只有这样他才可以为自己的生命找到动力，他才愿意为自己的人生负责。可能你会说，有多少父母给孩子的是信任和大胆开创他的人生？我们都希望孩子尽量不要吃苦，但我们要清楚一件事，人生的过程就是吃苦，就是跌跌撞撞，在吃苦和跌跌撞撞过程中学会长大，学会成长，这个就是事实。

你今天担心他赶不上进度，你担心他比别人落后三五年，放眼我们的一生，慢个三五年真的有必要担心吗？我们应该担心的是有没有给孩子奋斗的目标。

在我周围，很多朋友，由于自己人生想要追求的目标没有达成，他宁愿再延后一年、两年，他是愿意为自己负责的。这样的人生，我们又何必担心呢？

第三个要避免的是——担心孩子太善良、太单纯。父母的担心太多了，因为父母觉得这个社会险恶，不能教他学太好。我想这是这个时代的父母常有的担忧，古代的父母们不会有这样的担忧，他们反而很希望自己的孩子善良、单纯、正直，一心为国家、为社会。为什么我们现在的父母会认为孩子单纯、善良不好呢？

你不用担心孩子单纯、善良，而应该担心孩子没有智慧。今天我们每个人都是好人，都是善良的人，我们人生过的辛苦不是因为我们太善良，是因为我们没有足够的智慧去判断事情的对错，去经营自己的人生。我们竟然怪罪自己太单纯，我们怎么会这样想呢？一个人规矩、善良、内心单纯，这是他一生最大的福报，他是上天庇佑的孩子，他走到哪里都会很顺。我们要培养内在的德性，让他做善良的人，这才是保护他一生最好的安排，他在困境当中才会有贵人相助。

在不好的时机当中，他会遇到对的生意、对的法门，你不用担心。我要讲实际的例子，因为这在我生命当中发生得太多了。我有一个亲戚，我从小看她长大，成绩也平平，也没有什么能力，你说这样的人走入社会能找多好的工作？我就不看好她的未来，但我说一句坦白的话，她的未来比我好得太多了。你可以说她幸运，我要说是她内在的善良和单纯，上天会在对的时机给她应有的一切。我们中国人讲厚积薄发，我们就是要培养孩子的内德，让孩子的内心善良、单纯，这样他会感召最好的生命因缘，这才是最轻松的教育。

我妈妈在跟我互动的过程中，有时候也会说到生命的辛苦及种种经历，但她会跟我讲一句话：你不用担心现在经历这么多，以后你生命会非常好。为什么我的妈妈会这样说，因为她的人生从年轻到年老她走错了，她年轻时喜欢跟人家争斗，跟人家比，结果她什么都没有，她失去了很多，她人生最后的体悟是：要拥有好的内德，上天才会安排拨转因缘，让我们的命运顺遂。所以每当我妈妈看到我辛苦的时候，她总是告诉我说不用担心，妈妈在你同样的年纪时，根本不懂得这些道理，人生不知道在干什么，把自己折腾成这样才懂得反省。这是老人家讲的话，这是真实的人生教训。其实我们老祖宗也在不断教育我们这些观念，只有这样我们才会有厚福，生命才会顺利，应该培养孩子内在的智慧与判断的能力，这才是我们教育的重点。

这三种要避免的担忧是我个人的浅见，在这个地方跟大家探讨。这三个方向我们掌握住了，我们在教育过程中可以不断进步，因为我们不断培养的是孩子负责任的人生、内在的智慧以及具有德性感召好的因缘，这样我们才会真正地放心。现在，我想换立场，让父母们了解，在我们的教育中，孩子们到底怕什么？

第一，在父母亲教育孩子的过程当中，孩子最讨厌看到的现象是：表里不一，说谎，掩盖事实。我们要好好面对这个事情，从小到大父母都教给孩子最正直、最好的一面，但是当孩子看到父母亲说的与做的不一样的时候，内心会产生强烈冲击，这种冲击会转变成厌恶、讨厌，甚至产生想要跟我们作对的心态。各位可以想一下，我们自己成长过程中有没有这样的心态？

今天我们答应孩子的事情，或是已经讲好的事情，结果我们没有做到，孩子内心非常失望，他不想听你讲，因为他知道你讲的是一套，做的又是一套。我们内心也讨厌这样的人，孩子也是一样。更有些人掩盖事实，那最令人讨厌。如果让孩子觉得我们说话不算话，那只会让我们在教育中的威信大打折扣，他越大越不会理我们。

当我们的父母亲说的和做的不一样的时候，我们同样不想跟他们讲话。想想你自己，再想想你现在做什么？所以我认为教育中的问题，排第一位的就是父母表里不一、说谎、掩盖现实，这个大家要非常留意。

第二，身为父母要懂得改善夫妻相处的方式，不好的相处方式会让孩子内心充满压力，没有安全感。我想在座的每个人都有这样的经历，父母亲吵架，吵到快要离婚，气氛很差，孩子内心是恐惧无助的。这个不分年龄，我就是这样，小时候，两三岁、三四岁时，爸妈吵架，我跑到外面的水沟旁自己哭，我妹妹还来安慰我。孩子内心永远希望父母亲和乐，不然他怎么有心情好好念书。

我们要非常明白，恶劣的夫妻关系会给孩子很不好的影响。在我初中、高中时，父母亲经常吵吵闹闹让我内心非常纷乱，我慢慢对家庭产生厌恶。这样的孩子对家没有感情，他不会孝敬父母，这是我们想要的教育结果吗？如果我们没有意识到这对孩子的影响，那我们今天讲再多道理，他都不会认同，他内心是抵触我们的，是很讨厌我们的，我们讲的话他怎么可能听得进去。

第三，父母亲自己的脾气、情绪掌控能力不好，遇到事情常常对孩子发脾气。一个学员说，在他成长的过程当中，他父亲情绪控制不好，经常打他，他都记得。为什么？你今天无缘无故挨打，你心里会高兴？你会感谢他打你？你还会对他感恩？不可能！孩子对父母的尊重是来自父母做出来的行为让他佩服。

我们今天情绪不好，无论是孩子顶嘴了，还是他做出了某些让我们不满意的行为，我们都要懂得控制情绪，不要以为我们现在打他，他会听话，那是他现在没有办法反抗，等他有能力的时候，他不会理我们了，这都是我们感同身受的，我们不要把错误又施加给下一代。之前我跟各位分享，我们的情绪、脾气失控时的教育，那不叫管教，叫暴力行为。

也许我们在气头上打了孩子，我们发泄了，但孩子永远记得，我们不能怪孩子记恨，要怪自己太随便了，这会影响今后的教育以及跟他沟通时的信任度，他不愿意真心和我们相待。我们与孩子之间会有越来越多的隔阂，会有越来越多情绪的障碍。

你可以说这孩子明明错了，但我想说我们年龄比他大，我们应该有智慧，懂得包容与转换，生命中真正让人痛苦的是我们的智慧不足，我们都很善良，但我们都做错了事，我们都是好心，但我们讲的话全部都是反话。

第四，父母亲喜欢到处比较，孩子最不喜欢。不要说孩子，我们自己也不喜欢，每个人都有他生命的需要，都有他成长的进度，为什么我们总要拿别人的孩子跟自己的孩子比较？我们要先讲清楚一件事情，比较是为了让孩子进步吗？不是。比较等于直接否定孩子，孩子永远做不到。我的父亲经常拿我和我哥哥比较，我哥哥是优等生，高二就可以跳级，直接考上大学。父亲常常比较，让我觉得我永远没有办法超越他。

在我自己的教学过程当中，我不会比较，我不会说哪个学生做的很好，他都做的比你好，我不会这样比较，我会告诉他：你在你自己的生命当中有没有进步，有没有更好的体会，如果有人做的比你好，你跟他学习，但你不用自卑，你不用否定自己。我们很容易在比较的过程当中否定自己，更何况是孩子，如果你总是拿他和别人作比较，会直接影响他内在的信心和做决策的勇气，因此他很自然不敢自己做决定，畏首畏尾。

你今天不断比较，不就是希望有朝一日拿自己的孩子去外面炫耀吗？这样的循环在我们内心要停住，不然我们会永远痛苦，因为你看到的都是孩子的缺点而不是优点。你要比的地方，他比不过别人，所以你会不断加深孩子内心的阴影与压力。你单方面认为在鼓励他，但他根本不相信你。我爸爸不断鼓励我，但我内心觉得我永远比不上我哥哥，这就是我们人在真实运作着的模式。模式是不断产生的。

当我们越是探讨模式的时候，我们越是会看见更多真相。父母亲不是没有肯定孩子，问题是我们的肯定，孩子都不相信，因为他觉得你的内心是否定他的，你之前拿那么多人否定他，你现在肯定他，他不会相信。为什么我们肯定的力量很小，因为我们前面已经给孩子两巴掌，这个时候再肯定孩子，孩子会相信吗？我刚刚讲的，都是影响孩子内在思想观念的，我们人的思想都是在这样的过程当中养成的，在这样的过程当中产生的。

不知道这样的说明跟分享，大家能不能接受，我并不是说我们做的很差，我不是让各位产生自卑，我是想帮助每个人认清事实，这样才能避免错误。每个人都很用心，都很投入，都想跟孩子的关系更好，但为什么没有效果？因为我们不知道问题的症结在哪里，这才是我们要学习的用意。

孩子在成长过程中会不断结交朋友，朋友会越来越多。每个父母心里都害怕，害怕他交的朋友不好，请你给予孩子信任。如果你今天教育他的行为是正确的，他是有智慧判断的，你不用担心他。你今天会担心他交的朋友影响他，是因为你没有好好教育他如何选择和判断。这又回归到父母亲的担忧和避免问题上，以及教育方式。

孩子脱离了成长的四个阶段后，会进入社会，他们在家靠父母，出外靠朋友。朋友的出现其实就是因缘的具足，外出的孩子他遇到什么样的朋友，什么样的同事，会影响他生命的机遇，甚至影响他人生发展的方向。在我们学道的人身上，我给大家鼓励，只要你这一生做人品德正直，没有对不起任何人，你的孩子在往后交友的过程当中，在出外打拼的过程当中，都不会遇到让你担心的人。从这一点上讲，我们要不断提升自己。如果你是做生意的，你就好好做生意，好好对待你的客户，你很正直，依着这个循环，你的孩子会有贵人相助。如果你是老师，你就做好教育，教好学生，不要偏心或者耍手段，你的孩子往后自然会结识到好的朋友。

在这几个大原则之下，父母要懂得提升自己的品格，提升自己的道德，把这些做好，就是在助力孩子未来人生的路越来越顺利。所有的教育都要回归到我们自身好好做人做事，尽该尽的责任和义务，还有道德良心。

我们都不是圣贤，总是会犯错，也总是会懊悔，没有关系，只要我们不断努力，就会越来越好。

第四讲

原生家庭对教育的影响

在学习这条路上，我们有了更多志同道合的朋友，在成长的过程当中我们会有很多收获，也会有更多的信心，在学习的过程中大家越来越懂得自我探寻，在探寻的过程中会发现，有很多的思想、模式，都来自我们的家庭背景，不是一次、两次就能够处理的。所以我们成长的过程其实是非常缓慢的，是一点一滴、一步一个脚印慢慢向上突破的。

就像孩子的成长、个性的养成也都是一点一滴积累的，当问题出现的时候通常都是历经了十年、十五年的过程。我们不能把这么多的问题用一天、两天来改变。问题是不断积累来的，所以大家要有一个清楚的认知，不要着急地想要处理问题和改变问题，我们应该多花时间突破自己的内在。

在学习过程中，大家有很多的自我反省和自我检讨，我不知道大家怎么看待这件事情，对我个人而言，我觉得非常有意义，我不会觉得很累，或者觉得这样的生活很严肃，我不这么认为。我认为反省和检讨反而让我们的心情很平静，让我们的脑袋很清楚，让我们面对一些事情的时候，内在有一种安定的力量，我觉得这才是我们成年人真正需要的一种突破。

我自己仍然保持着这样的习惯，每天做自我省察，写省察日记。我会去写我心里执着什么，放不下什么，甚至我面临事情的时候，我的起心动念是什么，我应该怎么去想，怎么去化解我的内心，所以改变并没有捷径，它需要我们不断练习，从而养成一个好的思考模式。我们过往形成的负面或者不好的思考模式，也是我们一点一滴经年累月形成的，只是我们没有觉察，我们平常也不会去想这些事情。第一我们没有老师引导，第二我们看不到自己的思想，所以刚开始学习的时候会有一点点辛苦。可是事实上，只要运作一段时间以后，你会发现生命的现象和外在的事物有很大转变，其实这才是我们越活越觉得轻松喜悦的关键。

在学习的过程当中，希望各位不要想一步登天，或者自我否定，觉得自己一文不值，好像过去犯了滔天大罪一样，这个没必要。什么意思呢？我们以前没有学习的时候不知道，当我们学习之后会发现，以前真的做了很多不明智的事情，没有关系，不用自我否定或者自卑，或者觉得自己蹉跎了很多光阴，没有必要这样。重点是你现在要把自己做好，这是很重要的观念。我不希望你的自我探索变成你怨恨家人和兄弟姐妹或者你另一半的理由，如果是这样的探索，没有任何效用。我们要明白，所有问题的起源点在于没有人正确引导我们的思想。在这样的过程当中，我们产生了错误的见解和认知，其实对方不一定是错的，但我们会把对方解读为不好。所以在这个地方，我们看待问题的时候，要像看一曲戏，不用投入太多的爱恨情仇，不然你只会让自己的内心走不出来，你会陷入要么很讨厌你的父母，要么很后悔自己的人生处境，这样都不好。

生命所出现的任何安排，并不是让我们产生对立的心、痛苦的心，痛苦是因为我们智慧不足所产生的。我们知道要放下仇恨、抱怨等思想，但因为我们没有办法放下这样的心，所以很容易在探索的过程当中不想面对，或者不想改变，自然又把问题归咎于外。但是如果你抱持一种轻松的态度，就像在看戏一样，你会比较客观，比较容易转换自己。

我相信大家对原生家庭的概念并不陌生，但我想纠正几个误区。很多人曾经告诉你，或者你咨询过一些专家，他们可能会跟你说，你的问题来自你的妈妈，或者来自你的爸爸，你会很自然对号入座，也许有人告诉你，你缺乏安全感是因为你小时候父亲不常回家所造成的。这些观念自然会导向你认为自己没有安全感，就是因为父亲没有陪伴你，造成你成长过程的孤单，你不懂跟别人相处，等你结婚有了孩子之后，你不希望他失去安全感，所以你每天陪伴他。我在这里说一下，这些话有很多问题，你的安全感和你爸爸不常回家陪你并没有绝对关系，你天天陪在孩子身边并不代表他就会有安全感，这是两回事。

有的人甚至会说，我人生的失败，是我父母亲在我需要帮助的时候没有给我提供资源，如果他们给我提供资源，我今天不会这么辛苦。然后你会把生命的失败，都怪罪于你的父母不爱你，不把你当回事。如果你的自我探索都是属于这一种，那么这种探索就要停止了，因为这只会造成更多的对立、冲突，让你的生命更加痛苦。这个误区很严重，一定要先搞清楚。

我现在来说明，什么是探索自己的原生家庭，最重要的探索是了解我们的思维模式是怎么形成的，了解它是通过模仿和学习来的。出生的时候我们什么都不懂，只能通过与父母亲之间的连接产生思考和生存的模式。一个孩子刚出生就像一张白纸，他不知道你到底喜不喜欢，所以他会做出一些行为来试探你的行为。孩子在不断试探你的底线，他其实并不懂得是在试探，他只是想知道，到底他做这样的事情你会有什么样的反应，这样的做法会有什么样的结果，他其实是在归纳自己的思维模式。如同孩子不懂得烫，不懂什么叫火，当他被烫到、被烧到的时候，他会吸取教训，他就会知道，开水或火是不能碰的。

孩子不懂什么叫高、低、危险、不危险，当他爬高的时候，父母告诉他这样很危险，让他下来，他绝对不会下来，为什么？因为他不懂得什么是危险。因为他脑中没有这个东西，那他要怎么确定，当然大人会告诉他。可是这个时候他不会听大人的话，他会在上面玩，结果不小心跌倒摔下来，这个时候他就会怕，等他下次再爬高的时候，我们说一句话“会痛哦”，他自然知道下来。

我们都是在这个过程当中产生思维模式的，我的外甥女也如此。比如生活当中，像我戴的眼镜，她不懂，她觉得好玩，她用手去抢眼镜，速度很快，当我要拿回眼镜的时候，她以为我在跟她玩儿，就抓得更紧，结果眼镜断了，当然我会很心痛，也会很生气，这个时候我并没有表达内心真实的感受，她误以为我在跟她玩儿。这个世界并没有对错，就看我们产生什么认知模式。有一次，孩子把她爸爸的眼镜折断了，第一次还可以忍受，因为小孩子还小嘛。那第二次她爸爸就很生气，打了她一顿，告诉她不可以这样玩眼镜，虽然口气态度都很好，但孩子认定这个行为让爸爸生气，我外甥女哭得很惨，从此之后，她就知道眼镜不可以拿来玩儿。

那我们会问，这样的教育是对还是错？当然我们可以说这个爸爸没有耐心，但请问孩子在这个过程当中，很清楚地知道了什么——爸爸是很认真的，是不能开玩笑的。其实在这个过程当中，孩子建立了内在的顺序。为什么我一直在强调，父母亲的教育要言行一致，不然孩子没有办法遵循。孩子的问题是我们自己产生的，我们并没有反省自己，反而认为孩子不好教。同样的道理，当你懂得这些思维模式是怎么产生的时候，你就会懂得回归自己的原生家庭。

或许有这样一个错误的探寻，就像我这个外甥女，如果她长大了，误解为就只是把眼镜弄断了，爸爸就把她打得那么惨，认为爸爸不爱她了，我觉得这种探寻完全是错误的。但是今天你的探寻是：爸爸打了我，我内心产生了对爸爸的恨，这种恨造成了我解读为爸爸不爱我，是我内在扭曲了。你看见了你内在扭曲的点在哪里了，这样的探寻就是正确的。

如果你懂得转换那个扭曲的点，那么你在教育孩子的过程当中，会更加懂得言行的使用。如果我们是做这样的自我改变，那么我们在教育上会有很大的突破。我希望各位能够理解我的意思，如果我们今天还是陷入对立、自责、抱怨，就没有意义。

为什么我之前讲了很多原则性的东西，其实无形当中在帮助各位建立一致性系统，一致性系统就是打破你错误混乱的系统。当你在人生中建立起一致性的系统时，你才会发现很多问题都是你在自我矛盾后产生的，而这种自我矛盾很多来自你小时候未能解开的情绪纠结，我们每个人都是这样。

我们从小到大最先要学会适应的人就是我们的父母，在父母言传身教的过程中，我们发展出一套适应的方法，这套方法没有所谓的对错，只是为了在父母的教育之下得到生存。

人们就是这样，在与父母亲的相处中，找到了自己的生存方式，而这种生存方式就是思维模式，我们看不见，只是在很被动的情况下生存。你很清楚地知道你做这件事，爸爸会打你、指责你、批评你，因此你不讲这一个了，你也不想找麻烦。但是当你自我探寻的时候，你认为现在你不懂得自我表达，是因为当时父母亲的权威压制所造成的，结果你恨你的父母亲……各位，不是这样的，你当时的行为是你在那个环境中找寻的生存之道。

如果今天你站在一个更高的立场和境界去看待这个问题，请问你会怎么看待小时候父母亲否定你、批评你？你怎么重新解读你父母亲的否定？如果你解得开，你就可以自我突破。父母是在否定我们吗？他们其实是在教导我们，但是他们没有办法什么都解释得很清楚，他们也有自己的情绪，不可能面面俱到地关心到我们的内心状态。

那个时候我们还小，思想还不成熟，所以我们以为父母亲不关心我们，不想听我们内心的意见，可是我们长大了，我们通过正确的学习，再看待这一切的时候，我们发现，父母其实只是为了保护我们，当然他们的脾气是有不好的一面，但他们这样做并没有错。当你看到这一面的时候，你再看看自己的孩子在表达意见的时候，你就可以突破父母当时给你的那个阴影，你就不会很快地否定孩子的表达，你会听他说什么，你会比你的父母亲更有耐心，这就是你探索自我最重要的地方。

我们要学会接受什么？接受父母亲是不完美的，兄弟姐妹也是不完美的，我们的另一半也是不完美的，我们的孩子更是不完美的，因为我们都是人，我们都在这个过程当中产生我们的思想，并且不断地内化。在家庭的影响之下，我们发展成五种自我的类型，这五种类型隐藏着我们必须面对的生命课题。

第一种：讨好型。好像永远都在讨好别人。我认识的朋友当中，很多人都是这种类型的，尤其是女孩子，她认为不讨好别人，好像别人就不爱她，会抛弃她。这样的思维模式来自她的家庭，可能她从小就是被父母亲忽略的，所以她自己觉得，只要她乖，父母亲就会多疼她。或者是这样的情况，你的兄弟姐妹当中有的比较调皮，有些不受父母亲喜爱的，被打得很惨，她被吓到了，她想只要她乖乖的，就不会像哥哥姐姐一样被打得很惨。这种讨好型人都有一种压抑自己的心理，无法做自己。

这样的模式是怎么产生的，我们要去思考，这是我们的功课。你当时是受了什么刺激产生的，你现在要怎么突破，这个是重点。不然你的思维系统里，永远都是讨好别人，只要自己乖别人就会爱你，自己没有不同意见别人就会疼你。只要别人内心觉得很痛苦，我们就委屈自己讨好别人。这样的心理状态下，我们没有办法教出内在有自信心的孩子。如果我们是这种类型，或有这种情况，我们要开始做自我探索，去看见这种思维是怎样产生的，要怎么突破。

第二种：反击型、攻击型。比如在别人说他之前，他会说这是哥哥做的；或是夫妻相处时，他犯错的时候，他会先说“为什么你不做好……，才害我……”，他永远不会承认自己的错误，他永远都是在说别人的问题。他今天会这样都是别人的问题，这类型的人，可能在他成长的过程当中，他都是被指责的，他永远都没有反击的余地，所以他养成了先撇清自己的责任、先攻击别人的习惯，其实是为了保护自己。因为他觉得自己已经很辛苦，很可怜，为什么还要承认错误。这样的思维模式或来自他的父母，或来自他的兄弟姐妹。这种模式是怎么形成的，这样的模式必定都是有事件发生才导致的，是这些事情让他产生了这样的思想，才有了这样的结果。所有我们脑袋里的思维模式都是有原因的。

像这种永远都要撇清责任的人，他不太容易相信别人，其实他很需要被关心，他很需要被信任、被重视。但我们会解读这种人很不好相处，很没有责任感，结果我们用错误的行为来对待他。你现在是什么模式的人，必定来自当初你家庭所形成的模式，你自己没有办法做突破，你也不懂得怎么引导你的孩子，你自己要先走出来，先搞定你自己。

你要先探索清楚自己的问题，你自己的模式是怎么产生的。如果你能够解得开，你就会知道你的孩子与你是一样的模式，你要怎么小心引导他。你孩子的模式，只不过是受了你们夫妻影响后所产生的模式，他只是在与你们夫妻相处过程中找一条生存之道，你现在要他改变生存之道，那你要先改变你自己。

第三种：封闭型。这种人话很少，不太爱跟人交流，想把自己藏起来，与人有距离，不容易接近，他总是默默观察，他不想跟你做心理交流。为什么他把自己封闭出来？这样的人可能从小到大得不到爱，得不到别人的关心。他从家庭，从父母亲那里，得到的是心灰意冷，他表达也没有用，他不想再表达了，所以他沉浸在自己的世界里，他不想出来，他很少跟父母亲交流，他有事情也不会讲，会去喝酒抽烟，他往后结婚也不会跟太太、跟孩子交流。因为这样的模式已经形成了。

其实这样的人内心很孤单，他希望别人能够懂他、理解他，可是我们通常解读为他不懂得表达自己，他不好沟通交流，事实上不是的。他这样的模式是父母亲的错吗？不是父母亲的错，是他当时的思想不成熟，产生了这样的模式。他要通过学习突破这样的模式。

第四种：分析型、理智型。我身边有好几个这样的朋友。我觉得他们的脑袋理智到难以想象，完全没有情感，只用理智说服他们自己，不然没有办法生活，他们只能用这样的方式生活。原因是什么呢？可能在他成长的过程当中，他是被人家欺负的，或者被人家看不起的，这造成他很多时候不得不去思考分析，他内心非常冷淡，觉得人与人之间没有温度，别人也不容易进入他的生命。他的生命原则就是做事，没有感情。他回到家里，看的就是是非对错，他也不会讲人情。

这种模式，在做自我探索的时候，要看见自己在某部分就是隔离情感，甚至是不想受伤害。也许是他以前在付出的过程当中受到了伤害，这个伤害可能很大，给他造成了很大的打击，让他产生了一种跟人讲感情是没有必要的、理智做事就好的心态，这样的生活会很苦闷，人际关系也不会太好。我们在做自我探索的时候就要看明白，这样的思想性格到底是怎么产生的。

哪种模式在我们孩子身上都不好，我们应该想怎么相处才能引导孩子走出这种模式。教育的重点是让一个人改变他不好的认知模式，让他成长和突破。人不可能抱持着一种极端的模式过生活，一种模式过久了，内在会非常痛苦，接下来我们所产生的一切都不和谐，势必会影响到我们的家庭、亲人、子女。他们要在这种不和谐中构建一种生存之道，其实也是一种因果循环而已。

第五种：敷衍型。他的思考模式是好像什么都不在意，随随便便，嬉皮笑脸，看起来很放荡不羁，很放得开，人缘很好，事实上他根本不敢表露任何的心思，他不敢让人碰触内在的东西，他用这种嬉皮笑脸来掩盖自己内心的情感。他不想碰触到内心，他不想公开。在他成长的过程当中，为什么不敢跟父母或者兄弟姐妹表达自己的想法、情感？因为他不想承担某些责任，这些责任太重了，他不想面对，所以他用嬉皮笑脸、放荡不羁，或者没有责任感这种模式让自己轻松一点。其实他内心不敢面对某些事情，也就是说父母太严格了，这个严格压垮了他，让他反而放荡不羁，随随便便。这样的思考模式，这样的人生态度，其实都是从原生家庭产生的。我还是不断强调，这不是父母的错，不是兄弟姐妹的错，是我们当时没有受到正向的引导，是我们稚嫩的心所产生的一种错误的见解。今天我们长大了，我们要重新看待这个事情，父母亲的要求、外在的环境真的会压垮我们吗？还是因为我们心理调适能力比较差？我觉得这样的探索很重要。

有些人面临一些事情的时候，就是承担不起来，他不想去面对，他会自然而然走一条逃避的路线。这可能是因为在他成长的过程当中，遇到了超负荷的事情，而他没有办法做到，他被压垮了，从此之后他再也不想做。或是他面对了，但是态度改变了，用一种放荡不羁的方式来调整自己。

身为父母亲，身为做教育的人，我们现在的所作所为会不会有这样的情况？教育没有标准的答案，教育是因人而异的，所以要因材施教。

你不能用同一种方法希望所有人都变好，你不能用同一种方法让两个孩子都变好。人是不同的，模式也不同，因为我们内在的禀性不同，解读事物的角度不同。我为什么强调不是父母的错，其实我们内在有不同的禀性，我们很自然地用自己的方式解读这些行为。

既然禀性不同，我们教育孩子的方法就要不同，可是我们不会这样认为，我们希望用最简单的方式一劳永逸，其实这是不对的，这是不公平的，因为每个人是不一样的。

如果我们希望用同一套标准，让所有人都一样，这样的思想要放到一旁，这会造成适合的孩子很好，不适合的孩子你会越看越不喜欢，越看越不高兴。所以我们今天看这些模式，必须心平气和，我们长大了，我们应该有足够的智慧，有足够的时间，让自己沉淀下来，做这样的自我觉察，这就是我们现阶段要做的功课。

其实人生的过程很有趣。小时候，我们当然没有这样的思考能力，我们只能被迫式的反应。等到我们结婚的时候，根本就是懵懂地、莽撞地生活，一切都是尝试，有用的就拿来试试看。这种莽撞的生活把我们撞得鼻青脸肿后，才进入第三个阶段，学习传统文化，从圣贤身上找智慧、找答案、找方法，才开启我们光明的人生阶段。我们走在光明的路上，走上自我突破的阶段，其实就是一个回想过往的过程，唯有如此才可以让下一代更好，有更清晰的思路，避免我们以前所犯下的错误，甚至可以减少他内心产生不必要的心态，这样就会一代比一代好。我们今天在做这样的探寻，我们都需要有这样的心态。

我强调几个重点，在做自我探寻的时候，在了解原生家庭的时候，第一个我要强调的是，没有人是圆满的，不要期待圆满。所有人只不过是我们生命的一面镜子，我们必须通过跟人的互动成长。我们多想一想，这是爸爸的疼爱，还是爸爸生气、不高兴？这是妈妈的疼爱，还是妈妈的唠叨？我们要学会在相同的反应当中，做正向的解读，所以这些人只不过是我们的一面镜子，这些镜子在反射我们的内心，让我们懂得自我面对。

各位有没有想过这样的生活：你一个人在家里住，和谁都没有冲突，你怎么会知道你到底是谁？可是当你和人相处的时候，你会发现各式各样的问题，其实这些人的出现，只不过是反映你内在的问题。所以请放下你认为的对错。没有所谓的对错，尤其是在家庭当中。其实我们也知道自己这样做是错的，可是我们没有办法改变，我们反而要在这样的过程中寻找到自我成长的智慧，寻找自我突破的智慧。所以，我们不要对原生家庭进行对错的评判，而要把它作为一个需要了解的对象，这是第二个。你要重新了解自己的家庭，如果你没有办法抱持着了解的想法，或是重新看待这件事情，你就会一直陷入仇恨、抱怨、自我否定之中。

第三个，暂时把你的仇恨放到一旁，站在一个更高的角度去看，这样的相处模式是怎么产生的，先把它找出来。你可以回忆父亲什么样的行为，让你产生了什么样的模式，让你认定他是一个什么样的人。当然，接下来我们都会探讨说明。各位可以先做这样的开始，先了解自己，看看自己到底是用什么样的模式、什么样的状态在生活。当你用更高的角度和视野看待生命，我相信你会有不一样的感受。

第五讲

孝之道

不论你处于生命哪个阶段，不论你的孩子处于哪个阶段，不断地自我突破，一起学习孝之道都非常重要，唯有不断地提升自己，我们才能更有智慧，希望大家对于学习能够不断精进和提升。

上一讲我们探索原生家庭，我希望在探索的时候大家要建立孝这个观念，这样我们在不断探索的时候才会有更多的收获。当然我自己也在做，这也是我们必修的功课之一，不论生命中发生什么事情，其实都在帮助我们看见另外一个世界。

生命当中所发生的任何事情，都在提供我们解读这个世界的机会。我上次课说过，孩子在成长的过程当中，他通过父母亲的反应来了解该怎么生存，所以我们必须有一个正确的认知，这样的生存模式，或是这样的生活模式没有所谓的对错，只看是不是符合个人的需要而已。我们每个人都有这样的感受：你在原生家庭的环境之下成长，可是当你结婚之后，你又不得不变化为另外一套生存模式。

我们大家都有经验，夫妻之间除了热恋期之外，几乎很多时间都是在争吵，甚至会发现彼此不合适，很多观念不同，生活习惯不同，其实这些都没有对错。我们在自己原生家庭的时候，这些都不是问题，因为在那样的环境中我们会觉得一切正常。但当我们跟一个人结婚时，原本固定的生活模式、思维模式就会发生变化，有的人可能一辈子都处理不好，那就更不用说教育子女了。因为夫妻两人自己都很混乱，孩子内心会非常痛苦，他产生的思维模式和生存之道也是非常痛苦的。为什么我们必须先与父母和解，然后夫妻之间也要达成和解？因为这两个方面对教育子女有非常重要的影响。我们的很多思想、很多方法，无形当中都在运作，但我们很少察觉。

对于已经做了父母的人来说，不论你的孩子现在是五岁、十岁，还是十五岁，都没有关系，你可以慢慢地跟他聊聊想法，你要去了解他的思维模式，你会看见你自己的一面，你会有很多反省。当然你想要懂得处理你与孩子的模式，那你自己就必须先突破。

我先用自身的例子为大家说明。我的成长背景是家庭并不是很富裕，父母亲的社会阶层比较低，同学相处的时候自然会比较，小时候没有感觉，进入初中和高中的时候会很明显，尤其是小升初的阶段，会意识到所谓的社会有阶层之分。

我非常清楚自己在那个阶段产生了自卑感，其实孩子本来没有自卑感，这个自卑感是怎么产生的？这个自卑感源于我的父亲，当然我并不是要批评我的父亲，我只是借由这个例子让大家明白思维模式是怎么产生的。

在我的记忆当中，父母亲从来没有参加过学校的家长会，无论是小学、初中，还是高中。虽然学校要求每个学生父母亲都出席，但我的父母亲不会出席。孩子很天真，只会想为什么你们不出席？希望爸爸妈妈来。五六年级的时候，爸爸无意中讲出原因，因为爸爸的工作关系，社会阶层比较低，他感觉到那个场合很丢脸，很不光荣，他不想去。这个观念无形当中就输进我的大脑，原来社会阶层低是不光荣的，社会阶层低会让人看不起。但我以前从来没有这个观念，因为爸爸就是爸爸，跟社会阶层没有关系。当父亲把这两个东西联系在一起告诉孩子的时候，孩子的第一反应是，原来我们是很不被看好的，结果这个孩子产生了自卑感。

孩子产生自卑感的时候，他没有办法调整，因为没有人教，尤其是在思想层面没有人引导，因此我们在成长过程中都是被迫地产生负面想法，我们接收的信息会自动产生一种自卑感：原来我不好。慢慢地这种性格就养成了，当我处理事情的时候，这种自卑感会不断加深。在初中和高中的时候，对于比较有钱的朋友，我跟他们有一种距离感。虽然都是朋友，但是我跟他们相处不会很亲近。从那时起，我的生命就开始发生了其他的变化。

我想要通过学习成绩来证明：家庭背景不好，并不代表我不够优秀。所以产生了第二个心态，我想要证明我很优秀，无形当中我很排斥那些社会阶层高的人。这是非常微妙的，看起来是让我产生了很好的动力，让我的成绩非常优异，可是我的内心无形当中在排斥社会阶层高的人，产生了所谓的敌意，或者认为这个没有什么，将来我一定可以比他们更好，甚至我看不上他们家庭所谓的成就等。直到读研究生，我一直用这样的模式对待周围的人。确实，我的成绩非常好，我在学术上面的表现也非常好，但当我进入社会之后就完全不一样了。

我们人的思想会随着年龄的变化越来越复杂，会不断掩盖我们最真实、最原始的想法。等到我毕业的时候，无形当中养成了一种性格，我认为别人有成就那是因为他家庭背景好，不然他们不可能好。无形当中我非常期待成就，但我又很否定成就，既然我的内心是否定的，自然我在取得成就的过程中会非常痛苦，这样的模式来自原生家庭。

我性格上的问题，来自小学五六年级的时候，我不懂得转换，如果我没有学习，我不知道内心的问题，会导致我在工作和教育子女方面的态度完全不一样。当我看到这个问题的时候，我不是要批评我的父亲，而是要告诉自己从哪些方面做自我突破。请问父亲讲这样的话有没有错？他没有错，因为这是他个人的问题，但无形当中影响了孩子。

我过往有一段时间，非常痛恨我的父母亲，我认为很多问题都来自我的父母亲，我非常厌恶他们。但我学道之后完全改观，我发现问题全部不在他们身上，那是他们认定的人生观和价值观。当他们无意讲那句话时，就是给我一个理由，爸爸不去参加学校的活动是有原因的，希望你可以体谅爸爸。但是我把他解读成什么？原来我们家很穷，所以我们是被看不起的。

这两种解读的结果完全不一样，对不对？这么简单的道理，竟然需要我花这么长的时间来突破我的内心。我们思想的进步是非常缓慢的，直到今天我父亲仍然有这样的阴影，但这个阴影已经不会影响到我了，因为我已经正确地解读我父亲讲那句话背后真实的状况，我并没有投入过度的情绪，我从这个模式当中解脱了。

那我有什么改变呢？我欣赏每个人的成就，每个社会阶层的价值。当我具备这种观念的时候，我会怎么引导孩子的内心？解读任何事情都要正向，这样才是自我成长。我懂得如何教育孩子，我会告诉他，别人爸爸是通过这样的工作在养活一家人，这样的工作非常值得尊重，将来你有了工作，别人一样会尊重你。

小孩子不懂，你给他什么就是什么，他一开始内在的一切都来自我们的给予，你无意中给予的东西，他都会产生很多模式。父亲简单的一句话，影响了我十多年，我排斥很多人，直到我突破了，我化解内心的禀性之后，才看到每个人都值得尊重，我觉得任何人的成就都值得我去学习。当我欣赏别人的成就，很自然我就有机会达到所谓的成就。这就是我要讲的第一个重点：孩子是通过与父母的相处产生思想的。

第二个重点，孩子会跟父母亲产生一种连接，叫归属感。他想要跟你站在同一条战线，如果你觉得很可怜，他也会跟你一起可怜。他会想，既然我的父母亲是这样想，我要跟他们一样想。那个时候的我们，不会像现在这样可以反省，可以理解，可以去悟，那个时候的我们只是从情感的角度接受。

我们内在情感会连接父母亲，其实是潜意识很自然的动作，因为他们的能量比我们要高，不论好坏我们都跟他们连接。所以你没有办法理解一个孩子的行为和思想的时候，你要和他沟通，你的沟通不是要让他听你的话，而是了解他思想的变化。这非常重要，从事教育的人，就是从这些地方开始调整内心的问题。

我的一个学员的成绩非常优异，几乎一直是班上前几名。有一次他听到同学之间开玩笑，年轻人开玩笑很正常，但有些同学开玩笑比较过分，我看到那个同学的脸色非常凝重，非常不爽，说明这个玩笑开得过分了，我就提醒大家要注意了，有些同学已经不高兴了。

他的脸色比较糗了，他属于攻击型的，我看到他的时候就问他在想什么。这种询问很重要的，就像你问孩子：妈妈刚才这样做你的脑袋在想什么？我问这个学生，他告诉我他心情非常不爽。我们就通过这个案例，我跟大家说明，这个模式是怎么产生的。

这个学员非常乖，生活有规律，成绩很优异，自我要求非常高，但与同学格格不入，不能融入同学之中，有一种距离感。我问他为什么会这样，你脑袋在想什么？他觉得别人在羞辱他，这个用词非常敏感，我说他们只是开个玩笑，你怎么会有这样的想法？他脑袋连接到从小到大的家庭背景，他父母亲的社会阶层比较低，因此他在很多方面自我要求都很高。他不希望沦为被同学嘲笑的那种人，也就是说他产生了处处保护自己的模式。他自尊心很强，自我保护得非常好，他不想被别人伤害或者羞辱。

当我们了解到一个孩子认为自己被羞辱的时候，我们怎样帮助孩子做转换？就好像我当年转化父亲那句话，现在我们做教育的，就是要帮助孩子看到这一个，因为他已经觉得被羞辱了，这个时候我们就要引导孩子，父母亲的工作不会让你成为同学嘲笑的原因。这个时候我会在课堂上特别说明，比如说：某某学生的父母亲很清苦，但这个学生做的很好，品格要求很高。在座的同学有没有比人家做的好的？品格要求有没有比人家高的？你们要反省自己有没有丢父母的脸。我们提振一个孩子的信心，让他感觉到被认同的时候，他就不会觉得这是被羞辱，我们唯有了解内心，自己也有能力走出那个错误解读的时候，才能够帮助他人。

在这里我想跟大家交流的是，你了解孩子的内心吗？或是你知不知道是自己的什么行为影响了孩子的内心？今天你必须处理自己跟父母亲内在思维的问题，你必须回去做，你只有通过跟父母亲的相处，了解他们的成长过程以及他们成长过程中的内心世界之后，你才懂得如何做好自己的心理转换。不然你会被他的话给框住，他的话会束缚你的一生，限制你的一生，你必须重新看待你的父母，再跟你的父母达成和解。

原生家庭会带给我们两个影响，一个就是价值观，这个价值观是外在产生的。比如说就像我爸爸讲的，他社会阶层比较低，所以他不想去学校，这种信念是外部给的。还有一个是自己内部产生的。当一些同学在嘲笑穷困家庭的时候，某些同学内心就开始产生不想被别人嘲笑、不想被人家知道家庭背景的想法，只要谈到家庭背景就觉得是在羞辱自己。这是他自己产生的，这是内在禀性所造成的。那我们来看看，从小到大，通过父母亲的行为我们产生了哪些个性，这样的个性又怎么影响我们的模式，往后该怎么化解。

各位，如果我们从小看到父母亲吵架，激烈争吵的情景会让我们的内心产生什么想法？我们内心会想我长大不要像爸爸这样，或是不要像妈妈这样，你已经产生了一个信念，你产生了一个动力，那个动力是你自己产生的。你看到父母亲的行为，产生了将来不要和他们一样的信念。这样是不是好的？这是好的。那这个信念背后是什么感受？可能是在这样的生活环境中很痛苦，自己的内心很压抑，所以不想跟爸爸妈妈一样的时候，会不断压抑自己。

我跟学员交流的时候，也有这样的例子，比如他的父亲在外面还有“小三”，因此他妈妈很痛苦，这个孩子内心会想：我一定不要跟我爸爸一样，我不要让我妈妈痛苦，我以后要对我太太忠贞。这样有没有错？没有错，可这样的性格通常会演变出什么问题？他一直在忍耐一些行为。当他与同事聚会的时候，他看到一个漂亮的女同事，他内心第一反应是告诉自己：我要小心，说不定会喜欢上她，这样就不忠贞了。他等于一直在刺激自己这样的反应，结果自己把持不住，可能会真的动心了。父亲的行为启动他这个观念，他跟人相处随时随地都谨慎小心：我不要跟爸爸一样，我不能起心动念，这个女孩子很漂亮我要小心。结果他跟人相处非常别扭。

这样的情况，在我处理的案例当中太多了，他首先必须回归，重新看待他父亲的行为：这个是爸爸的问题，我本来就要做好自己的忠贞，我本来就要做好对太太的忠诚，这不需要特别强调，因为人本来就应该这样。当内心释放，谅解爸爸的时候，他与人相处也就轻松了。他不需要刻意压抑，因为他知道这些人都是朋友，太太是他的唯一，他很自然不会想起他的爸爸，自然就能跟太太相处好。他自在了，他跟太太相处好了，自然会影响到他的孩子。他的孩子知道他们之间的爱是自然的，身处其中就会感受到和乐，孩子的身心自然而然就会变好，这是很自然的教育方式。

很多女性因为婚姻选择得不好，智慧不够，造成这辈子很痛苦，所以把自己的痛苦转成信念，什么信念？跟男人相处要小心。她告诉她的孩子，交往男朋友要小心，要很谨慎，不然你会吃亏。因为她不断强调这个观念给她的孩子，她的孩子接收到的讯息是“男人总是不好”，所以她脑中自动产生“我要小心、我不能够轻易信任别人”的信念。

这孩子在没有适当学习的时候会有盲点，不会分辨，会对所有的人都不容易信任，这就容易造成她选择婚姻时，心里想的都是不信任的，最后她可能真的就感召了一个让她不信任的对象，真的就是这么不好。

然后她在教育孩子的时候，在跟孩子相处的时候，无形当中流露给孩子的是“你要小心啊，很多人都是这样啊”，她又把这个不信任传递下去，而她没有办法终止。因为她看不见这个从哪里产生的，她又要从哪里去改变。

今天我们要学习从哪里看。她的妈妈当时辛苦，请问问题在哪里？并不是这个男人不好。我相信很多好男人，也不一定能跟太太相处好。相处不好，是夫妻之间并没有找出一个合适的相处模式。如果这个学员懂得自我突破，她就会教育孩子，人跟人相处要找出合适的相处模式，因为人跟人是不同的，妈妈以前就是不懂这些，所以才造成了这样的问题，希望你把这个东西学会，你要多一点时间，多一点宽容，了解对方。这样就是正确的教育。

这样孩子在选择对象时，家长就可以不用担心，她懂得找出合适相处的人，因为她懂得人跟人之间产生冲突是因为相互不了解，自己要懂得化解，懂得经营。

你必须自己先突破，不然你怎么影响孩子？若你只是不断陷入自己当时错误的信念，不断表达你错误的信念，孩子就会不断接受你的暗示。如果我们通过学习突破了自己，我们给孩子的是突破了自己屏障之后的智慧，孩子内心连接到的也是智慧。

各位，不要忘记我们这堂课的重点，孩子的内心无形当中会跟你连接产生归属感，你内心是什么，他就会连接到什么，他会让你内心所想的那个重复发生。所以为什么要学习，为什么我们必须提高自己的能量，因为孩子不断复制、连接我们。

我一直强调我们在做探索的时候，绝对不能产生对立，或者觉得都是别人的错，我们要转化，否则我们的孩子就一直不断接收到那个信息，像海绵一样吸收我们内心真实的想法，他会不断上演给我们看。

可能父母亲的某些行为对我们造成了伤害，我们大部分人以错误解读的居多。我讲的是大部分，极少数家庭很极端，比如说父亲有非常严重的暴力倾向，这种情况要做个案咨询。

父母亲做出伤害我们的事情，大部分伤害都是我们编造的，这样的伤害会让我们的内心产生种种信念，就是我们不想原谅他们，这个模式代表我们内心非常愤恨，想要报复，这样的行为会影响到孩子，所以孩子会有暴力倾向，会有攻击倾向。这就需要我们面对自己的父母，我们要跟他们和解，因为这些信念是我们当时解读事情所产生的，我们不得不重新看待这件事情。

比如说，有人认为父亲在大庭广众之下羞辱了自己，觉得不可原谅，那你为什么不反省自己当时在那样的环境中做出了什么样的行为？你为什么不去理解你的父亲？他当时也有他的面子要考虑。我们必须重新看待当时事件的原貌，我们不能永远认为自己是对的，我们必须设身处地地为他人着想。换个角色，在这样的情况下我们会不会也这样做？这并不是故意伤害。

有的人一直想要出人头地，想要证明自己是对的，父母亲是错的，代表他当时的内心产生了很强烈的对立。这些对立让他内心非常不轻松，让他的人生很有压力，他做什么都要比别人好，因此很自然他对孩子的要求会非常高。这样的孩子与父母亲相处也很难，孩子很有可能提早放弃。这个孩子很有可能会变得嬉皮笑脸、敷衍，因为他长期被你高度要求，而这种高度的要求是你以前受了父母亲的行为影响，你没有办法，你一直压抑着。

你必须转念，你必须回归生命的当初，重新看待你父亲为什么在意这些，你母亲为什么在意这些，而你一定要获得父母亲的认同吗？那只是父母亲的喜好，就像我喜欢吃菠萝，你喜欢吃苹果，那你为什么非要让父母认同菠萝比苹果好呢？为了得到这种认同，我们内心压力很大，处处都要征服别人，不就代表我们内心非常有问题吗？

在这样的思想之下，我们所给孩子的一切，孩子有办法承受吗？当我们用这样的心态去教育孩子的时候，孩子不会听，孩子不会理我们，因为他不想接受这一套方式，他会自我否定，他会全部放弃，他内心一直不能原谅我们，他也会解读成一种伤害。

你想要父母亲承认错误，你想父母亲说他们错了，这可能吗？不可能。你抱着一种报复的心态做一件事的时候，你充满负面情绪的时候，你做任何事情都愤愤不平，你做任何事情都很难成功。

我们跟别人相处的时候，都要别人承认错误，这很容易造成，我们在教育孩子的时候，认为孩子的思想都是错误的，行为是错的，我们会否定他，打击他，这个孩子最后会非常封闭，他不想和你交流。所以之前讲的五种模式，其实都来自我们跟父母当时产生冲突、内心产生问题而影响出来的，这都是环环相扣的，只是我们没有看见，没有看清楚而已。

那接下来还有一些模式：我人生会有这样的过程都是我父母亲害的，如果不是父母亲不懂得支持我，我今天不会这样；如果不是父母亲吵架，我今天功课不会这么不好；如果不是父母亲受的教育不高，我不会选错了专业，会有更多人给我引导……你觉得父母没有办法给你实质性的指导，认为都是他们造成你生命的痛苦，所以你没有责任心，处处防备，攻击性强。

那你在教育孩子方面会出现什么问题？你永远都在责怪另一半，你不会承认错误，那么孩子会学习到什么？会跟你们一模一样，他也认为所有的问题都是你们造成的。

今天我们愿意回归生命课题的时候，请问真的是父母亲没有提供吗？或者说兄弟姐妹拿了我们该拿的，我们才过得很辛苦？其实就是我们不愿意负责，不愿意努力，不愿意承认自己的错误。

还有一种模式：我实在受够了这个家庭，我想要离开这个家庭，我很想赶快嫁人，我很想赶快结婚，走得越远越好，我想到外地工作，我就是不想回来。因为问题解不开，她直接产生另外一个想法，要远离这个地方，但事实上有办法远离吗？不可能，她带着内心的混乱与不圆满，到了另外一个地方，或者当她组建了家庭、工作的时候，她看到的永远就是怎么自己的家庭也是这样混乱。因为她在家庭当中看到的都是混乱，她已经没有智慧处理，她往后走到哪里都会觉得混乱，她会不断换地方，因为她感觉所到之处都是混乱的。这种逃避、不愿面对的模式，怎么能教育好孩子？

当你不知道该如何教育的时候，你的孩子不就和你一起混乱吗？那他也必须回归，回归到他的家庭跟你们达成和解。他必须看见，其实不是家庭混乱，是自己的内心乱了。这是他的人生功课，他必须接受这个事情，在父母吵架的时候，他要回到那个地方把事情看清楚，因此他要回归这个家庭。为什么我们中国人那么看重孝道？孝道蕴含着我们生命的功课和智慧。没有一个人可以逃避他的家庭，我们生命所有的问题、所产生的思想，终究要回归我们原本的家庭，要在事件当中看清楚，这个就是真正的教育。

我希望我们在做自我探索的过程当中，抱着和解的心态，重新看待父母，花一点时间跟父母亲聊聊当时为什么会讲这样的话，因为你长大了，你有足够的智慧判断这一切，可以去听听，甚至看清楚父母也有走不出的一面。我想当你站在更高的能量场去看待这些事情的时候，你会走出你内心的盲点。

而当你走出这个盲点的时候，你自然就懂得如何教育你的孩子，我想我们一直不断学习的人都可以感受到，当你跟你的父母亲关系发生变化的时候，你和孩子相处时，孩子自然就变化了，因为你内心转变了，所以你的孩子也转变了。

希望各位在不断学习的时候，要明白自己产生的信念。信念有两个部分：一个是外人给你的，也就是父母灌输给你的，这个是在无形当中你接受的；另一个是你自己产生的，你要重新审视。我们每个人都一样，我们都很需要被理解、被认同、被关心，我们都需要清静的内心，所以我们需要有一个人帮我们把这些理清楚，我们不断学习的人就要从这个方面让自己越来越清楚。

祝福大家在与孩子的相处上有更多的智慧，不断看到自己的盲点。

第六讲

悌道的奥秘

在我们的生命过程中，没有人是不想被呵护的。也就是说，每个人都需要被爱、被照顾、被关心、被真情对待，这是我们心中的渴望，也是我们与生俱来的一种自然的天性，每个人都一样。

我们从出生一直到结婚生子，不管我们的孩子几岁了，我想我们都一样，都希望被爱，尤其是当我们还小的时候，我们都想被疼爱、被满足，直到我们当了父母亲之后，我们才开始懂得给予爱。

给予爱或被爱都是我们的天性，我们生为而人就是在做这件事情，我们希望被重视、被关心，生命的过程中，因为爱这个议题，我们的思想产生变化。

我们从小都希望被爱，可能爸爸妈妈的言语态度不够好，或者是一些行为不当，让我们受到了伤害，我们把它解读为受伤了，所以我们得不到那份肯定、那份爱，我们内心很痛苦。之后，成长过程中又没有适当的引导让我们懂得转换，我们把这份爱扭曲了，得不到的爱变成仇恨和心结。

扭曲的心结成为我们十年、二十年根深蒂固的个性，继续影响下一代的发展，我们这一生的变化就是在爱与被爱之间找到平衡，从而不断发展出思维模式。当我们把问题回归到单纯的时候，我们就会看见每个人都需要爱，每个人也都想给予爱。

当一个人只会接受爱，而不懂得给予爱的时候，他会非常痛苦。当一个人只会给予爱，而不懂得接受爱的时候，也会活得非常累。我们的生命，其实是在这二者之间转换。当然人与人之间所产生的一切问题或隔阂也都是在这里发生变化。我们做原生家庭的探索，或者做自我探索的时候会发现：父母也需要爱，父母也需要得到孩子的认同，就像我们想要得到父母的认同和支持是一样的。

夫妻在相处过程中会产生很多冲突，请不要相互批评说："因为你的家人就是这样想，所以你才会这样，你这样的问题是来自你的父母。"无形当中你在否定对方的家庭，请不要否定他人的原生家庭！我们的原生家庭及成长背景都没有错，我们的问题是我们的思想当时不成熟所造成。无论跟谁相处，当我们谈论到自己的家庭和过往背景的时候，父母亲都没有错，不要轻易否定了他们的一切，是我们还没有看清他们要给我们什么价值。

当你否定一件事情的时候，也就代表着你没有办法从这件事情中找到成长的契机。你否定这一切，也等于否定了你成长的机会。请不要否定你原生家庭的一切，纵使你觉得它是不好的经历，这个过程非常痛苦，你都不要否定它，是你的能量还没有提高到一定的高度，还没有理解这个事件。当你从更高的高度去理解这一切的时候，你会看到它所要带给你的生命价值。

好像我们无形当中都会想起过往的事情，甚至会在睡梦当中浮现小时候的事情，这都是非常好的，因为我们愿意用更高的角度去看待这些事情的时候，这些事情会帮我们回忆，帮我们走出过往的限制，这是非常自然的，因为我们已经愿意抱着更宽大的心去面对，这样的探索才有意义。

有些伙伴，想起很多小时候的事情，此前早就没有任何印象了，但最近好像不断浮出那个画面，非常好，恭喜，它慢慢地带你做自我清理。所以我希望各位不要否定你家中所有的一切，它都是你生命中非常珍贵的资源。

那我刚刚为什么会说，其实我们生命都是索取爱和付出爱的过程呢？我们每个人都不是圣人，都是有缺点的，在成长的过程当中，我们很多时候就是要得到父母亲的关爱。你想一下，当你出生的时候，你是长子，你得到了最多的关爱和宠爱。我们对老大的疼爱非常多，老二、老三又不一样了。不论是哪一个孩子，不论排序怎样，他们都有一个要求，都想得到爱，都想得到关注与重视，而在这样的环境和背景之下，我们势必会发展出不同的个性，这是自然的。老大有老大的生存方式，老二有老二的生存方式，每个人都一样，没有人例外，而我们没有办法了解父母，是因为我们没有站在他们也需要被爱和被关心的立场来看待。当你站在他们也需要被爱和被关心的立场，你就不会觉得他们的行为很奇怪，你就不会错解他们讲出来的话，你就不会认为那是一种伤害，只是彼此都需要被爱而已。

当站在更高的角度去看事情时，你的心胸已经宽大了，你准备面对这一切的时候，能量不同，看出来的结果就不同。以我自己为例，我在家是长子，又是男性，一般家中对男孩子的期望比较大，那我势必就比较乖，我得到的爱就比较多，这是一定的。我在各方面的表现，父母亲会比较重视，这也是一定的，自然的。

就像一个总经理，他得到比别人更多的薪水，他也势必要付出比别人更多的责任，承担更多的压力，一定的。我可以说我不想当长子吗？不能这样讲，既然我已经是长子，也就代表着我有今生要学习的功课，我不能逃避，或者不去面对。不管你是长子还是长女，势必会得到比别人更多的宠爱和关注，被要求的程度会比较高。等到弟弟妹妹出生的时候，整个环境就变了。

不要忘记了，我们的生命是被爱的过程，在我们还没有成为父母的时候，我们都只想被爱，也就是说当有弟弟妹妹出现，就不一样了，他必然跟我分享这个爱。生命的过程，其实我们是一起成长，一起同修，一起进步，我看到了自己的妹妹这一路走来有我所不知道的辛苦。

当我的妹妹出生时，因为她还小，很自然爸妈就比较疼爱她，关注她，因为还小嘛，很多方面需要关注，自然照顾她比较多。可是对于一个长子而言，他不会懂的。他看到的是父母不爱他了，父母爱妹妹比较多。孩子想要争并没有错，他想要得到父母的重视没有错，因为他也想被爱，但我们站在一个大人的立场会感觉到：我已经给你这么多了，你为什么还不懂得礼让。

所以很自然，父母会对大孩子进行教育：你是做哥哥的 / 你是做姐姐的，你要让着你的弟弟妹妹，不可以欺负他们，你要爱你的弟弟妹妹。他其实也不想让，他被迫在这么小的年纪就要懂得爱弟弟妹妹。他内心渴望被爱，但他又不得不照顾弟弟妹妹，他会觉得为什么这么不公平。今天你站在长子或长女的角度看待事情的时候，你就不会觉得很奇怪。请问在这个情况下，他会发展出什么样的成长模式？各位想想自己的成长模式，就知道答案了。

你想想哥哥姐姐的思维模式是怎么产生的，你就有答案了，他们会这样一定有原因。我们是在不断跟人的交往与互动当中发展出自己的模式来，而这种模式其实就是生存之道。长子必须争赢老二，不然爸妈永远疼小的，为什么，这是人性，父母会很重视大的，但他们会疼小的，他们会要求大的，关爱小的。对于长子长女来说，这当然是偏心。所以兄弟姐妹的相处模式也会发展成为人生的一种个性，而这样的个性会影响往后结婚生子，以及如何教育自己的孩子。所以我们学习的人，当我们把角度拉高的时候会发现，其实生命的问题都很单纯，但是我们思想不够稳定，我们内心不够宽大，这个时候我们会在小事情上面碰撞，既想得到爱，又被迫去关心弟弟妹妹，请问这是不是一种矛盾？

那么我要怎么得到父母亲的爱？是不是我父母亲要求我的，我要做得更好？是不是我的学习成绩要更好，父母亲才会更爱我？我为了得到这份爱，我必须站在绝对优势之下，所以我必须所有的一切都要胜过我的妹妹，只有这样我才能够得到这一份爱。我妹妹在不如我的时候，她失去所有一切，她知道没有办法赢过哥哥的时候，必然会放弃自己，她的个性就是“我再怎么做，都不如哥哥好，都得不到父母的爱”，她内心永远都觉得没有爱。从小到大她养成了一种模式，她想要被关心，想要被爱，被认同，所以她在成长的过程中很痛苦，那个时候我不懂，父母亲也不懂孩子的心态是什么。父母亲就是觉得你不如哥哥，所以疼哥哥。他们有三个孩子，疼谁都是一样的道理，但我们不会看到那个不被疼的人会发展出什么样的性格，所以在这个过程当中，妹妹的内心是孤单的，她很希望获得重视，但她永远都是不被重视的人。

也就是说在这个过程当中，我完全胜利了，我得到了这些爱，而这也造成了我妹妹跟我产生了距离，因为她觉得她没有办法得到爱，她跟哥哥差得太远了。她与我的距离就越来越远，可是我不会了解。我在成长的过程中，就一直想着怎样提升成绩，我要更有成就，因为我的父母对长子是有要求的，在这个成长的过程当中，我的妹妹就一直被忽略，我想这种情况，在任何家庭都会出现，这是很自然的事情。

直到我长大学习了，我再重新看待我妹妹的时候，我发现我比妹妹得到了更多的爱，但我并没有照顾妹妹，或是说我并没有真正地体会到妹妹的心情，所以当我很多时候在表达情感时，我发现我们的相处模式是有一些距离的，我似乎都没有办法跟她亲近，因为很多时候我觉得她不懂事，而我忽略了其实妹妹就是需要爱，当我在探索的过程当中，我就发现了自己的问题。

我发现我不懂得关心我的妹妹，当我看到我之所以得到父母的爱，并不是我真的有本事，其实是我妹妹输给了我，我才得到了爱，是妹妹牺牲了自己，才让我得到了这一切，而我并没有觉得必须多关心妹妹，我反而认为，她今天之所以这样，是因为她自己不努力。当我学习、成长的时候，我看见了自己自私的一面，我对妹妹非常惭愧，我觉得她牺牲了自己的童年，让我得到父母的爱，而今天我长大了，并没有回馈这份爱给我的妹妹，我没有去关心她，体谅她内心的孤独。

老二养成了讨好型，在成长过程当中，她想得到关注，她只能讨好别人。我作为哥哥，如果我没有学习，我会不理解，她为什么都要这样，但我今天站在更高的高度去看的时候，她现在会发展出讨好型的模式，都是二十年来不断发展所造成的。她今天所发展出来的一切，都是当时“我赢了，她输了”才产生的，我看到了这一切的时候，我感到非常惭愧，感到非常难过。我慢慢体会到每个人的成就背后都有很多人的牺牲，一个有成就的人不要太骄傲，因为很多人付出了一切，应该更懂得感恩。今天当你有了孩子之后，你才懂得什么样的教育对你的孩子才是公平，懂得在这个过程中掌握一个平衡。

今天我懂事了，所以我愿意弥补这一个过程，我发现这一切是不公平的。而父母亲不懂，他们只是依着自己的个性，依着自己的观察，谁表现好就给谁更多爱，就是这样而已，所以兄长多照顾弟妹是很自然的。当我们内心愿意主动给予爱的时候，我们的内心发生了变化，我们的孩子自然就变化了。我妹妹之所以发展出这样的行为、这样的思维模式，不是她愿意的，那是她被迫之下的成长，这个时候我不会认为她不好了，我认为这是她没有办法之下的生存方式。

我只是不断地在这个过程当中发展，当然不是每个人都这样，也有可能是老大输给了老二，老二胜过了老大所有的一切，这个时候所有的模式又变了，所以我请你不要否定原生家庭及成长背景的一切，这里面没有所谓的输赢，不论你赢得了什么，你必定会失去一些，我看起来好像赢得了这一切，但我背负更大的压力和责任，人世间没有绝对的胜利。

我们不可能拿走所有好处，不可能。有的人会说他们身为哥哥姐姐，为什么也没有责任感，对，他们没有责任感也很自然，因为他们长期在这种压力之下。如果父母亲要求家里排行在前的孩子出人头地，他们就会很严格地要求孩子，那身为长子长女的这个人就会非常痛苦。因为他们没有办法做自己，他们很有可能放弃自己。所以他不愿意负责任，很随便，他也没有错，因为在兄弟姐妹之中，在父母的期待之下，他没有办法负荷。不是他不愿意，而是这些要求超出了他的负荷，就像我的妹妹，她并不是不想上进，不想表现得比我好，是她没有办法超越。在永远被忽略的情况之下，在资源有限的情况下，她只能讨好，这是被动出现的，就像一个长子最后没有办法承担，很自然而然就会交给老二，而这个长子有可能终生都不愿付出，因为他怎么样都不可能赢，他怎么样都不可能挑战父母。

原则上老二为了跟老大争宠，他必定想处处胜过老大，最后就要看谁输谁赢。而我们今天来觉察这些，必须把顺位的思想放进去，当我们在顺位的状态下重新理解，就不会否定兄弟姐妹的行为。比如说，你是老三，或者你是更小的弟妹，你从小只有被管的份，你有什么发言权？你今天想要发言，上面有好几位，你的意见要表达出来，通过三哥、二哥、大哥到父母亲那里早就被封杀了，根本没有机会表达，所以身为老小，或者弟妹，你没有发言权，这辈子只能被管。这样会发展出什么样的模式？你也许会放纵自己，天塌下来都不用你管，反正有大哥在。你处事比较随便，比较幽默，或者处处作对，因为你要生存，你可以在整个过程中做自己，你也想得到爱。但是你内心是什么模式？大哥要管你，二哥也可以管你，大姐也可以骂你，二姐也可以说你，请问你养成什么样的心态？压抑、忍耐，你这辈子都在忍耐。

如果老小有了孩子，他成家立业了，今天老婆讲一句话，他会有什么样的反应，他会觉得“你也要管我，难道我什么都要被管，难道我没有自己吗？”请问他教育孩子时对责任感会有什么要求？兄弟姐妹的关系会影响他与孩子的关系。

当你理解父母亲时，你还要理解父母亲在家族当中的排行和地位，这个也会影响他们的心态。他是做弟弟妹妹的，从小到大都会被管，他可能会发展出不想管，想要给孩子自由的想法，因为他内在的信念产生了。他不想管孩子太多，他想让他们无拘无束，自由自在就好了，甚至孩子做错了都不想骂他，因为他自己小时候都是被骂、被管、被否定的。一个人否定就算了，还有好几个人否定他，他这一生听到的否定比任何人都多，所以他不想再否定他的下一代，他的下一代不论做什么事情他都可以包容、宽容。你看他好像没有责任感，但他从以前到现在都是被管的份，都是不自由的，他不想这样了。

你看见这一切的时候，你会觉得很可笑，你甚至会看见你的兄长或者你的弟弟妹妹其实都不是你想像的那样，他们都是被迫产生的模式，而我们也不自觉地跟着在里面搅扰。

请问真的是哥哥比较爱管吗？请问真的是弟弟妹妹没有责任吗？请问真的是他们没有自信吗？请问真的是哥哥不想负责任吗？都不是你原本想的那样。你冷静下来看待这一切的时候，你会发现不是这样的。我们人类太自私了，我们永远都站在自己的立场想，我们没有站在每个人都需要被爱的立场想时，我们解读所有一切都是仇恨，都是不满意，我们没有办法教育孩子，我们也没有办法拥有很好的教育方法。我们想用一种方式对待所有的孩子，那是不行的。

因为地位不同、序位不同，心态就不同。总经理的心态跟一般职员的心态会一样吗？你要求他们都一样上进，可能吗？所以，不同顺位的孩子，他们内心的模式不同，我们不能忽略。而我们自己所产生的模式和思想，不也是在与兄弟姐妹相处当中发展出来的吗？那我们又在与兄弟姐妹相处当中学习到什么？这就是为什么在兄弟姐妹当中要尽的本分叫友爱。

因为只有在友爱的过程当中，我们才有办法跳到一个更高的层级来看待这一切。我们今天就不会计较：为什么所有东西哥哥都要拿多一点，为什么我要背负这样的一个责任。很多长子不愿背负责任，甚至家里出现问题的时候，他都不是出钱出力最多的，我们现在都可以了解，因为他背负着要光耀家族的责任，他一心一意只能光耀家族，但如果他成就不是很好，还要把钱拿出来，他没有办法做到，所以他很吝啬，这很自然，也可以理解。他背负着光耀家族的压力，他没有办法，他甚至比弟妹还要吝啬，那为什么做弟弟妹妹的很容易拿出钱来，因为他们没有这个压力。今天我们并不是说长子是什么心态，次子是什么心态，老小是什么心态，没有一定之规，这些过程是在不断变化的。我们要理解这个变化是怎么产生的，应该用什么样的心态去处理，甚至应该怎么跳出自己以前的仇恨不满、对立计较，这样去理解了对我们的生命才有帮助。

我们不能要求别人太高，没有一定要怎么样，不一定要做到你满意，生命不可能全部都是圆满的，但是如果你了解这一切都是有原因的，你会比较容易理解对方。而你今天再回去面对兄弟姐妹的时候，你的心态会不一样，你会比较宽大，你会有爱，这个时候你就不会抱怨、批评。

同样，身为父母，如果他们在孩子阶段没有得到爱，他们在教育你的过程当中就不可能圆满，所以在与兄弟姐妹相处时，你必须生起慈爱与关心，兄友弟恭，就是我们的内心只能存在慈爱。当我看见所有的一切都是我的妹妹在生命上的不圆满才让我得到这一切，我内心充满的是爱，是对我妹妹发自内心的关心，如此我才能化解我内心的问题。我才懂得在我自己的子女当中，针对不同的孩子发展出不同的爱的方式，还有我们所能给予的教育方式也不同，不然我们很有可能会有这样的想法：这个孩子不优秀，不得我的宠爱，所以我会关心另一个孩子。其实你这是在做另一种伤害，你内心没有办法转换，你看不到不得你宠爱的孩子，他也需要被爱，你又拿什么做更好的引导？这个孩子可能就越来越不如你意，这是我们的心态造成的。

在此总结两个重点：

第一，你要接受原本兄弟姐妹的排序。你只能接受，你不能说“我好可怜，我只能做大哥 / 我好不幸，只能做小妹”，这个顺序背后有你要学习的功课，这个位置当中有你发展出来的模式，你必须了解它。

我的一个朋友，家中有四个男孩。老大、老二都很严肃，老三比较严肃。老四非常幽默风趣，很爱讲笑话，只要跟他在一起就非常快乐，我朋友是老四。所以他分享的时候，我就觉得很奇怪，我说：“你们家的人都很严肃，为什么你很轻松呢？”他说：“如果我再严肃，我们家会苦死。”所以他是最轻松、最活泼、最不受人管的，这是必然的。每个排序之下所产生的心态是必然的。我希望大家重新理解每个排序之下的心理和模式。我刚刚讲了我，我也举了几个例子，这些例子所产生的心理模式你要理解，也就是说当你用这样的心态重新理解的话，你不再痛苦了，你会有更高的智慧，你懂得怎样引导你的孩子在这样的顺位当中应该有什么样的心态。

第二，你要喜爱每个顺位之下的角色。你要喜爱他们，他们都有生命要给予我们的功课。就像我现在看待我的妹妹，和我十几年前看待我的妹妹的感觉和态度都不一样了，我甚至看见，在这个家族当中有她的存在，我的内心完全不一样了。我很感恩她，所以我愿意多照顾她，我愿意疼爱她的子女。因为我希望把这份爱弥补给她的下一代，通过爱她的下一代，表达我对妹妹的爱。当然我还有很多做得不圆满的，我也努力在改变，在成长和进步当中。我们通过例子，感受到生命都想被爱，每个人都需要被爱，但我们也要适当地给予爱，我们是在爱与被爱的过程当中找到一种平衡。所以你要喜爱每个排序之下的角色，不要否定这一切，他们都有必然的道理。希望各位通过学习，不断建立起内在的爱。

我也希望各位用不一样的心态看待自己的原生家庭，看待自己的成长背景，我觉得这才是生而为人最可贵的地方。如果我们一直抱着仇恨和误解过一辈子，那是多么痛苦！更何况都是我们的亲人，都是我们最爱的人。如果这些隔阂我们没有办法放下，如果我们内在的痛苦没有办法处理，那我们打拼一辈子到底是为了什么？我们可以想一想，这样值得吗？如果我们应该给予爱和关怀，我们都做不到，那我们的快乐又在哪里呢？

也请你重新理解你的父母，其实他们也有需要被爱的过程，但当他们有了孩子，他们才知道要爱我们，就像你一样，你有了孩子才会学习爱，可是事实上你自己也很需要被爱。当一个孩子回来爱他父母的时候，他内在会产生很大的能量；当修复你父母亲过往给你的伤害的时候，当你站在一个更高的角度看待这些问题的时候，你无形当中就化解了内心的误解，这个时候你会有更高的力量去引导你的下一代。

我们的学习着重在家庭的探索，不论是父母关系还是兄弟姐妹关系，我们能够给自己一个更高的位阶，我相信这样我们会过得非常快乐，我们也会感恩身旁所有的家人。

唯有自我不断成长，提升和突破自己的能量，我们才能教育出更好的下一代，我们才能修正很多思想上的误区，我想这也是我们身为父母亲最有意义的事情吧。如果只是把孩子养大，那太简单了，这个时代养大不是太困难的事情。

我们都不圆满，也都在改变当中进步，我们也都没有智慧，但圣贤智慧的引领让我们更有智慧。祝福我们的下一代，也祝福我们自己。

第七讲

看清自己的教育模式

谈到教育，我们做父母的才是最大的教育家，对孩子的影响最大，也许我们没有觉察，或是通常我们把这个责任都推到了老师身上，但是事实上作为父母的我们才是影响孩子最关键的人。

如果你与孩子的相处只是养他、爱他、关心他，担心他，想给他最好的一切，那么你现在所做的事情就只是一个父母，你没有做教育。不是请一个好的老师来教就叫教育，教育是你自己也愿意了解孩子的全部想法，引导他，带动他内在的成长，这才是身为父母很重要的一个责任。当然在我们还没有学习之前，我们不明白这个责任非常重大。

每个孩子的成长过程大概会经历四个阶段，每个阶段都有我们必须要引导他的重点，甚至教育的方法也不同。你想学一个最好的教育方法用在他身上，一辈子都管用，没有这回事。教育不是这个样子的，人会成长、会变化，可能孩子看上了一个漂亮的女孩子，他的心就变了，他的思维模式就变了，这时候你的教育方式就要做调整，而不是一个方法走到底。

第一个阶段从出生到三四岁，这个阶段你要用最多的心力去关注他，因为孩子什么都不会，你必须拿出很多耐心。因为他什么都不懂，所以你只能包容，只能无限地爱他、引导他，当然在这个阶段你也要建立一些原则。

第二个阶段从五六岁到八九岁，这个阶段很重要，你要陪伴他。这阶段的孩子很需要你的陪伴，他甚至因为没有看到你而哭，在这个过程当中，你们可以进行很多交流。比如说，可以听听他的感受，让他说说他的一些想法等，陪伴是这个阶段的重点。如果你错过了这个阶段的陪伴，你对他内心的成长会少很多了解。为什么要去陪伴他？就是要了解这个孩子，他的个性及他思考的过程。

这个阶段的孩子，是在与父母、兄弟姐妹的相处之下发展出一条适合他自己的生存方式。这些大概在三岁过后，就开始不断地塑造，也许你并没有留意，但是孩子在这个过程当中已经在发展属于他自己的生存之道，这里面有非常多的教育机会，需要我们了解、体会。

第二阶段的陪伴，是在交流过程中进行的，因为这个时候可以建立他对你的信任，这个时候的孩子很需要你的关心。可是我们通常因为工作或者个人情绪等原因，忽略了对孩子的教育。等到孩子进入青少年阶段之后，我们要引导他就更难了，教育就更不容易了。

第三个阶段是小学中高年级到初中阶段，任何人在这个阶段都想要表现自己，想获得肯定，你需要肯定他。可是在这个阶段，我们通常都没有足够的耐心，只看他的缺点，甚至不想肯定他。

在教育的过程当中不能一直学方法，还要不断回头看，纠正自己的心态，唯有不断看见自己内在的心态，才懂得怎么跟孩子相处，懂得如何解决我们与孩子之间的问题。青少年很需要别人的肯定，需要信心的建立，甚至能力的培养，可是在这个时候我们给予孩子的大部分都是批判、否定。我们看的都是他的不好，只是想让他改变，想控制他，这会让孩子很烦。如果我们不满意，可能会打他、骂他、批评他，这其实都会让他反感我们，想逃避我们，以后我们再进行任何教育都没有用。如果我们没有办法打开一个人的心结与内心的障碍，无论我们花多大的力气进行教育都不会有任何改变。你的方法再好，他都不会接受。

即使错失了前面两个阶段也没有关系，只要在第三个阶段你愿意对他给予信心、能力的肯定，反而在这个过程当中，他会慢慢地认同你。我们要多了解孩子每个阶段所需要的东西，不断调整自己的思想和情绪。

第四个阶段是孩子进入高中，甚至往后进入大学快成年的这个阶段。你要给他的是一种责任感、信任感。这时候已经不是你一两句话说说道理他就可以接受了。这时候他需要很多磨炼，甚至给他很多的事情，慢慢培养他的承担能力，在这样的过程当中他才会进步。如果你没有留意孩子每个阶段的变化，你所给他的东西、所采取的教育模式就会是非常混乱的。

我们通过这四个阶段来看清楚我们自己的教育模式是什么，我们会知道在什么阶段用什么样的教育模式会比较适合。这非常关键，因为这会改变我们的情绪、性格，甚至我们的眼光都不一样了。

我先通过一个例子给大家说明。我有一个学生，与他交流之后我受到很大的启发。这个学生算是蛮聪明的，但是他与爸爸的感情不是很好。我无意间问他：你爸爸在外面这么辛苦工作，你明明是蛮聪明的为什么不多努力一点？其实你可以更努力一点，有更好的表现啊。他的回答让我很讶异，他说：我觉得我再怎么努力都不会快乐，我不想跟我爸爸一样在企业里面有这么好的位置，整天忙得没有时间回来陪我们，看着他工作压力那么大我也不觉得快乐。我不想看着他为了这些事情忙得这么痛苦，如果我以后也要跟他一样，这不是我要的人生！

这段话很简单，但给我非常大的反省与刺激。我相信这样一个父亲，他对他孩子的教育方式一定不会太差，甚至给他安排的老师也不会不好，但是这个孩子的内心产生了抵触，这个抵触是我这么优秀、我这么好有什么用？我根本就不想跟你一样，过这么辛苦的日子。他宁愿他的爸爸回来有时间陪他吃饭。他不要过爸爸那种生活，他想要轻松的、家人可以好好相处的时光，这样的人生才是他想要的。

有时候父母苦心、用心打拼的一切，可能比不上多一些时间回来陪孩子吃顿饭。我们要反省对孩子的教育到底出了什么问题，还要反省我们看不见的教育模式，这个教育模式来自我们日常生活的相处过程。

这个时候父亲告诉他：如果你真的不喜欢学习，可以学习一技之长。可是他不愿意，为什么？因为他内心要的是：不想跟你们一样过得这么累，我何必要这么努力呢？只要他这个观念没有办法消解，他内心的困惑没有办法讲清楚，家长做多少努力都没有用。

通过这个实例，通过我与他简短的一个交流，我发现身为父母亲无时无刻不在影响孩子。你们真的还觉得教育都是老师的责任吗？也许你不懂你的孩子，或是在孩子第三阶段和第四阶段的时候，你根本没有时间跟他相处，你根本没有肯定他所有的一切，这就是我们的问题。

我们至少要了解四种模式，这四种模式会运用在孩子的这四个阶段里，如果你不知道你现在用什么模式，那后面的问题你也不知道该怎么解决。

我们很爱孩子，但是对于教育孩子我们可能完全不了解。其实一定程度而言我们是自私的，我们永远都是站在自己的角度看事情。教育不是这样，教育一定程度而言是站在一个整体的角度看待事情。这个父亲认为好好地在工作上尽忠职守，孩子就会被他感染到，这就是他只站在他自己的角度看事情，他没有想到，孩子看到父母亲辛辛苦苦一辈子，反而不是他想要的人生。你已经表演给他看，这不是他想要追求的人生。所以，如果你不用全面的角度看，你没有办法进步。

第一种教育模式叫作高压型教育模式，也称权威型教育模式。什么叫权威型？就是以父母亲的意见为中心，孩子所有的一切都必须服从家长的决定，孩子永远没有办法有自己独立的思考。大家可能会觉得我讲这个太夸张了，但我们人是看不见自己的，我们很容易用一个方法走到底。你看不见你自己，其实你平常都在做这种事。对孩子而言，你就是一个高压政策。

我做过很多青少年的咨询，得到的一个重要讯息就是：都是我父母亲主宰我的一切，我没有任何自由思考、自主做决定的权利。可是当我问在座每一个孩子的父母时，他们都会说："我的孩子就是这个地方不好啊，难道我还不管吗？我就是要加强他这个地方。"没错，父母想的都是对的，可是做出来的事情却会产生反效果，就像我刚刚说的，你不了解孩子的心理，你所给他的一切对他而言都不重要，他只是反感你，你越要给他的东西，他越是逃避。

这种高压、权威的教育方式，大概只适合孩子在第二阶段，在十二岁以前都还可以。但是如果过了第二阶段到第三阶段，你这个方式还没有改变，你甚至也没有觉察到，你会以为以前就是这样对孩子的啊，他就很乖，他都听得进去，为什么现在他就听不进了呢？是他已经在变化了，心智变了，你还是用一个老方法，那当然没法解决问题。

大家想一下，当你进入初中的时候，你父母亲还用对小孩子那一套方法对你的时候，你可以接受吗？你还愿意相信吗？这种所谓的高压型父母亲，他们认为自己的见解非常正确，他们所有的一切都是为了孩子好，反过来讲，也代表这种父母亲非常固执，代表这种父母亲非常不容易沟通。这会造成孩子往后有其他的问题。

也就是说，当父母亲说什么孩子都没有办法反驳，甚至都不会给孩子通融的意见时，只会造成孩子内心充满反感、反叛而已。一个孩子为什么会叛逆，一定有与他想法不符的地方，但他又没办法表达他自己，他就叛逆了，他不会想听你说话了，这时候你想给他什么都没有用。

在孩子处在第一、第二阶段，权威型教育还可以做，建立原则很重要，还要懂得陪伴，在陪伴的过程当中培养你的耐心，训练你的耐心。如果你没有办法陪伴，没有办法训练你的耐心，你就没有办法进入第三阶段的教育，但第三阶段对于孩子来说很重要。

第二种教育模式叫作交互型模式，就是亲子双方探讨、发现、摸索式的模式。我相信每一个成年人应该都有感受，人生没有标准答案，每个人的生命不同，环境不同，思考角度不同，文化程度不同，专业科系不同，怎么可能一个方法适用所有人？怎么可能追求一个标准的正确答案？很多事情需要不断探讨、摸索，最后找到一条适合自己的路。适合不代表是最正确的，但却是最合适的。如果你的生命到目前为止仍然是在追求标准答案、正确答案，那都不是教育，更像是考试。

我相信大家绝对不是那种对孩子没有心的人，但是我们必须具备正确理解孩子的观念及成长的能力，才知道怎么调整自己。人很奇怪，如果告诉你怎样做，你不会直接听。你不会说“吕老师这样讲，我就这样做就对了”。一个变好的过程，是我们很了解所有的变化，彼此懂得调适、信任。所以在第二阶段的交互型模式中，孩子有问题提出来，你有问题你也提出来，孩子在进步，你也要学习，孩子不会的你也要学。

要学习跟他相处，多交流，了解他的内心，这是你们互相探索、发现彼此内心的一个过程，也正好是孩子第三阶段的需要，需要你的肯定，需要你的喜欢，需要你的认同。通过一件事情你要了解孩子在想什么，这种交互才是影响我们人生最重要的一环，也会影响我们往后面对人生问题的心态。

如果在这个阶段孩子形成的任何思想都被父母亲否定、批评，以后孩子就都不想了。你以为你提供给孩子更好的答案，事实上等于直接磨灭了孩子思想和火花。这个阶段，孩子的思考对错不是最重要的，有时候犯点错、吃点亏都是好的，因为这阶段的思想本来就不成熟。如果你没有办法接受，你要的是他不可以做错，怎么这个也不会，怎么那个没有做好，他提出来的任何意见你都反驳，那么你很容易在这个阶段泄了孩子的气，以后他就不想讲了，不想理你了，他不想再跟你交流。你说孩子不跟你们交流，孩子会说：说了你们也不懂，不接受，你们永远觉得自己的想法是最好的！

从第一、第二阶段延伸下来的问题会让你在第三个阶段没有弹性。我们都知道要互相交流，互相探索、发现，然后找到一个共同的模式去运作，但是你内心真的愿意接受吗？你希望用最快的方法，就是“照着我讲的话做”，催促孩子“没有多少时间了，赶快”，这些都会磨灭孩子在这个阶段的想法，是我们给自己设下的一个陷阱。

这个阶段大概六年，这六年的时间错过了，以后孩子不会找你聊天。我们自己不也是这样吗？这六年的阶段，是我们被否定的阶段，我们还会找爸妈沟通事情吗？不会的，我们只想赶快考出去，考到离这个家很远的地方，最好不要回来。美其名曰是要考重点大学，事实上是想考的远一点，根本不想看见父母。我们的教育方式给孩子带来多大的问题，这个才是真相。

这个阶段很容易产生分析型的孩子，还有孤僻型、隔离型的孩子，他会自我封闭，不想与你交流。

孩子的第一个阶段和第二阶段，我们需要反复培养耐心和慈悲心，还要懂得以他的立场来进行教育。可是通常在这个阶段，因为很重复又麻烦，加之我们没有经验，我们只希望孩子安全地度过这个阶段就好，我们忽略了很多东西。所以教育其实是一个整体概念。

第三种教育模式称为独立型模式。也就是说孩子已经进入第四阶段，你不需要提供太多个人意见了，因为你提的意见他也不一定听得进去。当然如果你前面三个阶段做得好，你提出的意见他可以接受。什么叫独立？这个时候他是以个人思考为中心的。这个阶段的教育模式已经不是你影响他，是他已经可以独立思考，一些事情他可以自己做决定了。而你的意见，只是他的参考之一。独立型模式在孩子的第四个阶段非常重要，因为他的思考能力还不足。

独立型教育就是培养孩子独立思考的能力，让他懂得应对生命中不同的问题。这不也是你希望给孩子的吗？这不就是你希望给孩子建立的吗？你要建立独立型的教育模式。这是在第二、第三阶段交互型里面慢慢渗透培养出来。这三种教育模式，我们每一个家长都要不断反复使用。我们需要静下心来想我们到底用了哪一种。

有的人用第一种，认为孩子照自己的话做就好。有的人用第三种，他不想负责任，所以觉得用独立型模型教育孩子才行。他认为孩子自己只要想就一定能懂，不管几岁，他都让孩子自己去想，其实教育是需要引导的，自己想通的太少了。不用人教就会的是吃、喝、玩、乐。所有的成长、所有的思考都需要引导。你放任孩子让他自己去想，通过同学之间的交流，他就会想通？很抱歉，这种人少之又少，几乎没见过。我们都是需要引导、需要被教育的。所以独立必然是放在最后一个阶段。

有些父母亲会出现这种情况：这个我不懂，我留给学校老师教。没错，我们不懂，我们可以留给学校老师教。问题是，既然你不懂，为什么不下一点功夫去了解，让孩子与你之间产生一些关联性，这个时候你才容易对他进行人格上的教育和引导。

为什么这么想推卸责任？你说这个你不懂，孩子一定会自己想，慢慢他就会懂。人生绝对不是这样的。我们说孩子会自然成长，现在就是让他快乐地去玩，蹦蹦跳跳就好。可是，人格的塑造绝对不是这样养成的。

一个孩子亲近大自然，喜欢比较自由的教育方式，他必定是配合第二种教育方式——交互型，交互型的教育过程是最费力的。也就是说，你要花很多的时间了解他，你要了解他的思想，了解他的提问，了解他的心情。你需要不断调整你的教育模式，这个才是最难的。放任孩子自由自在，这个阶段就是让他好好去玩，没有这回事。他玩过之后就需要引导，教育就是引导，所以我们很注重孩子成长过程中的每个阶段心态的发展，没有谁比我们更了解孩子。

第四种教育模式是反馈型模式。你看见孩子这个行为不好，你看到孩子有问题，这个时候你要调整自己。你听见孩子讲这种话，看到他做出那种事情，你想怎么会这样？你调整自己，这叫反馈型。这个时候你和他闹脾气，你不也是小孩子吗？这个时候也不是你展示权威的时候，否则你不是给自己找麻烦吗？

生命当中有太多东西，通过点点滴滴，孩子在表现他的内心，表现他的性格，表现他的想法，父母视而不见、听而不闻，永远只以自己的想法为出发点，完全没有看到孩子的变化和反馈，那你怎么进行下一个阶段的教育？

反馈型非常重要，就好像一个老师，他会通过学生的试卷了解这样的教学到底有没有达到成效。有时候你可以跟孩子进行交流，比如妈妈这样对你爸爸，这样的相处方式，你怎么看？爸妈这样的工作，这样的思考方式、生活方式，你怎么看？你会得到意想不到的答案。就像我那个学生，他爸爸从没有想过他的儿子原来是这样看他。他努力一辈子的样子要给他孩子看，结果全部得到反效果，他不懂反馈教育。我觉得反馈很重要，懂得反馈会站在一个更大的格局看教育。

我觉得教育就是不断地引导、检讨、反省，然后再不断地进行改变。一个做教育的人要有很大的包容性，你不能一意孤行，永远用自己的方式去做。适合的才是好的，追求最好的不是好的。

在孩子成长的四个阶段里，你需要运用这些模式，通过这四个模式，你去做反省和归纳。我曾经说过，孩子在家庭的影响之下会发展成五种自我的类型，而这四种教育模式应该怎么运用呢？

第一种就是讨好型。对于讨好型孩子，如果你用权威型教育模式只会让他更恐惧。这个时候你要给他反馈型的教育模式，你多问他：妈妈这样做，会不会给你很多压力？妈妈不在你身边的时候，你会不会害怕？你可以多了解他的内心，因为他的内心其实很期待，但是他又怕伤害，他内心纠结，若你化不开他内心的纠结，你就没有引导他。他自己的内在矛盾已经很多了，你给他的东西不代表就是真相，就像一个人他很怕他的配偶，但是他又很希望得到配偶的爱。其实这样的矛盾心态，有时候根本没办法表达。那身为父母亲的我们就要了解孩子的个性，所以我们必须通过询问，看孩子的反馈，通过行为看见他内心的状态，从而调整我们的教育模式。

第二种是攻击型。这样的孩子很适合交互型教育模式。你们要互相探索、发现、交流，找出一个较好的相处模式。你现在所做的任何事情，他全部都是批评、否定，你说他错了，他说没有错，你说他不认真，他心里不觉得。你需要与他多一点交流，你要很有耐心，你要控制得了自己的脾气。这样你才有办法慢慢引导你的孩子。这种攻击型的孩子很怕被指责，你要多与他产生共识，如果你没有办法与他产生共识，你想要他改变，那不可能。

共识的产生基础是什么？是你很尊重我，我很尊重你，我们两个相互之间达成协议。我确定你是真的尊重我，而不是为了要求我。孩子很聪明，他都知道。

第三种是封闭型。他不喜欢与人交流，他活在自己的世界，你必须通过适当的教育模式才可以引导他。他就是不想与你交流，因为你与他交流，最后都是否定他或是你着急。你给他的全部都是否定、打击！这时候你必须给他一个独立的思考空间，再配合回馈。比如说，通过亲子活动，一起完成一件事情，让他独立思考。在独立思考的过程当中，你与他建立感情，你看他的行为反应建立感情，慢慢地他愿意与你交流。你必须有更多的耐心。比如说一起出游，一起去露营，从事一项活动，然后共同建立一种患难与共的精神。

这种患难与共精神的建立，会让孩子内心慢慢地认同你，但是他还不一定会与你交流。可能他自己的性格当中，就是不想与你交流，或是你以前说过伤害他的话，他不想交流。但可以通过一些事情，慢慢地一起尝试，彼此之间慢慢建立认同感，他看到你对他的爱，你也看到了他潜移默化的变化。

我的来访者里有这样的孩子，你跟他说什么事情，他都不理，都不回应。但是你不断地问，不断地问，他的表情会有变化，也就是说，你必须知道做某些事情的时候，他是喜欢的，但是他不会表达，非常微妙，他的脸色、他的嘴角会表现一点点的喜悦，你要更用心地观察。

对于封闭型的孩子，独立性很重要，你必须让他有独立思考的空间。因为他不信任你，你必须通过一起完成一件事让他自由地发挥。这种做法对自我封闭、不愿意与人交流的孩子是最好的方法。

第四种是分析型。这类孩子所有的一切都是用分析、用理智，他也不会跟你讲过多的情感，你给他过多的情感也没有用。这类人有很好的分析、逻辑思维能力，他们其实很简单，也很独立。给他思考的空间，一起做一件事情，通过这些过程你们会产生交流。这个孩子喜欢天文，你跟他一起研究天文，你只有进入他的世界，你才有办法教育他，你才懂得他的思考模式。我觉得上天给我们每个人最特别的东西，就是每一个人都不一样，没有谁最好、谁比较差，但是你要懂得怎么跟他们相处。

这种分析型的人，只要你进入他的世界，他会滔滔不绝，跟你有讲不完的话，你从他的思想里面可以收获很多智慧。他跟封闭型的不一样，封闭型的是不想跟你交流，但是分析型的是你只要进入他的世界，他很喜欢跟你交流。

第五种是敷衍型。这种类型的孩子很简单。你不要再跟他交流了，因为一谈话他就是嘻嘻哈哈、嬉皮笑脸的，你跟他交流没有标准答案，你讲东，他也可以，你讲西，他也给你圆满。他这样你没得讲，这个时候就要给他高压，当然这个高压不是打压他，指的是你要给他一个明确的方向。他就是没有主意，他就是可有可无、可负责任、可不负责任，这个时候你不给他一个明确方向，他根本不知道往哪儿走。你给他一个明确的方向，给他一个信心，告诉他这样去做就对了。

作为父母要了解自己的孩子是什么样的性格、什么样的模式，应该给予什么样的教育方式，关键是你有没有足够的耐心，甚至你自己能不能客观地看待孩子的一切。不同的阶段，孩子会发展出不同的性格，所以你要不断调整，你不能一成不变，妄想一条路走到底。如果你懂得活用，最后你会发现你自己最受益，其实你跟任何人的相处，慢慢地也都不一样，你跟任何人的相处都开始轻松起来。

孩子只是在反映我们的内心，让我们学习如何跟人相处，孩子不是我们可以强迫的，我们要通过孩子本有、应有的特质，去发展他、引导他。我觉得孩子对我们而言，是一面非常好的自我反省和成长的镜子，给我们带来很多提升。我觉得这是教养孩子的过程当中最有价值的地方。

只要你愿意看清楚每个状态下孩子的性格，你就更懂孩子的心理，你懂得跟孩子如何交流，你对教育模式运用得也会得心应手。当然这些是归纳、整理，我们在每一种类型当中都会交错运用几种模式。交错使用的重点就在于我们能不能理解孩子。

还有一种言传身教的教育模式，这个已经不是单纯的教育模式了，它影响孩子于无形当中。教育其实有很多方法，你用对了，都没有问题。可是孩子跟你生活在一起，你的言传身教对他的影响更大，这个我们下一讲再跟大家分享。

第八讲

教育的真相

人一辈子是需要不断学习的，有人会觉得什么时候才可以学完，有这样的想法，越学习会越累，如果你理解生命每个阶段都需要不同的引导，你就不会觉得累，你只是不断地在调整自己而已。希望各位在学习的过程中不要觉得要学很多，要一直下功夫想办法改变，至于好累等比较消极的想法，我们可以抱着一种很自然的心态看待，认为这就是一个过程就好。

我想在学习的过程中进步最大的是自己，在教育子女的过程中改变最大的也是自己。有时候我们会发现，自己也没做什么特别的事，孩子就改变了，其实只要我们改变了，孩子自然就变好了，这是很自然的事情。我们与其想办法去改变别人，不如我们真心地面对内在。

我觉得这比较重要，上一讲中的四种教育模式，我认为是外显性的。

什么叫外显性？就是很清楚地给你一个方向、一个方法，什么样的人就用什么样的方法做。我还说，教育里面还有一部分的影响非常大，就是我们的言传身教。这就是生活相处过程无形当中所产生的教育模式，而这样的教育模式运作于无形，我们几乎不能觉察。就像我举的例子，我那个学生看到他父亲的行为，他不会特别想要认真地学习。

有一部分教育是孩子接受到环境刺激之后所产生的想法、观念。这些想法、观念会不断地形成，成为他的信念，信念越强烈代表着他内心越坚定，他的行为就不容易改变。做父母亲的要改变一个孩子的行为，或是想要引导一个孩子的行为，就必须先了解他内在信念是怎么产生的。如果没有办法解开这个信念，我们也没有办法引导孩子。所以要了解原生家庭是怎么形成我们的信念的，这个信念很自然也影响了我们对孩子的教育方式。

当然，在学习之前，我们也搞不清楚自己，我们更看不清楚孩子到底是要什么，属于什么类型，当然也不知道怎么引导。我们学习教育的过程当中，很多时候都必须先把自己的心静下来，好好地探索自己、了解自己。这一讲我想通过一些真实的例子，让各位比较容易理解教育的真相是怎么造成的，让大家比较快速地进入状态。

信念产生于你看到父母的行为之后。同样，你的孩子也看到了你的行为，他自然也产生了他的信念。这个信念是怎么来的？比如说，父母亲会在你的成长过程中告诉你，要小心外面的陌生人，他们要是没有理由地靠近，你要小心，他们可能是来害你的、骗你的等，在你心目当中，从小就已经烙下了很深的印象。对这个印象，你抱定为一种固定的想法，你认为只要不是你熟悉的人都可能是来害你的。因此在你往后的生命中，你遇到一些机会，或别人来找你一起做事情，你回家跟父母亲商量的时候父母亲都否定你，认为这个不好，那个不行，不断打击你，让你渐渐就失去了信心。而你自己呢，也没有信心，因为你背负着很多人给你的批评。你并不是一开始就没有信心，是不断有人批评你之后你才没有信心的。当你看见别人已经成功，你却因为父母亲当时不懂得鼓励你，不懂得让你去做，结果让你错失可以成功的机会，你把不能成功的因素怪罪到你的父母亲身上，因此你对父母亲讲话时充满敌意与恨意。而这一个敌意与恨意就更加深了你的信念，也就是在这个信念里面包含着复杂的情绪。也正因为这个情绪包含在里面，所以你产生了另外一个想法：我要让我的孩子建立自信心，以后不论他提出什么意见，我都不会否定。而这样的信念来自你与父母亲以前的冲突。这是非常值得探讨的事情。

如果你的信念是因为对立而产生的，那么这样的信念背后是有缺陷的，也是能量不足的。当你用这样的信念教育孩子时，你并没有觉察，而你的孩子接受到的不是你要教育他的这个东西，你的孩子会误以为你是在包容他，或是无条件地放纵他，他并不会认识到你给他的是信心。因此你教育出来的结果不是你要的那一个。你的本意是要给孩子信心，所以不论他提出什么意见，你都支持他、鼓励他。可是孩子并不懂这个，也就是说，你这个教育背后的信念，是你跟父母亲对立所产生的，你的教育背后带着一种恨、一种情绪、一种愤怒，你希望你的孩子不要这样，但你这样教育孩子反而不会成功。

为什么不会成功？因为这个教育背后缺乏正确的认知、正确的情绪，你的孩子会往你所缺的那个方向发展。如果你没有办法觉察你教育背后的理念、信念是来自你缺的东西，孩子会自动帮你把缺的那个东西补足了。也就是说即使你百般努力地给你孩子信心，但是你的孩子仍然缺乏自信，你的孩子在你不断的鼓励当中，仍然会错失机会，你越看越生气，因为你已经给他这么多鼓励了，为什么他还不成才？因为孩子从头到尾都要让你去面对你自己身上缺的东西。你不用把你的缺用在孩子身上，这是你生命的功课，他并没有这个生命功课。很多人在进行教育的过程当中，误以为我们这一代缺了什么，在下一代身上要补上，要给他更好的，但事实上在孩子这个独立的个体当中，在孩子生命独立成长的过程当中，他人生的功课并没有这一个，所以你所给他的不是他生命需要的，所以他反而会反映出你生命的需要，要你去改变。

这背后蕴含着教育的真相，也就是你看不到的背后的动力。如果你的信念是在爱、和解、包容、宽恕和互相尊重的情况下产生的，这时候用由你的信念所产生的教育模式教育孩子，效果自然会好。我们很多时候都是抱持着一种对立，要证明我比我的爸妈好，我要证明这样的教育是对的，或是我有什么遗憾没有办法满足，我要我的孩子不要有这个遗憾，或是我以前吃过了什么亏，我不希望我的孩子跟我犯同样的错。你所吃过的这个亏，背后含着你内心的那一种恨、那一种嫉妒、那一种酸，这个时候你教给孩子的，其实是你内在的那个能量。这时候孩子反映出来的问题，就是你生命要面对的问题，从头到尾我们的一生真正要改变的就是自己。但是，我们没有觉察，我们一直以为我们要去教育别人，事实上，我们从头到尾要先改变自己。如果我们没有办法正确解读自己内在情绪产生的原因，那么我们永远都没有办法教育出我们想要的孩子。教育不能光看表面，要看的是内在情绪的动力，因此情绪的那个动力必须来源正确。

也许在打拼的过程中，你无形中产生很多信念，比如我们人生除了要享受以外，还要实现自己内在的价值，这是一个很好的信念，问题是这个信念的背后隐含着你什么情绪？可能因为你一直在物质上没有成就，你觉得你的人生从来没有享受过，你才讲出这一句话，你内心是压抑的。实现自己的内在精神价值比物质重要，你是想要这个吗？你用这个信念教育孩子，你让孩子承接的是什么，承接的是你内在最真实的声音，就是你的生活过得很压抑。

今天你的孩子为什么会是讨好型、攻击型、封闭型、分析型、敷衍型这些，都是你内在的信念导致的。你说人生除了物质的享受之外，更要提升内在精神。没有错，听起来非常正确，问题在于是你真实经历人生这些过程之后，最终发现物质所能够满足你的有限，你要往自己的内在做更多的提升，还是你达不到物质上的追求，反而用这句话来安慰你自己？你内在抱着一种遗憾，这是能量不足。既然你不足了，你拿什么来教育你的孩子，他接收到的是不足。

其实你内心是很压抑的，也是很痛苦的，你只是拿这一套来教育你的孩子，告诉孩子：我们要节俭，我们要提升自己内在的涵养，物质的世界不重要。这时候你的孩子并不会完全接受这个东西，因为我们人跟人相处里面有个更高的东西叫能量，也叫磁场或感应等，孩子接收到你的磁场，接收到你的能量，是什么样的？是压抑的，是很郁闷的，所以他内心有一种压抑和犹豫，他也很想经营好他的人生，但是他总有种压抑的感觉，这个东西就是这样来的。所以你所教育的一切，仅仅是嘴巴讲的，不如你真心地改变自己。

我也遇到过一些人，他的成长背景非常辛苦，所以他对自己的事业非常努力，而且奋斗不懈，他内在的信念是：我们的生命是要靠自己打拼的，不会有人来可怜我们。这个信念有没有错？没有错，但是信念背后的能量有问题，这背后隐含着什么？隐含着一种悲愤，隐含着对世间的一种冷漠。因此他教育孩子的过程当中有一种悲愤。

你希望你的儿子怎么样？人生要自己打拼，不会有人可怜你，别人不会因为你看起来可怜就来帮助你，要靠自己承担。你是希望教育孩子承担，因为你是这样过来的，可是因为你内在蕴含着一种悲愤，一种被世俗打压的痛苦，你的孩子承接到什么？你内心的痛苦。所以他内心也会充满压力，他也会觉得做任何事情都有很大的压力，因此你教育他做一些事情时，他不愿意，因为他不想背负这个负担。什么意思？这不是他生命的功课，这是你生命的功课。

我们的孩子没有理由背负我们内心的情绪，因此他必然会做出行为把问题再丢还给我们。也就是说你越让他承担，他越不愿意承担，为什么？这是你的功课，他生命的功课也许不在这里，所以为什么我跟家长讨论、分享，家长自己处理好自己的问题之后，孩子自然就好了，为什么？因为你不再将你的生命功课加于他身上，他才可以活出真正的自己。现在大家要有一个认知，每个人都有他这一生要走的路，每个人都有他这一生要面对的功课。

他有自己的生命功课，你没有办法替他解决生命功课，你能给他的就是，你能很好地面对你内在所有的一切，完成你自己生命的功课，这是最好的教育方式，这也是教育的真相。越是不断这样做的人，他的孩子变化越快，而且孩子的变化会超越他的想象。有时候静下来想的时候，会发现很可笑，我们努力一辈子之后发现真正需要改变的人是我们自己。

有信念也很好，比如说有人觉得人生的幸福与欢乐是通过不断冒险与竞争取得的。这个信念没有错，我一直强调都没有错，问题是蕴含在他内心的是心惊胆战，是丛林法则，是不断斗争才能拥有，所以他内心缺乏安全感，过着战战兢兢的生活。他教育孩子要懂得奋斗，要懂得争取，但是他的孩子永远胆小怕事，为什么？因为他的内心充斥的就是这个东西，他内心并没有真正建立勇气，建立一种稳定的力量，他只是不断通过斗争，通过奋斗、竞争的过程得到安定，而那并不是他内在真正的安定。外在的安定，没有办法给予一个人内在真正的安定，所以他的孩子会重现这种胆小怕事。他会觉得我明明就是一个这么奋斗的人，为什么我的孩子没有办法这样？他内心潜伏着恐惧，那么他用什么方法引导孩子都没有用，谁的生命功课谁自己做。

有的人说，我觉得人生不能完全为了理想而活，有时候，我们要为现实而活，爱情与面包，你要懂得选择面包。很好，这个观念没有错，我也觉得没有错，我们的确要教育孩子知道现实的重要。但是你是在现实中受了种种的打击、灰心丧气之后，迫不得已接受现实比理想重要，你教育孩子所说的一切，实际上是你内心的那个缺口，你给孩子的是你内心种种打击之后的那种失望，所以你的孩子也会非常容易消极。

这些都是我不断学道、修道，不断改变自己内心转化禀性，突破所有障碍后的体会。为什么我会讲我的学历，我是硕士研究生，我想这个学历不算是太差，我完全不能理解在我二十多岁、三十岁出头的时候，内在有一种说不出来的自卑感，完全不能理解。如果按我们世俗的标准，我的成就也不是太差，为什么我内在总有这个东西。当有一天我去面对我的父亲，我去理解他背后这一切的时候，我才发现原来我父亲是一个自卑、没有信心的人。

但是我跟我父亲相处二十年的过程中，他给我的样子永远都是坚强，永远都是努力，永远有承担挑战的能力。在我学道之后，我回去面对我的父亲，在尽孝的过程中，我才理解我父亲的内在充满自卑，没有信心，我才知道原来这是我父亲生命中的障碍。当我完全理解了我父亲所说的一切之后，我自己的这个问题就解除了。大家不要小看这些，里面蕴含着太多我们要突破的东西，每当你跨过一个，就像翻过一座山，生命尽显海阔天空。

大家可以慢慢理解我所讲的这些。有时候你内在这个信念怎么产生的，也许你自己不知道，你只是日复一日地这样过下去，你只是希望你的孩子不要跟你一样，你希望教他好的、对的。但如果你没有改变自己内在能量的缺口，你所教育孩子的永远都是你不足的那一面。

有的人告诉孩子要活得光明正大，不要做那些肮脏、非法的勾当，这样的教育非常好。问题是他内心的能量是什么？是疾恶如仇、愤愤不平。从此孩子信念里就有了这些，孩子当然知道不能走歪路，不要去做那些不好的事情，但是孩子继承的那个情绪却是愤愤不平、愤世嫉俗，孩子自己不知道为什么会有这样的情绪。所以，我们通过不断的学习，不仅可以往上突破，突破父母给我们的这个束缚，我们还可以往下产生一个好的结果。

你这些信念的产生是因为什么，今天你要面对的是一百个人、一千个人对你的否定，所以你产生了一个信念：不要听别人讲的，坚持自己的路去走，为什么？因为一百个人否定你，一千个人否定你，你内在如果没有信念的力量，你就没有办法走下去，对不对？所以你产生的信念是不要太在意别人的想法，你要好好地为自己的人生走该走的路，这样没有错。你的内心是什么？你发现不可能所有的事情都要别人认同你，你只要自己活得心安理得就可以了，所以你内在的情绪是非常正确的。但如果你的内心是因为一百个人否定你、一千个人否定你，你产生的是悲愤，是对抗、冲突，要证明给他们看，这个时候你会让自己很累，因为你心里想的是要征服一百人、一千人，你用这样的信念根本走不下去。

如果一个人内在的信念充满平静，充满理智和智慧，他知道他没有办法满足所有人的期待，因此他要做好他自己，做得心安理得，那么他的生命一样活得有价值，他用这样的内在动力可以面对一千个人的否定。相反，若你用一种悲愤、对抗的力量面对一千个人的否定，你所形成的教育方式会完全不同，但是你无法觉察，你所传达出来的能量会完全不同，孩子会接收到你内在的那个能量。孩子会跟你一样，看到人也会产生对抗，他事事都要逆反，都是不照着别人的意思做，为什么？很多孩子叛逆特别强的原因就在这里，因为你内在的抵抗、对抗的能力也很强，你的孩子也在承接你内在的这个东西。这就是教育的真相。

每个人的信念都没有错，问题是信念背后的情绪是什么？当我们愿意面对的时候，我们就要开始了解情绪，情绪背后还蕴含着一种欲望，我产生对立的情绪，那我背后的欲望是什么？我想证明我比别人好吗？我想证明我高高在上吗？有时候你想得到一个东西，但没有办法得到，那个过程你产生了欲望，欲望纠结的情绪更加复杂。所以信念的背后充满情绪与错误的欲望，需要修正。

你想通过孩子来展现你的什么欲望？你想通过孩子做到什么事情来满足你内心的欲望？这里面会不断纠结，你会产生情绪，这个情绪之后会让你产生看不见的信念，会让你无形当中形成一种教育模式。这个模式是看不见的，所以我称之为内显，除非你愿意静下来面对，不然你不知道。

我们在进行教育的过程中，不可能在每一件事情上都觉察到自己的问题，太难了，甚至有时候信念到底怎么产生的我们也不知道。我们可以探索过往这些信念是怎么产生的，探索背后的情绪是什么，这个信念背后缺了什么，为了什么而产生的，然后我们才能修正它，让这个信念变得平静、富有能量，这是要做的第一个功课。那第二个是什么，你不可能知道每一个信念，那你可以怎么做？你可以通过孩子的外显行为来观察自己的内显思考模式，这非常有价值。比如说你看到孩子在某些行为上面很自私，他永远都是为自己着想，这就是一个外显行为，你可以通过他的外显行为来反思你的内在思想。第一，你怎么解读它。这个解读因人而异，因为每个人的状况不同，在这个地方没有标准答案。比如说我看到孩子很自私，他怎么永远为他自己想，为什么他不会替兄弟姐妹考虑？朋友受伤了，为什么他不懂得关心？这个背后你就可以探讨自己：我是不是一个很冷漠的人？我也许表面很热情，但是我内心其实是一个很冷漠的人，孩子只是在表达我内在的状况而已。或是他表现出来的自私冷漠、不想关心别人是什么原因？是因为我很害怕受伤害，我很害怕我表达了关心之后被拒绝而受到伤害？有些人不敢付出关心是因为他害怕受伤害，害怕被拒绝，或者担心自己很突兀、突出，所以他不愿意做这个，他才表现出自私。每个人都不一样，要通过孩子的外显行为去观察自己内在的思想、内显的思维模式。为了确保万一，在与孩子进行交流时，我们可以用交互型的教育模式，与他一起探讨，你会发现，孩子某方面好像跟你的内心一样，你会有恍然大悟的感觉。

或是有的孩子很自私，他表现得很冷漠，原因是他觉得自己的爱都不够，为什么还要去关心别人，这代表什么？他很缺爱。虽是一样的行为，但是内在的模式完全不同。这就是我说的每个人的生命功课都不一样，你因为自己过去所吃的亏，你用这信念去教育你的孩子根本没有效，因为那不是他的生命功课。仅一个自私的外显行为，我们至少可以推出这么多种内在的心理变化，请问一下，你到底要拿什么教孩子，如果你不知道你自己，你怎么教？

他今天既然会成为你的孩子，就代表着你们有共同的生命功课。孩子今天所产生出来的种种行为，让你不高兴、痛苦、纠结、发狂、悲愤、委屈等，都有着你要面对的生命功课。所以，我们要通过外显行为来了解自己的内在模式，这才是真正的教育，那么可以通过哪些外显行为来观察自己的内在思想呢？

我们常遇到这样的问题：有些孩子很懒惰，依赖心很强，什么事情都不关心，可有可无，看着就很讨厌，皇帝不急急死太监，你已经受不了，甚至想揍他。你怎么引导他都没有用，为什么？你的内在模式在影响你的思想，孩子逼迫着你面对你内在的模式，你静下来面对的时候，才会看见这里面有你的生命功课。你看到一个人懒惰、依赖，爱理不理的，为什么生气？因为孩子这样的行为不在你的掌控之中。你内在的那一股怒火没有办法发泄。孩子用这个方法逼得你转化内在想要掌控一切的那个信念，这是你内在的一种模式，代表你有要面对的课题。有些人说，“我明明就是一个不懒惰的人，我明明就是很认真的人，为什么我的孩子是个这么懒惰、这么不负责任的人？”你永远想不通啊，你说“我没有这个心态啊，我心里没有想懒惰”，但是你不断想掌控，这个是造成他懒惰的原因，这里面有太多值得你探索的地方，没有标准答案，但有你往后的教育智慧。

有些孩子懒惰、依赖的原因是因为你给他做的太多了，他该有的一切你都帮他想好了，当然他就什么都不用做，他就可有可无，他用懒散、漠不关心来让你面对，那你为什么什么事情都帮他处理好呢？你内心想的是什么？你担忧他不会，对不对？因为你以前吃过这方面的亏，所以你希望给他一切，给他的原因是你的父母亲没有给你，你怕孩子受伤、难过，你想保护他。因为你的父母亲没有给你这个保护，没有给你足够的爱，因此，你想给孩子足够的爱。结果他还是什么都不会，因为你的内心就是担忧，怕他什么都不会，所以他就真的什么都不会，依赖你。

一样的外显行为，但是生命的功课完全不同。你必须花时间探索自己。有的孩子不喜欢跟你说心里话，就像我们昨天说的那种封闭型的，他不想跟你交流，什么原因造成的？什么东西刺激着呢？你从他的身上完全得不到信息，那我反问你，你的内在怎么了？你内在感到焦虑，感到急躁，感到不安，你面对的也是你自己的情绪。孩子不喜欢跟你交流，你讲什么他都没有回应，你内在是什么状态？你很抓狂。说明你内在有要处理的问题，这些问题是你过往信念所产生的。你觉得如果不懂得交流，他以后会吃亏，如果不懂得说出来，他以后在社会上可能很孤单，你把这份担心、害怕转到他身上。孩子不喜欢交流为什么让你担心、害怕？因为你的担心、害怕还没有处理，还没有面对。

面对封闭型的孩子，若你不知道怎么与他交流，你要慢慢地做转换。当他要跟你交流的时候，或是他讲到一些事情的时候，你不要老是翻旧账，不然有可能会造成他以后都不跟你交流。换句话说，也有可能代表着你的内心是不喜欢跟人交流的，因为每次交流只要一说真心话，都会被批评，都是被否定的，所以你不喜欢说真心话，你也不想交流。你的孩子在某些情况下，连接到你的内心，他也不想跟你交流。不要小看这个，这个在我自己的生命当中一样有过。

有一次我跟妈妈相处的时候，我突然发现我自己突破过后的改变。我和妈妈的感情变好，但是我很少跟她交流到我内心比较痛苦的东西，或许是我不想让妈妈担心这些，不想让她烦恼，我不想让她知道这些事。所以妈妈完全不知道我的内心到底在想什么，可是她很疼我、爱我，我们的关系很好。有一天我妈妈无意当中讲了一句话，她说你内心都不爱讲这些东西，跟妈妈的性格是一模一样，我那时候就有点被吓到，为什么？我就问妈妈，妈妈说她小时候说的任何一切，都是她的父亲否定、批评。一直到她长大了，甚至都已经三十岁嫁人了，她所说的任何事情，她的父母亲一样都是批评她、否定她，渐渐地她就不喜欢跟父母亲交流。我与我妈妈不想交流的原因完全不同，但是我们的外显行为竟然一模一样，当妈妈讲出这句话的时候，我就可以理解为什么我会如此。她是内心受到伤害导致她已经不想再交流，而孩子所承接到的能量是什么，就是“我跟你讲你也不懂啊，我也不想讲，省得你们操心”。内心的这一句话，我和我妈妈是一样的，也就是我内心认为我所吃的这些苦，受的这些磨炼，跟她讲也没有用。

很神奇吧！在我三十多岁，我不断改变自己之后，妈妈无意间讲的一句话，揭开了我很久以来不能理解的原因：为什么我从来不想跟我妈妈讲这些。到现在就不一样了，我们有更多东西可以交流。我不会因为讲了这些就害怕妈妈担心，不会，因为我的妈妈没有这个生命功课。所以我讲这些的时候，她从来不会担心，她也不会烦恼。

我慢慢发现，每个人的生命功课不一样，你不用把你的生命功课误以为也是你孩子的生命功课。生命是值得我们去探索的，教育会不断提高我们的高度。只有通过不断的学习改变，才会有很大的突破，这是我一路走来，不断学习化性、转变之后的最大收获。

当然，在这个过程中还有很多值得探索的地方，我今天讲的这一切都不是理论，是我不断从我生命当中去验证、改变所得出来的结果，它是真实的。我分享的不是我的理论，是我真实运用、沟通过后改变的结果，这个是事实，事实胜于雄辩。因此，只要我们愿意去做，去探索，我相信大家一样会经历这些变化。

第九讲

学会反省与觉察

父母亲对自己的孩子都非常有责任感，也正因为这一份责任感，我们才得以不断提升。所以我们也应该感谢我们的孩子，孩子的出现让我们有了很多突破，也让我们成长，我相信教育孩子的酸甜苦辣，必定伴随着智慧的突破，这是一件值得感恩的事情。

生命是不断成长的过程，每个成长过程都需要不同的方法。我们必定要先有一个正确的认知，那就是我们必须不断地学习。古人非常重视“五伦”，即君臣、父子、兄弟、夫妇、朋友五种人伦关系，对于今天来说，就是夫妻关系、亲子关系、兄弟姐妹关系、同事关系和朋友关系。这五种关系非常重要，也是需要学习、需要引导的，这些东西并不是我们一出生就会了，或是我们自己想就想得通的。就如同我们的工作一样，也需要有前辈的引导，也需要有智慧的人给我们点拨，我们的工作才会进步，我们的成就才会提升。我们在遇到生命问题的时候往往不知所措，很容易迷失自己。我们询问另一半，询问其他亲朋好友，他们也都没有办法给我们一个比较好的答案，因为他们也没有学习，所以很多时候我们都是在错误当中学习改变，等到五年、十年过后，也付出了很大的代价。

我们一起来学习亲子教育，我们要懂得探索自己的原生家庭，懂得分辨孩子成长的阶段，甚至要检视自己教育模式当中存在哪些问题，这些全部都是需要学习的。学习的方法不外乎觉察与反省，如果没有适当的觉察与反省，我们根本不知道从哪里开始改变，当然就不知道用什么样的方式进行教育，即我们都不觉得自己有错，那么我们又怎么可能会改变。

生命当中有很多需要改变，必须知道自己过往的错误在哪里，我们才会心甘情愿地改变，才愿意突破自己。如果我们的内心仍然觉得自己是最好的，自己是对的，那么我们所学习的东西，受用的程度就会非常有限，因此非常重要的一点就是让我们时时刻刻看见自己，建立自我启发的机制。

孩子在很多方面的行为表现出现问题，其实背后的真相是父母自己能量上的缺失，但是这些缺失潜藏着看不见，我们必须通过孩子的外在问题才有办法看见自己内在的问题。外在的物质现象，其实是我们内心世界演变的一种反应，物质与内在精神必须相匹配，我们才有办法驾驭这个物质，我们才能够在这个物质关系上得到幸福。同样的道理，孩子的变化和表现就是我们内心真实的展现。

只是我们很少觉察，甚至我们也不会觉得是自己的问题。所以在这样的过程当中就很容易迷失，我们会一直觉得是孩子哪里不好，是这个教育方式不行。如果我们静下来想想自己的成长过程，自己的种种缺陷，真的是我们有问题吗？会不会是父母亲过度地看待一件事情？当你冷静看待这一切的时候，你并不是一个不正常的人啊，你做出这样的行为也不代表你变坏了，那为什么我们会这样认为自己的孩子不好呢？

觉察与反省就变成我们很重要的一个功课。就像我之前说的那些教育信念，听起来都是对的，但是这些信念的背后有复杂的情绪与欲望，是我们要面对与处理的。不然我们只是把自己的缺憾不断地让下一代继承而已，所以大家一定要反复推敲，静下心来好好想一想，这样对我们会有很大的帮助。

我们要怎么学会觉察与反省？第一，我们头脑中要先确认一件事情，就是没有“完美”这个东西存在。你的教育模式里面没有“完美”这个东西存在。只有在这样的认知下，你才会不断地觉察与反省，如果你认为你的教育是完美的，或是你的模式已经是完美的，你就不会愿意改变，也不会提升，你甚至忽略孩子成长过程当中的很多变化，这时候所产生的问题已经不是简单的两三句话就可以改变了。

大家要建立一个重要的观念，每一种教育模式都有适合的对象，每一个对象里面又存在着很多种不同的变化，所以没有所谓最完美的教育。不要想从哪里可以学到一个模板，这个模板会对你来说是最好的，如果我们有这样的想法时，就会学得很死板，这种死板会给我们判断事情带来很多问题。同样，孩子要做到什么样子才叫最好？没有完美，也就没有最好！

很多人都希望自己的孩子是最好的，我相信我们也希望自己是最好的。问题是最好的不代表我们的人生一定是幸福的。我的认知是，生命中发生的所有一切，最恰当的就是幸福的。你给我最好的一切，不代表我是幸福的。同样的道理，要先放下把孩子培养到最好、最完美的想法，因为没有最好、最完美的这个东西存在，否则你会给自己制造很多麻烦，让自己很累。

如果你永远要追求一个最完美的，你会陷入一个困难，你好像怎么教都不对，总觉得哪里有问题。我们要懂得觉察与反省，必须先让自己放下那一颗追求完美的心。

追求完美与追求努力是不一样的。比如说一个人今天已经到了某项技能的第九级，对他而言，他想追求更高一级的方法与技能，但绝对不是最好的。如果你的生命一直在追求最好的，你就会活得很累，等你达到了所谓最好的时候，又会出现下一个最好，你的人生就会变成一直在追赶，你会没有时间停下来看看周边的风景，很累！

我们教育孩子时心中的怕，是怕他起跑时跑得慢吗？是怕他没有未来？应该引发他内在的兴趣和动力，这样他才有未来。而这个东西是我们家长可以给予的，可以培养的。要慢慢放下所谓的最完美的观念，不同阶段有不同的努力方式，但没有一个最好的方式。

我在教学的过程当中，时常有这样的反省，当我跟学生说这样做最好，学生会听到就只能这样做，他不会想到这样做其实是因为我要纠正他以前错误的观念，他误以为只有这个最好。所以当我引导大家分享的时候，我也不断强调这一个，不是这样做最好，是现阶段，因为你遇到的这个问题，所以目前对你而言这样最好。下一个阶段有下一个阶段的问题，但是听的人会误以为他只要用这一套从头走到尾，一条道走到底就对了。我们太极端了，如果我们是这样的性格，就要开始去改。

第二，我们内心要认识到“绝对没有事事如意的事”。绝对不可能所有事情都顺着我们的意思。在教育孩子的过程中，你已经做了很多的观察了解，甚至开始跟他交流，也改变了你的教育模式，但是还没有达到你预期的效果，你要接受。人生本来就不是什么事情都能如意的，本来就会有一波三折，本来就会有高低起伏，也许你百般努力和尝试之后，你发现这个问题好像还是没有办法解决，那你就再找方法就好，不需要气馁。

做一件事情的过程中，要花很多心思，要花很多时间，甚至还要交流，最后你也搞晕了，不知道该怎么办！你不需要这样！其实，此刻先把心静下来，然后再面对处理，千万不要觉得自己已经这么努力了，为什么孩子还是没改变，心灰意冷，否定自己的过往。我们本来就要接受这一切不一定如我们所愿，甚至这是一个摸索的过程，必须有足够的耐心，你要把不如意当作自然的。

你想想一个事事都如意的人，他会懂得反省、检讨自己吗？根本不可能。他可能越发狂妄自大，以为自己很了不起，可以掌控一切，越是这样的生命越不可能发生改变。生命本来就有不如意，不如意之事就是让我们学会觉察与反省。我们不就是因为孩子的某些阶段不如我们所愿，才开始不断地觉察、反省与进步吗？当我们开始学习，也会碰到种种挑战，千万不要告诉自己学这么久了怎么还这样，我们应该告诉自己，我们已经有很多改变了，比以前好太多了。

我时常看很多父母心太急了，这样的心急只会让自己破坏很多美好的因缘。你着急的心情对教育没有任何帮助，对孩子的成长没有任何帮助，有些教育需要等待。不可能事事如意的背后，你必须要有等待的心。如果你懂得等待，你知道自己已经在做，你就不用担心，发芽、成长，这样的结果是必然的，你不用急躁，你应该更加自信，更加把心静下来做这件事。

你去做了一件事，几个月没见效果，于是你就又回到以前的样子。不要这样。否则，你的孩子从此之后会对你失去信任。他会知道你这个妈妈或这个爸爸，就只是学习的那两三个月有改变，接下来还是一样，他会对你失去信任。这也是一种教育模式，我们的个性无形当中都在形成教育模式，唯有你自己稳定下来，有正确的认知时，你的心胸才会开阔，才不会急躁，你才不会因为一时的脾气又控制不了自己，然后胡乱指挥，不然，你的孩子内心会很痛恨你。一样的道理，如果我们的父母亲这样对我们，我们会不会也很痛恨自己的父母亲？

会，人都是一样的。

当有正确认知的时候，你遇到考验，遇到不如意，比较容易释怀，你比较容易觉察与反省。如果你一直很执着那个问题的时候，根本看不见你自己，你唯有像这样跳出来看自己，才会发现，在这个方面你有盲点。“我期待孩子赶快改变，我的教育方法里面原来还有很多的问题，比如说管控，甚至还有为了炫耀，爱面子，难怪我对他做出来的教育行为，他还不能接受。”当你愿意面对自己的时候，孩子才有办法改变。

第三，我们对于生命当中发生的一切事情，要有个认知，那就是“无常”。什么叫无常？一切都在变化。今天你与孩子畅谈后发现，你找到一个方法，可以引导孩子，很好，恭喜你突破了。不凑巧，你的孩子今天在学校刚好跟他的好朋友吵了一架，孩子的心情受影响，孩子的信念也改变了，请问你怎么办？或是你明明很用心教育他，结果孩子不小心情窦初开了，爱上了某个人，请问你怎么办？打乱了你的教育模式，打乱你的心思，你陷入了另外一个痛苦，你会想你好不容易处理完一件事，怎么又来一件事？如果我们没有办法接受一切事情本来就是不断变化的，我们内心会觉得很烦，我们希望赶快没事，但我们会感召更多麻烦事。如果你认为孩子在这个阶段，本来就很容易喜欢上某个看起来不错的对象，是件很正常的事情，你用一个很正常的心态，你的内心就不会执着，你自然就懂得怎么引导他。

教育孩子是非常特别的过程，孩子总是会出现你难以想象的问题。我认为所有一切的无常，都是为了测验你是不是真心改变。生命哪件事情不是无常，生命哪件事情的发生是我们准备好的？大部分事情都是在我们还没准备好就发生了，所以只有“无常”的发生，才可以让我们真实地看明白自己的内心，到底是不是愿意改变。这就是生命！孩子无常的表现就是在不断地测试我们的底线，考验我们的智慧。什么时候父母才可以安心，对我们中国人而言，可能他结婚之后我们还不一定安心。那我们要怎么让自己在问题发生的时候，不会受很大的冲击？就是保持觉知！事情发生时我们就告诉自己：这是正常的，他会这样想是正常的。

我在学习教育的过程中，发现每一个人内心都有很多冲突。养育孩子有很多挑战，有很多不明白，甚至他也会挑战你的权威，这些都是成长过程中正常的事。我们一样有这个过程，纵使我讲得非常圆满，我也一样会有很多问题，这都是正常的。有人提出很多问题，这也是正常的，这些都是常态，因为我已经接受没有什么是完美的，不可能都如我意，所以这些变化的产生，我不会觉得奇怪。

如果你已经精心安排一切，用心规划一切，当出现无常的时候你会非常痛苦，其实这个也是父母亲的功课。很多父母亲希望孩子都照着自己的目标与方向前进，偏偏越是这样，父母越是得不到想要的结果。这就是人生，这就是教育的挑战。但是如果你可以接受变化，你可以接受所有问题的产生，你愿意静下心来思考，面对自己，想办法，这时候你就会发现这些问题，其实都不会造成你教育孩子上的困扰。

第四，“我们不要把自己的信念看得太重”，不要把自己认定的价值观看得太重。不一定你认为的都是对的，当然生活中基本的是非对错概念，我们不在这个地方讨论。

我发现很多亲子的冲突，都来自每个人都认为自己的信念是对的。为什么我一定要认可，就是要好好努力，找一份工作，我的人生才有保障？为什么这样就是对的？难道我不能去追求我的理想，然后获得成功？这样就不是对的吗？对，没有错！每个人都觉得自己的信念是对的，信念之间的碰撞，造成彼此之间的较劲。是谁要改变，或是谁要听谁的，这些都不会有结果的。如果你用这样的教育方式，以后孩子提出不一样的想法、看法的时候，你会受不了，你会觉得他好像没有办法让你掌控，你的内心会非常纠结。

我们说过，信念背后交杂着情绪、欲望。很多信念，有时候是对立的，如果你一直觉得你是对的，你无形当中不断把你的痛苦放在别人身上，除非你的信念充满着祥和，是正向、平静、有能量的，不然你没有办法影响任何人，不会有人接受，因为真实在运作的是那个能量。

为什么很多父母亲教育自己的孩子，重要的观念说十遍、二十遍，孩子还是没有办法接受，因为你的信念背后有问题。当你不把自己的信念看得太重的时候，你会允许孩子与你讨论，这就是重点。允许讨论，允许交流，允许孩子提出不同的看法，这个过程中会让你内在有很多觉察。如果你把自己看得太重的时候，别人说什么你都听不进，当然就不用讲觉察、反省。因为你觉得你讲的是对的，孩子也不想跟你讲，纵使你讲的都对，他以后也不跟你沟通、不跟你交流。为什么很多孩子不愿意跟父母亲交流？“你都认定是这样了，我还跟你讲什么？有用吗？没有用，为什么要讲！”他很冷漠，他跟你关系很疏离，等到长大的时候，你想跟他多讲些话的时候，他也不愿意听。

我们每个人都看不见自己的观念，我执很重。我亲眼看见一个妈妈在教她的孩子煮饭，这个孩子用自己的方式煮，他用另外一种调味的方式，当然我们可以说妈妈的经验一定比较丰富，孩子的经验一定比较少，这我们可以理解。但是妈妈的表达方式是这样：你这样不对，那样不对，这样煮不会好吃。然后直接把他的铲子拿过来，让孩子站在一边，说“你看妈妈这样煮”。你想想孩子当时的心情如何？这个问题背后隐藏着看不见的东西。

孩子会想为什么这样煮就不好吃？孩子有他自己要尝试的，你从来没有让他尝试过，他怎么知道好坏。你一开始就否定了他的创新、他的想法，他会怎么想你？“你这么行啊，以后都是你煮。”孩子内心的感情被打击了，他不想再跟你交流，以后你说什么孩子就照做，是你养成了孩子什么脑筋都不想动，他想“反正你都决定好了，我就照你的做”，他什么意见都不提，也不积极主动。我们磨灭了孩子的热忱，这是你要的吗？

你学习了几个月，好不容易有点改变，你的孩子就真的相信你了吗？他还在怀疑你，他还不敢相信你。结果几个月之后，你又没有耐心了，又原形毕露了，孩子更加肯定“妈妈说一套做一套”，以后你讲什么、做什么，他都不相信。教育是一种信任，教育是言行一致，我们让孩子失去信任，让孩子产生了怀疑，我们作为父母本身就有问题，不是孩子有问题。孩子的表现，只是在与我们的相处过程中，在我们的模式下学会的生存之道，是我们逼迫他成为现在的样子。

我永远认为孩子没有错，孩子今天所有的问题都是我们造成的，我们是源头，我们不检讨自己，整天检查自己的孩子，孩子只会跟我们越走越远。今天我们要学会觉察与反省，必须先在脑中建立这四个观念，慢慢放下自己认为很对的东西。

很多人在教育自己的孩子上想尽办法，却根本不了解自己孩子的心，用再多方法有用吗？他心里的心结矛盾，没有办法舒展开来，怎么可能好好学习。比如一个孩子情窦初开，满脑子想着他的对象，他怎么会专心念书？一样的，孩子内心已经有了心结，很多情绪纠结没有办法处理，你却还要求他事事都要如你所愿，如果是你，你做得到吗？我们越反省，越知道问题所在。

教育是一种引导，是引导孩子看见，他明白原来他这样的想法不够成熟，这样的想法不一定是最好的，唯有这样他才会自然产生进步的动力，以后你才不用什么都要教，不会产生对立，他才会自己想。

明白自己的问题在哪儿与否定自己是两回事，我知道我错了，那我去改就好了，不用否定自己，不需要添加负面的情绪。没有过往的错误，又何来我现在的进步？所以我们要懂得反省，必须先具备这四个认知。你具备这四个认知之后，就不会盲目地否定你的过往，你就不会觉得现在学习的一定是最好的，你会给自己找更恰当的方法。

不用否定自己的过去，不用否定以前的教育方式，我们只能说那些教育方式不适用，在这样的情况下，你的心情会比较平静。当你没有冲突对立的时候，你就容易觉察，觉察就必须超越对错，我提醒大家：如果你一直认为现在学的这一套最好，方法最棒，你就会陷入对错。你就觉得别人这样讲没有道理，如果你没有超越对错，认定你的信念是对的，你没有办法进行。

我再用一个简单的比喻。有的人学传统文化之后，他知道过多的欲望不好，所以他认为欲望是错的，请问欲望真的不好吗？他因为有一个强烈的对错观念，反而让自己陷入另外一个困境。正确的认知应该是：过度的欲望会让我们的身心疲惫，我们要懂得适可而止。当他有这样的认知时，他就跳开对错，当他往后想要买一件新衣服时，他不会觉得自己这样是太贪心了，或是怀疑自己会不会又错了，他不会陷入这种情绪纠结。他会更加容易客观地觉察自己：我的衣服也够多了，这件衣服有没有都没关系，如果我真的很喜欢想要买，那我看一下我的能力条件，应该可以买。这还不算是一个过度的欲望。他不会陷在那个痛苦当中。我们有时候在教育孩子的过程，就像我刚刚讲的这个例子一样。

当你认定这样是对的时候，你又陷入另外一个焦灼，事实上你应该跳出来，没有绝对的对错，我一直在强调只有适合不适合，你要不断地变化你自己，找方法，沟通了解，这样才是好的。

当你陷入那个状况的时候，你就没有办法觉察。我们今天通过学习之后，若要觉察必须客观，必须公平，必须站在对方的立场想，站在自己的立场想，必须看看自己的行为，再看看对方的行为，必须想想对方的初心，再想想自己的初心，这样不断地转换焦点，转换我们所执着的那个对错，之后我们才有办法觉察，才会看见问题在哪里。很多人在学习觉察，学习反省，可是他怎么反省都觉得自己没有错，怎么觉察都觉得自己没有问题，越觉察越自大，为什么？他的觉察背后没有我刚刚说的那四个条件。

如果你慢慢熟悉，慢慢了解，你就知道觉察是什么，觉察就是了了分明地看见这一切的变化。我再说一次，若陷入在对错当中，我们就看不清楚。觉察就是站在一个高度，站在一个局外，甚至站在一个全盘的考虑之后，了了分明地看见原来这一切是这样发生的，没有夹杂你个人的情绪，没有你的主观信念，你也很清楚地看见自己的信念，你就会知道该怎么处理这一件事。当你了了分明地看见这一件事情的时候，你自然就会反省：我哪里做错了，我的信念哪里出问题了。

要学会觉察与反省，必须一步一步来。我仍然不断地在进行教育，但是我要不断地审视自己，我也不断地进行交流与沟通，在这样的过程中，最后我会找出一个适合自己孩子的教育模式。每个孩子都不同，每个情况都不同，你可以说我出生在一个很幸福的家庭，怎么我的孩子会是这样，很难想象。对啊，照常理来说，你出生在一个幸福的家庭，你应该更懂得教育孩子，结果你孩子反而不是你想的那样，为什么？你要觉察与反省。如果你一直认为你明明是在一个幸福快乐的环境之中长大的，为什么结婚之后反而没有办法将你的孩子教育成积极向上且善良的，那是因为你一直执着你的那个过程是对的，你看不见问题是如何产生的，孩子到底需要什么。

我一直不断强调，模式是变化的。你必须重新看待这一切，你过往所认知的太简单了，这个就是教育。有的人家教观念很好，结果反而造成了她婚姻的不幸，我的几个学员出现这样的情况。学员的丈夫来跟我倾诉的时候跟我说，她家教这么严格，我跟她在一起，其实一点都不觉得好。但是她会说我们家教这么好，代表我们很好，她拿着这一个很高、很好的家教标准要求她的丈夫。她无形当中展现出很高的思想、语言、态度模式，让他不能接受，她的好有意义吗？如果你的对与你的好，没有办法让彼此产生一个适合的模式，这样的好和对有意义吗？更何况你的对和你的好，那只适合你而已。慢慢放下你认为对的价值观，因为你在这个过程当中，没有看见你展现出来的那个态度、情绪，还有所有行为背后的那种能量，你没有看见。就像我刚刚举的那个例子，我的学员，夫妻关系出了问题，对，她都做得很好，我知道她做得非常完美，可是这个完美背后带有很强烈的情绪，带有很强烈的指责、要求，这样的好没有帮助。她不知道她自己问题出在哪里。她丈夫不论怎么跟她解释，她都认为他是在给自己的行为合理化，他在给自己不好的行为找理由，双方没办法沟通。

孩子也是这样看我们的。我希望大家落实这些功课，不断学习交流，慢慢转变想法，慢慢打开心胸，更懂得包容，更懂得用全盘的观念去看待一切，那么我们更不容易陷入所谓的你对我错、争得你死我活的情境。我相信我们有很多问题都可以改变，不只是亲子问题，还有夫妻关系，甚至兄弟姐妹关系、工作关系，我相信都可以改变。

当然，人生不是圆满的，成长的过程不会一帆风顺，很多值得我们学习与探讨，希望我们都不断虚心学习。我相信用这样的态度，没有解不开的难题，没有处理不好的关系。生命，我认为只要我们有心，一定可以越来越好。

第十讲

认清教育目标

有明确的教育目标，才能做一个有智慧的父母。我们心中想要达成的目标，要与实际状况结合，而不是脑中想的是一个样子，但是真实运作出来的又是另外一个样子。我们要先了解所设定的目标是不是正确，这非常重要。若我们设定的目标不断出现问题，那么后面的路就会充满矛盾。

我想最简单的就是以我们自己为例。教育目标就好像我们的生命一样，就像我们每一位父母，你对你的人生设定的目标是什么？当你设定了目标之后，就往那个目标迈进，你在这个过程中不断努力打拼，用功地完成它就好。但是如果你设定的这个目标有问题，你追逐的过程中必然会出现问题。

比如说，有的人把生命的快乐建立在追求金钱财富上，我并不是说这样不对，我只能说这样的设定方式最后会变质，因为在这个过程中太容易迷失自我，即使最后得到了财富，也不一定会快乐。目标其实就是防止我们在追逐过程中迷失、迷惑，甚至被引诱，或是受世俗价值观的影响，我们很容易分不清楚现在做的到底是对还是错，所以大家可以静下来先看一下自己的内心。

设定教育目标有几个前提，第一个前提：你自己要非常有定见。这个定见不是固执，这个定见是很清楚地知道要往哪一条路走。大家最懂自己的孩子，也最了解自己的个性。因此，在人生目标的设定上，你不应该与别人攀比，不应该与世俗价值观攀比，否则影响到了自己要走的路，你的孩子会痛苦，你也会痛苦。

我们的心很容易起伏不定。我们可以前一秒钟很快乐，但是下一秒钟就不高兴；夫妻之间，前一秒钟很恩爱，下一秒钟可能会为一点事情吵架，彼此不愉快。我们的情绪都可以这样瞬间变化，所以在教育这件事情上，也非常容易出现问题。提醒大家注意的是，设定教育目标以及达到的这个过程，需要我们有稳定的个性。

如果你自己很容易情绪化，或是为了一点事情受打击，连自己都没有办法控制或者调整，我相信在孩子成长的过程当中，你会变得很累，因为你随时要处于一种紧绷的状态。

想一下，我们每天学习，会不会累？一样的道理，孩子也会累，那你每天学习都要保持好的效率，你觉得有可能吗？同样的道理，你孩子也会是一样的！试问，你让你自己保持心平气和的状态能持续多少时间？你的孩子容易做到吗？我们自己在做的过程当中，内心情绪起伏就很大，那何必要一个小孩子做这么难的事情？

第二个前提：你自己做不到的东西，不要一开始就设定为你的教育目标。不然你一开始就犯了错误。你自己做不到，竟然要求你的下一代做到，他会痛不欲生。这样的教育目标设定是不正确的。

你自己没有先达到一个稳定的状态，你又把自己的这种缺憾设定为你要达到的教育目标。对于一个孩子来说，出生后本来没有这个问题，好像被灌输成有这个问题，因为妈妈或是爸爸有这个问题。我们本来单纯地期待孩子不要出现这个问题，所以不断地教育他这个观念。你不觉得很奇怪吗？孩子出生后本来就没有这个问题，为什么你要一直强调说他有这个问题，然后你一直不断地防范就是怕孩子出现这个问题，到最后他真的出现了你担心的问题，这不就是你把自己心里的阴影又给了下一代吗？如果你有这样的情况，我认为你要先调整自己，这非常重要。

你的教育模式，你的教育方法，不管多么好，哪怕你讲的都是对的，也都是为孩子好，但是他听不进去，他就不会改变。为什么？你内心的想法就是你能量的密度，你真正传达的能量是这个。因此，你把你内心的缺憾，或是你自己达不到的，设定为一个教育目标，那等于告诉孩子，他就是有这个问题。

我们很多人在做教育的时候总是以自身的例子为主，当然这样非常好。但是很多人又过度了。如果你以自身为例子，你知道这样的责骂和要求会让孩子内心产生一些问题，你就会懂得做一个变化，这样非常好。但是如果你只是因自身的缺憾及这一生没有办法达到期望，而寄希望你的下一代不要有这样的遗憾，很抱歉，这不是他的生命功课。我们每个人都有自己的生命功课，你的生命功课不是你孩子的生命功课，所以你不需要教他这个，也许他本来就会，他生命没有这个困难。

你设定的教育目标必须与他的生命功课有关系，如果你连自己的生命功课都没有办法处理，那你又怎么有办法带领你的孩子处理他生命的功课？你通常已经被自己的问题搞得筋疲力尽，你自己都活得很辛苦，你要怎么告诉孩子可以自在、轻松、喜悦？你内在没有这个能力，就传达不出这个东西，你给他的东西都是一种压力，他不会认同你。这就是为什么我们在学习教育的过程中一定要不断地调整自己，唯有自己越清楚的时候，真实效果才会越好。

第三个前提：孩子在成长过程当中是不断变化的，在这个过程中，你不要迷失。什么意思？成绩突然下滑，怎么突然交了一个女朋友，怎么突然喜欢上某一个游戏……会有很多变化。这些突如其来的冲突，或是你没预想到的情况，不要干扰你原本的教育目标，很有可能在这个过程中，你的教育目标调整、变化了，你又把那个问题当作是真正的问题了。

你会问，难道孩子现在出现这个问题不重要吗？不用处理吗？当然重要！但是他这个问题的出现，必定与他的个性有关系，我们的重点仍然在处理孩子的个性，而不是在具体事情上面想解决办法。希望通过这三个前提，你能让自己的头脑冷静下来，让自己的心情保持平静的状态，用这样的状态面对孩子的时候，你会比较客观，不然孩子的行为会随着他年龄越来越大有很多变化，最后你会管控不住，因为你一直在意的是他外面的事情，但是事实上真正的问题在于孩子的内在。

或许你内心不知道该用什么办法，这不重要，重点是一定要回归他生命的功课，你不要被他外在的事情影响了。这观念你先建立了，你在设定教育目标的时候就不会手忙脚乱，就不会迷惑。

另外，我们设定教育目标的时候，也应该去看一下这个目标是为了达到何种结果。当然我们每个人心中都想达到好的结果，但是我们要接受一件事情，就是尽人事听天命，我们尽心了，最后这个结果真的不如我们预想的，我们心里要能够放得下。如果你放不下，硬是要引导他走你设定的路，你会痛苦。我们都喜欢设定目标，没有错，但是我们也要接受人会有变化，会有情绪。

我们设定的目标要有弹性，应该在一个可以调整的范围之内，这非常重要。你设定的目标不能是这个孩子一定要找到什么样的工作，要嫁给一个什么样的人，要赚多少钱，工作要是什么样的性质等，如果是这样，我们都会很痛苦。教育目标的设定并不在这些。我们要先了解什么叫目标？在教育孩子的过程中要有三个目标。我们不能把这三个都混在一起谈，这样会错乱，你也会有无力感，你会觉得你好像永远都没有办法教好。

第一个目标是生存技能，专业目标。这个不需要我来讲，我想这也不是我们能教的。这不是我们要管的事情。你可以操这一份心，但是你不要去管他，每一个人都有自己生命的工作，你不用为他担心。比如说我认识一个朋友，他对美术非常有兴趣，可是他的父母亲不接受。他绘画很好，真的很有天分，可是父母亲没有办法接受，这就造成孩子纠结的个性。

我想大家应该也有这样的经历：你自己想做这件事情，你的爸爸妈妈从头到尾都在否定，说这个绝对没有出息，这以后没有办法养活自己，进而造成你以后想要一个东西，不敢去要，为什么？因为你从小到大都被打击。可是父母亲说我们是爱你的，因为你做这个真的没出息……

我曾经告诉大家，你不用担心孩子的工作没有意义，你应该鼓励的是他内在的那股动力和能量，孩子感兴趣的这一条路，你要告诉他走这条路需要具备什么勇气，需要具备吃苦耐劳，需要具备什么样的人格特质，他自然会突破他生命的问题、工作的问题。更何况我们都很清楚，现在大学毕业、研究生毕业有多少人做的工作与自己的专业没有关系。求学的过程其实是在训练培养一个人的思维方式，对人生的态度。

有关生存技能和专业目标的事情，家长不要给孩子设限，他不一定要做医生，他不一定要考公务员等。他知道他自己的路，我们自己这一生找到的工作，有时候连我们自己都难以想象，工作有时候是一种缘分，大家要放心。

古人讲儿孙自有儿孙福，这句话不能乱解释。你引导他到一定程度之后，就应放手让他去找他人生的路，他生命要选择什么工作，这一切都有他自己命运的安排，这一块儿我们要放下。

第二个目标是生活的智慧。这很重要，这才是我们父母亲要设定的教育目标。可以想一下，我们有多少人连这个都做不好，我们痛苦，人生不顺遂，工作遇到挑战，家庭关系处理不好。这些不就来自我们在生活中没有智慧吗？我们不懂得这些智慧，其实这与我们是不是会工作以及我们的专业能力没有绝对关系。我们在生活上的智慧才是我们生命中要处理的很大一部分。在工作中遇到上司不合理的要求，我们会产生什么样错误的心态，什么样错误的心情，这个才是重要的，如果我们的观念转不过去，我们就没有办法处理这些事情，没有办法圆满。

第三个目标就是什么是生命的意义和价值！这样的教育目标更高，如果你可以在孩子二十岁以前，与他讨论交流，慢慢地影响他这一块儿，引导他这一块儿，那我觉得你能够做到第三种——生命意义和价值的引导，我觉得这样做父母已经非常了不起。

我们大部分的父母，不管现在年纪是多大，有时候为了生存，自己都手忙脚乱，更不用去谈什么生命的价值、人生的意义，我们通常为了生存已经很累了，这样的教育目标对我们来说很难。

大部分父母很少教育孩子拥有生活的智慧，连第二个教育目标的实现都有困难，那第三个关于生命的意义和价值这种教育目标就更难了。我们要清楚，教育目标分为这三个，可是我们通常都混成一个，都把第一个生存技能当作最重要的，然后影响第二个和第三个，因为我们内心混乱，让孩子痛苦，我们也很痛苦，因为我们自己也不圆满。你自己生命想达到的美好状态，你认为它是生存之道，然后硬要孩子改变，他越来越糟，越来越乱。

生活智慧，也就是说我们做人做事的智慧，将之设定为教育目标非常重要。我先跟大家确定几件事情，孩子成长过程中至少会出现大概五种类型的个性，你要慢慢地看清楚孩子大概属于什么样的个性，我不断地反复强调，是因为这非常重要。就好像在竞技运动的时候，我们会去分析对手擅长什么样的动作，我们分析，然后突破他。同样，如果你不知道你的孩子是什么类型的人，你变成所谓的乱枪打鸟，随便打，反正打得中就打，打不中就算了，总有一个会用上，这样是不行的。

教育绝对不是这样，绝对没有巧合的事情，所有的事情都需要我们一直用心。希望大家多了解自己孩子的个性，从他的个性上面多发现要怎么跟他相处，因为这个跟我们设定一个孩子的教育目标有重要关系。生活中，如果我们不能用智慧引导一个孩子，对一个孩子的了解不够多，那么我们的教育会变成一种伤害。

第一种是讨好型。你看你的孩子是这样的个性，或是你知道你自己是这样的个性，那请你告诉我，你应该怎么设定一个教育目标？这个是不是比你整天在想要他学会什么生存技能更重要。因为真正影响孩子一生的，根本不是生存技能，是他的个性！今天我们出现这么多问题，其实是因为我们的个性。那孩子这样的个性，你应该定什么样的教育目标比较好？我们的禀性能够改变，这一生才会幸福。你应该让孩子慢慢有耐心，要肯定他，鼓励他慢慢说出来，要让他有安全感，这就是你要设定的教育目标。一个孩子要能够做这方面的改变，那请问你要创造什么样的家庭环境？这非常重要。这就是我们父母亲的功课，这样的孩子需要怎么跟他相处？怎么让他愿意跟我们沟通？

第二种是攻击型。其实这类孩子自我防备心很重，所以让人感觉他比较有攻击性。这种强势也许不是他真正的样子，这种强势有可能是他怕受伤害，他先保护自己。这种强势的个性很有可能来自父母关系，也就说父母的关系影响孩子形成这样的个性，那要怎么跟这样的孩子沟通？你的教育目标设定为什么？当然你要设定为让这个孩子懂得调整自己的脾气，适当地发泄自己的脾气，更重要的是他要懂得跟别人心平气和地讲话，甚至你还要懂得引导他的心理，不是每个人都对他有敌意，这才是重要的。否则，你花很多心思你都不会改变他，他会越来越讨厌你。

教育绝对不是一直讲孩子就会好，不是一直唠叨孩子就会改，如果这样可以我们早就改了，父母亲讲的都是好的、都是对的，为什么我们不改，因为父母讲的那些与我们的个性没有关系，父母讲的那些东西没有办法改变我们的个性，所以讲这些都没有用。你设定教育目标的过程很重要，你一定要懂得、理解你孩子的个性，接下来才知道怎么设定目标。你要重新规划教育目标。

我孩子是这种个性的人，或者他是某几方面个性的人，我应该怎么引导他，这才是重点。这样你的教育目标是不是就很明确？孩子所延伸出的问题是不是就是这些？

今天孩子打电玩、交朋友产生的种种问题只是表象，何必要处理它？如果你真实不断地处理他内在的问题和个性，把生活的种种困难呈现给他，他会出现这些问题吗？

第三种是封闭型。一个自我封闭的人，或是一个沉浸在自我世界的人，他不喜欢跟人交谈，请问你应该给他设定什么样的教育目标？你要慢慢地看见他的思维模式是什么，在意的是什么，你要学会尊重他的想法，尊重他的表达方式。通过表达的过程引导他形成更好的表达方式，这才是重点。你不用急着讲话，你不用急着插话，你不用急着替他表达，让他慢慢表达，他讲不出来你要等待。他在让你学习慢下来，若我们很急，孩子就会很慢。这个过程当中，我们其实也在改变自己。他需要别人的认同，需要别人的信任，你要让他觉得你与他是在同一个世界，这才是我们要设定的教育目标。在这样的过程中，当你达到的时候，你就慢慢知道怎么引导他，他才可以讲出来，建立自己的社交圈。如果你没有办法引导他改变个性，他怎么去外面社交？他怎么去向别人表达自己？他怎么去做到自我改变？

第四种是分析型。这样的孩子你要怎么引导？你要设定什么样的教育目标？很简单，你要让他懂得分享，要让他懂得不要算计，让他懂得放下这颗心，要告诉他生命有很大一部分是来自善良的，通过良善的行为，我们可以改变，我们可以创造一些好的因缘。

为什么我们学习传统文化？因为传统文化中有非常好的东西可以改变我们内在的这些问题。所以你可以鼓励孩子多参加一些服务性的社团。因为他是分析型的，他很理智，他脑中不断运作的都是功利的分析，他很现实，他不容易付出，这很容易造成他往后工作上面或是人际关系上面有瓶颈出现。我们要鼓励孩子多分享，多参加一些公益的、为大众服务的活动。

第五种是敷衍型。凡事都不当一回事，随随便便，可有可无，推卸责任，有也好，没有也好，这种人简单讲就是摆烂。这样的孩子应该设定什么样的教育目标？你要陪着他一起做事，你要带着他一起做事，你鼓励他要愿意承担，你的教育目标就是设定这个，在生活当中引导他、肯定他、鼓励他，而不是唠叨、否定、排斥他。他做事一拖再拖，你不能生气。你一生气，他更不想做，你要跟着他一起做，建立他内在的兴趣，他愿意一步一步去做。一个孩子为什么会变得这么消极或者随随便便？代表他内心受到很强烈的打击，如果没有这些，这孩子不会这样，你给他的创伤这么多，你要弥补的创伤也很多。孩子的很多问题是需要我们检讨的，你要多鼓励他，因为他内在那些热情是被我们磨灭的，是被我们消磨殆尽的。

很多人看到孩子这样的时候，很担心，很害怕，不知道该怎么办，会逼他，原因是什么？原因就是你怕累，怕苦，怕他拖累你。你最害怕这些，其实你要做好你应该做的事，你更有责任引导他，更要有耐心，要愿意付出，很多时候，这些事情都是逼着我们改变的。

我们设定这些目标之后，要一步一步引导孩子达到，这才是教育目标，这时间可能是三年，可能是五年，也有可能是十年。我相信如果你照着这个目标前进，只要孩子内心的问题改变了，外面的事情自然改变。设定教育目标之后，用什么方法达成你的目标，这是另一个重点。

我们是很不稳定的，随时可以变化，可以推翻过去所有的一切，讲的话可以不算话，可以因为突如其来的意外就改变，我们就是这样。孩子的变化无常，我们也要接受。

从小我们就常常听见这样的话，“你要听话，你不听话的话，妈妈就不买这个冰激凌给你吃”。你一开始设定的目标，竟然是让孩子听你的话，孩子没有听话就不买东西给他，所以你只要他听话。小时候没感觉，长大了，他就不照你的意思做了。

你说“别人的孩子为什么都可以做到这样，你做不到，你这样妈妈（爸爸）觉得很丢脸”，你总是拿别人的孩子来刺激他，你觉得他会改变吗？他不会改变，他会忍耐，他心里在想什么？“如果你觉得别人的孩子这么好，你去当别人的爸妈，你根本就不觉得我好啊！”让你设定教育目标，不是让你去否定孩子。你要肯定孩子有优点的一面，你也要去看见你自己的问题，你要改变。

如果前面两个目标都没有达到，你接下来会做第三个动作：算我求你了可不可以，你只要能够念完书就行，你只要能够毕业就行了。你在干吗？你在委曲求全吗？还是你在讨好，你无计可施？儿子，拜托你不要给我出什么问题，只要毕业就好了。你走到第三条路，就为了达成你的教育目标。

孩子小时候你用恐吓，“你要是不回家，妈妈就先回家了”；大一点了，你使用比较，“你看人家谁做的多好啊，你为什么不能跟他一样好？”打击他信心。让他自我否定，原来妈妈（爸爸）这么不喜欢我。你一直否定他，否定他这么多年，最后他自己放弃，然后你说什么，算妈妈求你了，算爸爸求你了，可不可以？你只要给我找到一份工作就好，你只要不给我出事就好。我们设定的目标、实行的方法，到底是什么？当然打骂的都有、都算进去，当然我没有说打骂不好，但我请问一下，你可以打多久，你可以骂多久。

其实有时候我感觉孩子也在替我们受苦，你重新再看孩子的这些问题，是你今天最不想面对处理的问题，你仔细想想，你会发现是你自己不太想做，你只想做简单轻松、容易达成的，所以你会选恐吓、打骂，再就是比较。

不然呢，就是“拜托了，你就这样把它做好就行，我对你也没有什么期待了，你做好就可以”。我们在达成教育目标的过程中用的方法全部都是这种三流的方法，那孩子怎么看，他会愿意改吗？你今天身为人家的父母，身为人家的领导，你就要有度量，你就要有本事，你就要有智慧。我相信每一位家长，我们都一样，我们都有不足的地方，所以我们在学习。

其实我们要教育孩子的就是一个态度，让孩子知道人生所有的问题是要自己不断努力学习去改变的，不是妈妈逼着你改变的，妈妈也在学习，爸爸也在学习，也在自我突破和改变，你也要一起来学习。他看到爸爸妈妈在努力，他自然就会努力。这其实是在传达一种教育的精神，而不是自己不努力、自己都做不到的事情然后期待孩子做到。教育目标乱期待，方法乱用，出现问题你内心纠结，他当然都达不到。

我相信我们不断学习和共修，就会不断突破自我，并看清这个问题，我们应该更加肯定，更相信我们走的这条路是非常正确的。我们也的确看到很多父母亲在改变亲子关系，甚至他只改变他自己而已，孩子就改变。太多成功的案例都是这样，真正要改变的是你自己。我问大家一句话：你给孩子设定教育目标，请问你给自己的成长目标是什么？你自己要给自己定成长目标啊，光叫别人前进，自己都在后退，有人会相信吗？

我们也要进步，我们可以休息，我们可以放松，就像孩子一样，他也想休息，也想放松，也想出去玩呢，也想好好玩好几天都不用读书。我们也有啊，我们都是人，我们应该更加学会尊重，我们更加学会把对方当作一个完整的个体来看待，更尊重他，而不是把他当作一个孩子随便忽悠，以为可以用骗的、哄的办法度过这一时就好了，下一步遇到问题再说。如果我们都是用这种心态，我们没办法解决问题，这不是教育，这只是在延缓问题的发生，这不正确。

希望我们通过明确的教育目标设定，知道自己要下的功夫在哪里，当然生命智慧、生命价值的体现，我觉得也很值得探讨，不要说孩子，连我们自己都很有必要做这样的引导和学习。当然那是后面的一个阶段，如果我们在前面的阶段跟孩子建立很好的交流沟通，我们就会懂得如何引导孩子的性格转换。我相信孩子找工作，甚至未来之路不会太困难，他就很容易实现生命的价值。

当然，很多事情都是一步一步去做的，也不是一开始就达到多好、多完美的结果。希望大家不要把家人的目标设定得很完美，或是说一定要怎么样。我们想办法改变、调整就好，不用到完美苛责的地步。这个没有必要，这也不正确，希望大家可以让自己有更多的自我觉察和提升。

第十一讲

夫妻关系对教育的影响

夫妻关系对孩子教育的影响非常大。影响孩子教育的两个关键因素：一个是原生家庭，另一个是父母的夫妻关系。

一般情况下，大家都有一个共识：教育孩子不是一个人的事情，是夫妻双方的事情。我们是一个家，我们要有同一个想法。

孩子是单独的个体，父母亲两个人的看法、理念、想法，甚至对孩子认知的不一致，会造成非常多的问题。东西坏了可以再修，但是如果这个问题没有搞清楚，错过孩子最宝贵的成长期、最佳的引导期，往后要付出的代价就会比较大。

有些夫妻可能跟公婆或是跟岳父岳母住在一起，这里简单叫大家庭。当然现在这种大家庭与古代的大家庭还不一样，但是至少我们先说有老人同住的这种情况，对孩子教育的影响更大，因为有些老人与我们教育孩子的立场不一样，他们会觉得教育孩子的责任在于我们，而他们只是负责跟孩子玩。因此，他们对教育的要求、压力、责任并不会像我们一样。所以如果遇到公婆、岳父母的教育观念与我们不一样，这时候冲突就会更大。

又或者说我们与公婆、岳父岳母的关系不好，那对孩子教育的影响就更大。因为我们也没办法做主，这比夫妻独居家庭更加麻烦。所以我们对一个孩子的教育真的是处处都要非常用心，这个用心并不是只给他吃最好的、穿最好的、上最好的学校，真正应该用心的是他内在的情绪、感受，还有所设定的教育目标能不能贯彻执行。

我的一些朋友是跟父母亲住在一起的，他们时常会遇到教育孩子的一些困扰。如果与公婆或是岳父母住在一起，在教育孩子的时候，你要离开长辈的视线范围，你要给自己创造一个教育的空间，比如说你把孩子带回自己的房间进行教育、沟通。

首先讲第一个大类，主从型夫妻关系的影响。夫妻关系当中谁是主、谁是从，主从之间的对比是否强烈。若主从对比很强烈、很不平等，会对孩子的教育产生影响。

主从型夫妻关系的第一种——以妻子为主。我相信我们大部分人的家庭应该都是这种情况，教育的事情好像都是女人在处理，男人几乎都不管，他也不想参与。所以，这时候男人提的意见或建议通常女人听不进去，因为他平常就没有用心教孩子，这时候他给的意见听起来只会让人觉得他是来捣乱的。

夫妻关系中主从对比非常大的时候，会打击孩子的内心，甚至会让孩子以为父亲对这个家庭没有什么责任感，孩子渐渐地会跟父亲产生一些距离，往后父亲给的建议他会非常反感，因为他看到的都是妈妈在影响他。

家庭教育怎么影响孩子的内心？在夫妻双方的一言一行当中，孩子内心产生了思想，形成了个性。他会在你们夫妻两人的相处模式中产生他自己的生存之道。我要说的是，当你们的主从关系非常明显，你们之间没有交流、没有沟通的情况之下，孩子内心很容易产生偏离感，他自然会否定某一方，你回想一下自己过往的成长背景是不是也如此？体会你的成长背景，这应该不难。所以孩子无形当中会鄙视自己的父亲或母亲。

主从型夫妻关系的第二种——夫妻双方各有各的想法。比如说丈夫有自己想要的那一套，妻子也有自己想要的那一套，可是丈夫的脾气比较火爆，简单说就是他的主观意识很强烈，他的个性、性格非常粗暴，这样无形当中也会造成主从关系的距离非常大。

虽然各自都有各自的看法，也都很好，可是男女之间，尤其是吵架动用到一些脾气、肢体动作的时候，男人在某种程度而言是占上风的，这时候女人的对抗就会显得比较弱势。

这时候丈夫很容易打击妻子所有的教育理念，否定孩子，否定妻子过往的教育，此时妻子的内心会很痛苦，又没有办法做适当的反驳、回应，孩子在内心无形当中会觉得他自己没有依靠。当我们出生的时候，我们必定会有一个主从的依靠，孩子出生后比较黏妈妈，在妈妈肚子里面住了十个月，需要妈妈的母乳，需要妈妈抱着，很自然孩子内心会比较依赖、依从妈妈。这时候妈妈讲的话，妈妈希望孩子做到的事情，孩子比较愿意听，这是自然的，五岁以前基本上都是这样。

他慢慢养成对妈妈的依赖，可是他看到的是什么？他看到在他念小学、初中的时候，爸爸经常否定妈妈的教育方式，否定妈妈的教养方式，这个时候妈妈没有办法反驳，或者她是处于比较劣势的情况之下，那么孩子内心会失去依靠。这种内心没有依靠的感觉，会不断打击孩子内心的自信，甚至是自尊。这样的情况下，夫妻俩有必要坐下来好好谈一谈，也许你们之间常常有一些冲突，但是不需要在孩子面前谈，因为这过程常伴有强烈地破坏性地否定对方，进而会让孩子的内心产生否定，孩子形成这样的个性，他以后会怎么样？当他忍耐、压抑到一定程度的时候，他也会像爸爸一样否定一切，用这种极端、批评的个性面对外界的一切。他自己内在没有信心，他也批评别人，展现出让自己感觉很有信心的样子，其实内在非常痛苦。

这种主从型夫妻关系中的两个人很会吵架，而且谁都不认输，或许每个人都有一套，也都很有自己的看法。这种情况举个例子，今天妈妈回来的时候，这个沙发就要摆这个方向，妈妈离开了爸爸回来了，那沙发就要摆另外的方向，这样的夫妻关系会造成孩子内心错乱。别忘记孩子只是在你们的关系当中找出一条他自己的生存之道而已，如果这些关系他都没有办法面对、处理，那么最后他所选择的可能是消极、逃避、退缩、不发一语、做无谓的抵抗，最后你真的无可奈何。

如果夫妻俩都有很高的学历，都很有自己的看法，并且还不一致，这种情况下孩子很痛苦，孩子会形成什么样的个性？他非常懂得察言观色、阳奉阴违，在妈妈面前一套，在爸爸面前一套，在别人面前又是一套。孩子的心你捉摸不定，这样的孩子到最后你也没有办法教了，因为他已经比你聪明，他对你们都了若指掌。通常遇到这样的状况时，我会希望在孩子的个性还没有形成的情况下，夫妻俩要好好地坐下来谈。其实，夫妻关系最重要的就是主从关系的定位，但这个主从关系并不是那种差距很大的主从关系，而是以一个为主、另一个辅助，是阴阳调和状态，不是对立关系，不是主仆关系。真正的主从关系是和谐的、相互共进的，不断地帮助这个孩子，这个家庭一直在做正向的循环，而不是造成孩子内心的对立与痛苦。所以，当我们对孩子进行心理影响时，夫妻关系这一点必定要觉察清楚。

也许你没有留意，但是无形中已经影响到孩子的心理。你明明是想这样教，可是他的行为是另外的样子，他今天的行为不如你预期的时候，里面一定有干扰因子。这些干扰因子，有可能因为你们夫妻之间的主从关系没有做好。

第二大类，对抗型夫妻关系的影响。第一种情况对抗型关系中夫妻势均力敌，两人常常不断交战。在我们的家庭生活里面争吵难免都会发生，但是我希望这不要成为一种习惯，否则这是孩子最痛苦的地方。

我们讲的那五种类型的孩子，其实很多都是从夫妻对抗关系里面延伸的。

对抗型夫妻关系的第一种情况，双向式暴力冲突。不管是骂的、打的、摔的，我们多少都经历或者见过。我们的父母亲时常有这种暴力冲突，不管是言语的大吼大叫，还是摔东西、动手，对孩子内心是有很大伤害的，这种伤害会影响孩子的个性发展。通常这样的孩子会比较冷漠，这是他无法改变父母亲的行为所产生出的对抗行为。他的力量很弱小，他打不过父亲，也骂不过父亲，他想帮助妈妈也无能为力，这个孩子内心不气愤吗？不难过伤心吗？他只是在压抑他的情绪，他无法逃离这个地方，内心巨大的压抑会形成他攻击型的个性。他会攻击的原因是因为他看到了父母亲的言行是攻击的状态，可是他真正的内心是什么？是压抑，他很冷漠，很无情，不太想理你。他其实是很爱父母亲的，可是他没有办法说什么做什么。他变成反其道而行，变成当作没看见，他内心有一种心灰意冷。这无形当中会造成他想逃离这个家，他不想待在这样的环境，尤其是父母亲肢体冲突非常大的时候，孩子内心非常痛苦。大家不要小看这件事情，这件事情让孩子内心不断压抑，同时，他又时刻想要发泄和攻击，他是个非常矛盾的人。他以后的婚姻关系、职场交友关系等都很难顺利，直到他愿意转换自己、化性的时候，他这一生才能走得出这个困局。

简单地说，其实这也是一种原生家庭。我们每个人内在都有一些问题，这些问题来自我们的原生家庭，我们如何突破原生家庭带给我们的痛苦，这是非常重要的功课，因为没有人愿意把这种痛苦背一辈子。尤其是这么小的孩子，他在什么都不懂的情况之下，被迫输入这些东西。他不是不想解开他内心的心结，是他根本就无能为力。我们想一下自己的成长过程，其实我们是很无能为力的，在十八岁以前，我们被迫接受这样的环境，形成自己的生存之道。我们懵懵懂懂长大了，结婚了，才发现自己个性的问题应该处理，甚至直到面对孩子的教育时，我们才知道要怎么改变自己。

我们的先辈很伟大，在孩子还小的时候，就要求他学习传统文化、五伦教育，也就是我们的生活智慧，这才是教育目标。

对抗型夫妻关系的第二种情况，单项式的一方永远吃亏。不管是妈妈还是爸爸，弱势的一方永远吃亏，这样会造成什么？我曾经处理的一个案例就是这样，那个学生几乎都是晚上十一二点打电话给我，然后凄惨地哭。她爸爸喝完酒就打人，孩子活在一种阴暗、恐惧之下。她从小就看着母亲一直在吃亏、被攻击，她永远都在忍耐，强忍，同时又带着一种悲愤、无奈、恐惧。这种情况压抑久了就会形成自我封闭型人格。孩子不想多说、不想与人交流。其实人的个性我们都可以解释，一个开朗的人自然而然想与人交流，一个忧郁的人自然不想跟人交流，那他为什么会忧郁？必定是受过很大的打击。当他看到父母一方永远都在被欺负，他又没有办法战胜对方的时候，他会觉得自己很没用、很懦弱，他很自卑，问题就是这样产生的。这种单项式家庭的孩子，家长要给他更多的关爱。

对抗型夫妻关系的第三种情况，冷战型。夫妻双方不沟通，各过各的生活，家庭气氛很僵，很冰冷。我处理的这类案例非常多，夫妻之间不交流，孩子也不管或是亲子之间很少交流，这会造成孩子内心很孤单，因为没有人关心！夫妻关系很冷淡的时候，孩子的处境像是中间品，一个真空包装的状态，好像被冻住了。他内心会有一种空白，这种空白会形成他的一种猜疑，因为他不知道现在到底怎么了。他凡事都很怀疑，事事都觉得可能有其他的想法、看法。他自己好像是一个被隔离的人，他不知道要站在哪一边，他也不懂得怎么说话。这样的孩子往后根本就不知道正常人的情感是什么样子。若夫妻双方有激烈的情感冲突、言语攻击、咆哮，孩子学到的是暴力的行为；若夫妻之间冷战、不交流，会造成孩子内心不懂得表达情感。因为他不知道父母现在怎么了，不知道到底应该说什么。你们两个意见不合的时候，双方不沟通，孩子孤立无援，他想帮你们传话，他也不知道要怎么传。他怎么传都错，最后他不想传了。

以上三种行为模式，我归纳在对抗型夫妻的大类里。在主从关系型中，孩子不知道哪一方讲的是对的，他不知道要依从哪一个，他的内心很错乱，而对抗型夫妻关系会造成孩子个性很极端，这就是我们在检视自己夫妻关系的时候，要下功夫的地方。

第三大类，分离型夫妻关系的影响。这里主要指夫妻离婚或分居，甚至有可能是再婚，再组成一个家庭。分开分离的这种夫妻关系，会对孩子产生什么影响？孩子会比较胆小，没有自信。为什么？因为他失去了父母双方某一方的力量。夫妻双方是阴阳之道，孩子常常与妈妈在一起，妈妈温柔，可是妈妈没有办法给孩子阳刚的力量，阳刚的力量需要父亲给予。

孩子以后在面临人生的困难时，可能会比较悲观、消极、忍耐，这没有办法怪孩子，因为他生命当中少了一种突破的力量。如果孩子是跟着爸爸，他内心永远缺少一种爱，一种温柔，一种慈悲，他想要包容、关心、被宠爱，他没有被呵护的感觉。所以，他做事比较直接，做事比较男人化，比较不在意别人的感受，这就是缺憾。阴阳之道，就是夫妻一个柔一个刚，刚中有柔，柔中有刚，这才是正常的个性。

大家难过的时候哭吗？我会哭！这个有什么奇怪的吗？谁说男生不能哭？为什么男生哭就是软弱？男人可以哭，哭完了之后站起来，有坚强的力量，这才是男人的力量！一个女人哭呢，哭完之后她有温柔的力量，她知道该怎么往前迈进。阳中有阴，阴中有阳，这样才是正常的。如果你在生命中永远都不能哭，永远都要往前冲，有可能这样生活吗？或是一个人永远都是在忍耐，永远不能反击，不能表达自己的情绪，永远都是讨好型的，他能活得快乐吗？他永远怕没有人爱，没有人疼，那就是夫妻离异给孩子造成的感受。

生命是调和的，就像我们努力工作后也要放松，放松了之后就开始想要再努力工作，这样才是正常的、自然的运作。但是我们的夫妻关系让孩子不懂另外一面是什么，要么就是他少了一个阳，要么就是他少了一个阴，所以他不平衡。什么叫教育？就是生活中他眼见为凭。他看不到，感受不到，这时候他就没有办法学习。

如果他跟爸爸，他看到的是爸爸每天在外面拼命挣钱，回来没有时间照顾他，连洗衣做饭都不会，弄得乱七八糟，孩子他能学到什么？同样的道理，如果孩子跟妈妈，她看到妈妈每天都打拼、辛苦，然后回家又要忙东忙西，孩子学到的又是什么？你所展现出来的行为就是他真正学到的东西，不是你教什么，不是你讲什么。

那再婚的或是被领养的家庭，孩子第一个在意的是什么？是他的地位，他有没有自由，他在家里有没有发言权，他在经济上有没有支配权。因为父母再婚，他知道他不是这个家庭原本的孩子，继父（母）是不是一样爱他，他内心永远都会有这个疑惑，也会时刻自我否定，永远都要小心翼翼。他很怕再度受到伤害，很怕随时被抛弃。也许他会走向另一个极端，通过惹是生非或破罐破摔来反抗，或者来获取关注、关心、爱和接纳。

我时常跟大家分享一个观念，不要为了你一时的爽造成了一个人一生的痛苦。今天我们成人了，我们应该成熟，我们要对自己负责。我们做错了决定，我们要负责到底，我们面临挑战，我们要想办法改变，这是给孩子最好的教育。

告诉孩子也许对方不是这么如我们所愿，但是我们一样可以想办法，建构出一个和乐的家庭，而不是吵架、斗争、离开。我觉得夫妻关系从某种程度而言，就是在让孩子学习平衡与尊重，这就是最好的教育。

当然，我们没有办法避免真实的情况，如果你遇到这种分离的状态，也没有关系，但是不要一错再错。我们面对不成功的时候，会把这种挫折感或是这种负面的情绪发泄在孩子身上。你可能会说我没有，但是无形当中你会展现出来，讲出一些泄气的话。所以我希望，当你已经经历过一段不成功的婚姻时，应该让孩子认识到什么才是重要的，认识到这是因为爸爸妈妈不懂得跟对方相处，这是爸爸妈妈要学习的地方。让孩子从这些错误当中知道，之前发生的错误，我们必须学习、改变，这就是教育。

也许你无形当中会批评对方，因为你总希望在孩子面前是对的，我想每个人都一样，但是你不要批评对方。你要让孩子知道对方其实是好的，是你自己不懂得经营，不懂得做人，才造成这样的困扰，这是妈妈或爸爸目前在学习的功课，让孩子至少知道你没有再创造新的问题出来，让孩子至少知道妈妈是愿意改变的或爸爸是认错了的，孩子心里会认同你。孩子心里会知道那我要把这一块学好，他会建立一个正常人的心态。所以我们要更加努力，不要再造成孩子错误的心理认知。

孩子通常会觉得父母亲就是因为他才变成这样，在这种离异的夫妻关系里面，你要让孩子知道这不是他的错，是父母不成熟造成的。你不能让孩子误以为你们离异的状态，或是对立的状态是他造成的，你不能把孩子当作这种工具，你要让他更了解家庭的重要。

你也许不再拥有婚姻，但是你不能让他再失去家的感觉。家，一个充满着爱，充满了关心、谅解、包容、互相理解、沟通的地方。只要你不断做好这件事情，孩子一样可以正常成长，而且心态一样非常健康。在我的案例里面，甚至我自己的亲人当中，都实现过，孩子一样过得非常好，但是一定要更加用心，要下功夫。

在这种分离型夫妻关系当中，孩子很容易产生角色错位。当我们看到妈妈或爸爸一方受苦，或是较弱势的时候，他想要代替妈妈的角色来鼓励爸爸，或他想要代替爸爸的角色来鼓励妈妈，他无形当中会充当了父亲或母亲的角色，这个时候，这个孩子会被迫早熟，他会被迫思想成熟。换言之，他内在压力非常大。他等于一个人身上背负着两种角色，他又要做妈妈又要做儿子，或是他又要做爸爸也要做儿子，他会活得很辛苦。所以大家在经营家庭关系的时候，如果已经离异，要让孩子知道，他只要做好他孩子的角色就好了。妈妈的问题，妈妈要学会自己承担；爸爸的问题，爸爸要学会自己负责任。其实，这样无形当中会让孩子更懂得重视他自己以及往后对象的选择。如果你今天没有教育他这些，很容易让孩子认为，他要担任好几个角色，他会过得很累。

我们内在过得很累的时候，奋斗、拼搏的力量会下降。因为一个人的身体和内在的能量有限，如果他内在能量只能扛得起五十斤，但他要去面对一百斤，那么他会提早阵亡，这就是为什么他会早熟。如果他撑得住，他最后会非常有责任感，但是他的人生也会过得非常累；如果他撑不住，他会变得消极、退让，想做的就做，不想做的不做，一切都事不关己，他会变成敷衍型的人，这样的情况反而不好。

我建议，如果父母亲有这样的情况，让孩子在十八岁前做好他自己就可以。但是你的言行举止要正确，不要无形当中让孩子来帮你分担。你可以请他帮忙，但请你不要在情感上增加他心理的负担。如果这个孩子很孝顺，他愿意来帮你承担，你不能给他过度的压力，适可而止就可以，这个要掌控好。我不是教一个孩子什么都不要承担，是你要拿捏、要看清楚他的个性，如果他的个性已经开始变得痛苦、忍耐，你就要调整。

大家在学习夫妻关系时，重点要放在我们的相处模式对孩子产生的影响上。其实夫妻同心是最幸福美满的事，但人生不可能都圆满，对于现在所犯的错误，也不要懊悔，谁不会犯错？我们都是在犯错当中成长，我们内心要有一个观念，我们要为自己做的事情所产生的后果去负责任地处理。只要我们有这样的心，就可以教育出好的孩子。

我们今天分享的这些并不是在责怪谁，或是说谁好谁坏，或是在这边后悔、自怨自艾，重要的是从现在开始改变自己，想办法运用我们的智慧，活出我们内在的正能量，面对我们的生命，帮助我们的下一代，我想这样才是身为父母最有价值的地方。

第十二讲

用正念引领教育

正念是我们学习过程中非常重要的一个概念，也是我在教学中对孩子、成人不断训练的，因为它可以连接我们内在更深层次的智慧，让我们展现祥和平静，所以正念的引导是我在教学中的重点。何为正念？就是有目的的、有意识的，关注、觉察当下的一切，而对当下的一切又都不作任何判断、任何分析、任何反应，只是单纯地觉察它、注意它。我们要深刻领会正念到底是什么，怎么用正念来引导教育孩子，甚至引导自我的突破。

孩子常会做出一些无理的行为，你没有办法接受，大家应该有这样的经历，这种情况可能在孩子越小的时候越常发生。一些无理行为，可能让你瞬间就生气，也可能让你一时之间没有办法应对，大家怎么看待这些行为？但是我要先跟大家分享一个观念——你觉得他无理是因为你站在自己的立场看待这件事情。

你觉得一个十岁的孩子会不会做出无理的行为？会。到 20 岁呢？还是会。那请大家再想一想，我们现在会不会做出无理的行为？一样会。我们不高兴，哪怕在屋里，我们就是要发脾气，我们就是要使性子，我们就是这样，就是不想低头；我们心情不高兴了，随便发泄一通，吃了一大堆东西，或是今天不高兴，买了一大堆东西；或是今天不高兴了，就批评对方，威胁对方……我想表明，这个无理是你站在一个外人的立场看，你觉得他无理。如果你站在自己的立场看，你觉得自己无理吗？我们不觉得自己无理，我们觉得是自己没有被认同，没有被理解，没有被接纳，大家同意吗？

你看到孩子的行为，觉得他无理，觉得他不受教，不听话，觉得他惹麻烦等，都是因为你以一个外人的角度来理解他，当然，你会越看越不顺眼，越看越不高兴。

其实，别人看我们也越看越不顺眼，越看越不高兴，觉得我们很难相处，人都一样。因为我们永远都是站在自己的立场看待这一切。我们从来不会站在对方的立场看，或是站在与他同年龄的角度看，我们不会！把身段放低、放下，融入他的年龄，想想他的阶段，他做出了这些事情是合情合理、非常自然的，你为什么认为他是无理的呢？你认为他无理，这里又会发生一个非常重要的问题，孩子也会觉得我们所有的行为都很无理。

在我们小时候，念书的时候，没结婚以前，甚至已经结婚了，我们也会认为父母亲的很多行为很无理。你看别人无理，别人也觉得你很讨厌。你不认同别人，别人也不愿意接受你。我们都一样，我们都是见人不见己。

为什么正念教育在课程中非常重要？如果没有办法安住自己的心，就没有办法看见事情的真相。为什么我们不断通过夫妻行为，通过原生家庭，通过兄弟姐妹关系，去探讨观察出我们这样的行为、心念是怎么造成的？这是为了让我们有一个整体观，不再是片面、短视、局部的想法。我们用一个更大的格局看一些事情时，才能够理解与接纳，才有办法改变。在进行亲子教育时，我常遇到很多父母亲问我的问题，听起来觉得都是问题，但是，如果静下来会发现，真的很好笑、很可爱，其实人都被自己的眼睛蒙蔽了，被自己的立场障碍了。我们判断错误，错解了对方的信息，又看错了对方的行为，进行了错误的矫正，导致孩子跟我们的关系越来越差。

很多妈妈问我，我孩子怎么从小就会偷东西？我说，这么严重吗？他偷了什么东西？妈妈说：他会去翻我的皮包，把钱拿去用，也不跟我说，他这么小就这样，不是很奇怪吗？我应该怎么教他？当我听到这个问题的时候，我心里既感慨，又觉得很无奈！为什么我们大人都是这种想法？怎么我们的思想都是这么负面和紧张？这个问题，我相信我们应该都有过，我真想确定一下，真的是孩子在偷东西吗？其实孩子对钱没有概念。他看着妈妈可以从皮包里面拿钱出来用，爸爸也可以拿钱出来用，他想为什么我不可以？我不也是这个家的一分子吗？除非他是寄养家庭，或是再婚家庭中的孩子，只要是父母亲生的孩子，他就会想爸妈可以从那个皮包里面拿钱，为什么我不行？

你知道问题在哪里吗？你用大人的观念在看待孩

子，今天你把你的立场、身份转换一下，这些行为都是可以理解的。孩子没有钱的概念，他甚至没有这个是你的、那个是我的区分，对于一个孩子而言这些都是他的，这是他在探索。

他把你的钱拿去用，请问这样有问题吗？你从小就没有教育他这些观念，他到了10岁、11岁，他自己拿皮包里面的钱去用，有错吗？你没有进行教育、沟通，你没有给他观念，他才发展出这样的行为。有错吗？可是你又很紧张啊，你觉得：孩子是偷啊？我到底要怎么教他？我应该生气、骂他，很严重地看待这些事吗？你自己都拿捏不定，为什么？你的心里很乱，你自己没有在一个好的状态，你也不知道怎么教，你甚至不知道他的行为是不是正确，或是他的心态到底有没有问题，这种情况下你要怎么教？

然后你开始用错误的想法批评他、指责他、教育他，一件小事被放大成一件大事。其实，孩子说不定只是没有这个概念，这个时候正确的引导就非常重要。你要理智地看待这些事的发生。孩子出现的某些行为，你要想你在同年龄的时候有没有也这样。你站在他的立场的时候，你再想想这样做是不是合理的，你不要站在一个大人的角度来看待这些事情。

如果我站在一个老师的立场来看你们，那我会不会觉得你们每个人的问题都是不合理的？当然不是！你们每个人的问题都是合理的，为什么？因为这是生命的一个过程。每个人在还没有学习之前，他有这样的思想、这样的行为是正常的，就好像我看待孩子的行为，我不会大惊小怪，我不会很紧张，我不会很痛苦，我不会让自己很迷惑，我心里很稳定，我知道该怎么处理这件事。可是，如果我们没有学习，接下来做的事情可能是错误的。

你要理解孩子还小，他不懂什么东西可以玩，什么东西不可以玩。有的孩子，父母亲觉得他很调皮捣蛋，越说他越故意捣乱，比如说他把奶粉打开，把奶粉洒在地上，爸妈看了直接就生气，生气就打骂。有这么严重，这么难教吗？你仔细想想孩子为什么把奶粉拿起来，然后开始撒在地上，对孩子而言，那只是在玩！你不要忘记，孩子在 12 岁以前几乎都在玩，进了初中才开始学习，才有些压力。12 岁前他的生命都在玩，对他而言，什么都可以玩，他分不清楚严重与不严重，除非你告诉他，除非你引导他。可是你生气，你痛苦，你的行为、态度让他学到什么？让他学到了生存之道，原来这样做妈妈会这么生气，你让他看见了你内心的一切，在这当中，他在琢磨你的心态。12 岁前，他对你已经是了若指掌，你什么样的眼神、态度，他很清楚，这是他必然的生存之道，虽然你没有教育他什么，你却让他学会了这个！

有些孩子，他不懂，他好奇呀！我看到一个学员的分享，孩子玩耍时，把水弄到了床上，可你就生气了，你生气就是你的错，为什么？对孩子而言他这是在玩，但是，对你而言是什么？捣乱！因为你的观点与他不同，你的观点是弄湿了床单怎么睡觉？这孩子根本就是在捣乱，孩子的念头是什么——我在尝试，我要了解！

如果你今天想让他知道这件事情好坏对错的严重性，你要让他感同身受，你要引导他，这才是正念引导。你自己都在脾气之下，你都在焦虑、紧张，甚至拿不定主意，你能够引导他什么？孩子只能从你的表情、语言中，学会怎么防备你、抵抗你，甚至学会怎么向你说谎，学会推卸责任。这都是我们教出来的，都是我们引导出来的！他的脾气、防备、说谎都是我们的一言一行引导出来。如果我们不懂得修正自己错误的起心动念，我们所做的教育根本都是乱七八糟！

大家认同吗？你自己气得要命，你讲的话，孩子也都知道，这就是为什么我们在进行教育的时候，比较注重每一个重要的转折。12 岁以下的孩子有这些问题，请问 12 岁以后孩子就没有无理的问题了吗？一样，他不想学习了，他觉得学习没有乐趣，人生没有方向，学这么多要干什么？他不想跟我们一样累，是啊，因为在他的眼中，他看到你们两个很累，他不想跟你们一样累，你不能说他这样想错误，你应该反省的是你为什么让他看起来是这个样子，这个很重要啊！

孩子到 15 岁的时候不想读书了，他甚至选择要轰轰烈烈地谈一场恋爱，你要去想是我们什么样的行为造成了他这样的变化？所有事情都有原因，我们无形当中在推波助澜。到了 12 岁以后，孩子的个性慢慢出现，这个时候已经不是单纯的打骂可以解决问题，我想大家都知道教育孩子有四个阶段，你应该很熟悉了。进入了第三个阶段，不是单纯的再用几句威胁的话，就可以让孩子相信！这时候的教育更不容易，你更需要理智，你更需要平静的情绪，不然孩子不会服你，这很重要。

孩子 12 岁以后，可能会出现以下三种情况，我们要有心理准备。

第一种情况，可能因为受了父母亲关系的影响，孩子对学习已经没有任何兴趣，体制内的教育他不接受，父母讲话他也不接受。再有，体制外的教育他也不愿意接受，我相信有些父母亲有遇到这样的困难。12 岁过后一直到初中，15 岁、16 岁最明显，孩子对体制内的教育完全没有兴趣，我们说这个孩子已经在困境当中了，这时候父母的情绪更加波动，内在更加焦虑，眼看着他要进入生命最重要的阶段，比如说高中或是大学，可是偏偏在这个时候，他选择的几乎是一种自我放弃，他被困住了。我们要永远记得：这个困住是指他内心已经被捆住了。

你几乎要花大部分的时间先解决他心理的问题，我希望在孩子这样的时候，你要慢慢放下，你再强求也没有用了，这个时候成绩已经不是重点，要先解决他内心的问题，你需要更正面的引导。

第二种情况，孩子非常顺利，体制内的教育他可以接受，你的引导他也可以接受，如果孩子在青少年阶段状态是这样的，让父母亲很安心，这是最好的，也就是没有问题的一种。

第三种情况，孩子不是不想学，而且他还很聪明，但是你说不动，这个时候你需要给他一点点打击，给他一点刺激，他才愿意学习。这与刚刚讲的第一种不同，第一种情况，他的心已经完全被困住了、障碍住了，而在第三种情况中，你需要给他点刺激，给他点打击，甚至给他一点诱因，他就可以向上走。你要适当地做些件事，至少要看清楚孩子的这些问题，你才懂得怎么做正念教育。

给一些鼓励、刺激，甚至给一些批评打击，是需要的，但是你给他一些批评打击，不是把他往死里打，不是把他当作恶人打，不是！我觉得有些父母亲在做教育时，好像纯粹在发泄自己的脾气，把孩子往死里打骂，这样会禁锢孩子。大部分人都需要一点点刺激，我想我们每个人都一样，没有一点刺激，没有一点考验，我们不会进步。可是，我们在刺激、考验或是给奖励的过程中，往往方法不对，有时候太过了，让孩子感到伤心，让孩子觉得父母根本就不在意自己，只是为了成绩！如果孩子看透了你真正的用意，他就不再做了，他就要进入困局，直接宣布放弃，这就是我们做父母的没有留意到的问题。很多人的教育理念很好，方法也很棒，都没有问题，问题是什么？我们的个性实在太差，我们根本就是为了达到自己想要的目的不择手段。孩子都清楚，最后我们会陷入麻烦。所以，我们在做正念教育的时候，有一个非常重要的观念，孩子在进入 12 岁以后会有以上三种情况，这是正常的、自然的。每当出现一个问题的时候，大家要做到以下几点。

第一点，请你观察他的行为、心态及心里的想法。这是第一个很重要的步骤。很多父母亲跳过这个阶段，没有观察，看到孩子这个结果不是自己喜欢的就开始发表自己的高论、看法，然后为了达到教育目标，恐吓、打击、威胁、攀比，用的都是这种三流的手段，你在逼孩子进入所谓的困境。我相信没有人会自愿选择堕落，我相信绝对没有人选择逃避，都是被逼的！我们怎么做出来的行为，我们不知道，所以，不要急着发表你的意见，不要急着有什么做法，你还看不清自己和他的行为，你要怎么做？

在这个步骤里面，我希望大家用正念引导孩子，首先要先观察，不仅观察他，还要观察你自己，因为你已经生气了。一旦你生气，接下来你观察他的行为一定都是错误解读。我不相信一个人很生气，然后解读对方的时候还说对方绝对没有恶意。你一定解读孩子是故意的，他偏偏在这个节骨眼上跟你作对，我们大多数时候都会这样想。

你要观察你的心，就好像我看到我们家的小孩翻别人的包包，我就开始想，他怎么会有这个行为。因为任何大人自己的包包被翻动的时候一定不高兴，只要亲戚来，这个孩子就去翻人家的包包，把别人包里的东西都拿出来，这个大人一看到就不高兴，那我应该怎么引导他？打他、骂他吗？不是这样，我要慢慢让他理解什么叫感同身受，非常重要，不然他不会理解，因为他觉得这事好玩，这没什么，他好奇里面有什么东西。他觉得这是在自己家里，所有的东西他都可以拿出来看看。他好奇，有没有错？没有错啊，你生气，那你错了！孩子又没有恶意。

我最常问孩子一句话是你有没有乖？他明明把东西翻出来了，他还跟我说有乖！为什么孩子永远觉得他自己很乖，为什么我心里觉得他不乖？我们已经陷入自己的问题了，只是我们没有觉察。这时候如果我问你乖在哪里，怎么可以乱翻东西？我口气不好，态度不好，孩子接受吗？孩子不知道啊，这时候我就开始引导他，怎么引导他呢？比如说我就把他的东西也拿出来。他自己有一个柜子，专门放他的东西，然后我开始拿东西出来，他就走过来了说，“哎，你怎么可以拿我的东西？”这时候我就告诉他，那你也别拿别人的东西呀！孩子他慢慢就理解，原来我们乱动别人的东西别人是不高兴的，因此我们要学会尊重，我们要学会询问对方允不允许我们拿。

这就是一种正念教育，这样的教育没有情绪，这样的教育充满智慧，还能让他自我反省。一个孩子五六岁就可以学习反省，懂得自我反省，这个孩子以后的人生不会有问题。如果你这时候把他骂一顿，甚至有的父母亲不当一回事，觉得好玩、可爱，跟着一起笑，以后再告诉孩子这个行为是不对的，你这是给自己找麻烦，因为你这样的表现孩子不当一回事，你害了他！孩子是通过你的一言一行学习生存之道，这是你给他奠定的观念。但是如果你带有很强烈的情绪，你们之间的关系就说不清了，因为你先动脾气就输了！这是第一个步骤。我希望大家要不断地运作这个道理，要冷静，这非常重要。

第二点，不要有过多的价值判断。之前我讲过，如何学习觉察与反省，其中我讲到放下自我很强烈的观念。其实我们人与人相处有那么多问题，就是因为自己认定的观念害苦了自己！

你们可能会说我有错你要告诉我，可是当别人告诉你的时候，你绝对不会承认你错了，你会说我没有错，我不是这样，我有原因和理由。我们是不愿意接受批评的，我们是很难接受批评的，更何况是以上对下的时候，这是一种绝对的权力，绝对压倒性的胜利，你根本不会承认是你的错误，孩子在你的面前永远都是他错。

孩子比较无辜。

他要忍受20年永远都是自己错！大家想想，如果是你，你做得到吗？你跟你的另一半相处20年，永远都是你错，他歪理也是对，你永远都要承认错误，你甘愿吗？你心里会高兴？然后满腔热忱地顺从他，你做得到？不可能！孩子也一样，你永远用你的价值观、你的标准判断他的好坏对错，对孩子而言是一种打击。我们每个人的内心都需要被肯定，都需要被谅解，都需要支持。孩子也一样。

但我们无时无刻不在打击孩子的想法，否定孩子的观念，我们永远觉得自己比较有智慧，无形当中就是一直在否定孩子的价值观，他怎么会想跟你交流？他的内心会慢慢转换到一种封闭状态，就是我说的那种困境，你以后再教什么，他都不想听。我们有脾气发泄在孩子身上，我们做错了还要孩子认同我们，我们什么都要赢。

我们不要让自己的教育陷入一种绝境，不要害了自己。孩子12岁以后很多事我们都要与他沟通，甚至是价值观的一种交流，已经没有对错了，很多都是探讨的，只要是我们双方都认同的，我们就去完成、去达成。大家信任自己的孩子吗？我相信很多人讲不出来，我相信担忧比较多，信任孩子的比较少。

今天提出来的这些问题都是真实的，我们就是要这样改变，我也是这样改变的，我们每个人都一样。你自己这样改变，你才可以看清楚对方的一切！孩子跟我们一样，我们也有无理取闹的时候，不要太自我，不要太执着于价值观，你要让你的正念发挥影响，你要先把想法、情绪、自我价值观放下。

第三点，保持耐心。这个很重要，在你还没有判断清楚之前，不要轻易下结论，请保持耐心，今天跟他沟通，达不到效果，还不确定真的是这样，请你把你的脾气控制好。很多人很急，今天跟孩子沟通没有效果啊，管他呢，先骂了再说！就按照我说的这样做，不然都不行。我们的老毛病都一样！其实我们学习这么多，但是当事情发生的时候，我们的老样子又来了。孩子怎么看我们？妈妈都是做表面的，爸爸都是说一套做一套，不能信任，你破坏了他内心对你的信任，以后你讲什么他都不想听。请保持耐心，在你还没有办法控制好自己的时候，在你还没有办法心平气和处理一件事情的时候，在你还没有办法看清真相甚至了解一个孩子真实用心的时候，请你不要下判断，不要给错误的建议。

我认为现在的人太急，什么都要马上处理，你的急害了你自己，也害了你的孩子。你都急成这样了，你还能引导他什么？孩子只能感受到你的压力、威胁、压迫，他感受到的是这个，他绝对不会感受到你是为他想的，你是爱他的，你是在乎他的，他不会，他只会想成什么？你只是为了达到你的目标，你只是为了你的面子，你只是在意虚荣，然后喜欢与别人比较。

我们也是从孩子过来的，当父母亲做出这样行为的时候，我们是不是也这样解读？我们都一样！

第四点，保持初发心。请你保持最初的发心，你一开始是为了爱你的孩子才讲这些话，可是讲着讲着、做着做着，越做脾气越大，越做越严厉。

我们到底在干吗？我们的初发心变了、乱了的时候，记得回来。我本来是希望什么？我的孩子只要能够好好跟我沟通就可以了，他愿意说出心里的话就可以，怎么我们越说越要他配合我们的意见，都要遵照我们的意思去办，那不是越来越过分了吗？保持初发心，我们一开始的心是什么？我的孩子只要愿意好好学习，不要放弃自己就好！可是看他成绩考不好，我们焦虑、紧张，他已经有变化了，他已经比以前好了，我们为什么又不满足了呢？我们为什么又加给他更多了呢？这样不是很过分吗？

人的成长需要时间，好不容易孩子有些变化，我们又开始给他更多的要求，孩子心里又怎么想？我们不要做压垮骆驼的最后一根稻草，否则到最后孩子会陷入困境，自我放弃，他不学了！其实有时候我这样想，慢几年又怎么样？大学重考一年又怎么样？很多人大学毕业好几年找不到工作！一个人心态的成熟、心态的健全更重要！

我们做父母的都急，怕孩子跟不上，怕丢脸，很多人大学毕业后直到 30 岁还在游荡、漂泊！我们现在这个社会就是这样！我们都不用急，培养孩子健全的心态更重要。

第五点，给予信任。保持正念带来的好处就是信任。你要信任他，你要信任你自己，你要相信你的智慧，你要相信你学习的这些已经有帮助，已经在改变，你不要时不时地又否定自己。你要相信你的孩子，人有自我反省和提升能力，信任很重要！

我们做得到给孩子安全感吗？孩子和我们在一起心

里会有安定的力量吗？我们可以问问孩子，说不定得到的答案让我们很惊讶。

一个人能够给别人安定的力量，代表那个人内心很稳定，代表内在的能量非常好，但我们给别人的通常都是焦虑，通常都是紧张，通常都是很烦！如果我们可以做到给孩子一种安定，一种信任，一种安全感，那么我们做的教育一定会成功，有这种正念是非常重要的。

第六点，不要强迫。不要强迫孩子改变，不要强迫他瞬间达到你的要求。你看见孩子去翻人家的皮包，把别人的东西拿出来，看了个一清二楚，你看见这个问题时不要马上就强求，要他赶快改变，没有必要当时就做这件事，不要制造对立！

别忘记我们第一点是什么，先观察他的行为和心态，他为什么会这样？请你正常地理解他，如果你一开始就想纠正他，强迫他改变，你们会陷入对立，其实很多亲子之间教育出问题，都是在这一块出问题，要他改变！改变不是强迫来的，改变是让他理解之后换来的。

就像我要让大家理解正念教育的重要，我要花时间跟你们沟通，让你们明白这个东西的重要性，我要让你们接受我，要让你们承认内心的盲点和错误，我必须慢慢引导，我不是强迫你们马上接受。人只有自己想要，才有办法改变。正念引导是非常重要的观念，你要创造他想要的一个动机，孩子主动来问你问题的时候，就是你最好的教育机会。

我们今天的教育观念大多是别人不想改变，我们强迫别人改变。一定要让孩子内心产生一种“我想变化”的念头，这是父母亲要做到的事情。你要创造那个动机，你要创造那个他想要变化、觉得改变很好的念头，他才会自我提升，你不需要要求他，他自己有动力，他自己会改。

第七点，我们要接受。我们内心能够接受他这样的行为，我们内在正念的力量就会出来，为什么愿意接受？因为你看懂了，你看对了，这时你就可以接受。像我就接受孩子翻人家皮包，为什么？好奇！因为他从小到大就是喜欢东翻西翻，所以今天有客人来，他翻人家的东西很正常的，我接受，我得接受，但不是无理的接受！我的接受是看清楚了他所有的行为和心态，我接受我才能处理！不接受就是对立！不接受就是否定，就是讨厌，就认为他调皮捣蛋！

一个孩子，本来没有偷的观念，结果你跟他说“你这个行为就叫偷”，你把事情放大了。一个孩子本来观念很简单，但是被你讲得很严重！那孩子更想做这件事，你点燃了他的好奇心，他更想要这样做！因为他知道做这件事情你会很生气，你无形当中助长了他跟你的对立。

所以我说不用急，你要接受，要去观察，这几个动作做下来，自然你内在心平气和，自然你就懂得怎么教育他，你就懂得怎么化解困难、危机。我在做咨询的时候，在与家长交流的时候，时常感受到父母亲的内心都很无奈：我没办法，我孩子现在的这个问题我真不知道该怎么办！

我们人类拥有最高智慧，但我们没有运用，然后整天觉得很无奈，你不知道孩子这样该怎么办，代表你的心很散乱，你要把心静下来，你要愿意学习，做一些禅修、冥想，这些都很好！我们要把自己散乱的心平静一下，才能看清真相。就像孩子把垃圾倒出来，把垃圾当玩具玩，你看到已经气得不行了，你要怎么引导？其实当你懂得引导一个人的时候，就代表着你懂得引导你自己的脾气，你懂得引导你自己的个性，你就是在产生正能量，代表着你内心有正念！你要教育谁，你要先能够容得下谁！你要容得下他的行为、他的心态，不然我们没有办法做教育，教育不是嘴巴说，不是看了两三本书我们就会教。很多人理论都很好，但就是教不出来，用不出来，为什么？因为我们控制不住自己的心。希望大家学习用正念引导孩子，慢慢地懂得提升自我，自我觉察、反省，不要一开始就陷入了对立，我相信大家会更有收获。

当然，孩子的禀性、个性不同，就像我们每个人都有自己的禀性、个性，大家如果对这个领域有兴趣，想看清楚这到底是怎么产生的？我在《回归生命本真》（知识产权出版社 2019 年版）那本书的第二章写得非常清楚，大家可以看看。因为我们很多人就是看不清楚，我们根本不知道孩子的行为和心态到底是从哪里产生的。这本书可以提供帮助。

希望有兴趣的朋友们，可以多深入地了解这一块。你越了解、突破，你自己也会越快地改变。其实我们的内心都一样，你越懂得这个，你就越懂得怎么引导，正确的引导必定来自你自己有正确的改变！

正念教育是非常重要的，不论处于哪一个年龄段，我们都要慢慢学习，而且也一定用得上，请大家反复地运用，让自己在生活上有更多的体会，让我们的生命可以活得更好、拥有更自在喜悦的人生。

第十三讲

回归自己的本位

在我们不断学习的过程当中，相信大家应该也体会到身为父母，对孩子负有非常重大的责任。相信每一个伙伴都是非常真心地想要提升自己，想让我们的下一代过得比我们更好，这非常值得肯定，也非常值得我们互相学习。

从最初了解教育的意义、目标，到最后知道我们要怎么做、怎么教育、如何了解孩子的个性，以及原生家庭、成长背景引导人们产生的人生观念是什么，又如何影响我们的下一代等，都和大家一起有所探讨，那今天就是帮助我们在做父母的这一条路上更有力量，让我们在这一生做父母的过程当中，更懂得随时调整自己的状态。

我们要调整自己的状态，必须先回归自己的本位。

说到本位我们会想，父母亲的本位不就是父母亲吗？那还要回归什么本位？

本位，是你在这个位置上面具足了一个很成熟的心态，只有这样，这个位置你才坐得稳。比方说，你的领导坐在那个职位上，但是他没有那个位置上面应有的能力、心态时，那个位置是坐不稳的。同样的道理，我们坐在父母亲的这个位置上面，这个位置说真的不好坐。我们做了父母，才知道父母不好做，因此，我们也要正向地体谅我们的父母。

我们都是成人，大家有没有脾气控制不了的时候？有没有情绪非常负面，没有办法解开的时候？当你内在都是情绪的时候，你会不会无意之间发泄了脾气，造成了伤害，不论是对孩子、对父母，还是对你的另一半。我想在我们生活当中，都出现过，我们不需要否认，也不需要觉得很难以面对，因为这就是事实。

生活中我们难免会因为情绪、自己个性不稳定的情况，产生不好的言语、行为、态度，间接地对别人造成了伤害，那我们是有心的还是无心的？

其实我们也想改变，只是我们一时之间还改不了！我们无形当中对孩子就造成了伤害，无形当中对另一半也造成了伤害，但是至少我们在过程当中会检讨自己，改正错误！

我希望大家正向地解读这一切，连同解读父母亲的行为，他们不是不爱我们，不是不照顾我，因为他们也不是圣人，也不是完美的人。当你有这样的认知时，你就懂得改变自己，也懂得宽恕别人，你才有可能正向地解读。

今天坐在父母亲这个位置上面，我们不仅要有正确的态度，更要有正确的心念，还要有点本事，若我们心态都很好，但没有本事那也没有用，所以我希望大家更加了解我们在父母亲的这条道上怎么做得更好，在这个位置上面坐得更稳，希望大家正向地来看待这一切。

今天先回归我们的本位。我们每个人来到人世间，跟任何人的相处，都有自己的本位，其实那个就是我们的天命。

人没有办法相互比较，你不能说谁的孩子乖，说他们也没做什么，孩子为什么这么好？这样的心态不正确。你说为什么那个父母亲明明没有文化，他们的孩子却这么优秀。这样的比较没有意义，因为每个人都有自己的生命功课，你生命当中出现的任何人，都有你的生命功课与价值，你要体会它。所以，这个本位来自我们的天命，也就是说我们这一生会跟这样的人见面相处，说明有我们必须学习的东西，那个地方就是我们的良心，那个地方就是我们的根，它会不断唤起内心的善良。

回归本位，第一，你必须回归单纯的心。你必须先启发内在的善良，那个就是你力量的来源。我们每个人都有一颗非常善良的心，我们每个人的内心都充满着智能，只是我们没有通过适当的引导，没有通过正确的学习，过去没有人教，我们才产生了这样负面的想法、错误的解读，但这都没关系，因为都过去了，我们今天开始改变了。希望各位慢慢启发自己内在的智慧。

请问智慧在哪里？不知道大家有没有爬山的经验，

当看到溪水沿着山流下来的时候，我们觉得溪水很清澈、很干净，我不知道你有没有想要探寻溪水源头的想法？如果你有这样的经验，你一定可以理解我在说什么。我们每个人的内在都有一个源源不绝的清泉——智慧，它不断地从那里流露出来，不断地展现它的生命力，但是如果你要找寻清泉的源头，找寻我们生命力量的源头，就必须翻山越岭，就必须经历一段不平坦的路。也就是说，我们生命中所有出现的这些人，都是为了帮助我们找回源头的智慧。就像我们在翻山越岭的过程当中：遇到了风吹日晒雨淋，我们退缩了；看到了高山的险境，我们害怕了；遇到了一些伤害，我们退缩了。结果我们永远找不到那个源头，我们被自己困住了，这就是生命。

学习就是通过老师的共修带领，不断地向源头前行，那个就是我们的本位。那个源源不绝的力量，就如同清泉般干净，那就是我们这一生真正的根，真正的动力来源，所以希望大家不要害怕这一路的翻山越岭。

请问，如果还找不到源头该怎么办？那就继续走！该休息就休息，该吃饭就吃饭，该付出就付出。希望在我们找寻源头的过程当中，不断地回归生命当中的那一份善良，即我们的慈悲！

我们所做的每一件事情的背后都有一颗最单纯的心，希望大家把这句话记下来：我们与任何人的交往，甚至与我们亲近的伴侣、孩子，我们都要有一颗最善良的心，那一颗清净、善良的心，就是我们源头的开始。

我们所有人内在的动机都是这样的，只有这样，后面的路才会走下去，才会顺。如果我们一开始想的就是一些算计、利益甚至仇恨，那后面的路绝对是越走越辛苦。而在每个人的本位上，我们所要做的就是找回那一颗最单纯的心。

就像当年你与另一半谈恋爱的时候，你们在一起的时候，那一颗最单纯的心，那就是你的根源，你忘记了根源，所以你现在才会翻山越岭，而翻山越岭的过程当中，就是要你回归当时最单纯的心。

社会也许复杂，人生也许不这么容易，但是我们愿意用单纯的心去面对这一切，这是一种生命的智慧！

回归本位之前，我们先要不断地告诉自己，我们内心要懂得宽恕、慈爱，在我们实践本位的过程当中，必须不断回归单纯的心。

第二，你要把对方、孩子视为一个完整的个体。什么意思？你需不需要你的父母亲尊重你？需不需要父母亲让你表达你的想法看法？也许我们讲的不一定正确，也许我们现阶段的观念不一定最好，父母亲听到了会担心，但我们都希望父母亲尊重我们，了解我们，然后再引导我们。

在这个观念里面，我要强调我们之所以成为父母亲，就是因为我们站的高度比孩子高，所以我们要有君子、大人的心胸，而不要因为一些纷纷扰扰的小事障碍了我们。

如果今天我们没有用一个更高、更宽阔的心胸来引导孩子，我们又怎能称为父母？这就回应了我刚刚说的，你要坐稳这个位置，你必须有一定的本事和心量。如果你的心量没有办法具足，你的心量没有办法让自己达到这样，那么孩子在表达他自己的看法、想法时，甚至在成长的过程中，一定有很多你看不下去的事情，比如消费观念、爱情观念、家庭观念、养儿育女观念。当孩子的观念与你不一样的时候，你会有很大的冲突，因为你没有把他视为一个完整的个体，你没有尊重他的想法、看法，也许他的想法、看法非常短浅，也不够成熟，但是我们必须先做到这一点——尊重他，唯有你非常尊重他的时候，你才有办法给他一个更高的高度、一个更宽大的心胸，更有智慧地引领他。如果连你自己都没有办法做到这样，你的孩子又如何跟着你学习？

孩子真正跟我们学习的是一种态度，他所有的学习都是我们的一言一行，让他的内心所产生的“思维系统”，也就是当你用这样的方法时，才有办法正当，而且非常积极地让他看见你在以身作则，你才是孩子真正的榜样。不然，一切都是空，你只是会陷入与他的斗争、对立中。

我们要承认，每个人的成长都有自己的节奏。就像我们，也是跌跌撞撞才有今天的思想，才愿意改变自己，这就是生命的过程，也许很多好的道理我们听不进去，但是等我们吃了一些亏的时候，我们能够更加静下心来反省自己。

孩子也是一样，当你越给他空间、越给他引导、越尊重他的时候，他会不断地反省自己。他今天做出来的行为得到不好的效果，他自然会反省，因为你没有阻止他，他才会更加愿意反省他自己。但是，如果在他成长的过程中，你不断地打击他、打压他、否定他等，你总认为自己比较了不起，你高他低，那他一辈子都活在压抑中，他就不会认为自己的方法不好，他就更想尝试自己的方法，他就更有可能与你产生对立。

我们要慢慢理解，今天要回归我们的本位，我们要把位子坐稳，我们就必须不断提升自己。要把孩子视为完整个体，你不仅要尊重他，还要了解他，你要了解他所有的一切，他今天为什么会这样想，他产生了什么困难，这个困难你要怎么引导他。只有在这样的情况之下，你在这个位置上面才会不断提高你的能量，也因为你有更高的能量，你的孩子才愿意跟你学习人生态度。

我们都不否认，当我们进入这个社会，当我们结婚之后，真正考验我们的，不是在学校所学的功课，而是我们的生命有没有智慧。今天我们能够教育孩子的，最重要的就是人生的态度和处理问题的智慧。

我们没有办法帮孩子读书，我们没有办法帮孩子找对象，我们甚至没有办法帮孩子经营家庭，我们唯一能做的事情就是让他有这样的智慧，这就是生命的智慧，而唯有父母亲站在这样的高度，才可以引导他。

当然，如果我们没有做到这么好，我们就必须在外面不断学习。学习的目的就是提高自己，使自己具备教化孩子的生命能量。

第三，你要了解生命的本质。什么意思？我们今天在生命中所遇到的问题，无论是夫妻关系、亲子教育，还是工作关系，以及自己内在的情绪，这些都是我们生命过得好坏的关键，这个才是我们要教育孩子的重点。也就是说，我们教育孩子真正的重点是人格的培养，所以我们对生命本质的认知要非常透彻。很多父母，包括我们自己，对于自己生命的本质到底是什么并不清楚，那我们又如何让孩子看见生命的本质？

我们不断在追逐财富、名利，丧失了内在的单纯，我们把事情复杂化，把自己的思绪痛苦化，活得这么痛苦，我们自己都看不见生命的本质，请问我们在引导孩子的过程中，不就是让他跟着我们走同样的老路吗？回归生命的本位，回归自己的本位，尤其是在父母亲的本位上，这个就是我们要学习的。

请问生命的本质是什么？我觉得这是我们现在的功课，也是我们往后教育孩子、引导孩子的一个方向。我希望我们每个人在这个过程中慢慢地把这件事情看得更清楚，那我们在引导的时候，会更加清明，也更加明白。

生命本质的第一个方面：知识与价值不同。

我们必须理解知识与价值不同。我们从小到大被父母亲灌输这样的观念：你读更多的书才有更好的学校、更好的工作、更好的未来等。我不否认，这没有问题。但是这不是生命的本质，我们在追逐知识的过程中，我们的内心变化了。我想这也是我们很容易忽略的地方，当我们一味地在追求知识、追求分数、追求所谓的专业时，丧失的是孩子自主的思考能力。当我们每天都是为了应付考试，为了升学，为了考上一个好大学，请问我们有时间思考人生吗？我们有时间思考怎么做人吗？我们有时间面对自己的情绪吗？没有！我们是不断积累痛苦，到一定程度之后，才慢慢走上学习之路，但是这些观念在孩子成长的过程中就应该慢慢建立。

也就是说我们每个人都懂得读书写字，但是每个人却没有办法生活，没有办法面对这个社会，这不是非常痛苦的吗？所以我们了解生命的本质，我们要了解知识与价值是不同的。什么叫价值？请问是水有价值，还是钻石有价值？我想大家一定可以理解我要讲什么，水不是没有价值，钻石不是有价值，但是如果你要以金钱来比，钻石价钱大过于水，但是价值是一样的。

大家明白了吗？这非常重要。如果你的生命观只有价钱、功名利禄，那你的人生观可能没有价值，你活不出人生的价值，你又怎么正向引导孩子？你又如何引导孩子的人格？

你在意的是价值还是价格？我们在追逐知识的过程中，尤其孩子在追逐知识的过程中，如果按现在大学毕业的平均年龄22岁，从幼儿园开始你就把他送到补习班，这将近20年的时间，他都在追逐知识，你等于无形当中给他一个价值观叫价钱。那么我想大家应该非常理解，活到了现在这个年纪，我们面对的一些困难，我们应该很清楚地知道价值的重要性，价值是什么？价值是一种智慧，是我们内在的智慧。我们应该告诉孩子，甚至让孩子在成长的过程中去分辨出生命的可贵。我们追逐的过程当中真正的重点是什么？不要失去本心，不要失去了那原本单纯的心。

我们可以把事业做很大，但是我们不能忘记了原本单纯的心，不能事业做得很大之后，连回家吃饭的时间都没有，陪孩子成长的时间都没有。不能每天一直接电话，每天都在处理事情，连自我成长的时间都没有，这样的生命是机器，这样的生命会有很多遗憾。

我相信我们一起学习的父母亲不一样，我们懂得在追逐知识的过程当中体现生命的价值，这个就是生命本质当中很重要的法则。

生命本质的第二个方面：专业与志业不同。

专业的工作与你的志业是不同的。我们成长到一定的年龄，在社会上工作一段时间之后都有同感，每天就这样周而复始地工作，做着不是我想做的工作，这样的生命到底在干吗？我们应该都经历过这些，我就只是为了养家糊口，就是为了让人家看见我的工作成绩，但是我活得不快乐。我们在这个年纪都可以理解这些，如果我们引导孩子今天读书只是为了找到一份好工作，这种方式以后会有非常大的矛盾。如果你念到了硕士、博士，就只是为了找一份工作，那太苦了；如果你念到硕士，念到博士，你对自己的志向、志业没有一点热情，没有一点坚持，那么你的生命会过得很痛苦，因为我们就是赚钱的工具、机器。

在学习的过程当中，我们要开启内在的清泉，而这个过程是必经之路。很多父母亲担心孩子永远找不到工作，你何必担心这个？如果你点燃他内在的热情，你点燃他对学习的兴趣，他会自己探索，会自己走出一条路。而我们应该引导孩子的是什么？引导孩子的是不要害怕，坚持做自己想做的事，虽然会经历一些痛苦，但是毕竟这是你喜欢的。但是，如果今天你做的这份工作你不喜欢，你只是为了勉强糊口的时候，你会变得很沮丧，会变得很被动，你会过得不快乐，所以在工作与志业当中，你必须引导你的孩子，你给他多一点这样的启发，等他以后面对这个社会的时候，他会跟我们不一样，他会有更大的弹性，他会有充足的勇气。

我们也是经历了一段过程，慢慢地才知道自己的人生到底要什么，我们常常在想，如果我们的父母亲在那个时代懂得引导我们这个，我们今天会少走很多弯路。但是在那个时代，因为父母亲受教育的程度不高，当时的经济条件不好，没有办法！

那么今天，我们经历过这些，我们也了解社会的规则，请问，我们可以怎样帮助你的孩子？如果你帮助孩子走后门、送红包、找关系，他一样不快乐，他最后必须回归生命的本质，因为我们都是一样，我们每个人的内在都想追求幸福、价值、自在，我们没有办法欺骗自己的内心，我们没有办法做一份自己都不喜欢的工作。尤其是越来越年轻的这一代，跟上一代的人完全不一样。什么叫志业？志业就是喜欢的事，还要能够帮助人。很多人说，问孩子喜欢什么？他回答喜欢打游戏。这样问跟没问一样，你喜欢的事不代表志业，但是如果你喜欢的事又可以帮助人，这就有价值，而且有非常高的生命意义，因为你在从事这份工作中会得到源源不绝的动力。你今天做的行业，如果能帮助孩子找到他喜欢的，甚至能帮助更多人，这一份工作就非常好。

一份工作如何帮助别人，这个问题适合讨论，比如说有的人喜欢做导演，那我们一般人会想，做导演这个很难找工作，出名的导演有几个呀。假设你的孩子就是喜欢这个，你应该怎么跟他聊？他很喜欢，他觉得做导演非常好，第一感觉这个很有地位，然后又让人家称羡，或是这个可以让他学到很多，他从里面能得到快乐，等等。但是这工作可以帮助谁？这个就是关键，他觉得通过拍摄更好的电影，可以让我们看到这些电影，从中得到启发，生命有一些变化，得到一些智慧，得到一些体悟，可以传达出更有价值的东西来，这就有帮助人的成分在里面，这份工作可以让他不断突破。如果他只是觉得非常棒，可以让人家羡慕，社会地位非常高，但是却没有任何帮助人的意义在里面，那么他探索不到生命的价值，他走的路很有限。如果我们能够结合这些，再配合我们学习的课程，生命会过得更好。

其实我们不就是通过这些事引导孩子吗？静下来想，他从小到大要经历过的事情不就是这些吗？

生命本质的第三个方面：现实与理想不同。

我不知道大家怎么解读现实，也不知道大家怎么解读理想，但是我问一句话，在现实条件不足的情况之下，请问你的心态是什么？在面对现实与追逐理想的过程当中，请问你做了什么选择？这是我们每个人都会遇到的问题。

我想跟大家分享如何在这两者之间找到平衡、找到智慧，这个是我们要引导孩子的。生命本质的这三方面，就是孩子需要我们的地方，这三个方面是我们在社会中跌跌撞撞后才清楚的，是我们活到现在这个年纪才慢慢有一点体会。

这个不是一个十几岁的孩子能够得到的，这个也不是一个二十几岁刚出社会的小毛头可以理解的，这些东西是不断在生命当中让孩子感受到的，当有一天时间到的时候，他自然会的。这三个方面就是我们身为父母亲引导孩子最有价值的地方。我们每个人都有自己内心的理想，都有自己想要完成的梦想，但是现实种种条件不允许的情况之下，我们如何面对，我们如何蜕变自己，如何走出自己的人生，这是一种智慧价值。我们以前是怎么犯错的？我们以前是怎么迷惘的？这都是我们需要重点引导孩子的地方。

我们不仅要教育孩子现实、实际的一面，我们更要告诉孩子，内心永远有不断追求提升的地方。也许我的工作不是我的理想，但是我的理想可以变成我这一生的爱好，可以作为我这一生的兴趣，我不断地从中得到快乐。比如说我认识的一位画家，她大概 60 岁的时候开始学画画，那时候我心里想，都退休了为什么还要去学画画，应该是觉得无聊吧，她却说这是她一生的梦想、理想。她是一个老师，她年轻时，她的父母亲从来没允许过她学画画；再就是她想办画展，她其实想在这行有所成就。我当时在想，这个太不实际，尤其在画画这个行业，要有一点知名度、有点名气不太容易。她学画画学了三四年，然后她不断地画油画，在她 70 岁的那一年，她办了人生的第一个画展。我非常讶异！竟然有人为了理想，到 60 岁的时候开始实践它。

这是一种人生态度，我们姑且不论成功与否，我们姑且不论赚钱多少，我想分享的是她对于人生的态度非常正向，她不会解读父母亲让她这一辈子痛苦，她不会去埋怨这个社会埋没了她，她也不会去怨恨她的老公不支持她，反而内心保持正向的态度，到了 60 岁退休的时候，她开始为她的兴趣而活，当她申办第一次画展的时候她非常高兴，孩子也非常认同。我想这样的人生态度给下一代的影响会是什么？我们可以自己想。她怎么看待她的生命？当她面对现实与理想的矛盾时，她怎么养育她的孩子？我觉得这就是最高的教育原则，最好的教育方式，她给孩子这一生的态度是：我非常正向。孩子学习的是她在现实环境之下，如何突破自己，如何开创自己的生命。现实与理想会不断地在我们的生命当中交错，不要太快地否定，也不要太快放弃，生命都有我们想象不到的一个过程。

我们要回归自己的本位，回归生命的本质，生命的本质就是生命的智慧，它所要教育孩子的是一种人格化的教育，所以为什么我们做父母的也要不断地提升自己，因为唯有不断提升自己，才有办法给予孩子，引导孩子。这三个方面最容易让人迷惘与困惑，很容易让一个人变心。现实环境的打击有时是非常残酷的，但是当我们给孩子内在建立非常正向的能量时，孩子就具备了面对现实的勇气。

当我们理解要回归生命的本位时，必须回归我们单纯的内心，我们要学会摆正心态，因为我们有时候走着走着不小心就歪了，我们有时候追逐着追逐着不小心就忘记初心，所以我们必须时刻提醒自己，摆正自己。

也许我们这一个阶段学习的状况很好，孩子有一些变化，可是我们掉以轻心了，我们觉得好像变好了，事实上不是的，只是这一个月的状况比较好，因为你处理得比较有智慧，但是你得意了，你自以为是了，那么错误又发生了，不小心又走回老路了，经常有这样的反复。

所以，回归生命本位的过程当中，回归自己父母亲本位的过程中，请你要不断地摆正心态，你的孩子也许这几个月有变化，请不要沾沾自喜，因为你的内在还有很多你不知道的。人们非常容易自大，非常容易自以为是，只要有一点小小的好，我们就认为真的好了，其实不是的。不要自满，但也不要否定自己，用着一股谦虚，用着一股想要不断探究、不断成长的勇气，我们才会走得长久，走得平顺，我们也会更容易看出与孩子相处中的问题。

希望我们每个人在本位上都坐得稳，做得欢喜，做得有智慧。

第十四讲

培补自己的能量

学习是循序渐进、一步一步的，不是一蹴而就的，所以我们不要急。我们都想要达成更好的目标，我们设定了目标之后应该立下一个志向，在学习的过程当中不断朝着那个目标迈进，而不是时常更换我们的目标。当然生命不会事事如我们所愿，很有可能在这个过程当中会遇到一些挑战，会影响我们内心的状态，也会影响我们的情绪、思想，接下来我们的行为可能乱套，我们的言语也乱套，可能老毛病又来了，不断地重演，这种情况会时常发生，所以我们要先建立几个观念，之后会比较容易调整自己。

第一，我们外在的状况本来就是起起伏伏的，我们要接受。学习之后，我们知道要往好的方向走，但是一时半会儿还做不到，我们要承认这个事实。就像你很想达成一个目标，但是这个过程可能非常费心，有很多变数，我们要接受这一个过程。现阶段社会人们普遍希望可以从 a 到 b 直线式达成目标。当我们面对生命的课题时，从 a 到 b 的这个过程是弯弯曲曲的，并未如我们所愿。这样我们心里会比较容易接受，能够比较客观地看待过程中的意外，事情不如我们所愿，还是会有一些小小的问题。这个观念很重要，我们可以允许事情来回地折腾。

第二，我们内在的状态本来就是起起伏伏的，我们要接受。什么意思？今天没发生什么事，你就感觉特别快乐。昨天也没有发生什么事，你就觉得心情不是很好，你也不了解原因，那么请你先接受它。人们就是这样，我也时常在反省，我今天的作息跟昨天一样，我吃的东西还跟昨天一样，甚至今天一整天都没有出门，为什么我的心情跟昨天不一样？我们每个人内心的状态本来就是时好时坏，我们在学习的人，要更能保持自己内心的状态，把自己看得更明白，懂得调整自己。但是如果你今天设定的这个目标错误，那你可能会遇到挑战。我们应该把内心会有波澜、会有一些负面的想法视为一种正常的现象。

这个就是生命的本质，也就是能量的状况，当你可以允许、可以接纳今天状况比较不好，你调整自己就好了，你不需要过度地沮丧，或是过度地悲观、逃避等，不必要。

就好像你今天出门不小心踩到狗屎，那么接受它就好，你就去洗一洗，冲一冲，不需要特别沮丧，不需要觉得自己很倒霉，不需要因为这样心烦意乱。你接受你现在的状况，不要再把它放大了，你越刻意把它放大的时候，就会越麻烦，事情发生了，处理就好了。

如果你刻意去放大它，这不是解决问题。我引导大家学习自我觉察，是看见问题改变问题就好，不需要额外掺杂复杂的情绪，我们要慢慢学习从一个客观的角度来看待任何事情的发生，如果我们能够面对自己的内心，我们就能够处理好孩子之间的关系。

你越从客观、公开公正的角度看待自己的时候，越不会被事情渲染。我刚刚用了一个最简单的比喻就是踩到狗屎，我想很多人都有同样的状况，心里一定觉得怎么这么倒霉，怎么这么臭，是谁这么没有公德心，然后还有其他的事情要等着处理，你一整天的心情就很糟糕，为什么你把它放大成这样？所以我们今天要调整自己的能量，我们必须接受生命中就是有这些状况，把它视为平常的时候，就不会怪罪。

你心情不好的时候会不会乱说话？会。所以当我看到有人心情不好，乱讲话、乱批评的时候我视为正常，我不会难过，因为我知道他这是特殊情况。但是如果你在意了，执着了，你就会说怎么会讲这种话？你都多大岁数的人了，我们已经相处多久了，你怎么还是这样讲，还是这样想？你会陷入一种批判、对立，甚至开始记恨，你把它放大了。

其实有些时候就只是一件事而已，过去了就好！没有这么严重，不需要放大它，但是如果你不能接受这样的行为是很正常的，那么你会耿耿于怀，你会非常执着，你甚至晚上睡不着，我想这些经历我们都有过，当你能够视这一切事情为平常的时候，你就正常了！很多人会瞬间整个能量非常不好，今天突然觉得很不高兴，其实都在一瞬间，为什么？因为那一瞬间的你执着了，那一瞬间的你放大了那个问题，所以今天我们学习很重要的一点就是调整自己。

今天，孩子的一个行为让你瞬间崩溃，你会瞬间想要跟他吵，其实是你的心被一些负面的想法占领，如果你把它视为平常，孩子今天会说谎是正常的，为什么？代表着他不敢面对自己的内心，也不敢面对父母的状态，你得接受！你接受的时候，不要放大孩子说谎的性质，我希望在这个地方大家要正确理解我的意思，我并不是在强调说谎好不好，我想告诉各位的是，今天发生问题的时候，如果我们用平常的心态去面对，处理起来反而更简单。

当你用很多负面情绪去处理的时候，会把一件很简单的事情复杂化，接下来没完没了，双方会陷入一种争理、执着当中，这样我们自己痛苦，孩子也痛苦，我们的另一半也痛苦。

如果大家能接受这两个观念，这时候我们再来谈，我们要怎么培补自己的能量，或者说我们要怎么保持在一个好的状态之下，或是当我们状态不好的时候如何快速地调整自己。

我们内心的能量受三个方面的影响，我想这个大家也不陌生，第一个就是我们的身体。无可避免，我们今天很累的时候，很有可能脾气就不好。我们今天工作压力很大的时候，很多人来烦我们的时候，回到家看到孩子就生气，这个是事实，我们也不需要否认。我今天上班处理了很多事情，回到家，孩子多问我几个问题，我就没有耐心，我们每个人都一样，我们的身体其实是有一定极限的。

第二个就是我们的心。我们的心太容易受外界的影响，我们很容易受自己观念的影响，因为抱持了一个想法，就很容易造成冲突。我们的原生家庭问题可能还没处理完，兄弟姐妹的关系和夫妻关系所产生新的问题也还没处理好，这几个都是非常重大的关系。而这些背后都潜藏着我们的心智模式，在这个模式之下我们都还没有办法跳脱出来，因此我们很有可能无形当中被它们绑住了，被这些观念绑住了，我们自己没看见，有可能在冲突出现的一瞬间整个人能量非常低。

第三个就是灵。为什么我们要不断学习，就是先让我们身为父母的每个人，先改变自己的头脑，如果我们有办法改变我们的头脑，就有办法改变我们的思维模式，这个时候我们的状态就不一样了。有所谓的潜意识，有所谓更深层的影响，这个部分我们是需要通过一些类似冥想的课程、禅修的课程来引导、梳理，在这里我不探讨。

我们探讨身和心不断影响我们如何调整自己。当我们的身体状况不好时要多休息，该运动时要运动，自己的养生饮食要自己调整，大家都是成年人应该很了解。

那心呢？心就是我们的禀性，我们的心智模式，我们的思维模式，这个需要我们不断地发掘。当我们今天抱持着一种很快乐的心情工作时，我们今天会很有活力，今天做任何事情都觉得很有意义，即使是不好的事我们都觉得很有意义。今天我们状态不好的时候，明明在一个部门经理的位置，或是一个总经理的位置，我们仍然担忧自己的未来，这就是人。内心状况的好坏对我们影响非常大，比如说我很不喜欢去公司上班，那我每天上班就愁眉苦脸，因为这个工作不是我喜欢的，然后这里的人也不是我喜欢的，我每天工作就是为了有薪水可以生活下去。但是发生了一件很巧妙的事，今天来了一个新同事，这个同事我看了非常喜欢，她非常漂亮，这时我每天上班的动力完全不一样，我一样不喜欢这份工作，我一样不喜欢这里的人，但是我每天只要看到她就高兴，所以我在那里工作八个小时都感到快乐，为什么？因为我的心决定了一切。

我们每个人都有这样的经验，请问这一个实例告诉我们什么？对一件事情的态度由你的眼睛决定，你看到了什么决定了你的心，也就是说我们如何调整自己的能量，这个部分非常重要。同样一件事情发生了，请问你看到的是什么？我看到的是，我只要每天可以看到这位漂亮的新同事，我就很高兴，工作有没有价值，我不管！我每天看到她我就高兴。所以你的视角决定了同样的事情不同的结果，这方面是可以不断修炼的。孩子发生了同样一件事件，你现在看到的一切决定了你接下来的结果。我们眼睛看到的所有一切其实只有两个字就叫：得失。静下心来想想，我们所有的一切都在盘算着得失，就这两个字而已。

你今天为什么不高兴，必定失去了什么；你今天为什么高兴，必定得到了什么；你得到的比你失去的多的时候，你今天高兴；你失去的比今天得到的多的时候，你今天不高兴。

我们的内心非常抽象，我们的眼睛摆布我们的思想，其实都与得失相关，这个得失不一定指金钱，比如说被人尊重、赞扬，别人今天做的事和我的心，我今天做这份工作特别顺利，这个都是得；今天我踩到了狗屎，堵车造成我上班迟到十分钟，结果被老板骂了一个小时，我很痛苦，这些都是失去的比得到的多，我们的内心就会开始失掉能量，就开始低落，内心其实都在得失之间转换。

今天在这个课程要正确理解，你眼睛现在所看到的一切，其实是你内心盘算的一切，而这就是影响你快不快乐的关键。今天孩子做出来的行为，有没有让你满意，就是得失。这个得失你转不过去就痛苦。

请问世间有没有白吃的午餐？没有！一切事情一定都是有得有失。如果你永远觉得都是你在失去，那代表你没看清楚事情的真相，如果你永远觉得你今天得到了，那你也没有看清楚事情的真相。所有的事情不论你得到什么，背后必定付出相对应的代价。今天你孩子顺从了你，想一想，你失去了什么。你不要只看眼前，你不要只看表面，孩子今天顺从你，他在 14 岁以前忍气吞声，你以为你真的赢了吗？你以为他真的照着你的意见做了吗？不是的，他只是在压抑自己的情绪，等 14 岁之后爆发，以后跟你作对，绝对不可能只有你全赢的时候，你全得没有失是不可能的。

如果眼中只看见失去的：今天我的儿子跟我吵，向我表达他自己的看法，他不尊重我的想法，他不知道我的想法，我好没面子。你失去了尊重，但是你必定得到一个东西，得到什么？你们之间有一些话题可以聊，你更了解孩子的想法，你更了解他的个性。

不要太专注你眼睛所看到的，要专注你眼睛所没看到的。你被你的思想障碍了，因为你把目标、结果设定得太死板，这样达不到你要的效果。孩子今天敢大声表达他的意见，不服从不尊重你的意见，代表你的孩子内心有勇气！

如果身为父母亲没有这样的高度，请问你怎么引导你的孩子？如果你用强压的方式，要孩子遵从你的意见，但孩子在内心默默地反感你，心里想着推翻你，你是得到还是失去？你仔细想想。

你要培补你自己的能量，要提升你自己的能量，你要做的第一件事就是要学会转换得失。我们都想拿到好处，但我们不想付出相对应的代价，你觉得有可能吗？你觉得会发生吗？这叫痴心妄想！如果你的内心是这样想，你怎么告诉你的孩子要努力？如果你内心真实的认知你都没有办法变化，你是没有办法教育孩子的，他不会做，哪怕你讲的都是对的，但是他都不做，一条都做不出来，因为父母的内心都不是这样想的，孩子直接感受到的是你内心的能量、磁场，他直接感受到的是这一个，你口说没有用！你内心真实的状况都不改变，却要你的孩子改变，那是不可能的事情。你有办法转变，你的孩子自然就转变。

因为他是你生的，母子连心，父子传性。那个连心的意思就是传性。真正影响人与人之间关系的是我们的天性，更高的一个层次是我们看不见的那个东西，我们的内心不断发出来，就是我们真实的起心动念！大家来学习，要重视自己内心的变化，嘴巴说的那一套暂时放下，如果自己都不愿意付出代价，都只想坐享其成，那么你看你的孩子，他会反映出跟你内心一样的状态。你观察他，孩子一定会在某一点上跟你一模一样的心态！为什么？因为你自己还没做好，你是树根，孩子只是果实，有什么树根就结出什么样的果实。

为什么家贫出孝子，为什么出身很困苦的家庭的孩子能成才，就很好理解了。因为这样困苦的父母亲，他们的内心很踏实。当你理解所有一切的东西都是得失，你能够转换这一点的时候，你的内心就开始平静。

我们争来争去，不就是为了那些事，吵来吵去不就是为了那些事，我们自己的心都摆不平，孩子的心我们也摆不平。你今天所要得到的一切都是你付出代价所得来的，只有这样，你才会珍惜，只有这样你才可以引导你孩子内心的那个痛苦。我们每个人都想坐享其成，我们都希望别人给我们多一点帮助，让我们更顺利、成功，这样的想法都是错误的。你要别人多帮助你，让你可以顺利成功，那反问一句话：凭什么？你要得到这些，请问你应该付出什么？

如果你在真实地落实这一个法则，孩子的自发性会非常强大，孩子的内心会非常正向。我们是穷人的孩子，所以我们更清楚地知道人生的一切都要靠自己努力打拼，我们没有后台，所以我们更加脚踏实地地去做……孩子感受到的就是这个。看起来是失去了，事实上得到了很多意想不到的东西。

希望大家在学习转换的过程当中，慢慢练习。当你看清楚，是你的内心还没有办法转换那个得失，才造成你心情不稳定，情绪能量不好，那请问你现在该做什么？你现在的引导，你敢确定是正确的吗？你现在所做的事情，你还敢确定是正确的吗？我相信这样的思考会让你提升，你再处理事情时会处理得更好。

当你已经能够看清楚，一个事情好坏的角度是从你的眼睛来的，而你的眼睛是从得失心来的，慢慢地你就要开始做第二件事，培养自己的爱与慈悲。你是父母亲，你是一个领导者，你要有足够的爱与慈悲。再多给别人一些机会，允许别人犯错。你犯错有理由，别人犯错不可以，这代表什么？代表我们是非常自私自利的人，代表我们是不太愿意饶恕别人的人，没有人喜欢和这样的人在一起。我们犯错的时候希望别人给我们一个机会，让我们再尝试一下，但是你的家人、你的朋友、你的同事犯错后，你愿意给他们机会吗？这是造成你情绪低落的原因，所以在这个过程当中，你要慢慢培养自己的爱与慈悲。尤其是对待你的孩子，爱与慈悲非常重要，从哪里展现？陪伴！大家不要小看陪伴这件事，人不论活到多大岁数都希望有人陪伴。不要说小孩，我们现在不也需要陪伴吗？我们心里受了一些苦，我们需不需要有人懂我们，陪伴我们一起走过去？我们受了气，我们需不需要有人理解我们，陪伴我们一起走过？我们面临生命的困难，是不是希望夫妻之间相互陪伴、支持走下去？等我们老了之后，是不是需要一个老伴，陪我们走完人生的最后一程？

我们问问自己，谁不喜欢被陪着？陪伴，就是展现你能量的一个开始，可是你只想要得到结果，却不想付出陪伴。

爱与慈悲是一种陪伴，是一种了解，是一种关心，这个适用于任何人。我们成年人也一样，我陪伴你，了解你的问题，引导你，给你更多的机会，鼓励你，让你鼓起勇气……陪伴不是傻傻地陪，是有智慧地陪，请问你陪伴的时候在干什么？你做你的事，我做我的事，那不叫陪伴，陪伴包含共患难、共富贵。陪伴的过程当中，要了解对方的心，你了解他的心思，你了解他背后的那一份苦，你无形当中拉近了与他的距离，得到了他的信任，得到了他的理解和认同。做到这样，你要引导孩子还会很难吗？听他讲心事的过程当中，不要急着批评，不要急着给意见，不要急着下定论，让孩子把它讲完，你先看你自己能不能静得下来，先接受他，再引导他。

现在很多人都急着表达自己的意见，都要别人来遵从自己的意见，都不想听别人的想法，都不想了解别人的立场，太自私了。我们在孩子面前会非常自然地流露出自私、自大、自傲的那一面，自以为是非常自然地流露，因为那个是以上对下，那个太自然了。在朋友、领导或是父母面前，也许我们还不会这么明目张胆，但对待孩子太明显了，完全是一种权威，完全就是“你就是要照着我的意见做”。我们太容易否定孩子的想法和看法，甚至觉得孩子怎么可以有这样的情绪，有这样的情绪不可以。

我们自己情绪不好的时候，也希望别人来关心一下，认同一下，哪怕就是发发牢骚，也想要有人听一下，孩子表达一下自己的情绪怎么就被我们批评得体无完肤？我认为陪伴的过程，完全可以展现一个人的真实内心，根本没法欺骗。我们讲自己多么有境界，多么有修为，看了多少书，会多少方法，都只是想要对方马上改变而已，我们根本没有愿意陪伴的心、引导他的心。你有陪伴，你了解观察后，才有办法引导。而在引导他的过程当中，因为你已经具足了这样的能量，站在了这样的高度，你的引导才会有效。希望大家在提升自己能量的过程当中，不断释放内心的爱与慈悲，这个是我们的天性，我们内在本来就有的，这个不会很难，因为我们每个人都爱自己的孩子。

第三件事是多分享。当你能量不足的时候应该去做什么事情？就是我们刚刚讲的学会转换得失、培养爱与慈悲，那接下来应该做什么事情？多分享！如果我们从学习传统文化的角度来看，就是多布施。什么是多布施？就是多给予。因为你在给予的过程当中，会看见你内心很多的挣扎。什么意思？就是你计较得失的心非常重。在你不断给予、不断付出的过程当中，你会看见自己内心有很多吝啬、很多执着，当然在这个过程当中不是让你全部都舍出来，那样也太过了。

我们要一步一步地突破自己，当我们试着付出、分享、给予的时候，内在会有一种莫名的能量。在我的成长过程中，甚至在我学道的过程当中有个非常重要的环节。因为我深知，内心被很多的自私自利障碍着，当我试着付出和分享的时候，我体会到另外一个得，这个得很特别，是在人们付出的时候才看得见。

举个例子，在读书阶段，在算数学的过程当中，一定会有同学来问我们某道题怎么解。能力好的人，他自然而然就会教别人怎么解，教完别人的时候，他内心就产生一个想法，那人会了之后怎么办？分数不是比我高了吗？我们被这样的想法阻碍了。其实，这样的一个过程，会不断提升我们的能量。

在我学习的过程当中，我发现一个非常大的秘密，也就是说当我越害怕给予别人的时候，我内心越痛苦，因为我开始算计了。但是当我开始分享的时候，我的观念就转换了，他也会了，那我要更好，我更好，我就会给予更多。我教得越清楚，代表我越熟练，那么我就开始对一些更难的数学题下功夫，我不断地提升我自己。当我越去钻研一件事情的时候，我越看见原来我会的东西就这么一点点，原来我就只有这么一点点可以教别人，这个就是得失之间的转换。当我不断分享、付出的时候，我会发现我想要学会更多，无形当中我的内心得到一个强大的动力，而我分享的这些数学题是我本来就会的，其实我根本没有损失什么。

如果你不愿意分享，你会停留在一个阶段：啊，我觉得我会很多。事实上你就只会这些而已。当你试着分享的时候，比如说法布施，就是我们跟人家分享善知识，其实受益最大的是我们自己。为什么？因为你会发现哪些东西你还想不通，哪些观念你还不会，你还会看见自己的心量，哪些事情你还斤斤计较。当你付出的时候，你会得到很多意想不到的东西。

当然，在付出的时候，你会衡量你现在的状况。永远不要忘记付出比不付出强。你越是付出，很多时候你越会不断地打开你的内心。

你平常怎么提升你的能量？我们不能有事的时候才提升能量，那来不及啊！平常要怎么提升？第一，要学习布施。不论是财布施，还是法布施，都要去做。你引导你孩子的过程，也是一种布施。简单地说就是去做，你可以拥有更开阔的心胸，你可以有更多反省和觉察的机会。

第二，要讲正向的语言。你可以把你自己一天讲过的话录下来，重新听听，你会发现自己的语言有很多都是负面的。其实一件事情的发生，你讲正向的和讲负向的，其影响有很大不同，尤其是对孩子！

我们要学会用正向的表达方式，要虚心地检讨自己，孩子犯错了你要怎么讲？讲得好，他不仅会自我检讨，他的内心还会想改变。讲得不好，否定了他，他永远都不想努力。我觉得在我们能量还不够高、状态还不够好的时候，我们要学习正向的表达方式。

比如有人迟到了，你很讨厌，请问应该怎么表达？“想必路上一定发生了你没有预料的事情，没有关系，我可以理解，这是正常。所有一切事情的发生，我认为都是正常的，可以理解。”正向地表达，你自己内心不会痛苦，不然你会陷入斤斤计较的模式里，你会把那个焦点放大，你自己会非常痛苦。迟到本来正常，但是你自己放不下对方的错，所以要虚心检讨自己，但是你要正向地表达一切。

今天孩子情绪低落，不太想学习，态度散漫，对你讲话没大没小，你内心很生气，请问你应该怎么表达？你能讲出正向的语言代表你内在的能量是好的！“你今天一定特别累，妈妈跟你同年纪的时候也一样，休息一下没有关系，等一下我们再好好聊一聊。”

正向的语言就是不要错误地解读，不要把事情放大，要把它视为平常。当你抱有平常心的时候，就没有这么多问题。当你放大它、聚焦它的时候，你会觉得很痛苦，不要给自己找麻烦，用正向的思维去思考该怎么表达。

今天工作很累很烦，回到家孩子还跟你讲一大堆事情，请问你要怎么表达？难道你要告诉他不要吵，让妈妈静一静？你这样讲虽不是在批评，却在磨灭孩子内心想跟你交流的热情。这时候你该怎么正确地表达？“孩子这么小就这么懂事，想跟妈妈讲这些话，非常好，你今天要跟妈妈交流这些非常好，代表你很用心，非常棒，那你可不可以给妈妈一点时间？你先把你想要讲的东西组织一下，写下来，我们等一下再来讲。”你让他把语言组织一下，这也是一种训练。正向地表达，永远都要正向！

第三，要帮助他人更好。帮助对方更好，你永远要有这样的想法。人的内心很奇怪，很多时候都是嫉妒。看到别人的孩子比我们的好，我们嫉妒，看到别人的事业做得比我们好，我们嫉妒，我们自己都很清楚，那我们怎么可能去帮忙？怎么可能做利他的事情？我们不会，但就因为这样，我们会更痛苦，因为这是一种思维模式。你无形当中养成这样的模式之后，你看着孩子，他也不会想帮助他人！君子有成人之美，正向地帮助别人，利他，无形当中你也在提升自己，在提升你内在的能量。如果你不断地在做这些事情，你自然就会很正向。比如说你的同事需要帮忙，你就去帮助他把这件事情做得更好，当然你可以量力而为，我不是说你自己的工作都不要做了。

我们现在这个年纪，应该知道怎么做一个取舍，我强调的是我们内在要有这样的心态去做这件事。如果你没有帮助别人、成就别人这个心，你内心很容易嫉妒，你越嫉妒就越不快乐，你就越不喜欢好事发生，所以我们要帮助别人的行为更好，通过这样做来打开我们的内心。

第四，学会与形形色色的人相处。我们是有很强烈的分别心的，什么人跟我们和，什么人跟我们不和，我们会分别！就像孩子一样，孩子某些行为我们喜欢，某些行为我们不喜欢，喜欢的行为就像是某一个人，不喜欢的行为就像是另外一个人，其实代表我们没有办法接受形形色色的人。

我们要学习接纳形形色色的人，每个人都有他自己的想法、看法，我们可以交流，我们尊重彼此，这才是正确心态！不排斥与各种不同的人相处，你自然就不会排斥你孩子有不同的想法和意见。不要一开始就否定，你知道我们的生活习惯不同，我们的思维习惯不同，但是不用否定。你一否定代表你不喜欢，你一否定代表你跟他对立，先接受事实，原来别人有这样的想法，原来这种想法的人也是可以生活的，你会更开阔，你的能量会更好，你就不会一直陷入原本眼睛所看到的东西。

当我们每一天都愿意面对各种各样的人和事的时候，我们的生命就完全不一样了。其实生命是不可预测的，如果什么事情都是你可以预测的，那你还会活得高兴吗？你觉得生活还有一点乐趣吗？生命当中的乐趣是要我们自己去发现的。

你用什么角度看这个世界，决定了你自己拥有什么样的能量，那到底什么障碍你内在的能量，你需要自己面对，你要不断提升自己。

人永远不要怕付出，因为每一个付出的背后，永远都会有你意想不到的好处。永远都要讲正向的话，永远都要有助他利他的心，同时，要愿意接受形形色色的人，因为你的心量决定你的一切。

第十五讲

成为孩子的榜样

我们都知道父母是孩子最好的启蒙老师，那我们要成为榜样，要先了解一些事情。我们内心有跨不过的坎，如果没有办法处理，我们无法成为一个榜样。这个坎是什么？就是我们自己性格上的缺陷，或者说我们自己还走不出来的个性。这个坎会障碍我们引导孩子，会让我们错误地解读孩子，我们与孩子相处的过程当中所产生的思维模式，会潜移默化地影响孩子。

我们要成为别人的榜样，就要跨过自己的瓶颈，跨过自己的困难。我们每个人的内在都有需要面对的生命功课，比如说一个内心孤僻、自我的人，他的思维模式让他很容易误解孩子的行为，他所做的榜样很有可能是依着他内在的心智模式所产生的，他误以为在用正确的信念做引导、做榜样，那当然会有问题。

同样的道理，有的父母内心是自卑的，不愿意面对生命中纠结的问题，那么他们所展现出来的思维模式让他们没有办法真正看见孩子内心的问题。

有的父母非常喜欢虚荣，很在意面子，很在意别人的眼光、看法，那么在这种思维模式之下他所产生的性格，他自己看不见，在引导孩子的时候就会出现问题。

这些我们内在要面对的功课，在教育孩子的过程当中是最重要的。很多人只是想刻意树立一个样子，但是这些样子都是假的。他甚至树立一些规则，或是表现出自己最好的一面，但是因为真正的坎没有突破，很有可能在紧要关头让孩子看到的正是自己的问题。

当孩子看到我们的行为和我们讲的完全不一样的时候，孩子会产生很大的落差和震撼，很有可能会对我们失去信任，所以我在这个地方呼吁父母亲，你要成为孩子的榜样，请你先成为自己的榜样。如果你自己都不喜欢你自己，你自己都没有办法肯定你自己，你自己的问题你都没有办法勇敢地面对，那么请问，你如何成为孩子内心真正的榜样？

我们在做榜样的过程当中会有意无意地开始抱怨，孩子会听到！我们会有意无意地开始逃避问题，孩子会看见！我们会有意无意地展现我们的虚荣心，处处与别人格格不入，孩子会看见！一切的问题，最后有可能还原我们的真相。所以我们要成为孩子的榜样，首先要提振起自己内心的勇气，面对自己应该走出来的生命功课。

如何提升自己的能量？第一，永远不要怕付出！把自己的心量放开一点，不要为了小事斤斤计较，不要为了你个人的面子，或是你内心的一种情感，本来一件事情可以很轻松来做的，却做得非常困难，要绕一个非常大的弯，没有必要！如果我们愿意静下来想，我们生命遇到困难的时候，请问我们斤斤计较有办法改变问题吗？你还有比付出更好的选择吗？

今天我们面临这些问题，就是要我们付出更多时间、体力、金钱去完成它，唯有这样做才有办法解决，当我们不愿意这样做的时候，只会不断陷入痛苦、执着、计较，这样有什么好结果呢？

我自己在行道、学道过程中也要面对个性上的缺点，我也不断地通过付出修正自己的内心，因为我实在找不出比付出更容易解决问题的办法。我在付出的时候，我会不断提升能量，我会不断提升心量，我就不会再时常计较一些小事，我也觉得那样的事情不足以影响我，而这是提升能量非常好的一个办法。所以我希望大家打开心胸，不要为了一些小事情，或是因为不喜欢一个人，不喜欢一个同事，觉得与他共事的过程当中很辛苦，你就拒绝了，你就不愿意接受了。敞开你的心胸，接受就好，去付出，去接纳，你会看见不一样的自己！

为什么我要这么说？因为我们内心的那个局限，往后在与孩子沟通的时候，会限制着他的想法、看法，甚至往后他交往的朋友，往后结婚的对象，都很有可能发生同样的事，所以我希望大家打开自己的心胸，跨过自己内心的那个执着、计较，慢慢地你会感受到其实事情没有我们想象的那么严重，没有那么难处理，没有那么不能面对。所以，我们要成为别人的榜样，我们必须跨过生命的坎，我们必须打开心胸。

第二，要学会彼此尊重。我希望大家把这个观念牢牢地放在自己的内心。什么叫尊重？你跟我完全是不同性格的人，但是我们可以彼此表达自己的想法、看法与意见，我尊重你的想法、看法、意见，我可以和你一起生活、一起做事，我内心没有任何的计较、冲突与对立，这个就叫尊重！

就像我之前讲的课程，你要把孩子当作一个完整的个体，如果你没有办法学会尊重，你没有办法尊重每一个一起生活的人，你的内心会非常痛苦，你会不断纠结。当我们要成为别人的榜样，我们必须具备这个条件，这个叫作先行条件，如果没有这个先行条件，我们后面要做的事情会变成强人所难！

当你学会尊重一个人的时候，你在工作岗位上面可以跟人很好的相处，也许意见、想法、看法不一样，但是你们可以好好商量，好好面对，甚至一样可以好好相处，这是一种生活的智慧。

第三，放下权威。我们要成为别人的榜样，要跨过自己内心的坎，就要放下权威，放下自大。榜样不是强迫别人接受的，我们的内心或多或少都希望别人依照我们的意见做，但是大家想想看，如果我们今天所要树立的榜样，是通过权威，是通过权力，孩子不会真心认同，这只会造成他内心更多的恐惧、阴影，他会更想逃离我们。榜样是发自内心地喜欢一个人，是发自内心地佩服一个人，是发自内心地想要学习一个人，这就是我们老祖宗讲的德性。我们今天要成为一个榜样，要成为一个有德性的人，最简单的说法就是让人心服口服。如果我们自己的孩子都不能对我们心服口服，那我们在社会当中，同事之间，朋友之间，让别人心服口服容易吗？

我们老祖宗讲的这个榜样，其实就是我们现在要去做、要去培育的德性，而这个德性不是嘴巴讲，这个德性要让他人感同身受。这就回到我们之前说的，你如何让人家接受，你怎么提升你的能量。你永远不要怕付出，你要讲正向的言语，你要有利他、助人、成就他人的心，你要跟他一起共患难、同进退，你要陪伴，这些都是在培养我们的德性，这些过程都在长养我们内心的能量，让我们具足一个榜样。

我们这一生在成长过程中，都有学习的典范和对象，这是很自然的。回想一下我们成长的过程当中，看到优秀的同学自然就会想向他学习，因为我们也想得到别人的喜爱，我们也想得到别人的认同，因此我们就会想，比如说这个老师喜欢这样的学生，我们就会想要成为这样的学生，这是很自然的行为，也就是说我们生命的过程都在找榜样。

今天你喜欢的男孩，他喜欢另一类型的女孩子，你很自然会想要成为那样的女孩子。我们自然就想这样，我们想要成为让人喜欢的人，让父母喜欢的，让兄弟姐妹喜欢的，让老师喜欢的，让同事喜欢的，这都是自然的，因此我们为了让人家喜欢、肯定，会去找寻一个可以学习的对象，那个对象无形当中成为我们的榜样。

你今天要成为孩子的榜样，你要先了解孩子的内心。他内心有一种什么样的期待？而你又要怎么用榜样来引导你的孩子，这个问题值得你探讨，值得你观察。

如果孩子很喜欢自己的父母亲，他很自然就拿自己的父母亲作为模仿的对象。为了得到父母亲的欢心，比如说他的父母亲很喜欢马云，那他就想办法去看马云的书，学习马云的个性，想要得到父母亲的认同。我们先了解这个过程，这个过程是自然，当他不断努力想要成为马云的时候，这是一个比喻，他发现自己做不到像马云一样，他一辈子也得不到你的认同，这个时候他会放弃！

而你很努力地在成为一个榜样，孩子可能都没看见，所以这榜样之间存在误差，因此你需要跟孩子沟通确立什么样的榜样。你无形当中说你喜欢谁谁谁，孩子内心就产生了一个比较性，比如你说："我喜欢郎朗，郎朗弹钢琴真的是太棒了，希望你也跟他一样。"这不叫榜样，这种在学习的过程当中都不称为榜样，在我看来这是攀比、压迫，因为孩子不可能成为郎朗，所以孩子在学琴的过程当中不会把他当榜样，他会当作一种压力。因为你的内心不是真正爱他，你只想要满足你自己的期待，你只是想要满足你自己的欲望，当有一天孩子发现他没有办法满足你的时候，他会选择放弃！所以在树立榜样让孩子学习的过程当中，我们要建立正确的观念，就是榜样来自精神性与人格性，而非物质性与成就性。这一点很重要。

如果你今天所树立的榜样，是让孩子感受到他内在的精神性，比如你说郎朗在学琴的过程当中，经历了哪些过程，这个过程很辛苦，他没有放弃，他曾经在表演的时候很受挫，他仍旧不断反复练习，强调他的精神性与人格性，你可以塑造孩子，也可以突破自己的坎。如果你树立榜样是为了满足虚荣，是为了达成所谓的价格、工作，你所树立的榜样最后都会破灭。我们无意当中透露出来的信息，会让孩子内心非常痛苦，因为这不叫榜样，这叫攀比！

孩子会觉得他这一生都做不到，但是事实上你是想鼓励他，你是想让他有一个好的榜样可以依循，可以模仿，但是我们忘记了人与人条件不一样，背景不一样，天赋不一样！他内心会有挫折，但是如果你告诉他的是内在的人格特质与精神，孩子往后面临人生的困难时，他就会学习郎朗面临生命中的困境时的勇气，这个才是我们树立榜样非常重要的地方，只有这样孩子的内心才会越来越正向，而你也就不用为他担心了！

因此我们在树立榜样（或者我们自己成为榜样）让孩子学习的时候，我们必须强调精神，而不是强调做事和成就。比如说你想成为孩子的榜样，你想让孩子知道认真工作，认真对待自己的生命，要负责任，你不是告诉孩子你完成了什么事情，这件事情你怎么完成的，不是！你讲那些没有用。要讲在做这件事情的过程中你经历过哪些挫折，你也很想放弃，但是想到了什么人或事的时候，内心做了什么转换，最终没有放弃。

这种精神性的故事将会成为孩子内心的动力，成为孩子内心的榜样，当他往后遇到相似的困难，或是他想选择逃避的时候，就会想起爸爸/妈妈以前也曾经想逃避，但是爸爸/妈妈面对了，爸爸/妈妈跨过去了，他也可以。这个时候，榜样的力量在他的内心发芽，这才是成为榜样最关键的地方。我们之所以要成为孩子的榜样，是要给他一个精神力量，而不是给他物质性的或是成就性的东西。

当我们懂得树立榜样的重点后，接下来要谈我们怎么做到。

第一，我们不能把榜样完美化，这非常重要。

我们每个人的内心常常会有不现实的想法，就是我们都想追求完美，而这个完美有一点接近幻想的境界，这是不符合常理的。我们想要帮孩子树立榜样，但是我们也要告诉自己，人本来就会有缺陷，如果你树立的榜样是一种趋近于完美的存在，那也等于宣告失败，因为没有人可以做到完美，没有人可以做到百分之百。

人在某一方优，必定在某一方面劣，这是必然的，有长处，就必定有短处，我们的某些性格很好，某些性格也有瑕疵。我们树立榜样的用意是为了突破、化解我们个性上面的瑕疵与短板，不是为了让孩子成为圣人，这个观念很重要。

你什么时候需要榜样？在你生命面临困难和挑战的时候，在你想不通、思想没有办法转换的时候，内心浮现出一个人给你引导，给你智慧的话语，你内心升起一股力量，那个就是我们的榜样，帮助我们突破这一个瓶颈，突破这一个缺口，跨过生命的这个坎。因此榜样的作用是帮助我们突破生命的局限性，不是为了让我们成为完美的人！

如果是为了完美，你会过得很累，因为你会觉得什么东西都要圆满。你要了解自己的坎，你要了解孩子的坎，你要了解孩子的性格，帮助他找到适合他的一个榜样，不然，也许你一辈子想树立的榜样都不是孩子需要的。

不是看到什么好的都要给孩子，我们要懂得取舍、选择，要在他生命最重要的那几个卡点上面给予榜样。如果你发现你的孩子很容易退缩，很容易没有信心，你应该用心地去找相关的榜样，甚至你自己做出来让他感受到榜样，那就更有说服力。而不是郎朗也很好，马云也很好，比尔·盖茨也很好，那你就乱套了。不要把榜样完美化，不是什么好的都是榜样。

第二，要慢慢让孩子了解各行各业的人。各行各业都有优秀、成功的人，而各行各业优秀、成功的人背后，都有值得学习的生命功课。为什么要做这件事？我们要承认，我们从事的只不过是三百六十行中的一行，孩子以后要走的路可能跟我们不一样，他需要的榜样可能跟我们不一样，他需要的故事，他需要的激励，可能跟我们不一样。

各行各业成功的人背后的精神故事，可以在你的孩子成长的过程当中，分享给他听。你可以找中国德育故事，各个朝代、各个圣贤留下的故事，多得你讲不完，你从孝悌忠信礼义廉耻中选择一种故事跟孩子分享，跟孩子讨论，你就是在树立他内在的精神榜样。这些故事会被流传都是经过时间选择出来的，展现出智慧的思想和行为，是我们在生命遇到困难与抉择的时候非常受用，这才是我们身为父母的价值，这才是我们要陪伴孩子成长的过程。

让孩子接纳各行各业形形色色的人，是因为每一个阶层、每一个行业的人都有很好的故事，无形当中会让孩子内心非常尊重各行各业，以后他在各行各业里面才有可能出类拔萃。

如果你在分享各行各业人物、故事的过程当中，夹杂着你个人的偏好、个人的批评，往后孩子内心会产生很大的偏差。难道一个卖菜的人，就不是各行各业的榜样吗？难道他就没有一些值得诉说的故事吗？你要理解，这些榜样的背后必定指向生命的本质。

台湾地区有个女士叫陈树菊，她就是个卖菜的，2010年因为慈善之举登上了《时代》周刊和《福布斯》杂志，她每天把卖菜的一些零钱做捐款，她这一生都在坚持这样做，她的这个捐款已经帮助很多没有办法完成学业的孩子长大，这个故事在台湾地区家喻户晓，每个人都知道，因为她的影响和感召，台湾地区发起了小额捐款活动，小额捐款可以帮助一个人一生。

一个默默无名的人，一个卖菜的老太太，这一辈子因为做的这一件善事，成为所有人可以学习的对象，这就是精神，这个会提振起一个孩子对平凡工作产生完全不一样的感受，这个就回复了我说过的生命的本质。父母亲讲解这样的榜样，孩子的内心会产生一种感动，孩子的内心会跟父母亲产生更多的连接，这是我们要做的教育。

我们要成为教育孩子的榜样，必须兼顾物质与精神的和谐。如果我们这一生永远说卖菜你一个月能够卖多少钱？你一生能够卖多少钱？你能够过多轻松的生活？那孩子以后只要做的工作是很平凡的，他都觉得很痛苦！因为爸妈无形当中灌输他的观念是，你做平凡的工作有什么好命？但是如果你给他树立榜样，或是讲述榜样故事的过程中，让他感受到原来平凡的工作可以服务这么多人，可以获得这么多人的肯定，他会萌发出也要做这样有意义、有价值的工作的想法。在他内心工作是快乐的，他即使从事平凡的工作，内心一样觉得非常尊贵，因为这个是有价值的。

你必须将物质与精神两者相结合，具体怎么结合，你要怎么引导他，这是我们身为父母亲很重要的责任。今天我们在建立孩子内在与物质结合的时候，要贴近他的心灵，要提振他内在的需要，这时候我们所讲述给他的精神，会让他在追逐功成名就的过程当中得到平衡。

我们的生命需要平衡，一个全然只有物质享受的人，其实内心也是痛苦的，如果我们没有办法通过这些事情来调和，很有可能最后会非常极端。我们在树立榜样的过程当中，不是只讲述这一切的成就，必须引导他内在的精神性与人格性。

你不要无形当中创造对立，甚至让他觉得你给他的这个榜样，根本就不切实际，他内心会非常排斥。就像孩子看到我们嘴巴讲一套、自己做一套的时候，他内心非常失望，他也不会把我们当作榜样。内外兼得，才是一个榜样。另外，不同的阶段，要树立不同的榜样，我们要懂得调整！

父母的确是孩子这一生影响最重的，也是影响最直接的榜样。只要我们做得好，我们就会成为孩子非常重要的榜样，我们可以是他这一生非常重要的能量来源，因为他直接学习的对象就是父母。我们要成为孩子的榜样，需要重视下面三点。

第一，你自己的人生态度是什么？孩子所学习的一切，最后都不是物质条件，全部都是人生态度，我甚至再放大一点说，即使连我们成年人所学习的榜样都是因为他人的人生态度，绝对不是他人的物质成就，物质成就只是人生态度的一种展现而已。在孩子的成长过程当中，他所看见的一切，就是你对自己的人生态度。

当你遇到困难和挑战的时候，你的脾气、你的情绪如何？孩子学习的就是这个。如果你想作为孩子这一生的榜样，那你第一个必须突破的就是你对自己的人生态度到底是什么？你在面对困难、面对情绪、面对种种不愉快的时候，你的人生态度是什么？

第二，你对自己的家庭态度怎么样？你是否尊重自己的家庭，孩子也看在眼里，根本无可避免。夫妻两个人，无形当中都会批评对方的家庭，如果你学不会尊重，孩子所学习到的人生态度就是这个。

我们要承认我们为了工作，真的可以放弃孩子，有时我们为了实现自己的人生理想、达到自己的人生成就，我们可以放弃孩子，孩子就像一种附属品，就像是我们可以比较、炫耀的产品。家庭不是这样，你看重你的家庭、你重视你的家庭成员吗？你重视每个人的感受吗？这也会起到榜样的作用，而且这个会展露无遗，这个会影响孩子以后对他人的态度。因为孩子最直接捕捉到的是这个，如果孩子感受到爸爸对妈妈的态度是不尊重的，或是妈妈对爸爸不尊重，孩子内心就会产生变化。

希望大家在这个领域做好，在孩子的面前尽量提对方的好，妈妈说爸爸的优点，爸爸说妈妈的优点！你无意当中说：你这一点跟你爸爸很像，你跟你爸爸一样都非常有责任感；你这点跟你妈妈一样，妈妈就是这么温柔，这么处处为别人设想。我告诉你，孩子最喜欢听到这个。所有的孩子都喜欢听到自己像父母，所有的孩子都喜欢自己传承了父母的优点，你想想看你现在在干什么？爸爸在孩子面前讲妈妈的坏话，妈妈在孩子面前讲爸爸坏话，我们在挑拨离间，我们其他方面做再好都没有用，因为孩子不断受我们的荼毒。

这个毒只要种下去就很难解。孩子从小没有这个思考能力，只能被动地接受。他认为父亲是一个没有责任感的人，那是来自你的诉说；他觉得妈妈是一个没有责任感的，那也是来自你的诉说。这些造成他内在思想的错乱。如果家庭成员彼此之间没有办法相互尊重，那么孩子就是支离破碎的。

第三，父母对自己的行为举止是否重视。这个大家都很明白，不需要我多解释，我们都知道成为榜样要身教大于言教。你对自己的言行举止是否重视？你在意你讲的话吗？你在意你现在的行为吗？你无形当中都在影响孩子，你看着电视，然后讲出来的都是负面的话，你自己没有觉察，你只是在表达一个看法，可是孩子在模仿，孩子在学习，他看着你骂，他在学习。这些无形当中影响他的人格，不断地产生交叉变化，就成为他的思想，往后就成为他生命中的坎，就成为他生命的功课。所以希望大家在学习榜样的时候，要开阔自己的心胸，不要计较，不要自以为是，不要用权威，因为我们无形当中会展现错误的榜样，而我们自己看不见。

当然我们本来就不是完美的，我们每个人都有自己的缺陷，也都要努力改变。我们这一生也要有自己可以学习的榜样，不是只有孩子需要，我们都需要，因为我们都想过更好的生活，更幸福的人生。

说到底，人这一生就是在模仿成功的人！你喜欢谁，其实你无形当中就在模仿他，学习他的思想，学习他的观念，学习他的言行举止。

那我们既然要学习，我们一定要学好的、善的、正的，那就是古圣先贤的智慧。这样你不仅可以为自己找到生命的榜样，你也可以成为孩子的榜样，成为别人生命中的榜样，这样我们的生命不是会更和谐、更良善吗？

希望我们从这一系列课程开始学习。我们从什么是教育、什么是爱，到家庭成员所带给我们的观念，不同类型的孩子应该用什么样的教育模式，一路讨论下来，今天是最后一讲，可以说是一个结束。希望大家有一个完整的理解，不断在生活当中反复落实。我们今天要成为孩子的榜样，再回去听听一开始讲的什么叫爱的教育，什么叫作管教，你无形当中已经在透露，你是在用权威，还是在用慈悲，你是在提升你的能量，还是在创造对立。最后祝福大家有一个美好的亲子关系。

活出生命的丰盛

原生家庭、亲子教育与财富密码

下册

吕炯纬 著

知识产权出版社
全国百佳图书出版单位
—北京—

图书在版编目（CIP）数据

活出生命的丰盛：原生家庭、亲子教育与财富密码．下册 / 吕炯纬著．北京：知识产权出版社，2024. 5.—ISBN 978-7-5130-9188-6

Ⅰ. G78

中国国家版本馆 CIP 数据核字第 2024DW3322 号

内容提要

本书分为原生家庭、亲子教育、财富丰盛和深度财富功课四篇内容，环环紧扣，一脉相承。立足中国传统文化，以孔孟、老庄等国学智慧为依托，结合现代心理学及真实案例，从家庭和社会两方面，揭示了生命中存在的问题，以及如何通过实践达到自我和谐、家庭和谐、社会和谐。第一篇探讨了如何重新看待原生家庭，突破原生家庭的禁锢；第二篇阐述了教育的真相，主张身教胜于言教；第三篇揭示了财富的规律和运转法则，以及如何寻找自己的财富之路；第四篇强调了如何实现财富运转的正向循环，内在精神与外在物质的双赢。

本书理论与实践相结合，案例与方法相呼应，具有较强的实操性。其中的案例都是作者实际教育过程中的真实故事。

责任编辑：张水华　　**责任校对**：潘凤越

封面设计：臧　磊　　**责任印制**：孙婷婷

活出生命的丰盛（下册）

原生家庭、亲子教育与财富密码

吕炯纬　著

出版发行：知识产权出版社有限责任公司　　网　址：http：//www.ipph.cn

社　址：北京市海淀区气象路 50 号院　　邮　编：100081

责编电话：010-82000860 转 8389　　责编邮箱：46816202@qq.com

发行电话：010-82000860 转 8101/8102　　发行传真：010-82000893/82005070/82000270

印　刷：北京中献拓方科技发展有限公司　　经　销：新华书店、各大网上书店及相关专业书店

开　本：880mm × 1230mm　1/32　　印　张：7.625

版　次：2024 年 5 月第 1 版　　印　次：2024 年 5 月第 1 次印刷

字　数：170 千字　　总 定 价：79.00 元（上、下册）

ISBN 978-7-5130-9188-6

前言

从古至今，财富都是所有人追求的目标，是成功的象征，在古人的商道之中，财富有道。《礼记》中有言：“仁者以财发身，不仁者以身发财。”今天我们也是一样，希望通过金钱的增加彰显自己的地位权力，却没想过财富是怎么来的，又该怎么运用。有些人并非靠着仁德来追求钱财，有了钱财之后的嚣张、挥霍、炫耀完全背离了财富的法则。在古代，有仁德的人使用财富来完善自身品德，只有那些没有仁德的人才牺牲自身品德以求发财，降品求财，最终落得一败涂地、人财两失的下场。

《中庸》中说：“君子素其位而行，不愿乎其外。素富贵，行乎富贵；素贫贱，行乎贫贱；素夷狄，行乎夷狄；素患难，行乎患难。君子无入而不自得焉……正己而不求于人，则无怨；上不怨天，下不尤人，故君子居易以俟命，小人行险以侥幸。”意思是有道德、有修养的君子，遵守自己的本分行事，不妄求贪图身份以外的名利权位。所以君子处于富贵荣华的地位时，会运用他的财势，做利世益民的善举；若处于贫贱穷困的地位时，安分守己，仍是用心照顾百姓，做力所能及的事情；若处于未开化民族之地时，一样泰然处之，开化当地民族，依诚恳的心，言忠信之事，行笃敬之事，教化一方，芳泽百姓；若处于患难危急的时候，不为环境而动摇心志，不做出伤害自己德性的事情，仍是竭尽全力照顾好黎民苍生。因此君子无论处于哪一种环境，没有不是悠然自得的。正因为这样的德性，君子只端正自己的德性，不会轻易地抱怨环境、责怪他人，所以不会有怨恨他们的人。也正是一个真正品行端正的君子能以仁居心，面对顺境逆境，均以平坦之心处之，尽人事，以待天命；小人就不是如此了，小人往往以侥幸的心态，行冒险之事，希望贪得非分的利益，卖友求荣，发国难财等，伤人伤己，反而落得一个身败名裂的下场。

所谓“君子爱财，取之有道”。今天我们一些人在追求钱财的过程当中，忘记了生命的本质，只为了名利争贪搅扰，搅得生命乌烟瘴气，忘记了自己的天命、生命价值与应有的贡献，即使有了钱财，家庭也不幸福，亲子也不和乐，夫妻也不恩爱，失去了生命最宝贵重要的珍宝，却执迷不悟地追求钱财，这并非真正的富裕人生，这并非真正的财富自由，更非古人的商道智慧。我们活不出古人的平坦之心、安乐之心，所以纵使有了钱财，仍是满身的烦恼与愁苦的身心，患得患失，我们谈不上财富的丰盛，我们只是作为财富的奴隶，辛苦一辈子。我们离悠然自得的人生还很远，我们离真正的富裕生活还很远，所以我们更要虚心地学习，用古人的智慧改变自己的生命状态，所谓“德者，本也；财者，末也”。生命短暂，不要舍本逐末，应当把握时光，进德修业，活出真正的富裕人生。

目录

第三篇　财富丰盛 / 001

第一讲　财富之规律 / 003

第二讲　财富之障碍 / 019

第三讲　财富之丰盛 / 031

第四讲　正确看待生命的财富 / 047

第五讲　财富的运转法则 / 059

第六讲　创造财富之禁忌 / 074

第七讲　障碍财富的心念 / 086

第八讲　让付出成为一种习惯 / 098

第九讲　寻找自己的财富之路 / 111

第十讲　创造真正的富裕生活 / 122

第十一讲　如何永续财富能量 / 136

第四篇　深度财富功课 / 151

第一讲　认识生命中真正的财富 / 153

第二讲　是什么堵住了我们的财富通道 / 165

第三讲　父母对子女财富的影响 / 181

第四讲　探索自己的生命天赋 / 193

第五讲　如何实现财富运转的正向循环 / 205

第六讲　生命与财富双赢的功课 / 219

第三篇

财富丰盛

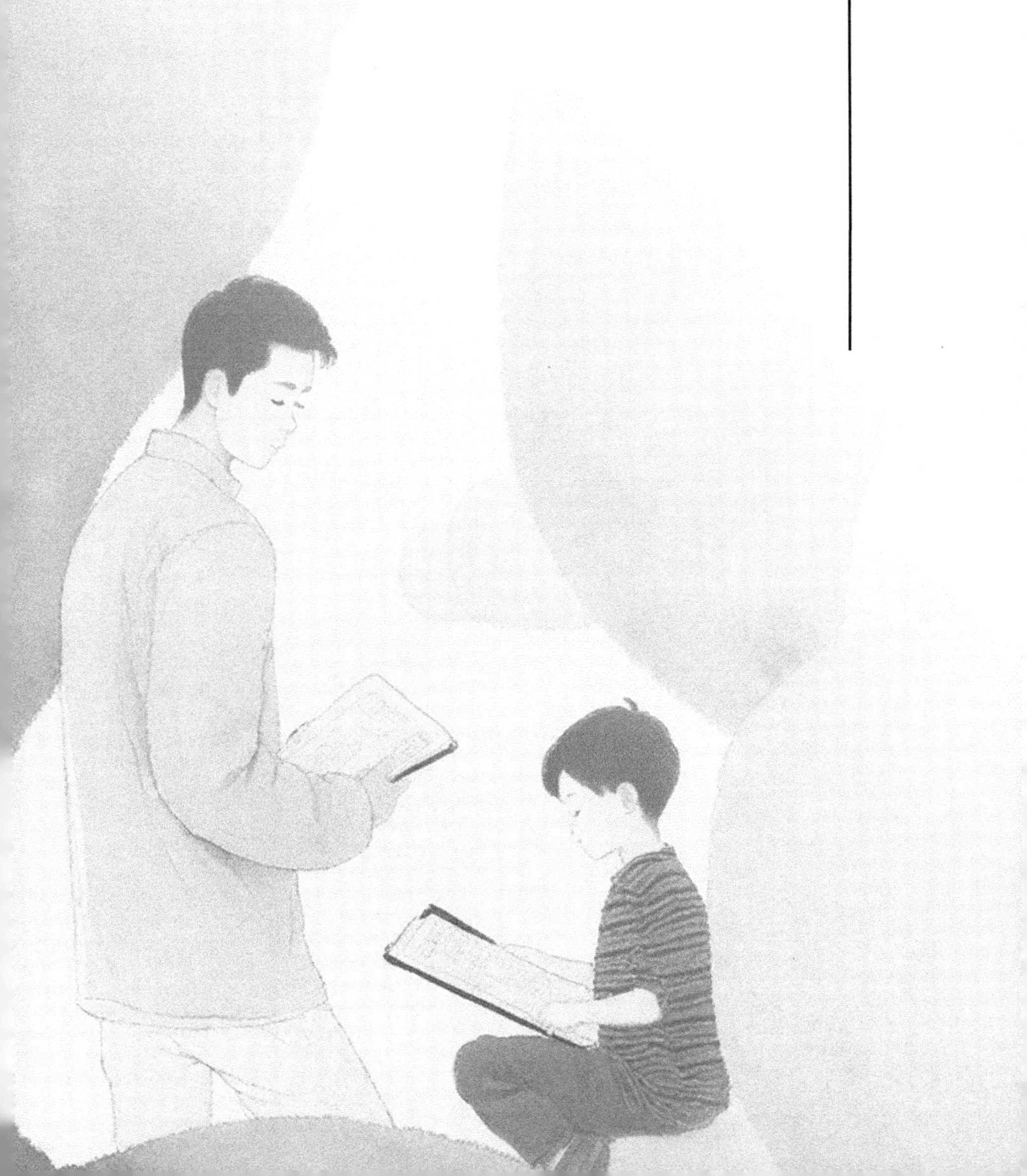

第一讲

财富之规律

大家来学习这次课的用意是什么？也许你有想解答的疑惑，也许你有想追求的目标……每个人的动机不同，当然想获得的也不同，所以我想通过几堂课给大家说明，当然不会面面俱到，但我想一定会有所帮助。

首先我先说明一件事，如果你学习财富相关的课程，内心是为了追求金钱，那么请你先停住这样的想法，我讲的不是教你赚钱的方法或是技术，因为财富的属性不是这样的。什么叫属性？这个问题非常关键，你只有清楚认识到才可以处理。就像你今天想要开采黄金，你必须了解黄金的属性，要用什么样的方法才能得到它，要怎么提炼才能得到它。同样的道理，如果你今天想要得到钻石，与开采黄金相比，提炼钻石的技术是不一样的，对吧？开采石油、煤矿的方法也是不一样的，所以我们先要了解属性，而不是盲目地追求。

我们都是平凡的人，也许在家是一家之主，或者在企业是总经理，但我要说，我们终究是平凡的人。其实我们过的生活无非就是养家糊口，再提升一点，就是心灵内在的涵养，可是我们依然没有办法逃脱生老病死，所以我说我们都是一样的平凡。为了让自己过得幸福，我们创造出了很多物质的世界。有了房子我们快乐，有了车子我们快乐，有了子女我们快乐，有了衣服我们快乐……我们通过追逐这些物质来满足自己，获得快乐，但是我们真的得到快乐吗？还是我们越陷越深，越来越痛苦，越来越混乱，我们根本搞不清楚要什么？我们不断地追逐，结果发现了一个很重要的问题，这一切好像都是因为钱。钱不够，才让我们的生活这么困窘，才让我们这么狼狈；因为钱不够，我们的生活才这么紧张，子女的教育才有这么多问题。请问真的是这样吗？还是我们自己搞错方向了？

如果我们没有让自己内在清净，我们就找不到解答；如果我们不从真相入手，我们根本没有办法找出解决问题的途径。真正让我们不快乐的问题与金钱没有关系，与财富没有关系，可我们却一直认为是财富出了问题。当我们意识到自己财富不足的时候，我们是怀抱着一种恐惧心在工作、在追求，内心感到不安、紧张。就凭我们内在这一个问题，就已经与财富的属性背离了，这样的心态已经在告诉我们，不会拥有财富了。我们必须先把心情平静下来，问问自己到底要什么。请问你有了钱之后到底要做什么？是要帮助更多的人？是要做慈善家？还是想要环游世界？还是想要安全感？如果这些问题的答案都是模糊的，那我们根本不清楚有了钱财之后要做什么用，那怎么可能会拥有呢？

看似很好的答案，背后全部都是问题。比如，有了钱可以让家庭更幸福啊，但是幸福的家庭，钱不是绝对的；有了钱就可以做慈善啊，但是你没有钱，也可以做慈善；有钱我就可以环游世界，请问环游世界要做什么？让自己高兴，让自己增长见闻。胡说，根本就不是，请问你出国一趟看东看西真的有增长智慧吗？你看到大山大水，人生就愉快了吗，家庭就幸福了吗，困难就不见了吗？我们去外面玩这么多，扪心自问，我们提升了什么智慧？恐怕没有吧。提升智慧是因为我们经历了苦难，在游玩的过程中怎么会有智慧？有钱是为了孝顺父母，有了钱就可以让父母过好日子啊。不要再骗人了，你想要让他们过上好日子，这不一定就是孝顺，而且孝顺跟钱没有太大的关系，我们的很多追求全部背离了财富的原则、财富的属性。因此，我们在追逐的过程中会越来越痛苦，越来越盲目。我们就像一个赚钱的机器，内在失去了能量，问题根本不是钱能解决的。

请把心静下来，想想你得到钱财是为了什么？想证明自己很有能力吗？恐怕是这个答案吧。我有了钱财，老公还能对我大呼小叫吗？他凭什么指使我？钱财只是为了满足个人的权力欲望。当我有了钱财，就可以证明，你们都看错我了，我就可以向我的父母亲证明，你们疼错人了。你想借由财富证明你是更好、更对的……

这些背后的种种心态，显示出我们是非常狂妄自大的人，或者是非常自私可怜的人，这些都会让我们迷惑，会让我们的人生更痛苦。我们把自己不能解决的问题全部依赖在金钱上面，当然会很痛苦，它不会让我们如愿以偿，因为这就是我们要学习的生命功课，与钱没有关系。就像有人想通过孩子的成就来证明自己的能力，证明自己是伟大的父母，通常这样的孩子不会有成就，而且会很痛苦，与父母亲的距离会越来越远。因为我们教养下一代不是为了证明我们很伟大。我们必须搞清楚所有一切的顺序和定位，不然我们会犯错误、会迷茫。我们有了孩子，是为了流露出内在本有的天性，那是慈爱与责任感，并不是来炫耀我们的能力。

财富只是为了让我们在处理物与物的关系上面更加顺畅，而不是证明自己很有权势、很有地位。如果因为一时的侥幸，我们拥有了财富，那我们的人生会过得非常痛苦。有钱人比没有钱的人更痛苦，因为财富是建立在内在非常健全的人身上，这样的人才能真正地享受财富。我们要明白：所有可以支配外界物质财富的人、享受物质条件的人，必定是内在非常健全及状态平衡的人。财富只是生命状态的一部分，只要他内心不平衡，就会出现痛苦。就像有了一台车子，然后想要一台更名贵的车子；有了房子，然后想要更豪华的别墅：只会不断地增加痛苦，内心的苦恼永无止境。

正在追求财富的人们，请先把“追求”这两个字放下。你必须调整你内在是一个拥有的状态，那要怎么调整？有学生问我，我明明现在没有，怎么可以假装我有？我现在就过得很痛苦，为什么不让我追求？老师你讲的根本就是瞎说。我不是瞎说，我用一个简单的道理来讲解，一个孩子今天去考试，很紧张，压力很大，胜负心很强，你觉得他能更好地发挥吗？我想有可能失败的概率更多，对吧？同样，你抱持着这样的恐惧、压力、紧张、焦虑的态度在追逐，怎么可能会得到？你会失常，你会不断失常，你越失常就越处心积虑想得到，结果你更得不到，因为你偏离了正规性，你看不见自己的盲点，所以你乱做决策，乱下判断，结果你败得一塌糊涂。

凡是要追求财富的人，必须修养自己的身心状态，必须依照正道而行，依道取财。只有依道而行的人，才会得到应有的财富，我们根本不用处心积虑地追求财富，我们内在的问题才是真正要处理的问题。大家不要一直把焦点放在财富上面，请问，你一直说，“我没有……我不够……我想要追求”，我想反问各位，你没有吗？现在生活能够让你温饱，你没有吗？现在你拥有的财富就能够给你带来应有的幸福、满足和快乐，你没有感受到吗？如果你现在都没有感受到，你以后也很难感受到。你在现在的经济能力之下都不愿意做善事，有钱之后也不会做善事。你在现在的条件之下不会孝顺父母，有钱之后你也不会孝顺父母，即使你孝养父母一套房子，让他们搬进去住，其实你内心是连管都不想管、理都不想理的，给他们一套房子，用意是希望他们离你远远的。我们没有办法欺骗自己，我们内在有一个最真实的地方，我们最真实的念头依照那个去运作，依照内在的那个循环，你的内在是什么，反映出来的结果就是那一个。

我们欺骗不了别人，我们也欺骗不了自己，一切行为、念头不过是还原内在的真相，何不向内寻求？如果我们对现在所拥有的一切感觉不到富足，感觉不到充满着能量和幸福，那我们没有办法再创造出条件。比如你现在所拥有的一切你都感受不到，我给你再多你能感受吗？你现在口渴，我给你一杯水，你都没有办法感受到快乐，我给你一大桶，你只会更痛苦，不是水多水少的问题，是你的心有问题。如果你对所拥有的一杯水充满感恩和能量，你会带动更多的拥有到来。而我们不是，我们对眼前所拥有的一切都害怕失去，害怕没有，我们都担忧未来，所以我们在创造一种恐惧的循环，这样必定会有漏洞，会使钱财失去，因为我们已经创造了一个恐惧的循环，它必定会离开，所以我们只是在不断创造这个循环而已。如果你一个月赚一千元，但你和家人在一起很开心和幸福，虽然称不上大富大贵，可相处得很好，虽然只有一点点钱，可你充满着感恩，这个时候你会创造更多的条件，你也会有更多的财富机遇，因为这是属于正道上的循环。

我们学习财富的规律一定要首先了解顺序性，顺序不能颠倒，这是首要法则。什么叫顺序性？财富是为了让我们家庭幸福，还是我们家庭幸福才能拥有财富？好好念书后自然有出息，还是为了有出息才好好念书？现在有学历的人有多少，可是有出息的有多少呢？我们现在都颠倒了。顺序颠倒之后，后续产生的问题会让你很混乱，所以你要学习平静，顺序不能颠倒，要问你的内在，你追求财富要做什么？要满足什么？用意在哪里？意义在哪里？这很关键，当你具足了顺序的正确性，接下来会自然而然地产生正向的东西——能量。

你很爱你的先生或很爱你的太太，因为你很爱他/她，这个时候他/她犯错了，你不会生气，你会说：哎呀，他/她就是这样子嘛，这有什么好计较的？因为你很爱他/她，你自然而然会包容他/她，你们会找到解决问题的办法，你们会很幸福。可是若顺序颠倒了，变成你要做好我才爱你，那你们永远都没有办法好好相处，你内在没有能量，你就没有解决问题的能力。夫妻关系出现问题，是因为能量出了问题。你对另一半抱持着负面的想法，请问另一半会改变吗？如果你的老公每天骂你、指责你，你会改变？你的爸爸每天指责你、骂你、批评你，你会活得很有信心？你会活得越来越快乐？你会越来越努力？不会的，我们的内在会产生很强大的负能量，这负能量使我们达不成那个目标。同样的道理，夫妻之间用负面能量对待彼此的时候，对方根本不会改变。同理，我们用负面能量追求金钱的时候，金钱不会来。

你要把钱当人看，当自己的孩子看，你不能把它只当钱看。当我们内在能量不足，当我们内在充满问题的时候，我们的内在会产生一个洞。就好像夫妻关系有隔阂，父子关系有隔阂，请问有办法沟通吗？能够一起解决问题吗？能够待在一起超过三十分钟吗？

同样的道理，当你内心与金钱产生一个结的时候，能量没有办法疏通，就会形成坑洞，有一个坑洞，钱就流不过来啊！水往低处流，水流到低处的过程当中，某处有一个很深的空洞，水怎么到达目的地？很简单，把那个坑洞填满！如果那个坑洞没有办法填满怎么办？我们永远要明白，如果我们处理不了内在的问题，我们只是不断在感召外面显现的问题。《孟子·离娄下》有言："盈科而后进。"盈就是充满的意思，科就是坑洞的意思，水由高处往低处流，就必须把那个坑洞填满，它才能顺利到达目的地。你想要财富，你必须先把内在的坑洞填满。

你想创造更好的夫妻关系，必须解决你内在的隔阂。你想要创造更好的父子关系，就要解决自己内在的问题，不是对方的问题！你与至亲的关系你都不能处理好，你根本没有办法掌握财富。钱财的属性是流动的，它会流到哪里？流到正向、有德行的人，能处理好内在问题的人那里。因此，我在上课的时候，很少上财富的课，我必须先调整内在的问题。因为我们内在的问题都是禀性，禀性的问题解决不了，根本没有办法解决外在的事情，没有办法处理伦常关系问题，更不容易处理财富的问题。

记得刚学道的时候，我和大家一样，也很希望老师讲怎么赚钱，可是我老师从来都不讲。我会想为什么他不讲？在我多年学道、行道之后，我发现，不是不讲，它是自然而然的事情。当你内在能够调整好状态的时候，能够化除内在禀性的时候，自然而然就具足因缘条件。若现在没有具足因缘条件，是我们的禀性障碍了那个因缘，那根本不可能拥有。什么意思？打个比方，如果长江的水，今天通过渠道引到你家的田里，你永远不用担心没有水，它会一直来。如果不是长江水，你今天再怎么想办法挖渠道，还是没有用，为什么？因为后面的源头不够强！我们不断学道修行之后，不断改变内在的困扰，突破瓶颈、打开心结之后，财富自然会来。流动性也是财富的法则之一。我终于明白为什么我的老师从来不教我如何赚钱。

我还记得早年，老师不小心讲到财富、不小心说漏嘴的时候，他会停住不讲，他说学道的人不讲这个。以前我会说，你要讲给我听，讲清楚我才知道怎么做啊！错了，违背了顺序性，我们学道不是为了钱财，生孩子不是为了证明自己很了不起，孝顺父母不是证明自己多么了不起，让他们觉得以前没有对你好，是他们错了。我一直在讲顺序性，若顺序错了，后面的路就很难走。所以我建议大家从道开始学，系统地学习传统文化，当然这需要老师的引导。当我们了解这些的时候，我们才有办法进一步来谈钱财和财富，在这个时候所谈的财富才叫正道，它属于正财，我们没有学道之前所谈的钱财都有不正当性，最后一定会出现问题。

还有一个重要法则是平衡性。当你违背顺序性的时候，你必定会出现不正当性的问题。当你有不正当性的时候，所得到的钱财必定会有平衡性的问题，很多学员问的问题都属于这个范畴。我本来很有钱，突然一个投资失败，从有钱变成负债累累，我本来什么问题都没有，一切都好好的，突然家庭或事业出了一个问题。这所有的一切，都是平衡性出现了问题。道是很公平的，越是学道的人，越了解其中的公平，了解一切的平衡，他不会乱来。学道的人都很清楚所有一切的来来去去，心很明白，心很清净，知道什么样的东西能拿，什么样的东西不能拿，很容易做抉择。很多人出现平衡性问题的时候，才来学财富，请问有可能解决问题吗？问题不在财富，而在于内在的禀性，内在的禀性没有改变，怎么学习都不可能拥有财富。上天只是不断实现平衡而已，你拥有了再流失，拥有了再散去，所以永远都在追逐，永远都在痛苦。

当你内在明白了平衡性之后，你对过往所发生的一切不会怀疑，你很了解，不会盲目地追求。你得到的时候，要先问问自己，你值得拥有吗？这是我常问自己的一句话。你说你想拥有财富，可以，没有问题，那我问你，你值得拥有三千万吗？凭什么你得到？你有什么样的德性，你有什么样的福报？你拥有了这一切你想做什么？如果你只是想证明你很好，你想证明你很了不起，上天为什么要给你这些来证明？与其给你，不如不给你，这样不是害了你吗？甚至还害了你的后代子孙。有些人有了钱，为所欲为，自以为很了不起，通常后代子孙都会出现问题，把钱财败光，结果到头来还是空忙一场。如果我们意识到平衡性法则，那我们从另一面来看，当我们没有得到钱财，而家庭子孙一切平安时，我们反而要欣慰，这表示我们还不错，只要我们赶快修正自己，依正道而行，自然会越来越好。

今天我们还没有拥有，我们要问自己“我应该具备什么条件才能够拥有”，而不是一直哀怨说“我明明比别人努力，为什么我没有？”你这样问就错了，你要问自己：我到底什么没有做好，我要修正什么，我要提升什么。很多老师会说，我都没有遇到一个上进的学生。这句话听起来好像是老师很有能力，好像学生很差劲。我不这样看，我想的是，如果我们真的是一个优秀的老师，我们就有能力把不优秀的学生培养成优秀的人才，这才证明我们是有能力的老师，对吗？同样的道理，做父母的如果永远觉得自己的孩子不好，那证明我们不会教，而不是孩子不好。如果我们真如我们想的那么好，那我们就有能力把孩子教懂事，教成才。财富也是如此，如果你觉得你值得拥有，那它就应该能来，为什么没有来？我们没有具足财富的德性，财富不会来。当我们愿意从自己身上找答案的时候，我们就看懂了平衡性。你之前觉得自己很不幸，表示你看不懂平衡性，现在你觉得自己有很多可以修正的空间，代表你懂得反省了，你的心态平衡了。你以前总是不满足，你现在看到自己还没有值得拥有的条件，所以你努力改变。当你心态转变了，你发现现在所拥有的一切已经很好了，已经是上天对你的关爱了，所以你以知足的心态创造了一个平衡性。当你平衡时，你就具足开创财富的能量了。

你必须创造一个平衡性。当你内在失去了平衡性，你就必须创造一个平衡性。我们过往追逐的时候，总是害怕，恐惧吞噬我们的内心，让我们失去了平衡性，所以我们怎么努力结果还是没有。这时候你要在平衡的另一面下功夫，你要在恐惧的反面，也就是你要往祥和、付出、感恩的方向走，去创造那个平衡性，你必须先创造内心的平衡性，才能改变现状。但现在问题来了，我们没有办法创造平衡性，为什么？因为我们内在的禀性很重，很执着。

假设你现在一个月赚3000元，你愿意每个月拿出1000元孝敬父母亲吗？每个月，坚持20年。我想当你做到第6个月，内心就会开始痛苦，因为你内在的计较、算计会全部都跑出来。所以运作我们生命的内在想法是什么，就是吝啬、计较、算计、痛苦，这就是我们内在的真实。这样的心态让我们不断地失去平衡，我们能创造什么？当然是没有，我们只是不断创造没有。那我要告诉你：你有，是你的心量狭小，才让你做不到，才招致你没有的。要承认我们就是一个心量很小的人，我们就是一个爱计较的人，当然我们努力这么久了还是没有，如果有还得了！如果我们内心是一个狂妄自大的人，我们有那还得了，那不就真的害了我们吗？所以，没有，是上天给我们的关爱。因为有了之后我们会狐假虎威，我们会做出更多不合道的事情，我们会祸害子孙，因为道还有另外一个原则叫延续性。同样，财富也有另外一个重要法则叫延续性，你所造成的任何不好的循环，你的子孙后代会跟着一起受苦，这叫延续性。自己苦也就算了，还要后代跟着你一起苦吗？

当你越了解这个规律的时候，你内心会越正当、正派，这个时候，你就恢复了顺序性，此时，你就具备拥有财富的资格，说到底还是我们的顺序性出了问题。孔子讲："士志于道，而耻恶衣恶食者，未足与议也。"我每次看这句话都在想，难怪人家是圣人。一个有志于学道的君子，如果因为穿不好看的衣服或是不够排场的食物就感到丢脸没面子，这样的人不是真学道，也用不着跟他商议什么大事。这句话不就在讲我们吗？我们每个人来学习，请问我们是真心想改变自己的内在吗？你要追逐财富，那么你就要了解它的规律、它的属性，如果这些属性都与我们的内在有所冲突，请问我们怎么可能拥有？所以，孔子说，一个人有心想要学道，但对于眼前不好的物质条件、生活条件非常不喜欢，甚至感觉到丢脸，这样的人不用来学道，因为他没有这个向道的心，怎么学也学不好。

你先在自己的内心不断告诉自己这句话：我现在所拥有的一切，是上天对我最大的关爱，我充满感恩。我再说一次，上天所给予我们的一切，已经是对我们最大的关爱，我们要充满感恩，请大家先恢复顺序性，不要抱怨，不要不满，不要恐惧。如果你现在过着很辛苦的生活，不要难过，只要你愿意好好地保持正念过下去，用不了多久你就可以看见生命的改变。但如果在这个过程当中，你不断埋怨上天，你可能永远没有办法通过这个逆境。现在所遭遇的一切，是我们人生应有的，我们没有抱怨的权利，我们只能面对与接受。希望大家先让自己的心情平静下来，把你所追求的这一切放下，先看你内心真实想要的是什么？从那个地方下功夫。

如果你说，有钱是想让父母过更好的生活，请你现在就去做；如果你说，有钱是为了让家庭更幸福，请你现在就经营出幸福的家庭。有能力的人，不论面临什么样的条件，都可以达到他所要的目标。有能力的老师，不管遇到什么样的学生，都可以把他教育成人才。你想做的那些事情，不管有钱没有钱，你都要做，这就叫顺序性。在此，我也向各位说明，你想要获得财富很关键的第一步，做符合孝悌忠信礼义廉耻的事情，只要做符合这八德里面的事情，哪怕是其中一个，你只要把那个顺序性搞定了，把你内在搞定了，接下来人生会有很大突破，不管你有多少钱，都要坚持努力去做。若我们打破顺序，上天必定打破我们的平衡；我们依循顺序，上天就给我们平衡。因为道是平衡的。

对于正道上的八德，不管有没有钱财都要做，因为你越做越在正道上，你越在正道上内心越平静，内心越平静，越符合能量规律，有了能量，接下来就有了自然性，你自然就拥有了。所以钱财是追求来的吗？钱财不是追求来的，是自然拥有的。希望各位保持富足、感恩的状态，不断做正道上的事情。当我们打破内在障碍的时候，那就是我们拥有财富的时候了。

人生千万不要活到最后说因为没有钱才让我们活得这么辛苦，你讲这句话，把过往的圣贤、伟人都放在哪里？怎么我们最后反而是被财富给打败了，这话怎么越讲越离谱。所有把事业做起来的人，都是从没有钱的时候开始的，都不是从有钱时做起来的。一开始就有钱的人，他绝对没有经历挫折的韧性。人最可贵的是潜藏在内心的力量，当你拥有那力量的时候，往后遇到的任何问题都不会打败你。当我们内在没有能量的时候，往后任何挑战都可以击垮我们，因为我们在意的是钱，不是在正道上的能量，我们混乱了顺序性，最后必定会把平衡性打破，平衡性就是为了还原内在的真相。人生不是看三年五年，人生是看到最后，不要羡慕别人现在所拥有的，要感恩你现在所拥有的，不要计较你现在所付出的，你要计较的是，当你付出的时候是不是真心的。当你把所有问题都从自己身上找答案的时候，你就了解财富的循环、财富的规律。

在这里，我希望给大家整理清楚：顺序性是第一位的，顺序性来自内心的平静，所以你必须先让你的内心平静下来，有了顺序性你自然就有了正当性，有了正当性自然就有了能量，有了能量，自然就会有流动性、平衡性、延续性。所有这一切都是自然而然的，都必须由你自己创造，在正道上创造。每个人都是为自己人生努力打拼的人，这路上必定有不顺遂的地方，这正是考验我们是否具备更强大的能量。我相信一个愿意学道的人，他具备所有解决问题的能力，因为他的顺序性是正确的，所以根本不用担心。

所有平衡性问题出错，都是因为顺序性出现了问题。我想问大家有钱是要干什么，是要我们吃饭，要我们照顾家人，要我们关心穷人。你想要玩金钱游戏，你想要投资，你今天想要得到更多，请问上天凭什么给你，现在你所拥有的一切正是刚刚好，你想要得到更多，那你凭什么？你的水缸比别人大，还是你们家有一个蓄水池？这个水缸和蓄水池就是我们的福报，福报不够大的时候我们没有办法创造更庞大的财富，想要用这么少的钱去创造这么大的财富，这背后已经有好几个不合道了：第一是贪心，第二是恐惧，还有很多其他原因，它不符合正当性。我不是说投资不对，而是说你要做这个事情，背后必须要有足够大的蓄水池。我们不是有蓄水池福报的人，我们要修福报，做符合八德的事情，做符合孝悌忠信礼义廉耻的人，我们只要走这八条道，就会面对自己内心的算计、计较、吝啬、仇恨，就会知道自己的心量有多小，就会看到自己就是一个水缸，根本还没有资格拥有更大的财富。

今天要你做符合正道八德的事情，就是在扩充你的水缸，就是安定你的顺序性。当我们没有尽孝悌之道的时候，后面问题会很多，那我们现在面临的问题该怎么办？很简单，坚定地去做孝顺父母的事情。量力而为地行善积德，你就开始创造财富的能量性了。而你做的过程当中内心必定会挣扎痛苦，请问你要不要做？要做。因为这是一个让你命运改变的关键，也是最重要的种子，你要想尽办法呵护它，往后你就会有收获。那你现在为什么会遇到这样的问题呢？切身地反省自己：一定是过往所做的一切打破了平衡性，上天只是恢复它的平衡而已。纸是包不住火的，我们要趁这个时候好好学习改变，至少在这个过程中，你体会到夫妻的和谐、家人的重要。你更可以看见，自己面临利与义的纠结，仍然坚持善良，以正直之心去做，那往后的你必定拥有厚福。人只有在正道上付出一切，往后才能真正拥有，才有办法承载得住。这是上天对你的关爱，你要好好做，正是在这样的环境下，你所做的才是真心的家贫出孝子，正所谓“亲爱我，孝何难，亲憎我，孝方贤”。这个时候，你所行出来的道才会更有力量，往后才会更好，才配具足财富。祝福大家人生圆满、事业顺利！

第二讲

财富之障碍

我的老师常讲一句话，“人生最幸福的事情不是有金银财宝，人生最幸福的事情是有道可以听”。我非常认同，人生最幸福的事情是可以听道、学道，因为很踏实。在我过往学习成长的过程中，接受过很多课程，当然也包括财富课程，但都没有办法解决我的问题，不是方法没有效，是我自己根本性的问题没有解决，因此再多的方法都没有用。夫妻之间出现了问题，不是学习沟通技巧，而是坦诚面对那个问题，这才是改变夫妻关系的根本。学习一大堆沟通技巧，甚至研究对方想什么，是什么心理，这些越学越乱。因为我们的心不单纯，再好的术用在我们身上都会成邪道。

财富出现问题，并不是我们学习的方法不够多，而是我们内在的问题没有解决。而这一路上自己要有所体会、改变，并坚信依着正道去做，直到有所结果与收获。如果没有人在前面引导我们，以我们现在的小聪明根本就不知道怎样去做，因为我们总是算计利益，害怕吃亏，这个过程就已经让我们内心不再愿意往前走了，这也是至今仍然困扰我们的原因。其实我们需要的是道，我们只要依道而行，就可以达到目标。

从大家的实情大概可以得知障碍财富的关键在于：我们内在正向的思考、正向的能量不够强大，我们的思想被负面的情绪影响。要理解这一点，我们必须先搞清楚一件事，《大学》里的一句话道破我们所有问题："货悖而入者亦悖而出。"这是什么意思？财富以违背正道的方式来到我们这里，也会以同样的方式出去，这个就是循环，这个就是平衡性。我们根本没有办法欺骗。还有一句："言悖而出者亦悖而入。"我们说出了不合正道的话，同样我们会遇到跟我们相同的人，他们说的话让我们难以接受，那都是我们曾经用过这样的心机，说过这样的话，用这样的方法对待过他人，只是同理循环而已。圣贤都在教我们：来源的正当性非常重要。

很多人问我：吕老师，我是依照正道、正确的方法去赚钱，我也没有违法，我的钱应该不是悖入吧？这个问题讲得很好，没错。我也不能说它是邪道，我只能说，正当性不够。那什么叫正当性？正当性就是指你的起心动念是否符合道，你为了赚这笔钱，你的起心动念只有你知道，你在算计什么？你在隐藏什么？你在敷衍什么？你在逃避什么？你可以说你没有违法，问题是在这个过程当中，你的心没有办法骗人。如果我们的德性不够，根本没有办法涵养住钱财，钱财不是拥有的，钱财是涵养来的。

正当性越高的人，涵养钱财的能量就越高，越不容易出现问题，而一个涵养高的人，代表他内在的禀性相对而言比较少，或者他内在正向的能量非常充足。我们必须先了解，我们的起心动念影响着往后的结果，当我们出现问题的时候，我们要问自己内在的正当性够不够。

或许你曾经上过财富类的课程，里面会有一些激励或者是催眠的行为让你说："我一定可以，我一定会达成目标。"如果你仔细留意，你会越喊越心虚，因为我们内在的禀性会让我们困难重重，它有很大的杀伤力，你讲再多都没有用。道，或者说我们想要的财富，根本就不是这样运作的。我们这个世界是一个能量的世界，而能量的中枢点就是我们的起心动念，如果我们内在的能量很高，这个时候会感召因缘，而这个因缘蕴藏着祸福，所以好坏在一瞬间就决定了。禀性也是起心动念的中枢点，无论你怎么喊，怎么说，你根本没有办法否定你内在真实的想法。当你告诉自己，你要追逐金钱的时候，你要问问自己内在真实的感受是什么，内在潜藏的声音是什么？恐惧、害怕、怀疑、夸大、幻想，甚至还有不屑一顾，自命清高，是不是？若我们内在真实运作的是这个思想，后面的结果可想而知，有什么好奇怪呢？请问当你已经产生了强大的负面能量，怎么会有一个好的收获呢？下面我会给大家做很多探讨，因为这是一个系统，在这里不能一一细说，要靠大家触类旁通，甚至要静下来思考卡住自己的问题在哪里，这样你会比较明白从哪里下手改变。

在《回归生命本真》中，我讲过，影响我们内在的其实就是五种禀性：恨、恼、怒、烦、怨。如果我们内在有一个阴火性，这个恨之禀性会贪婪急躁，会让我们感受到不满足，永远觉得不够。请问这个时候我们内在的贪好心说：我是要积极争取，难道我活得这么没有志气吗？这么一点点我就可以满足了吗？这话讲得太漂亮了，听起来好像没有问题，像是真理，可是何不承认自己就是贪呢？何不承认自己就是爱虚荣，内心就是害怕呢？人生不如意事十有八九，你讲这句话是正向的，那我恭喜你；如果你讲这句话是负向的，那你有钱也不会快乐，因为这不是真正的财富，那只是一瞬间的存在，接下来它会不够用，因为你的内在已经产生一个更大的坑。你会创造亏损一百万甚至一千万的坑。所以阴火性不化的人，这一辈子赚钱都很痛苦，但他讲的话都特漂亮，漂亮到根本看不到自己的贪念。这就是禀性，我们要了解禀性。

再说说恼之禀性，它的另一种说法叫阴金性。这种人装得很清高，其实很在意，他会说钱不是最重要的事情，可是要他掏钱的时候，他会像割肉一样痛苦，他比谁都在意。这种人内心虚伪，埋伏很深，甚至他对钱财还有轻蔑的感觉，这样的状态下他不会创造出财富。如果你把钱财当作人，你内心就是鄙视这个人，那这个人不会想和你在一起。同样的道理，我们内心鄙视钱财，钱财不会和我们在一起，因为我们已经不断在创造那个实相，即我们内心真实的想法。只要你是恼之禀性的人，你就是会不断地算计、计较，最后你会被自己算的东西给困住。

恨之禀性的人被自己的贪婪困住，恼之禀性的人会被自己的算计困住。谁赚钱不辛苦，但是你内在的正当性不够的话，会让你的问题很多。其实大家好好学习化禀性才是真的，不要一直想学习赚钱，你越学习赚钱，你越赚不到钱，你要学习化除内在禀性。当你具备正当性、能量性时，钱财就会来。你不去解决自己的问题，却一直在追求钱财，你永远都在设陷阱，最后的结果不会好。学道之后你会让自己很清楚，没有必要的事情不用做。什么叫没有必要的事情？就是那些邪思邪见的事情不去做，你自然就会好，就这么简单。

如果你每一件事都问自己：我今天拿到的这些是不是合乎天道，是不是值得拥有？你全部都想过，自认为内在全部的禀性都没有动，这笔钱财就是正财，而且能量非常高，它会创造更大的循环，这个才是最快的办法。最快的办法我们不做，我们却花很多时间去做没用的事情，这就是学道的人与没有学道的人的差别。既然我们有缘来学习，来不断领略和感受老祖宗及圣贤给我们留下的精华，我建议各位要持之以恒。很多人学完之后好像很有领会，好像觉得自己懂了，自己知道了，其实不知道，因为那不是你悟到的，你自己悟到的才是你的，不是你悟到的都不是你的。所以，学道不是说懂了这个道理就可以，你没有做还是没有用，因为你内在的模式没有改变。学习比较久的人会自然而然感受到周遭的条件自动帮你升级，你自然就突破了那个问题，没有什么困难，因为你顺序性搞对了，所以问题自然解决了。你一直想要解决问题那代表什么？代表有问题。没有问题的人怎么会一直想着解决问题呢？你不要一直看着问题，先去想自己内心这些不正当的起心动念有没有改变，如果改变了，那个问题自然就解决。

恼之禀性的人，永远困在那个数里面。什么叫那个数？比如他这个月多赚 5 万元，真的很不凑巧，这个月会发生一件事让他把 5 万元钱流出去，道是非常奥妙的。再比如说，本来恼之禀性只是亏 3 万元，可是如果动了恨之禀性，可能会亏 30 万元甚至 300 万元，两个加起来会很恐怖。所以我常讲，今天人生要幸福，要先学认错，先学改过。

我们现在反过来讲，你可以赚 1 万元，可是你不全拿，你只拿 4000 元；你可以赚 500 元，可是你只拿 150 元，请问你是不是亏了？对，看起来你亏了，可是你打破了平衡性，代表你有余。学道之后要明白这个逻辑，这个逻辑通了，整个头脑会非常清晰，看世间的法则会全都不一样。你赚 500 元，只拿 150 元，剩下 350 元是不是你多的？你给出去了，你想要一次都要赚够，一次都要到位，你做不到，因为你本来就赚 150 元，你想要赚 1000 元，你要赔 850 元进去。你才是真吃亏了，你站在道的循环性里，你当然要亏 850 元进去，还不懂得反省吗？

学道的人，人生一定越过越轻松，越过越自在，越过越幸福，问题越来越少，财富、事业越来越稳定，这是原则。如果不是这样，说明哪里还有错，一会儿这边亏，一会儿那边亏，那就代表我们没有真心学道，我们不用说想通过学道来证明，学道的人也可以拥有钱财，也可以过得很好，先不要证明，你先要过好自己，你没有过好你自己，你不可能证明其他的。说到证明，我来给大家说明，这个就是所谓怒之禀性，也就是阴木性人，他想证明。比如说他想证明通过行道是可以拥有钱财的，他想证明拥有钱财可以让伴侣、父母佩服，他想证明他自己。但是没有办法证明，因为道不是用来证明的。请问春夏秋冬是要证明什么，证明天很厉害？太阳从东边升起西边降落它要证明什么，证明自己很伟大？你想证明代表你很自大。

很多人搞错了顺序，想要赚到钱，证明学道是正确的。你把顺序搞错了，若你把道学好，自然就赚到钱，不是要通过赚钱来证明道。像我的某位学生，他对待夫妻关系、亲子关系，甚至学道，都是这样的心态，这就是怒之禀性的人，他只要越讲这样的话，我就越替他担心。因为他内在的想法就是想要证明：你来考验我，你试试看，我就是要证明我比你好。我讲一个很简单的逻辑，你仔细想，如果有个人逢人就说自己是全中国最能打的，你觉得他会怎么样？他会过得很累，因为每天都有人来找他打，为什么？因为你说你最能打，所以我来找你打，因为你要证明“最能打”给我看啊，所以每天会有很多人想挑战他。同样，那些想要证明自己的人，证明自己的能力，证明自己的钱财，就会非常招人讨厌啊。这就是禀性的可怕之处，所以不化性怎么可以？

大家先把心静下来想想，我们讲的还是赚钱吗？我们讲的根本就是内在的问题，它影响到家庭、事业，还有个人的身体健康。我觉得钱财只是所有表象物质世界中的一环，我们不应该在这里打转很久，我觉得这不是最主要的问题，我们不应该把焦点都放在财富上面。如果一个学道的人不愿意真正解决自身的问题，只是把这些课程当作看戏一样，只是看完一场戏，这场戏是吕老师一个人在演，好棒啊，好精彩啊，然后看完就忘记，到最后和自己没有任何关系，这样学道没有任何意义。大家一定要回到现实，要在人伦、伦常道开始修，从化性上好好下功夫，脚踏实地。

我再来讲讲烦之禀性，又叫阴水性，这种禀性对财富的影响也非常大。这种禀性的人是什么状态？这种人存在一种恐惧、不安，担忧未来，好像处处都有危机，感觉未来没有希望。这种人对钱财有一种恐惧感，他的内在在创造什么？他在创造一种匮乏的状态，他始终在担忧，他也讲不出来，觉得人生没有希望，觉得做什么都不行，还有很多问题，都是负面能量。嘴上说有正能量，几乎没有用，遇到问题、遇到困难想到的都是负能量。阴水性人内心处于一种匮乏状态，所以才会恐惧，他为什么那么恐惧？他在担忧他没有啊，他要是没有了怎么办？出了意外怎么办？……阴火性人的贪婪，只会造成他的坑比较大，比如突然负债等。

如果怒之禀性加上烦之禀性，那财富这条路就更难走，也就是说他要挣得一笔财富已经很难了，很辛苦了，因为他处处都在证明，所以随时都在遭考验，同样的事情别人都很平顺，但他会有很多波折和考验，还会出现突发性的危机，瞬间出现亏本，禀性交互的作用威力很大。同样的道理，当一个人产生正能量之后，正向交互影响的能量也很大！

如果我们没有办法改变内在的问题，那我们只能受钱财束缚，一辈子这个问题不停在我们内心打转。所以《论语》中有："君子谋道不谋食，君子忧道不忧贫。"君子担心的是有没有把道学好，因为把道学好了没有贫的问题，他不去担忧那种没有必要的担忧，他真正担忧的是自己的个性怎么这么久了还化不掉，那想要的好日子什么时候才能到呢？"君子谋道不谋食"，君子用心专注于把道学好，而不是处心积虑想赚钱，巧言令色，花言巧语，想尽一切手段为那一口饭，他不会为这件事，为什么？因为正当性有问题嘛！

如果他当下的起心动念都是担忧、恐惧，那么最后不是一样失去吗？所以我们要理解这些状态。一个以禀性为主的人，其内在的问题是多么恐怖，那何止是钱财上的问题，他的家庭、事业也不会很好，问题会很大。我觉得一个人即使有钱，但家庭充满问题，这样的人生没有什么乐趣。人生最可贵的就是和谐的关系，它让我们感到温暖而有力量，人生过得非常幸福，这不是最好的状态吗？所以我们要明白，如果我们没有办法建立内在正向的力量，就没有办法得到好的结果。我们要非常明白外面所有的一切，我们想要得到的那一切，都必须建立在内在的正向能量之上。换言之，如果我们不能正视内在情绪、禀性的问题，我们就不能真正改变外在的问题，即使我们找寻很多赚钱的方法也无济于事。

如果我们整日计较金钱，盘算金钱，生命的能量是紧张和嫉妒，金钱对我们就是压力和恐惧，最后感召的因缘都是金钱上的失败，投资上的失利，生命上的失败。所以我要回应我之前讲的，我们能量的中枢点就是当下的起心动念是天性还是禀性。如果依着天性，后续所产生的因缘，感召来的是福；如果依着禀性，感召来的是祸。祸福是相依的，这一切就好像摆好了结果，等着我们而已。不要小看当下起心动念的感觉，尤其你对金钱的态度，就好像你讲这句话的时候，就想会不会对儿子造成伤害，会不会对妻子造成伤害，当你拿这笔钱的时候，同样要有这样的想法，甚至你给出去这笔钱的时候，同样也要有这样的想法。

有学员分享说突然间醒了。只有你醒了，你才能看见。这很重要，当你今天醒了，“哇！原来我是用这样的心念过活，原来我都是这样处理问题，过去所学习的、过去我所纠结的问题都是禀性的缠绕，我终于看见了！”幸福清静的人生与混乱痛苦的人生只是必然现象而已，我们不用怨天尤人，也不用羡慕别人，一切都是自己造的。如果我们今天只是停留在嘴巴说我知道这个道理，没有用，改变才是重点。你必须改变，当你把钱给出去的时候，你内心充满着感恩，没有一点计较，那就是真的改变。从今天开始我们要学习改变，学习看见自己的起心动念，了解运作所有事物的心念是什么。你能不能看见自己属于哪一种禀性？你要怎么改变？你要用什么方法？

为了化性，你想办法改变，就是谋道；为了赚钱，你想尽办法学习，那叫谋食。谋道和谋食的结果完全不同。因为道有根源性，我年轻时学了很多，不是说他们的方法不好，而是我的根源性问题没有解决，再好的方法都没有用。所以我们要先调整内在的贪好、匮乏、不足，先开始调整这个状态。

怎么打破内在的障碍？这是非常重要的功课。这是我们必须做的事情。种种障碍，缘于一个非常重要的站位，它来自我们想的永远都是自己的立场。当你失去平衡的时候，你看不见全局和世界。所以我采用了很简单的比喻，可以赚 500 元的人，你只拿 150 元，你以为你亏，其实你没有亏，你有余你才能给别人 350 元。而你既然命中有 500 元，可是偏偏你没有拿，那上天会创造一个机会，让你拿到 1500 元，让你更多。因为道的本质永远都是不为自己，而是为别人，所以我们要开始学习考虑别人，开始学习对别人好，照顾别人，站在别人的立场想，为别人多付出，为别人做一点点牺牲。只要你没有办法牺牲，你就没有办法打破内在的问题。不要永远都想到自己，你做了这么多，学了这么多，就是要突破你内在的界限。为什么你在钱财上被限住？为什么你没有办法富足？因为你有一个界限，那个界限从哪里来？我们自己创造的，我们创造了一个什么界限？就是别人都要对我好，都要照顾我，都要站在我的立场想，都要为我付出。这个想法都没有打破，请问财富壁垒怎么能够打破？财富是没有界限的，所以永远不要总以自己为优先，你以自己为优先，顺序就错了。要先以对方为优先。你看当你有孩子的时候，是不是处处想到你孩子？就是因为你想到你孩子，所以你有无穷的能力；你处处想着你孩子，你有无穷能量。你处处想着你自己，不要说养孩子，连养你自己都困难。

同样的道理，我们受父母的恩，我们处处想着父母，自然就有能量，而不是想父母的不好，这样都在障碍你的能量，都在给你划一个界限。从这个功课上打破自己的限制，从这个方面跨过财富的障碍，我想这是这堂课学习的重点。

请大家开始为对方着想，照顾别人，对别人好，站在对方的立场想。你去做的时候体会财富的规律，体验财富的顺序性和能量性，你体会到了就会找出道的路。这就是生命上的改变，而不是嘴巴上的说说。当然这不只是听听课，而是要改变我们的动力，活出我们想要的结果，我想这才是我们人生追求的意义。

第三讲

财富之丰盛

节假日的时候，我们要多花点时间陪伴家人，或是让自己的心平静下来。因为平时忙碌和工作上有压力，我们也需要休息一下，让我们的内在得到平静。不要在休息的时候又把自己搞得更忙碌，否则内心的能量得不到修复，人是非常需要平静的。

有位学员说他似乎看到了自己财务的迷雾，他需要花一点点时间让自己静下来，好好地反省并看见自己内在的问题。这么做是对的，这是非常好的。现在的人太过忙碌，没有时间观照自我。我们过得好辛苦，过得好累，其实当我们把心静下来之后，我们会发现，让我们过得辛苦过得累的，就是我们搞不定内心的声音而已。我们会发现，都是一些小事让我们过得很纷扰、很痛苦，因此希望大家每天花一点时间把心平静下来，听从内在的指引。

我想跟大家分享一个观念，通过这个观念，我们来理解什么叫作财富的丰盛。不知道大家要去工作的时候是什么样的心情，是很快乐地充满着能量，觉得这是最喜欢的事，恨不得早一点工作？还是说当我们一觉醒来时，一想到又要工作就觉得疲乏、无力、烦躁、有压力？不知道大家是哪一种，当然你不要跟我说你都没有感觉，反正就是要做，不要想这么多。这样的回答并不是一个负责任的回答方式。像是你做了一道菜，问你家人好不好吃？你家人说只要能吃就好了，好不好吃不重要。我想你应该可以明白听者的心情会是怎么样，而说者的心态又是怎么样。我们应该很清楚，所以不要在文字上打转，我们要真诚地面对我们内心的感受。如果今天你醒来要去工作时是充满着痛苦、疲惫甚至不甘愿的，我们承认它就好了，这没有错。如果你醒来要去工作时是充满能量的，觉得这是你最喜欢的工作，你也承认它就好了。我要大家做的事情是：承认你内在的声音，不要总想否定它。你越清楚地了解内在的声音，才能越有效地处理你内在的问题，对吧？如果我们连自己内在的声音都不愿意面对，那我们怎么来解决自己的问题？

当我想到今天要跟大家分享课程的时候，我内心充满喜悦，觉得有更多的人可以来学道，有更多的人可以走在正道上，每个人都可以让自己的生命更美好，我感到这份工作充满意义。当我想到我做的工作让每个人的内在有那么多的提升，每个人因为听了这样的课都有所触动及改变，他就可以创造他想要的人生，走出自己的瓶颈与阴霾，然后再帮助更多的人……我就觉得这是一个充满意义且让我的人生过得非常有价值的工作。我内在自然而然满心欢喜，期待今天的到来。

我通过这样的分享是要向大家说明，这就是我引导内在富足的动力。我们要为自己的生命找出一个源源不断的动力，因为它可以创造我们生命当中的丰盛。如果我们今天去工作，或者我们做的每件事情，都是充满着哀怨、痛苦、无奈，甚至是被迫，现在的人可能更恐怖，觉得是压力、紧张、害怕，那他创造的能量是何等混乱，他怎么可能创造富足丰盛的人生？希望各位找出让你感到高兴、喜悦的事情，持之以恒地去做。你不要在这个时候对我说：吕老师，我从内心感到最快乐的事情就是每天回家睡觉。或是你说你最高兴的事情就是每天打牌，或是你说每天逛街、购物使你感到非常高兴。高兴有两种，一种可以带给你内在的平静和源源不绝的喜悦；另一种高兴过后会带给你空虚，觉得人生好像没有什么乐趣。我希望大家建立起自己内在富足的系统，而这个系统必须是我们自己引导、找寻，我们每个人都有。

在我跟大家分享课程的过程当中，我不断提升自己，体会到在学道的过程中该怎么做，这个时候已经在创造了，我创造了什么？我创造了富足。当我越分享的时候，越付出的时候，我才感受到原来我有这么多智慧、有这么多东西可以分享。如果你在分享的过程当中，觉得自己已经没有什么东西可以给别人了，也不知道自己还可以给别人什么，那代表你还不是真心地付出，越真心地付出你就会越拥有，因为你在创造富足，因为你给出去之后你会发现你还有更多，这是一个内在很强烈的系统。当然我讲的这个付出不代表你没有收获，我说的付出是你在付出的当下很真心，没有太多的邪思邪念。你当下念头的正当性很重要，当你当下在付出的时候，当你一心一意想的都是付出，你的内在就会产生富足的动力，而那个东西自然会吸引财富，这是很自然的。

我自己在学道行道的过程当中，对这句话体会很深：付出的时候不要想钱，想钱的时候不要付出。如果我要付出时，我是满怀诚意、真心诚意去做，我不去想钱，因为我已经先想我就是要把这件事做好，要在这个工作当中，在做这件事当中感受我内在的富足。但是如果你想钱之后那就不要付出了，为什么？因为你越付出会越计较，你越付出会越痛苦，你越付出会越抱怨，最后夫妻会吵架、同事会吵架，对工作会抱怨，直到事情做不下去，什么都做不好，是不是？我在学习的过程当中，尤其是我自己在力行这条路的过程当中，我非常明白，只有当下的念头单纯，才可以创造往后的富足，因此每当我做一件事，如果产生负面低能量的时候，我会先停下手边的工作，调整我的呼吸，改变我的念头，直到我可以很正向地解读这件事情的时候，我再重新来做这件事。

我想问大家，你做事的时候不论什么事，你是真心诚意满怀高兴吗？即使在家打扫卫生都是一样。在打扫卫生的时候，你抱持着一种喜悦的心情，这时候你是在创造一个非常好的能量，它会引导你接下来遇到非常顺利的事情。大家要留意我讲的话，当你越真心付出时，越会创造好的因缘到来。我在打扫卫生的时候刚好有一些垃圾要处理，很奇怪当我需要请人来帮忙的时候，就是这么巧，他竟然自己出现了，各位明白我的意思吗？如果你拥有一个非常正当性的能量，所有的磁场创造出来的是一个和谐的力量，它引导你往顺利、富足、丰盛的路走，你一点都不需要为这件事烦恼。所以我的太太一回到家就说：哇！怎么整个家都不一样了？我说你看我可以这么短的时间处理好这些事情。为什么？因为内在的能量非常重要。

同样的道理啊，无我即没有自己，什么叫没有自己？无我就是丰盛，付出就是拥有，为什么无我就是丰盛呢？为别人考虑，照顾别人，对别人好，站在别人的立场，这个就是无我。我们做一件事的时候，把自己最在意的利益先放下，满怀真心地投入在当下的工作中，就是一种无我的境界，而在那一个当下你会产生非常高的能量，与此同时丰盛就来到，所以我说付出的时候不要想钱，就是这个原理。

为人父母的人应该都有这种感受，当你越不跟你的孩子计较的时候，越不跟你的孩子怄气的时候，你越真心地为孩子考虑付出一切的时候，你不会觉得累，对不对？可能还会很忙碌，但是不会觉得累。但是如果你心里怄着一口气、堵着一口气，内心有任何的不服、不满，甚至计较，你在与孩子相处的过程中，会非常累，会感到精力透支。

各位有没有觉察，这个就是无我与有我的差别，无我就是要让我们放下内在的禀性与执着，让我们在当下的时候一心一意想的都是我们的本分，做好我们应该做的事，这是最高的能量。但你只要动了一点私心，有我，越做必定能量越低，接下来会产生负面的循环，最后会指责批评，结果就是两败俱伤，什么都得不到，是不是？我希望每一个来学习的人，不是只学到知识或是理论，要学会如何静观、自省，引导自己走出思想上的盲点，花时间让自己静默，不断地感受。

通过上面的分享，我要让大家明白所谓的富足丰盛，并不仅仅指钱财上的。大家你有没有明白，是你付出才能拥有，拥有什么？拥有一种源源不绝的动力。物质世界与精神世界的平衡，身心灵三者的平衡，就是富足。只要任何一方多，都会痛苦。假如你物质方面很好，但精神状态没办法达到，甚至没有办法解决你内在的困扰，请问物质的东西给你越多，你是越轻松还是越累？当然是越累。我们看起来好像是在使用物质，事实上我们的身心都被物质绑住了。没有车的时候，我们想着要车，买车以后我们想着要花钱，每个月要花油钱、要花停车费、要保养维修，还有怕被偷、被破坏。看起来好像我们在掌控物质，事实上我们的心被物质绑住了。如果我们没有办法达到平衡，必定有一方掌控另一方，这不会产生丰盛。

有一个非常有名的佛教故事：有一个老禅师，他修养德性非常好，德高望重，生平有一个爱好，喜欢种兰花。但是兰花不容易照顾，因为它高贵，温度湿度都要非常留意，所以禅师非常用心地照顾它，摆在佛殿的大堂让来往的僧侣香客感受它的芬芳、高雅。有一次禅师要出远门，要好几个月才回来，禅师就特别嘱咐一位弟子用心照顾兰花，弟子也知道禅师很喜欢兰花，因此也允诺老师好好地照顾兰花。三个月后禅师回来看到很多兰花枯萎甚至死掉，禅师当下没有说什么，这时候弟子就赶快跑到禅师的面前认错，准备接受禅师的指责，这时候禅师说了一句话：兰花枯萎了再种就好，本来我种兰花就是为了增加佛殿的高洁，以及让来佛殿的每一个人感受到兰花的芬芳，这是我的本意，责备你不是我的本意，所以你不需要为这件事难过，我们只要好好学习怎么照顾兰花就好了。

因为弟子没有经验，所以不知道怎么照顾，自然是这样的结果，但是禅师的修行功夫高明在哪里？他一开始就知道种植兰花的目的是增添佛殿的高洁和让众人感受兰花的芬芳，就这么单纯而已。当你越是保持内在单纯的时候，你越不会受物质世界的控制，当你在物质与精神上面达到平衡的时候，你才拥有富足、丰盛。

如果我们没有办法保持物质与精神的平衡，就没有办法感受到丰盛。这个平衡不是我们自己说说的，是我们内心真实的认同，如果你说你的境界很高，精神状态很好，但是过得很穷，你还会感受到丰盛吗？我们不能自欺欺人。精神与物质存在平衡的状态，一个人即使是一个很好的修行者，如果他的精神状态真实达到这个程度，那么他的物质条件也不会太差。但我不是说奢华，我说的不会太差的意思，是指他非常简朴，生活很简单，但是在他身上看不到那种落魄或是穷酸的样子，他有一种内在涵养、外在简朴的东西，无论是衣服或是任何其他种种，只要放在他身上，就有一种光泽，就会被滋润。那就是我讲的用德涵养，所以他一样会具足跟他精神状态同等级的物质条件。大家不要忘记平衡性，当他达到内外平衡的时候，他就拥有了丰盛。如果我们今天想追求财富，但是一直没有办法得到，那我们就要反省是不是自己内在的精神出了问题，是不是我们的身心灵已经不平衡，这个时候不要再盲目地追求，要停下手头的工作，给自己时间沉淀下来。

我记得在我学道的过程当中，也好几次是混沌状态，甚至失败，我当时没有能力自己思索解开这复杂的问题。能力不足，我需要老师的引导，所以每当我遇到这样的时候，我会让自己停下手头的工作，我会请长假，比如两个月、三个月，甚至半年，跟着老师学习，为什么？因为我自己根本没有能力想通这些事。把手头工作放下两个月、三个月，如果我们认为这是一种浪费，让自己错失了工作上的薪水，那么我们会损失更多财富。因为我们已经不平衡了，要赶紧想办法平衡，而不是坚持着要继续。我们所计较的那些小利永远比不上接下来可能面临的损失。

我们如果真会算账要算清楚，如果算账你要跟天算，不要跟人算，因为跟人算你会越算越少，但是跟天算你会越算越多。如果你会投资，要把投资放在道上面，因为你投资在道上会越做越轻松，但是如果你投资在事业上，你会越来越忙碌，忙碌到最后没时间回来看老婆，没时间回来看孩子，整天睡在公司，这样有什么意义呢？越学道你内在的能量越强，你越能看清楚事情的本末、轻重，甚至解决的方法，你会越来越轻松，因为你解决问题的方法、智慧越来越高明，这就是为什么我们需要通过学道来创造内在的丰盛，打开我们的格局。

如果你真想达到财富丰盛，真想达到你人生想要的目标，那就不要只是嘴巴讲讲，你要去做啊！你没有做怎么会拥有？付出才能拥有，你懂得这个平衡之后，要做什么事情？最重要的一件事——付出。付出非常重要，付出就是把你有的给别人，把你有的分享给更多人，你在创造着这个条件。因为付出的时候会直接考验你内心的禀性，你所有的纠结全部会出来，如果你是坚持到底的，那考验就更大，因为它会直接面对你内心根深蒂固的禀性。

付出是一种转变自己内在能量最快速的方法，付出的方式有很多，比如说财物、精神、时间、体力等。当你开始付出的时候，你会经历一个痛苦的阶段，一个叫贫穷的阶段。有人说：我越给不是越少吗？我再给不就没有了吗？怎么会越付出越拥有？你会先经历这样一个过程，为什么？因为我们从以前到现在的付出都不是真正拿出我们的家底，那种付出叫无关痛痒，当然没有效，所以你还没创造那个条件。当你付出的时候，当你付出到你都没有的时候，你还要给，这个时候的内在状态才是关键。当你已经尽你的全力付出到最后都没有了你还要给的时候，你的能量会全部出来，这个时候你的智慧就会产生，你内在的动力就产生了，你会开始感受到：原来我可以创造，原来我有这么多，原来我还有这么多方法可以再创造。这时候，你就找到路了。

千万不要吝啬给予，古人讲“舍得”，为什么不讲“得舍”？古人的用字都有很深的哲学内涵，你越舍越会得到不同的东西。因为你在跟天算，天会帮你交换，看起来好像给出去了，事实上一下子就回来了。

我们今天所学习的这一套都是可以真实印证的。为什么？因为老祖宗留给我们的就是真实可以印证的，老祖宗写下来的这些圣贤经典智慧都是印证过的，都是印证过后才写下来的，都是他们做到之后弟子帮他们写下来的，这个不是理论，是事实。我们为什么没有办法体会到圣贤留下的智慧根源，因为我们没有做。圣人教我们先做，你照着圣人所讲的去做，就会感受到他写的是真的，你会更加相信地去做，这才是我们要投入的。我们要创造这一个条件，所以要坚持做，付出是打破贫穷、打开贫穷，让自己走向丰盛富足的路的最快办法，但也最考验你的内心真诚不真诚，你问问自己是不是这样。做一次两次很简单，坚持每个月去做，做三年，那就不简单，再做十年，结果会完全不一样。

只要你做，就会有收获。付出有三种：第一种是付出金钱财物物质方面，改善他人的生活条件、生存现状，使他人能渡过难关。你要量力而为，但是要坚持去做，因为坚持下来非常考验人性，只要你可以突破就可以化性。我自己也在走这条路，坚持不断地做，每个月不断地付出，每个人的能力条件不同，我们不要跟别人比，我们跟自己比，我们跟自己当时的承诺比，我们跟自己想要改变的心来比。

第二种是精神分享。物质世界和精神世界是要平衡的，你要分享你实践之后的体会和感受，你要分享你实践之后的改变与成长。你越分享越会得到内在更多的力量，这个力量会让你在物质世界上更坚持地走下去，最后你会创造双赢，大家要记得这句话。今天你只是单纯地做物质付出，我们没有通过精神上引导自己往更高的层次走，这时候平衡性不够。

第三种叫能量付出。某天有学员来问我问题，他内心充满恐惧害怕或是怀疑。在我们分享的过程中，他内心的恐惧害怕消除了，或是暂时解决了。这一个正能量的循环就会回复到分享者身上，当分享者往后遇到困难挑战的时候，他自己内心的恐惧、害怕、无明的退缩、懈怠就会消失。我们内在有一个很强的负面能量，那就是烦，烦这个禀性越重的人，也就是阴水性越重的人，他内在的拉力、负能量、低能量越强，而他要改变这个负能量、低能量，以及他内心的这种恐惧、忧虑、平安、担心、害怕，只能通过无畏的付出才能消除。而要消除这个，要先帮助有恐惧、害怕的人不再恐惧、害怕，这时候循环性就回到你身上，当你往后面对困难的时候，你就不会有恐惧、害怕了。

道是不断的循环，你内心的中枢产生的信念影响着你的循环，古人教我们从这三个方面去打破我们内在的贫穷，慢慢就会进入丰盛的感觉，你越做就会发现越有。这非常重要，以前你怕一直付出会没有，你怕会不够，但是你一直做，坚持下来就会发现原来你有。像我，现阶段我行道之后的一个状态就是：我有，我有很多，我可以创造，无论什么样的问题，我都可以解决，我都可以改变。我的内在已经创造出一个系统，一个非常正向且自然拥有的系统，我已经有了，我遇到困难的事，第一个想到的绝对不是害怕，我第一个想到的是这个跟以前的困难比起来，不是很严重啊！没什么好担心的，以前更苦的日子都过来了，这个有什么好害怕的，没有，想办法就好了。

我内在的系统已经自动创造出“有，我有很多，我很富足”，这个是没有办法欺骗自己的。如果我们内在没有系统性的能量，喊口号喊十年也没有用，因为那个有的感觉不是嘴巴讲的，是做出来才有的。身为妈妈，你有没有感受到你很有母爱？你不觉得你很有母爱吗？你从来没有想象到原来你这么有母爱，对不对？是什么原因才让你有了母爱，你知道吗？因为你不断地为你的孩子设想考虑，这时候你才发现你有源源不绝的母爱。

男性同胞是不是也有类似感觉？以前我们这么大男子主义，有了孩子之后才发现原来我们的内心这么爱我们的孩子，这么慈爱，都是因为我们在真实地付出。为了养孩子你每个月花多少钱？每天开导他，给他灌输正确的观念，引导他要更好，你孩子遇到困难，内心恐惧害怕的时候，有没有鼓励他，免除他内在的恐惧心，让他有向上的动力？你不觉得越付出越有能量吗？你也没想过你这么会赚钱，因为有了儿子你拼命赚钱，不是吗？但是如果你只是想要养你的儿子而已，你的财富丰盛的能力就到这里了，你的心量就是这样了，上天给你再多的钱要干什么？给你再多钱不是浪费吗？与其这样不如给一个真的会用的人。我们的心量决定了我们的格局和未来的结果。

你通过付出感受到丰盛，这个过程当中一定会有烦，一定会觉得自己好像越来越没有，可是当你突破这个瓶颈之后，感受到的就是一种有的状态。当你内心达到一个有的状态时，你就是一个内在正能量很强的人。所以《道德经》中有“既以为人，已愈有”，给别人越多你自己会有更多，这是老子讲的话，三千年前讲的话都这么有智慧有哲理，我们做了之后才有办法体会，我能够感受到这些的真实性，完全是因为我照着做。那我为什么要照着做，各位可以理解吗？因为没有更好的方法，因为我能用的方法、我能想的方法、我可以做的方法我都用尽了。我跟在座有些人是一样的，我是迫于无奈才走上这条路的，可是一走上去才发现，这条路实在太棒了！这是完全正确的解答，所以越走反而越好，越走越发现太棒了！

当你在做的时候，你以为创造有了之后就是富足，就是丰盛了吗？什么叫丰盛？什么叫富足？就是没有一点担忧，你还有担忧，不叫富足！所以财富的丰盛是要我们必须创造出内在的正向系统，必须通过行这三施的过程创造内在的肯定。我自己在做的过程当中，内在有几个非常重要、强烈的系统，几乎每次都会自动产生。当我在做的时候我发现，原来我可以做得这么好，这个就是系统，原来我做的比我想象中的更好，原来我不会害怕。我看见了我的拥有，原来我可以做这么好，原来我讲了才发现我还有这么多东西可以体会，我总觉得好像讲不完，我总觉得好像创造不完，那是不是代表我一直有？原来这就是我内在最强有力的系统，所以我找到了丰盛的源头，这是我自己创造的。

各位，你也要创造出自己的系统，那你的系统怎么创造？做了之后就会有，如果你不做还是不会有，你只是在看菜谱而已，永远不会做菜。当我越真心地付出、越真心地给予，我会发现原来我得到的比我给的还要多，原来我创造的比我付出的还要多，这个系统完全是我自己做了之后不断地体会后向各位分享的。请各位要不断地运用，通过不断力行，你一定能体会到我讲的顺序性、能量性、自然性、流动性、平衡性、延续性，你自然会体会到这个东西，因为这就是本质。

付出之后你产生这些能量之后，还要做什么？你可以做的事情很多，付出的过程当中我们必须遵守三个条件，这三个条件可以确保你坚持的付出是有质量的。

第一个条件，我们讲出去的话一定要是正向的，我们称这种语言为爱语。一个人讲出来的话，代表这个人内在的状态。“我试试看”和“我全力以赴”的内在状态一定不一样。“我试试看”代表着我有点否定自己，我也不知道能不能做好，有担忧、害怕的心在里面。“我全力以赴”代表我就是要做到，我没害怕，我连想都不去想，我就是要做到。所以你今天讲出来的话，甚至你付出的过程当中你讲出来的话就代表你的能量等级。物质和精神是平衡的。你要达到想要的财富状态，就必须同步提升你的言语状态、精神状态，而精神状态的展现很强烈的一部分在语言里，从一个人的语言几乎可以判断这个人内在的状态在什么程度。所以我们必须讲出正向的、帮助他人的话，对自己都一样。我们付出，最后创造出来的正向系统能量非常强烈，那个就是爱语。

第二个条件，做对别人有帮助、有利有益的事，也就是利行。对对方有利、有益的行为，这才符合付出的条件。而不是把你不喜欢的东西给别人，那不叫付出，那叫丢弃，把自己无关痛痒的东西给别人，或是鼓励别人的时候跟他说不要担心那么多，迟早会好的，你这叫风凉话，为什么？你自己都做不到，讲这种话不是很奇怪吗？你劝人家夫妻吵架，说不要计较了，这个没有什么好计较的，这都是小事，你这句话放在自己身上，你做得到吗？如果做不到，你这句话就是乱讲。因为你讲这句话的内在根本就没有能量，你自己都没做到，你讲出来的话不就是妄语吗？妄语是最没有能量的，而且会产生负面的效果。为什么我们要坚定地去做信守承诺的事，这就是确保成功的路。古人留给我们很多智慧，我们要不断地体会、落实、感受！所以我们要利行，做出真正对对方有益的行为，不是做了就行，不利行那等于没做。

第三个条件，这也是最考验人的，叫一起共事，叫同事，一起做！什么叫一起做，你知道吗？你今天遇到这困难，我只是嘴巴告诉你，你要这样做，这样做就好。用嘴巴讲比较简单，但是如果你愿意陪着他一起成长，陪着他一起经历甚至突破那个瓶颈，那功德无量，最起码是很强烈的付出，是正能量等级非常高的付出。身为老师，在带动学员的过程中，是陪着一起成长，这叫同事，一起做、一起成长，没有埋怨、没有抱怨。没有觉得对方不好、对方不行，没有任何嫌弃的心，因为我们以前也是这样啊，老师不也是陪着我们走过来的？那我们今天稍微比别人走在前面，稍微有点心得，我们就没耐心了，这样不可能做到符合付出的三个条件。

共事的过程就是在培养你长久付出的关键，这个过程会杜绝你内在的自私、自大、傲慢心。同事的过程中会转化你的内在，变成慈悲心、耐心、包容心，这个就是往后事业成功和获得财富的关键，因为有德才能涵养钱财。这些都是非常重要的观念，希望各位可以不断反复地消化吸收，不断反复地感受、体会、反省自己，最重要的是告诉自己：我要怎么做？一个孩子整天跟妈妈说，妈妈我知道错了，我下次不会再犯了。然后又犯，又跟妈妈说我知道我错了，我下次不会再犯了。你相信这孩子会有出息？这孩子不会再犯？你还会相信吗？这孩子真的变好了吗？同样的道理，我们不断犯错的思想，或是我们从来没有拿出决心做，这样我们要的结果有可能达成吗？自己想想都知道！

我们不只是感受到财富的丰盛，我希望真正感受到的是生命的丰盛，是内心的喜悦！也希望我们都如同满月一样圆满、光明、清晰。

第四讲

正确看待生命的财富

之前我通过一系列课程的分享，让大家感受到财富在改变我们生命的蓝图。当然我们也看到很多分享的同学，在学道的过程当中不断改变自己的命运，进而创造出来属于他们应有的财富。我希望各位建立一个正确的观念，不然往后要走的路一样不容易。

所有的学习，必须循序渐进，只要我们踏实地在每一个功课上做好，最终肯定会看见生命中的改变。当然你也会看到有关财富、关系上的改变，所以希望大家不要心急，也不要说“我想在更短的时间学到更多的东西”，这对你不会有好的效果，你只能耐住自己的性子一步一步地走，这才是最好的。

财富相关的课程，其实是有阶梯性、顺序性的，我们每个阶段都要帮助各位处理一些问题，要打通一些观念，我们必须一步一步来，让大家有比较明确的学习方向。你越明确，你的学习效果才越好。如何正确地看待财富与生命的关系，这个非常重要，也是我们学习的第一个关键点。

这几堂课，听起来都是大的原则，但它是非常基础的，就像是一个房子的地基，它是最大、最坚实、最稳固的。如果这些你没有正确建立，没有从心里认同，那么我们后面再讲有关创造真正的富裕生活，会变成不切实际。

如何看待财富与生命的关系？第一，先了解我们的生命是由什么组成的。我们很清楚，以我们现在的年纪，应该不难理解。我们的生命是由两部分组成，一个是物质的世界，另一个是精神的世界。什么叫物质的世界？最简单的说法就是你有肉体，你有好的身体。那你有好的身体，你就过得好吗？不一定，你要有好的心理素质，我想这样说明大家应该很清楚。

如果把这两个组成部分再延伸，很多人想追求成功人生，好，那成功的人生也一样，必须具备两个条件。第一个至少有一个基本的物质能力，比如说应该要有房子，或者说有基本的薪资。当然这个基本的物质能力有好坏高低之分，我们今天不探讨，但是我们一定要先了解这一个。第二个一个人必须有支撑他去使用物质条件的内在状态，如果他内在的精神状态不够好，那么他外在的物质条件会成为他的累赘，或成为他的心理负担，他的人生就不会感到成功。

而成功的人生，或是一个完整的生命，它必须结合这两个，少一个就会出现问题。比如说你有很好的事业，有非常好的财富条件，但是你的内心不快乐，你有严重的抑郁，或是你与家人的相处不圆满，那么即使你取得财富成功，你也会觉得空虚，这是不用否认的，我们连辩都不用辩，真实的情况就是这样。一个拥有良好物质条件的人，若没有相对应的内在驾驭能力，他的人生必然是空虚的。

换言之，一个拥有很强内在能量的人，比如说他很有慈悲心，他非常懂得感恩，他非常谦虚，他有很多很好的美德，但是他没有基本的物质条件，那么他也会厌世。他会对这个人世间，他会对世俗社会感到厌倦、愤怒，甚至会有不好的情绪。所以说内在与外在必须结合，少一个都不行，如果各位先建立这个条件，你再来看待财富，看待你的生命，你就会有不一样的感受。你在追逐的过程当中，你在提升的过程当中，你在打拼的过程当中，一定要兼顾这两者之间的平衡。

这相关的内容，我会在下一讲“财富的运转法则”中讲，但现在要先告诉各位，先建立这个观念。一个完整的人、一个完整的生命必须建立内在与外在的统一，两者不能偏废。在我们学习财富的过程当中，先请各位把“财富”两个字忘掉，这是非常重要的第二个观念。

如果你坚持要我来告诉你，哪一个先哪一个后，我会告诉你必须先具有好的内在条件，这样你拥有好的外在条件时，你才可以驾驭它、支配它。所以第二个关键点，请你在学习财富的这个阶段，把满脑子想要钱的这件事给放下。如果你现在做不到，那么这就是你这个阶段的功课。

所有的一切，我们要先了解，内在大于外在，我没有说两者之间谁可以偏废，但我要先说内在大于外在。反之如果你让外在大于内在，那么你会呈现非常严重的匮乏感、恐惧感、不安全感，这个时候我给你再多的外在条件都没有用。所以各位，也许你觉得这些东西很简单，但你要把它牢牢地放在你的脑袋里，你一点点错误的思想，一点点让你跑偏的思想，都不能有。这样你的学习效果会最好。

如果你在追逐的过程、打拼的过程中，不小心让你的外在大于你的内在，你要马上调整。如果你没有办法调整，你就会陷入另一个循环。如果你已经没有办法看见你的问题，那么你只能让问题不断重复地发生，你也没有改变的能力。不要小看我现在对你的叮咛，因为这个叮咛蕴含着我们老祖宗留给我们的智慧，蕴含着道家、儒家的财富观念。把你脑袋中根深蒂固的“财富”两个字忘掉，把“金钱”这两个字忘掉，因为你的生命不是为了追求金钱、财富。

我们都不能否认一件事，我们的生命不是用金钱来衡量的。如果你用金钱来衡量你的生命，那你的生命永远只有痛苦，而且你会越过越空虚，你越过越悲惨。所以我要请各位进入第三个关键点的学习，如果你犯了这个错误，请你改正，请你调整，你要想尽办法调整自己。

第三，财富不是衡量我们人生的指标。如果你心里已经认为财富是衡量你人生的指标，甚至更是你成功的证明指标，那么你已经打破了财富运转的法则，你必定会陷入痛苦，请你调整。你必须在脑中删除这些信息。真正衡量你人生的不是财富，真正定义你人生成不成功的不是财富。

在生命的法则中，财富只是其中的一个项目。今天你竟让财富成为你生命的法则，那么你已经颠倒了所有的顺序。这个时候你会非常痛苦。成功、名声、人前人后的拥戴，甚至富丽堂皇的房子，这些东西都不能成为你生命成功的标准，你不能以这个作为你追求的动力。如果你以金钱作为生命追求的动力，那么你所追求的一切，最后会越来越空虚。

生命的法则建立在哪里？内在的笃实、内在的喜悦和生命的价值。实现自己生命的喜悦、生命的价值的时候，财富与金钱自然会呈现。它并不是你追逐而来的，所以任何学习有关财富知识的伙伴，我应该反问你，今天在你的生命当中，你对于现在手上的工作，是否觉得做得很有价值？是否觉得做得充满喜悦？

如果你对现在的工作，对你生命所要担任的角色，感受不到喜悦，感受不到价值，那么你想要创造的财富还非常遥远，甚至不太可能发生，如果有发生，只会是一种偶然，通常会短暂地拥有，接下来就会不见。金钱对于你来说就只是一个过客，你可能会短暂地拥有，但是你没有办法创造永久的财富，这一切的原因都在于你的内在产生了很大的问题，因为你违背了生命的法则。所以要先建立财富与生命的关系。

你要想生命过得好，你必须对你现在的角色、工作充满喜悦与价值感。如果你对现在所担任的角色与工作没有任何喜悦与价值感，那么当有一天，成功真正到来的时候，你会感到无比空虚，因为成功无法滋养你的内心，它没有养分。成功没有任何养分，成功就像是一股热空气一样，它会不断散发，不断让你痛苦，所以你千万不能把生命的动力建立在追逐金钱上。

请你仔细回想，当你以追逐金钱为生命目标的时候，你越是追逐它，到最后你会越空虚，你不知道人生意义在哪里。当你达到人生想要的目标与阶段的时候，突然之间会像泄了气的皮球一样，你会不知道下一个阶段在哪里。这代表什么？这代表着你内在没有支撑，也就是说，当有一天，你即使达到所设定的目标与成功的时候，也会瞬间毁灭。如果你是在不断加强你内在精神状态之下建立起来的外在条件，当你达到的时候，会有足够的内在力量支撑。

这就回到我第一点讲的，一个完整的生命体，必定是一个内在加外在完整合一的人。如果你今天所追逐的生命动力是以金钱作为开端，你会越追逐越虚弱，体力越差，生命状态越差，你的内心会越来越烦躁，你的亲子关系、家庭关系也会越来越破灭。因为你完全没有把内在条件视为你的动力。什么叫内在的条件？这是一个关键，人在追逐自己生命价值的过程中，真正的动力来自我们内心的愿力。愿力代表着初发心，如果你的初发心是不正确的，你后面不会得到一切。

当你的动力建立在你的愿力、你的初发心的时候，你会感受到价值。就因为这一点生命的价值，这一点启动你内心动力的原因，会造就你往后不断创造财富。所以你今天追逐的是金钱，请你改变。真正启动你生命动力的是你的愿力。那我要反问你的愿力是什么？你的初发心是什么？你应该完成的价值是什么？你应该达成的喜悦是什么？如果你都没有做到，那么财富离你还太遥远。

当你的内心匮乏的时候，财富只会离你越来越远。所以我让你先学习回到初心，回到你的愿力，如果你连你的愿力和初心都没有办法坚持，你就是一个连 100 元价值都没有办法创造的人。如果夫妻之间没有办法坚守当初的承诺，没有办法共同面对困难，把所有的困难怪罪到钱，怪罪到对方，那代表我们内在是多么薄弱，金钱又怎么会跟着我们？如果我们连这样的观念、这样的逻辑都没有办法突破，那么我们要做的修行更要按部就班。

生命的价值是内心的喜悦，绝对不是一种偶然，生命的价值与内心的喜悦是你不断创造与发挥的。如果掌控在自己身上的价值与内心的喜悦，我们都没有办法创造，又如何创造外在的财富条件？掌握在你自己内心的、你可以创造的东西你都不愿意创造，你现在要去追逐一个外在你没有办法控制的东西，不是难上加难吗？如果你有办法创造你内在的价值与生命的喜悦，你必定可以驾驭外在的物质条件，金钱只是其中的一个指标，对一个学道的人来讲，那是非常简单、很容易达到的事情。

对于你现在手头的工作，你在生命中所扮演的角色，请你发挥出应有的价值，你要想办法达到，你要让你的内心充满快乐，而这些的发生也都不是偶然的，这些都是你可以做到的。我再一次要提醒各位，名声、成就等都跟你生命的法则没有关系，跟你的金钱更没有任何关系，请不要把它们放在一起谈。把你脑中错误的幻想全部丢掉，这样你才会过得更好，接下来会有好日子过。

你对金钱，甚至对生命应该持有什么态度？请各位要记住，你对金钱要充满爱。听到这点大家最高兴啊，没有人不爱钱，我最爱钱。各位我讲的爱，跟你认定的爱不一样，我不是叫你爱钱。我说的爱，是指你对金钱充满着感恩与尊重。什么意思？如果你对金钱没有办法体会感恩与尊重，那我要告诉你另外一件事，你必定对你生命当中跟你有伦常关系的人，无论是你的父母、兄弟姐妹，还是妻子儿女或老公，或是同事同人，你必定也没有充满感恩与尊重。因为这些关系都是连带影响的。你现在要学习的是对你生命关系中的人充满着尊重与感恩，那就叫作对钱充满爱，你先对你的人生充满爱，你对你的钱就会充满爱。当你真正充满爱的时候，钱就会爱你。我们生命关系中的很多问题，来自我们不懂得尊重与感恩，因此我们感受不到生命所带给我们的富足与喜悦。

很多人心里很喜欢钱，但是他表现出一副非常清高的样子，甚至对金钱充满批评、成见。你不是只对金钱有这个态度和这样的想法，你甚至对你生命周遭那些跟你有关系的人一样有这种成见，你总认为你清高，你总认为你比较了不起。当你觉得清高，当你觉得了不起的时候，你无形当中拒人于千里之外，无形当中，你对金钱也拒于千里之外，生命关系是我们自己造成的，你看明白了吗？

有一种人，他很爱钱，他爱钱爱到像一个守财奴，他对钱很吝啬、很执着，他非常舍不得花钱。这代表他内心匮乏，他怕花了之后就没有了。所以他得不到喜悦的能量。

一个装得很清高、很有成见的人，和一个很吝啬、舍不得拿出来的人，都非常执着，他们的内心状态是什么？我们大多数人真的不快乐，不是因为这个问题真的很难解决，是我们没有足够的智慧。同样的道理，很多人在金钱方面的困扰，不是担心或者操心这个钱会不会运用，而是担心没钱之后的生活，如果你内心是担心没有钱了之后应该怎么办，所以你现在很努力地赚钱，那么你已经是钱的奴隶，你已经呈现出物质大于内在的状态。

自己当了妈妈才知道当妈妈的辛苦，因为你付出了。自己当了领导才知道怎么尊重别人，尊重你的员工。学会付出，才懂得尊重与感恩，你的生命没有奏效的原因，是因为没有懂得付出。你对生命没有充满感恩与爱，当然你在金钱方面也不会感受到爱，只有恐惧、匮乏。

钱只是生命当中的一个指标。因为我们运转的东西是内在的力量，你没有办法改变你内在的力量，就没有办法创造外在的条件。要创造富足，不是一步登天的事，是循序渐进的累积，所以我也鼓励大家，一定要坚持依道而行，要坚持。滴水穿石的重要原因，不在于水的力量有多大，而在于坚持的力量。

每一个学习的人，要懂得感恩，要懂得饮水思源，这个很重要。我们学道的人非常尊师重道，没有老师的引导，我们一辈子在苦海里游。我们看不见自己的盲点，我们看不见内心的问题，我们看不见不断创造的这个世界。我们不断在制造生命的状况，我们看不见。如果没有老师帮我们点破，没有老师引导，我们根本不知道往哪里走，所以要充满感恩。如果我们可以对生命充满感恩，对周围的人充满尊重与感恩，我们对金钱就开始创造出能量。所以我希望各位，你要先学付出，如果你没有感受到感恩、慈悲与爱，你要多付出。你付出的太少，你贪求的太多，你的幻象还太多，这才会造成你不断痛苦，我希望你记住我现在分享的内容，你要不断地运作，你才会有感受。

接下来有三个条件需要大家去做到。第一个叫喜悦。你的孩子出现在你生命当中是喜悦，但是你却用十年、二十年把他变成你生命当中的痛苦，那你要检讨你自己。一样的道理，金钱出现在你生命当中只有喜悦，没有痛苦。如果你的生命与金钱的关系，最后变成痛苦、匮乏、担心，是你的问题，不是钱的问题。你跟你太太的相处，你跟你老公的相处，也应该是喜悦。如果你跟我说，最后你们两个相处不好，有很多纷争，那代表你内心调整的能力和你内心转换的能力还不够，你还要多学习。你不是只学金钱的法则，你还要学习生命之道，这样你才会水到渠成地拥有你生命应有的金钱。

第二个叫享受。你花钱的时候是痛苦还是享受，是担心还是快乐富足？你自己去想，你比我更清楚。当每一笔钱从你口袋出去时，你内心真实的想法是什么？是享受的吗？是喜悦的吗？你跟你的孩子相处的时候是享受的吗？当你为你的孩子做早餐的时候，当你为你的孩子打点一切的时候，你是享受的吗？这延伸到我刚讲的，如果你对现在的工作和你扮演的角色感受不到任何一点价值感，那么你绝对不是在享受，你也绝对不是喜悦的，你在违背你的生命法则。没有任何一个人在糟糕与痛苦的条件之下可以创造金钱。

第三个是值得。这些都是在调整你内在的状况，让你的内在配合财富的运转法则。如果你没有办法调整内在的状况，在追求财富的过程当中，你的感觉只会是辛苦的、劳累的、不甘愿的、哀怨的，你懂吗？如果你今天做出来的事情，你付出金钱的过程当中，你没有感受到任何一点值得的，那么你的生命该多么悲惨。

如果你为你的爸妈尽一点孝道，每个月拿一点钱回家给爸妈，你没有感受到一点值得的，那你跟你爸妈的关系应该非常不好。你生命的状态要有享受的感觉应该是很难的，有喜悦的感觉应该是不太可能的。你必须创造这三个条件，如果你在生命运作当中没有这三个条件，你的人生就会越活越空虚，有一天成功或财富真的到来的时候，你一样会空虚，空虚会让你的内在瞬间被击垮。

调整你的内在，你生命所发生的任何一件事情都是值得的，你所付出的任何代价都是值得的，你一定要为你的生命找到价值。生命只有值得的，没有后悔的。如果你总觉得好后悔，当初不应该做那个决定，那么你正在违背这个法则。你必须先创造值得的，失败了也值得，吃亏了也值得。如果你的内心都能转换，代表你内在能力很强。如果你永远只是想“早知道会后悔，当初不应该这样做”，那么你没有办法创造财富。

财富是创造出来的，没有人在后悔当中创造出财富。你没有创造性，你也不会有能量。我讲的这些东西都是我们每天要做的事情，希望你在生命当中践行体悟。纵使你往后学到更多的方法和技巧，只要你违背了这三个原则，你都没有办法唤醒你内在的能量，因为你都没有付出。你后面唤醒的，只会是恐惧的能量而已。

学习付出，多付出，多感恩，多尊重。这不是只适用在金钱方面的法则，你生命关系的每一样都是如此。希望各位先调整好自己的内心，能够好好地消化吸收，不断突破自己内心的一些盲点，也正因为我们看到自己的盲点，我们才知道怎么改变生命，如果我们看不见自己的盲点，又谈何进步。

第五讲

财富的运转法则

不知道大家的生命是不是随时随地能感受到一份快乐和喜悦？你们看待生命是非常严肃的，还是非常轻松的？我想我们用不同的心态面对生命的课题，最后得到的结果会不一样。当我们生命遇到一些问题，遇到困难的时候，或是遇到不如意的时候，我们应该抱持什么样的心态？

我想大家应该马上可以联想到，甚至回想一下自己过往的经验。我们大部分的人，面临问题时通常都是心烦意乱，有的人会觉得很有压力，有的人觉得非常麻烦，甚至有的人会很苦恼，烦恼到睡不好吃不下，我想我们都有过这样的经验。学道之后，有人已经改变，他遇到困难的时候不再像之前的心态，他把它视为正常。

当我们从烦恼转变成视为正常，这是非常大的进步。

人在处理问题的时候态度都是一样的，你面对生命困难时的心态，与你面对没有金钱时候的心态是一样的。如果你处理每一件事情的态度都非常严肃、非常紧张，那么你很累。如果问题发生时，你笑笑就过去，不把它看得太严肃，它就是一件事而已，那么问题就好解决了。心态很重要。

对待生命所发生的问题，我们一定要先让自己的心柔软下来，不能把事情看得太严肃。当你轻松一点时，比较容易处理问题。打个比方，你的孩子平常实力非常好，能力很好，但是每当面临重要考试的时候，他总是出一点小意外，有的人呢，他面临重要的考试和平常一样的心态。请问结果会怎么样？轻松一点面对，用一颗平常心、自然的心面对，结果反而会超过预期。给自己一点灵活，尤其当我们面对生命的课题，甚至像金钱这样的功课时，要放松一点，不然会一直陷入：我就是没有钱啊，你要我怎么说有？我的家庭、我的对象，就是对我不好啊，你怎么硬要说这是一种好？那么你转换不了。我们学习的目的在于转变内在根深蒂固的一种执念。在转动这个执念的过程当中，要先把问题看得轻松一点，不要把它放大。

有一个人家里很穷，这是真实的案例，这个人后来出过一本书，而且很有名，他写的童年生活真是非常悲苦，那根本就是活不下去，基本上是饥一顿饱一顿的。他的爸爸妈妈离异，他从小被奶奶照顾长大。奶奶年纪大了也没有办法挣钱，他就常饿肚子。奶奶就哄他说：

哎呀，你不是肚子饿，你是太晚睡，你要早点去睡觉。因为太饿了，没有东西吃，没有晚餐吃，孩子饿到睡不着，奶奶教这个小孩子，你的肚子饿是一种幻觉，你不是真的肚子饿，是因为你太晚睡了，你只要六点去睡觉就不觉得饿了。这个小孩子就误以为真，他每天都六点睡觉，真的就不饿了。然后到半夜醒来，吵着奶奶说，奶奶，我真的很饿，我是饿醒的。他奶奶跟他说，你在做梦。你现在在做梦，睡着了就没事。他又睡着了，就这样他度过了这一段童年。他后来成为演艺界里非常有名的幽默主持人。他的奶奶很有智慧——不一直执着那个问题。

我们有太多的执着，我们越执着越转不开。你要转动生命上的困难点，必须先松动你的执念。你执着什么，就要先放下什么。我们在讲财富法则，一样的道理，你要转变内在很多执着，其实当你把这些执着转换掉的时候，自然就跟财富在同一个频率上。

第一点，先松动你的内在。与我之前讲的内在大于外在是相呼应的，你一定要先付出，这是重点。这个重点涉及财富运转的首要法则——顺序性。各位，我们古人讲的本末不能倒置，用现代的讲法叫顺序不能颠倒。什么叫顺序不能颠倒？请问一下是你先出生，还是爸妈先出生，伦常就是顺序。先有父母才有我们，有了我们才有孩子，它有一个顺序，不能颠倒。孩子要孝顺父母亲，就是在这个顺序之下你要做的事情。春夏秋冬就是一个顺序。在这个顺序之下，你有你要做的事情，你只能遵从。你只能尽这个道，你不能违背这个顺序，你不能说我想怎么过就怎么过，不可以。生命的法则、道的法则、财富的法则一样有一个顺序性，你必须重视内在，内在要大于外在，如果不是就会出现问题。

我们在追求财富的过程当中，也必须遵守这个顺序性。你人生幸不幸福，是因为钱的关系，还是因为你内在的状况处理得不够好？我们先了解这件事情。你是有了钱才能幸福，还是幸福了才有钱，顺序你先搞清楚。如果你顺序颠倒，后面都会错，你会错得一塌糊涂。各位，你今天是要随随便便找个对象，还是要好好地经营你的一生，所以你要好好挑个对象？或是看到别人有对象，你也要有对象？各位，内在心态不一样，最后结果就不一样。

我们在追逐的过程当中，最后乱的是我们的心，事情没有变，事情是一样的。从古代到现在，每个人遇到的问题是一样的，不就是家庭、金钱、工作和身体健康几个方面吗？这些东西在古人的记载里面一大堆，这些问题有变化吗？没有。人心的问题，从来没有变，只是我们从来没有学会，所以我们要先调整自己的内在，顺序对了，后面才对。

我举个简单的例子，你从来不承认错误，然后你总把问题怪罪到你儿子身上，你老婆身上，你老婆会爱你？她会想跟你在一起？她绝对离你远去。你把你人生所有的失败归因于钱不够，钱一定离你远去，钱看到你就讨厌。人看到你就讨厌，更何况是物，尤其是金钱这种高能量的东西，看到你就先跑。你一股脑儿把所有问题怪罪到钱身上，钱又没有招惹你，当然先走了，这就叫法则，这个就叫顺序性，你颠倒了顺序。你本来应该有的心态，比如说你为人子应该有的本分你没有尽，你竟然说你的父母不好，你会越抱怨越没有福报。

你一定要先正本清源，就是本末不能倒置，顺序不能颠倒。我最强调这个，因为这个只要出问题，后面再努力都没有用，你心态错，你后面能产生什么好效果？现在要回来先经营你的生命，你要先让内心充满喜悦、幸福和价值感。这不关钱的事。你难道没有见过，没有钱的家庭夫妻一样恩爱吗？没有钱的家庭一样培养出很优秀的子女吗？没有钱的人最后成为一代企业家吗？

你要在你的内在种下一颗种子，你必须从现在开始做到内在的幸福、知足、感恩、喜悦。你要怎样让这个种子发芽？人生不能以追逐金钱作为动力，必须以愿力作为动力。什么叫愿力？简单讲就是你的初发心，就是做你生命当中你觉得很有价值的事。做什么事情让你觉得很有价值，充满着喜悦，这是你这一个月要不断进修的功课。你不要跟我说“我赚钱的时候很喜悦”，我说的是有价值又让你喜悦的事，你生命一定有。比如说，你看到比较辛苦的人，你买了一些吃的，施舍一些东西，你内心感到快乐等。

做这些事都不需要花很多钱，但这些是改变你生命很重要的种子。有的人看到病痛的人心里难过，因此他照顾生病的人，帮助那些没有能力负担医药费的人，他内心感到非常喜悦，而且他觉得生命很有价值，这个就是创造财富的种子。因为在财富的法则里面，在生命的法则里面，有一个条件就是你必须先付出。这个付出是你心甘情愿，而且感受到价值与喜悦。

我当然不是说你一定要去救济穷人，或是照顾医院的病人。可以照顾家人，比如父母亲，他们又在顺序性当中，所以更好。因为先有了父母才有我们，所以你照顾你的父母，也等于在顺序性里种种子。你今天得到的财富，你要把它用在哪里？当然再回馈到众人身上。一样的道理，当你跟父母相处的时候，你是否感到很有价值，很喜悦，甚至内心有提升。如果你没有，那么你就是在破坏顺序性。你做这些事情都要心甘情愿，而且一定要觉得这是很有价值的事情。如果你没有，你就会越过越暗淡，你会越过越觉得自己的生命很苦，想得到的都没有。因为在道的法则里面，在财富的法则里面，你必须先把你认为很有价值的东西付出了、达成了，财富的法则、道的法则就会把你想要的那个价值回流到你身上。

在学道的过程当中，我很了解这一切都是循环往复的过程。如果你的心态错误，后面就不好走。

第二点，你一定要有照顾众人的心，你要有报恩的心。也许你现在没有办法报，你也还不起，你甚至也没有办法更多地给，但你要有那个心。你要有还的心，你不能永远只有想拿的心。

我觉得现代人最大的错误观念，主要来自“我只想要拿，但我不想给”。这违背道的第一个法则：顺序性。你永远要有给的心，你要有照顾众人的心，为什么？我告诉你，你有想照顾一百个众生的心，上天会让你没钱吗？他会想尽办法给你，因为只有你想照顾，当然给你。

任何一个成功的企业家，都是因为他有想要照顾员工的心、照顾众多家庭的心，所以他的企业不会出现问题。你的工作让你有收入，是要让你照顾众人的，不是让你自己爽的。如果你只是想让自己爽，你违背了顺序性。

每个人在生命中都会遇到困难，当别人给你一个方便，请问你真接受得理所应该，你没想过要还吗？如果你有这样的心态，你要有钱很难。不要说有钱，你人生要过得好都很难，你家庭会好过我猜也很难。因为没有人喜欢跟一个自私的人在一起。金钱要流到你身上，必定是你要产生很大的价值。一个自私自利的人，永远考虑自己的人，放到你身上有什么用，再多好处给你，就像石沉大海一样，还不如不给你。

你有照顾众人的心吗？你有为他人考虑的心吗？跟我们一起学习的伙伴们应该可以感受到，我们随时随地都在想怎么照顾每一个人，怎么让每一个人更好。你有照顾的心，上天就照顾你，因为道是循环的。所以永远不用怕付出，你的付出一定要心甘情愿，而且你要创造出生命的价值。你要喜悦，如果你做不到那你花钱等于没有用，没有意义，因为每一笔钱的运用都充满高能量。

如果你花钱出去，每笔都是痛苦：我又少钱了，我不知道这些钱花出去怎么再赚进来，我怕又没有。那你每花出去一笔钱，你的能量更恐惧、匮乏，那你就越花越少。所以要在内心种种子，不断地报恩，因为回报是很重要的。一个懂得回报的人，请问你会不会给他更多？简单讲，我给了你好处，你今天也有好处给我，请问我下次有好处会不会再给你？会嘛！钱也是这样，这是一个法则，这个法则没有变过。

内在的事情，你一定要先调整，而这个就是改变命运的关键，这个就是种子。生命变得不好是种子种错了，生命会变好是种子种对了。你现在种什么种子，最后收成就是什么。当你不断地种下正确的种子，当你不断地去行你本来愿力该行的事情，你的生命会变好。如果你今天觉得这件事真心愿意，对你生命而言非常重要，你要想办法做，这不是钱多钱少的问题，这是做不做的问题，钱少有钱少的方法，钱多有钱多的方式。重点是你要做，因为你越做，就越能开发你内在的能量。当你开发到那个能量的时候，你的频率就会跟钱财的那个频率开始接近。当然我们面临事情的时候，表现出的态度、行为又是一回事。你知道你要好好孝顺父母亲，但是当你要孝顺的时候，你内心又充满着怨言、抱怨。你知道你要对你的家庭、对你的家人充满感恩，你的老公或你的老婆对你这么多的付出，你要报恩，可是等你在报恩的时候，你心里又充满着怨恨、委屈，那你又在打破自己的顺序。所以你能不能做到那个状态很重要，因为如果你做不到这个的时候，你在运用金钱的过程当中，心里会有很多担心、害怕。

请把“金钱”两个字从脑袋彻底删除。为什么？因为你还不具备谈论金钱的资格，一定要先把它删除，你要先改变内在到一定的程度，你要先学会付出、感恩，还要有照顾众人的心。你看那些大企业家，他们都有照顾众人的心，他们想的都不是自己，他们想的是如何完成他们生命的价值，创造出更多的贡献。

如果你满足了顺序性这些条件，慢慢地就往正当性——钱财运转的第二个法则进行。正当性非常重要，它的规律是怎么来就怎么去。你为钱而来，就为钱而去；你为情而来，就为情而走；你人生为什么来就为什么去。金钱，只有用德性培养来的就不会不见，其他的怎么来就怎么去。当你内德不具备的时候你还养不住它，它就离开。

什么叫正当性？符合孝悌忠信礼义廉耻，我们所赚到的钱都称为具有正当性。而我们要赚这些钱之前，先想想自己的心态，我们在家庭和工作岗位上是否做好了孝悌忠信礼义廉耻。如果没有，你拿着这些钱去投资通常会失败比较多，赚钱比较少，因为你的正当性不足，所以你延伸出来的问题会帮你流走金钱。如果你没有流走，你的孩子会帮你流走，你的身体病痛会帮你流走，因为你没有德性涵养它。

不正当的行为所产生的结果，必然会有它对应的麻烦要我们处理，钱财也是一样。所以我们一定要先把自己的内心状态搞定。这个时候我们依着内心状态所赚进来的钱就会长久，而且会越来越多。当你在正当性之下，你做生命当中符合有价值的、喜悦的、又是心甘情愿的事情，一直不断在做这些事情，它自动帮你创造财富。比如说你突然加薪，或是今天做了一个投资突然顺利，或是突然升迁，或是你的另一半工作加薪了，种种你意想不到的东西就出现了，因为正当性具足。那怎么具足正当性呢？就是你有照顾众人的心，你有报恩的心，你有愿意去还的心，你有付出的心。

你越做好生命应该做的本分、价值、生命功课和你创造出来服务社会大众的事情时，正当性的机会越会不断源源进入。今天你在做有关孝悌忠信礼义廉耻的事情，一定会牵涉非常多的人，我建议各位要先从自己的家庭，尤其是自己的父母亲身上好好地下功夫。

你对外人不断做的善事与你真正做在你父母亲身上的时候，心态会完全不一样。我今天说的对父母亲所进行的回报，都不是只做一两次，都是长期甚至是五年十年每个月不断这样做，你就会看见你的内心有很多挣扎，有很多痛苦。你就可以看见自己的内在是如何打破那个顺序性，如何让自己没有正当性。

我提醒大家，当你与你的父亲不断地改善关系的时候，你的财务状况会顺利。当你与你母亲不断改善关系的时候，你的财富障碍会不断地减少。各位，你慢慢感受我现在讲的这些。接下来我要讲，当你在正当性的情况之下，慢慢地就会体会到财富的第三个运转法则——平衡性。什么叫平衡性？内足外显、阴生阳长、阴阳平衡，钱财属于阳，阳的意思是你看得到，德性属阴，阴的意思就是你看不到。

功德就是看不到的，它内在运作；钱财名利富贵看得到，它外显。我们讲顺序性先讲到内在能够驾驭外在条件的时候，外在的东西才有办法长久。同样，当你内在德性不足的时候，你没有办法显露你的财，所以通常财会是最后一部分才显现，它不会一开始就显现。

对父亲与母亲的关系就是一个平衡，父母又叫乾坤，又叫天地，都是平衡状态，也就是说你内在与外在要平衡，刚柔要平衡，阴阳要平衡，所以古人讲阴生阳长、阳杀阴藏。你内在德性不断提升，阳必定长，钱财一定多，这很自然。阳生，阳越来越多，钱财越来越多干什么，要你养德。

有了钱，你要完成什么事情？创造生命的价值，付出照顾众人的心，所以叫养生，你要懂得养啊，懂得培养自己。所以说德以聚财、财以养德，你不能颠倒这个顺序。生命的过程在于让我们体会，在于让我们展现价值，在于完成我们的愿力，所以希望各位花点时间去看一下你的愿力，你今生有今生的功课。每个人的人生都是有意义的，你不可能是来吃喝玩乐的，赚钱不是就让你吃喝玩乐的。

当你了解自己的愿力时，相对应的那些条件就不断出现。金钱只是依附着你的愿力而来，我希望你好好探究一下自己，然后你越了解要怎么过这个生命，你就会越来越好，这就是平衡性，要做这个平衡。舍得就是一个平衡，你要付出，自然就会拥有。如果你没有去创造这个平衡，甚至你没有让自己在这个平衡之下，只要不是正当性的原则之下所进来的，在平衡法则之下它就帮你再流出去。

我希望各位不要被逼着流出去，要高兴地流出去。你把钱好好地规划一下，用一部分钱好好地做照顾众人的事，报恩、感恩。创造生命价值喜悦的事，你为什么不做？你做这些事情不就是一种平衡吗？那你要做啊，尤其你要先满足顺序性，从你的父母开始。

顺序性越强越好，越符合顺序越好，它能让你的生命有所改变，且非常重要，这都是你顺序性里面很优先的条件。比如说过往曾经提拔你的领导啊，影响你的老师啊，你要去感恩，这些都是顺序性，你要去做这些事。只要你一直在这个平衡状态，你不断地在阴生阳长，不断地在养你的德，你的财富就会不断增加，自然你的家庭、你的生命就开始改变。这个时候你的内在很自然就会有能力。

财富的第四个运转法则——能量性。财富其实是高能量的，有办法创造高能量的人，才有办法驾驭财富。你不具备高能量的时候，你没有办法驾驭。各位，又回过头来讲，我刚问你的，你对你的生命抱持的是严肃、沉重，还是一种喜悦、快乐这种高的能量、好的能量？越好的能量、越纯净的能量，会让你跟道的法则、财富的法则越加融合为一。所以你做这些事情，自然就在转变你的能量，那各位要怎么样有高能量？

每当你在做某件事情，或是每当你在使用金钱的时候，你一定要感受到什么？感受到你是很有价值的，很喜悦的，很享受的。你一定要有这样的感觉：我做这一行很值得，觉得人生太值得了，这笔钱太好了，用的太棒了！你一定知道我在讲什么，你一定有过，用了一笔钱，创造出很高价值的那种感觉。你付出那笔钱，对他人创造出很高的价值，恭喜你，你的能量很高。当你具备高能量时，你的状态会非常好，你就会像磁铁一样吸引机会，吸引条件。你不断地创造因缘，改变因缘，你有比别人更多的机会。

其实我看见一些成功的人，有时候他们不一定是特别有能力的人，但是他们都能遇到机会。机会这个东西就像因缘一样，不是你可以强求的，那是一种能量。如果你遇不到，你就没有，你遇到了，你要看得准，你又懂得好好地去做，你的生命就不同了。今天因缘没有到来，代表你内在的能量还不断地阻碍你。

你修复了你与母亲的关系，你会扫除你生命遇到的一些障碍，甚至一些阻碍你因缘的障碍。你要从你的父母身上慢慢下功夫。尤其对你的父亲，你要更加愿意做这些事情，打通你的内心。你与父母亲之间一定有很多坑坑洼洼，一定有很多心结，你去做就知道我在讲什么。你消除了你的障碍，你的因缘就会到来。有能量的人一定能够创造因缘。

因缘是一个特殊的东西，因缘会随着你内在的能量调整，不断改变磁场。让自己往一个高能量的地方发展，提升很重要。要懂得感恩、尊重，这都是很简单的道理，都是你要去做的事情。

财富运转的第五个法则——流动性。钱财的法则，就像道德法则一样，它是流动的，怎么流动？就是钱财是往愿意创造价值的人那里流动，所以你一定要去创造出价值。

同样的道理，如果你有德，钱财就往你身上流。你今天有德，你愿意照顾一百个人，钱不往你那里流很难啊。你要服务一个亿的大众，钱不往你身上流也很难。所以它是流动性，有德的人可以掌有。什么叫有德的人？简单地讲就是愿意创造价值的人，这个价值不是为你个人，是对众生有价值。各位好好思考，你生命走到现在，有没有依这些法则在做？你越依照这些法则去做，你越可以感受到真实性。各位，我们要检讨自己，我们一定要看清楚自己的问题，其实看得越清楚，就越知道我们真的就是那一点点心量。我们的量太小，就像水缸一样，大概就可以装这么多水。就像长江的水就是流不到你家，因为流到你家，你也受不了啊，你没有受的那一个量，你只是水缸！你想办法把自己变成洞庭湖，你就可以调节长江的水。一样的道理，你要先让自己成为一个有德的人，那你就是在创造它来的条件。

财富运转的第六个法则——延续性。什么叫延续性呢？今天你好的德行，可以不断地让你的后代子孙享用。同样，你今天不好的德行，你后代子孙也必定帮你承担。延续性的意思是什么？它就是在保护平衡性。你有德性你可以享受了，问题是你的孩子没有这个德性。因为这笔钱财属于你，但是不一定属于你的孩子，所以古人常讲“留财不如留德”。因为德性可以延续，财产没办法延续。所以我不断提醒大家，内在必须大于外在。只有内在够了，才能够承接得住外在。你的孩子在你身上没有承接内在，他就没有办法承接到外在。当他硬要接那个福的时候，或是享用钱财的时候，他不会顺利。

我劝很多父母亲，不要为了孩子打拼，你留给孩子越多，你的孩子越没有用，因为你在破坏平衡性。他的生命不是要这样，每个人都有他的路，你给他适当该有的，接下来他自己会走。如果你放不下心，硬要把这个东西给延续下来，那么很抱歉，所谓的“无功不受禄”，没有功，他内在的状态没有办法达到你所创造的那个物质条件，孩子没有办法承接，所以延续下来会有很多问题。当然，如果你有好的内德，这个东西延续下来就会有好的价值。在钱财运转的法则里面，只要你有德你都可以涵养。

我希望各位通过运作这个过程，看见以前犯的错误在哪里。你一定要坚持改变，你越坚持做，你就越能看见你内在的量到底有多大，你就会看见生命不断在改变，你会看见道的力量在运作，非常强。所以要选好一个坚持做，好好地探究自己的愿力，好好地把这件事情做好，坚持下去，最后上天一定会给你一个满意的答案。

人生可以学道，有机会接触圣贤的智慧，我觉得非常幸运，如果没有学习这些，我不知道还要苦多久。很多东西，如果没有人教，自己想不通。所以我非常感谢我的老师，以及这一路上引领我的人，我希望大家做一个懂得感恩的人。心怀感恩，你就在改变那个因缘，改变那个磁场，你在改变你的后代。希望大家好好地做，好好地体悟，把所学到的在你的生命当中展现出来。

祝福大家在生命中都有所突破，感受到自己生命的价值，实现生命的价值，体验到金钱财富的可贵。

第六讲

创造财富之禁忌

人非常奇怪，各位可以问问自己，当你赚到很多钱的时候，你真的感到心安快乐吗？如果你某一笔投资非常成功，赚到很多钱的时候，你真的感到心安、自在、喜悦、祥和吗？如果没有，那你就可以看见自己驾驭金钱的能量非常不足。也就是说，你匹配那一个物质条件的内在还没有到达，你不可以盲目地追求。所以我们今天学习创造财富的禁忌，这一个禁忌就是我们要提醒自己。

就好像我们教孩子一样，孩子小的时候不懂什么是火，这时你要告诉他，火危险，他不能靠近。同样，我们有很多追逐财富的行为都可以去做，但是错误的心态、错误的行为，我们不能拥有，我们要避免，甚至永远都不可以触碰它。就像火一样，就像毒品一样，因为一碰就会出问题。所以现在要学习，避免往后进入误区，前面几讲我们建立了观念，我们要不断地做好。

创造财富的第一个禁忌是什么？就是你只想得，你一点都不想舍。财富有个很重要的法则叫平衡性。平衡，我想现在大家应该很清楚，你不可能平白无故得到一个好处，为什么？你必须付出相对应的代价。

生命当中都是这样，各位，你一生下来，你的爸妈就照顾你，是什么原因？这一点我们要认清。你生下来，爸妈就照顾你的原因是因为你是他的孩子，你有那个角色，你享有这个角色的好处，也有你要付出的代价，你要先想清楚这一个。那么你从小就得到了这么多好处，对不对？请问你付出的代价是什么？人都是一样，你承受了这么多好处，这个好处先不要跟别人比，先问你所要付出的代价是什么？很简单，你至少要做个好孩子，对不对？我们先不管这个好孩子到底要多好，或是要怎么做，我们先不管这些，因为这个不在今天讨论的范畴。我只是说你至少要做到这一个，如果你做不到这一个，你离开了父母，你父母亲还有办法照顾你吗？没有办法。你不愿意跟父母亲好好地配合，你最后会得到你想要的吗？不容易，你必须有相对应的条件。也许你的父母亲有些行为你不满意，你不同意，但是在你成长的过程当中，就某部分而言，你要配合他们，你才有办法得到这些好处，这个就是我们讲的相对应的代价。

如果你很想得到一个东西，比如说财富，那么请问你要付出什么？你要付出服务和贡献，同样的道理，你想得到父母亲对你的疼爱与关爱，甚至对你比其他兄弟姐妹更多的照顾，你要做到什么？你要做到让父母亲信任、认同和喜爱，对吗？这个是你要付出的代价。人不可能什么都要拿，却不付出代价。

如果是做生意的伙伴，永远都是你出的比较多，而得到又比较少，请问有人要跟你一起做吗？当你理解这些事的时候，你就不会违反第一个禁忌：你只想得不想舍。而你永远都在占便宜的时候，或是你永远都在想得的时候，那你要反问自己一句话：你凭什么可以得到？你付出了什么？你做了什么？如果你有这样强烈的观念，绝对不会犯这个错误，你很清楚地知道，任何你要得到的东西，都必须付出你的服务和贡献。

对于你手上的工作，你的贡献是什么？如果你的贡献只是把例行的工作做好，而你却期待有更好的待遇，你觉得这样公平吗？你自己想，等到有一天你也当领导或是你也当老板，你的员工只是做到了一些例行的工作，他也没有创造出更高的价值，做更多贡献，而他做的这些事情所有人都可以马上替代的时候，他的贡献在哪里？如果没有，凭什么要拿更多的薪水？如果你认同，你就不会犯下这个错误，你的顺序性就不会有错误。你内在不会抱怨，你会改变自己，你会提升自己。

如果你跟我说：吕老师，这样很不公平，我的人生好像永远都是在交换，我如果不做这个，我就没有了那个。那么，我要告诉你，财富的法则就是交换，你今天不想交换，就想要得到，你已经打破了财富的法则。远古时代各个部族里面，因为没有货币，大家用物与物交换，慢慢发展有了货币之后，人们才用货币来代替以物易物的交易形式，但是这并不能否认，甚至你不能消除，你必须做交换性的服务。

人生就是交换，你说：吕老师，我跟我爸妈之间，我一定要把儿子做好，才可以享受到爸妈对我的好处，那我这样的交换是不是太有目的了？这是你的问题，代表你的顺序性有问题，你心态有问题。我不断地强调，你今天不断地舍或是付出，但还没有得到的另外一个原因，就是你的顺序性颠倒，你内心不甘愿，你有目的。我们学道的人，就是要保持内在很纯，我们要把思想变得很纯正，纯正到没有杂念。

当你的内心越来越纯的时候，就像黄金的纯度越来越高，你千万不要想：我们越来越纯了，那不是越容易被欺骗了吗？各位，内心纯正的力量，那是一种能量，那是有智慧的，你会被骗代表你还在盲目，代表着你没有判断的能力。我内心很纯正，我判断事情很清楚，不代表我是傻子，不代表我是笨蛋，各位要搞清楚。学道不是学傻，学道是学智慧，懂得运作，懂得在正确的道路上操作这一切，那才是有意义的事情，学道不是最后变傻了。

如果你觉得你永远都是在跟人家交换，代表你的心不够纯，你的心里面还有很多禀性，那你要修正你的心。当你内在能量越纯正的时候，你吸引来的东西会越干净，你往后的运作才会顺利。你一定要先舍，你舍的过程当中心要纯正，所以我刚刚给各位一个目标，那就是你要对人有贡献、有价值。

什么叫有贡献、有价值？就是你在你的工作岗位上、在你的家庭关系当中不可取代。你自己想要有，你也要帮助别人有，你要创造这个东西。你很想让他人知道你不可取代，那请问怎么办？你要舍。你越自私时，你越只想得、不想舍；你越自私，你越没有办法创造价值。创造价值，不是让你变成一个自私的人。你要成为帮助别人的人，那么你就会成为有价值的人。你想成为一个好的老师，你培养学生成为一个优秀人才，你就是有价值的老师；你想成为一个有价值的领导，你帮助你的员工成为非常好的领导，那么你就是一个非常有价值的领导。这里面的逻辑你要慢慢静下去想，不断反复去想，你想要的，你必须先努力去做。

你要有照顾众人的心，你想成为一个有钱的人，你就要帮助别人成为有钱的人。如果你有照顾众人的心，你不就自然成为有钱的人了吗？你想要的一切，都必须努力地付出在与你有缘的人身上。如果你帮助别人获得价值和财富，或是有价值的生命目标，那么你就会获得你想要的。这一点你要悟，你要做。只有做的人，才知道我在讲什么。

我要你去创造出价值与贡献，让你成为一个有价值有贡献的人，不是要你去搜刮别人，或是让你自己成为非常有能力、高高在上的人，不是这一个，是你要把你想要的所有一切，让与你有缘的人都能实现。只要你这样做，你就在创造财富，你就在避免财富的禁忌。

创造财富的第二个禁忌是，财富绝对是来自创造，而不是竞争。如果你今天赚取财富的过程，或是服务的过程抱持的是一种竞争心态，那么你犯了禁忌。你也许会说：怎么可能呢？这个店家卖的比我便宜，难道不是竞争吗？好，如果你转不过来，那么你看到的就是竞争。如果你把竞争变成是一种创造，那么你财富的观念就打通了，财富是来自创造，不是来自竞争。

如果我们今天教育孩子：你要好好努力，如果你不努力，你以后的下场会很惨，因为没有竞争的资本。如果你是用这样的方式教育你的孩子，那么你的孩子永远活在竞争的观念之下。也就是说他的心里没有创造的价值，他越争越少，越争气量越小，福报会被自己争完。这个不是道，古人没有这样教。我们老祖宗的观念里面根本没有这一个，我们讲和不讲分。所以你要创造财富，必须先懂得和的观念，就是你要去创造大家都能够共享的利益。

如果你永远都在想你自己，那么你就犯了创造财富的第一个禁忌，你是一个自私的人。你只想得不想舍，你的事业就做不大，你没有办法扩充你的利益关系、财富关系，因为没有人愿意跟一个永远都要占便宜的人做生意，没有人愿意跟永远都要拿尽好处的人共同合作。那么竞争是出于什么心态？是出于恐惧感，是出于缺乏自信，出于自认为没有机会。也就是说竞争观念下的心态是一种匮乏，用这样的心态做事，已经违反了生命法则的顺序性。当你违背了顺序性，你觉得别人都在跟你竞争，你接着就犯下第二个错误，就是你的正当性不足，你会用很多心机，很多小聪明、小伎俩，甚至一些不该拿的，你也会拿。当你正当性不足的时候，你又会破坏那个平衡性，怎么来就怎么去，最后还是离开。

你用竞争的心态，可能会有一段时间你的业绩有所突破，但之后，你会越做越辛苦，你慢慢会发现，你再怎么努力都难。为什么？因为在竞争的过程当中，你一直在削弱能量，你无形当中把你的福报给消完了。甚至在竞争的过程当中，你用上一些正当性不够好的行为，无形当中损害了你的福禄。消耗福禄的时候，你就不会有好的因缘。若你没有好的因缘，即使有再好的条件、再好的能力，你都没有办法创造财富。

我们学财富法则时，要打破内心很多错误的观念，要把竞争的观念慢慢转换成创造。你有没有办法创造一个大家都好的情况？你有没有办法解决大家都困扰的问题？你只要有办法解决，你在这条路上会不断扩展，因为所有人都喜欢这个。而竞争的背后代表着你想要多拿，竞争的背后代表匮乏，甚至你有恐惧感。也就是说，你用这种心态与人交往的时候，所有人都会感受到一种不舒服、不信任，你的合作关系通常不会长久。

创造财富的第三个禁忌是，在创造财富的过程当中，或是在经营赚取钱财的过程当中，破坏了人我之间的幸福关系。

如果你没有办法实现人我之间关系的幸福，那你要钱干什么？你赚了很多钱，回到家，你的老婆离开你，你的孩子看不起你，然后这个家庭四分五裂，你有豪宅、别墅，可你幸福吗？你觉得在这样的状况下，钱财留得住吗？或是因为这些钱财，家里的人跟你闹纠纷，你觉得你可以长久拥有钱财吗？这是不可能的。

我的一个学员，他的企业做得非常大，某天他开车送我去上课，我为他做企业培训。他用国学建构企业文化，企业内部很团结，向心力也好。他自己的事业很成功，家庭也非常幸福。我跟他长期相处之后，知道这很不容易，我就问他：生意做这么大，怎么还能把家庭经营得这么好？通常企业做得很大的人，很少有时间与家人相处。这个学员说：吕老师，我和太太一起经营这家公司，我们有一个原则，这个原则在我们公司里面是最高原则。我说：你说说看。他说：只要赚取这笔钱或接这个订单，会伤害我们夫妻之间的感情，或耽误我们家人在一起的时间，我们就不接这笔订单。你觉得他是不是傻子，或是你觉得他笨，他为什么跟钱过不去。如果你有这种想法，那么你在经营钱财的路上，一定很辛苦。这个学员的想法才是对的，因为他赚取钱财的过程当中没有破坏人我幸福关系。这不叫傻，也不叫笨，这代表他内在的能量很纯，他并没有因为钱财破坏他的顺序性。各位想想自己的心态，有的人为了钱，可以放弃家庭，放弃老婆，放弃孩子，那他跟谁合作做生意，只要有一点事情，遇到一点困难，他不说跑就跑了吗？一个人的价值就体现在他的忠孝仁爱里，这就叫正当性。

一个正当性不足的人，不可能涵养得住赚来的钱财。正当性就是要做符合孝悌忠信礼义廉耻的事，这八件事，哪怕只挑一件做，生命就会改变。

一个人内在有好的能量，代表他是个有智慧的人，懂得找方法的人，不会破坏关系的人，代表他在实践生命的法则。我这个学员为什么愿意用国学来培训他的员工？代表他的内在完全不一样。

创造财富的第四个禁忌就是不正当性。不是什么钱都能赚，不是什么钱都能要，你要做出对你生命有帮助的事，而非伤害你的生命。

如果这一笔钱财或这一件事情会损害你内在的德性和光芒，这笔钱不赚也没关系，这很重要。你做出来的事情玷污你的德性，影响你的光芒，这件事你不要做。因为还有很多机会，这些机会只要你会用就行，只要你内在有很好的能量，你会不断感召好的机会。

曾经有一个学员，他的企业做得很好，我们要办一次课，他觉得这个课很重要，他说只要我们办课，他工厂所有的员工全部停工一天，机器设备全部停下，让员工来上课。各位，你不要小看，所有员工停工一天要花多少钱，这个利益，不是我们想象中的那么简单，很多钱啊。所有员工上课，我觉得这很了不起。更了不起的地方是刚好要上课的前几天，他接到了一笔大订单，这笔订单要求他在几日内完成，所以他必须连夜赶工，才有办法完成这笔订单，拿到这笔订单的钱，大概三百万元。这位企业家曾经答应我说只要我们上课的时间定下来，不管发生什么事情，他一定依照这个诺言做到。如果这件事情真发生在我们身上，我想我们大部分的人应该是一样的，我们会选择开工，以后还有上课的机会，大家先好好做工。我坦白讲，我们每个人大概都差不多，但这个企业老总竟然跟我说，当天他拒绝了那笔订单，让那一次课开课顺利，而且让每个员工上课，他觉得这件事情是最有价值的事。神奇的是，后来他跟我讲，三个月后，来了一笔七百万元的订单。

你真的是因为没有能力赚不到钱？如果你的观念永远都是竞争，你越竞争越没钱，你要创造价值。这个学员的观念就是创造价值，上天帮他补一个订单，这就叫平衡性，这个就叫顺序。我要各位去种的那个种子，就是要种下服务众人的心。只要你照着这样做，我保证会有好的结果，你敢不敢做，你愿不愿意做，你能不能坚持做，你的正当性够不够？你做得到，上天不会亏待你。

创造财富的第五个禁忌是自满骄傲、嚣张狂妄。什么意思？各位，有没有曾经不小心赚了多一点的钱，就很自豪，沾沾自喜，觉得自己了不起的，有没有？有没有觉得，我好像日子不错，我有能力，然后得意忘形？人那种嚣张猖狂，想要引以为傲，让所有人都认为自己很了不起，这个心态违背了财富法则，是一种野心，野心之下的心态会加速崩溃和散乱，在野心之下的这一个自满嚣张，自以为是，处处想要别人把眼光放在自己身上，只是加速毁灭最快的一条路。

在经营人生甚至在创造财富的过程，我们要的是那一份感恩与尊重的心，是这份工作养活我们全家。父母亲的工作，无论好坏高低贵贱，是这份工作养育了我们，不要看不起，我们要的是感恩。工作没有高低贵贱，钱财需要的是一种感恩。一样的道理，生命需要的也是一种感恩，不是让你拿来炫耀的，不是让你拿来骄傲的，不是让你拿来猖狂的。我看到很多好的企业家，有成就的企业家，都很谦虚。他们不会到处显摆，然后在微信朋友圈里面把自己今天赚多少钱拿出来晒晒，不会。他也不会跟人家讲他今天做多大，他就是踏踏实实、简简单单地做自己的事而已。这个都是在道的法则之下，我们在学道，我们就要懂这个，不要不断地犯错，自己又找不出原因来，然后又说上天没有给你机会。你要去反省。

创造财富的第六个禁忌叫攀比，简单讲就是乱比较，盲目地比较。人不能比，钱财也不能比，人比人气死人。我们真正应该学习的是德性，而不是比外在的条件，你比外在的条件，请问你要干什么，不就是为了满足你的虚荣心，展现你的猖狂骄傲、志得意满吗？那你就犯了禁忌。你现在不断攀比，暗含的心态是什么，不就是你对现在很不满意、很不知足、很看不上吗？那你这样的生活不是越过越痛苦吗？你每天工作，甚至你每次付出的时候，你都在想什么？你做这些事情也没有比别人赚的多，你为什么还做这个？那你就越做越痛苦，你的心是痛苦的，你怎么创造价值？当你用比较的心态在做一份工作，在经营你的人生关系、家庭的关系甚至你的钱财关系时，你的人生是痛苦的。一个痛苦的人在做一件事情的时候，绝对不会充满价值感，也不会带给任何人喜悦和贡献。所有的价值都是在喜悦和沉浸中，在感受这件事情的成就和价值感中完成的，你只有提升自我生命价值，才能够带给别人能量。

这几点财富的禁忌，我们永远都不能碰，要懂得避免。而你要做的事情，是你要不断地创造价值与贡献，而且你要帮助别人也获得那一个，这才是你要做的。你要有创造的概念，而不是一种竞争，竞争背后是担心、匮乏和失去的心态。把这些对的观念放在你的脑中，不断去做，做到你发现真的就是如此的时候，就是你内在能量已经具足到可以承接外在物质条件的时候，自然而然外在物质条件就到了。这些都是自然具足的。

所以我希望伙伴们，在往后的日子，在共修的过程当中，不要一直把焦点放在财富和金钱上，要想办法在生活当中转变心态，通过实践，改变内在的那些盲点和执着，以及禀性的障碍，那么就有办法打通财富的瓶颈。你们要去做，你们要去感受。

第七讲

障碍财富的心念

道其实很简单，就是无我利他，就是放下自己的私利，踏踏实实去做事。学道其实只有一个简单的观念，就是心念正确，加上务实的实践，必然会得到好的结果。

你也许会问，吕老师怎么这么有信心？你怎么可以确定我会改变？你怎么这么确定？各位这个就是心念，对我而言，这些都是我实践出来的，我真实看到那些已实践的人，最后会得到什么样的结果，从刚开始的一个两个，到教出来十个、二十个，到一百个，甚至现在有多少家庭受益我已经算不清了。当这些数量已经没有办法算的时候，我就养成了一个很强大的信念，很强大的能量，我自然相信一定能做得到。这个没有什么好怀疑的，对我而言，这叫自然。就像春夏秋冬的轮回对我们生活在这个地球上三十年、四十年的人来说，很正常，秋天过后一定是冬天，不用怀疑，连想都不用想，自然知道该做什么，接下来该做什么准备。

在生命实践的过程中，我们有一套要遵循的法则，当然财富也有一套法则，我们遵循这个法则，做该做的事情，当然最后该有的结果一定会有，这是很自然的。所以我向大家说明一件事情，其实根本没有追求财富这个观念存在，因为你本来就有，你为什么要追求。

变好是必然的，我们的心已经决定了一切，改变是必然的。对我而言改变是很正常的，我不需要特别劳累，我也不会因为你不改变我就很痛苦，我不会觉得辛苦，因为这是自然的。一样的道理，走上正确财富之路的人，财富到来是必然的，根本不必去追求。如果你有追求的心，代表你觉得你现在没有，代表你觉得你现在是不好的，那么既然你觉得自己是不好的，觉得是辛苦的，那么你在追求的过程当中，必然会产生和你内心相一致的情况出现，比如说辛苦、劳累，甚至是不高兴等，太多的情绪都会产生。你一开始的心念，就决定了你人生路程上所感召到的因缘。同样道理，你一开始的财富观念和心念，也决定影响你在实践中和吸引财富过程中的因缘。

之前我跟大家提出很多在道上应有的财富心态、观念和法则以及财富的禁忌，这些就像你今天学习开车，不管你的技术有多好，车子有多棒，只要你不了解交通法规，都没用。你要是不断地让自己不在道上，那么再好的车子，再好的技术，都没有意义。所以我们在追求财富的过程当中，要确保自己在道上，在道上很重要，你只要不在道上，那么后面发生的结果必然是不好的，就好像若你不遵循春夏秋冬季节的变化，你的身体就会有疾病。

在追求财富的过程当中，你首先要把追求财富的观念放下，若你脑海中还充满着追求财富、金钱字眼的时候，很容易让现阶段的你不在道上。因为我走过这条路，我很清楚这些对你会有什么样的影响，所以我不想你经历这些。我宁愿让你成为有价值的人，宁愿让你成为懂得贡献、服务的人，我宁愿让你用这些字眼在脑中建立正确的观念，我也不希望你在脑中输入“追求”“财富”这些观念。我希望现在的你依照这个来走，你会走得轻松，会走得更好。

当了解了所有财富的法则，那我们现在要做什么？我们都知道财富如水，古人讲水充斥在整个四周，空气中有很多水分子，但我们看不到。我用一个简单的道理让你了解，你现在怎么把空气中的水分子抓起来变成水来喝，请你告诉我。观念我们都知道，但能做到的人才能成功。怎么把水分子变成水来喝，这个取决于这个人有没有本事。简单说一句话，我端一杯水给你，你才能喝，也就是说这水装在杯子里你才能喝，我如果把这杯水泼在你身上，你可以喝到多少？

观念都知道，问题是拿不到，等于不知道，等于没有方法，等于你没有开通，所以我们学道不是学表面的知识，学道是真正实践出可以操作的方法，改变我们的生命。我们学习财富，就要为自己的财富创造一个管道。

你要建立管道，问题是这个管道有山阻碍着，你得把它拿掉。这个管道前方有很多荒地，需要很多人力来挖掘，那你必须克服这个困难。所以各位不是没有创造财富的本事，是创造财富的过程太多障碍，我们没有办法发现，我们没有办法剔除，所以我们不断陷入其中。我们要清楚了解，到底障碍我们财富之路的心念是什么。

障碍财富的心念非常多，涉及每个人的成长背景、过往经历等。每个人都有自己的障碍，你要突破那个障碍，就要用实际有效、感受得到的操作方式，这个就变成身教，你要自己操作。

我用一个简单的比喻，你很喜欢一个女孩子，你很喜欢她，你要追求她，但是你内心充满紧张、焦虑、恐慌，觉得自己没有本事。你觉得一个条件比你好的女孩子，她会看上你吗？这是一个简单的比喻，我通过这个比喻让你自己感受一下，你觉得一个比我们有自信、条件比我们好的女孩子，会选择一个没有自信、很焦虑，甚至都看不到未来的男生吗？如果你想通了，你就会明白用这样的心态去追求，你想要的东西是不会到来的。如果你没有办法看见你内在真实运作的心念和情绪，那么你只是用错误的方式在追求，你就犯了财富的禁忌。

道理我们都知道，问题是要怎么改变？如果你没有办法改变这个真实的状况，那等于你知道归知道，现实生活归现实生活。当我们看见自己的内在心念及背后的情绪时，我们就要下功夫改变。我们要培养内在吸引财富的能量，我们要知道障碍财富的心念。

障碍财富的第一个心念，也是最大的心念就是我们内在莫名的恐惧感。恐惧感从哪里来？第一个来源是过去有重大的失落。我用最简单的比喻让各位了解，比如说你追求一个女孩子，你被拒绝了，你有很大的失落感，那么下次你再追求的时候，请问你会怎么样？会很有自信吗？通常不会，我们通常的情绪是害怕再经历那个失落。这是我们的共同点，大多数人都是。所以拥有财富的人，必须跨越他内心的障碍。如果我自己没有跨越这个障碍，我今天讲这些，你不会感同身受，因为我跨越过来了。你往后再追女孩子会更保守，更小心翼翼，更害怕失落，所以你会降低标准，也就是说为了避免那个失落，你会降低你的标准，你宁愿让自己处于更不好的状态，然后你会告诉自己这样你会好。事实上是你被自己的重大失落给框住了，而这个重大失落成为你一辈子难以跨越的一条障碍线，成为你莫名恐惧的来源。

你要想拥有财富，拥有幸福的婚姻，你就要跨越内在的障碍。每个人的内心都有一条障碍线，你要跨越它。这个莫名的恐惧感，到底什么时候产生的？你要探索，这个探索过程几乎都与原生家庭有很重要的关系。追求财富必须在原生家庭甚至是五伦关系上建立很好的基础，之后就是水到渠成的事情。《大学》中有讲“德者，本也；财者，末也”，你把你的本搞好了，末——财富自然就有了，所以这个重大失落值得你探讨。

比如说，你经历重大考试、重大比赛的时候，内心会充满压力，从而你会失去平时应有的表现和能力，这个时候你内心产生了什么样的能量？各位，人很奇怪，绝对不会产生：我下次再努力。嘴巴讲的是这样，心里想的却是：我做不到，我跨越不了，我每次都这样。这就是障碍你财富心念的关键。

我们会想这是我小时候的事情，跟现在有什么关系呢？各位，我们活在一个能量的世界，财富只是能量的一种而已，财富有能量性，你能量不通，就没有办法创造那个分子结构。现代物理学、量子力学可以解释得很清楚，你产生什么心念，好状态的能量与不好状态的能量会引起分子结构上的改变，你所产生的能量大家都看得很清楚。也就是说当你改变分子结构的时候，你创造的物质条件也就跟随而来！既然你的分子结构是你的心念造成的，真正影响你心念的，你有改变吗？十年前的伤害还在吗？你只是用过去错误的方式在追求外在的东西，那么你不断经历的当然是失败。

一个人每次考试都赢的时候，他内心想的是什么：我根本没有实力，我只是靠着自己一点点的运气，我只是靠着一点侥幸。所以往后他在做任何事业的时候都充满压力，因为他知道那都是侥幸，那都是运气。只要这个运气不在，他就失败了。所以他在追求过程中，充满压力，充满不安全感，所以他追求更多的财富都只是为了安全。而事实是当他拥有很多财富的时候，他同样没有安全感。这不就是给自己创造更多障碍吗？即使他有很多钱，到最后都是功亏一篑。当你没有办法处理莫名的恐惧时，你必须把心安住，在这个地方好好处理。

莫名的恐惧感的第二个来源是什么呢？是过去有越轨的行为。我们过去的行为不在道上的时候太多了。上天给我们最特别的地方就是我们有良知，我们欺骗不了自己。而这些你过去没有圆满的地方，甚至你曾经犯下的过错，都会成为你的负能量。这个负能量会改变你的分子结构，所以你不断吸引来的是什么，就是遇到麻烦事。这就牵涉我们讲“道的循环”。道是很公平的，你曾经犯下的错误，你不用掩耳盗铃觉得它会不见，你觉得不去处理、不去忏悔，它会自动消失？不可能的。一个萝卜一个坑，你没有填满它，水流不过去。我们过去做的越轨的行为，比如说我们运用一些小伎俩、小聪明甚至非法赚取来的钱财最后会离开，所以我们说不在道上的东西怎么来就怎么去，看久了你就习惯了，习惯了你就不会去做这种事，因为没有必要，这些都在浪费你的生命、你的时间，不在道上的事情，结果都不好。那你为什么还要浪费时间去做，除非你不知道，你知道你还会做这个事情，这叫明知故犯，也就是说你喜欢让自己失败。但正常人都会希望自己的人生越过越轻松，越过越自在。

财富就像一台车，其中的各部分零件就是我们的五伦关系。所以有很多与我们的原生家庭有关系，我也希望各位在生命中更多地去实践，你会感受到更多改变。

障碍财富的第二个心念是负面的想法太多（错误的见解太多）。这里有太多值得探讨的事情，我把它列出来，让各位在探讨的时候比较方便。

一是觉得自己不值得拥有。人很奇怪，你想不想要美好的事物？你想，可是你达不到，你知道达不到，所以你变成什么，你连那个好都不敢触碰。我打一个最简单的比喻，你很喜欢一个帅哥，可是你觉得自己配不上，你连想都不敢想，你内在抗拒。当我们内在有不值得拥有的心念时，代表着我们在抗拒所有美好事物的到来。也就是说当你觉得不配拥有的时候，这个事情发生在你身上会怎样？你不敢接受，你会自卑，你拿这些你会觉得不自在，人就是这样。如果平常你穿一件衣服一千元，我忽然拿一件十万元的衣服让你穿在身上，你会浑身不自在。

你一直说你想要名贵的衣服，可是事实上，当你拥有这衣服的时候，你会觉得自己配不上。这是非常微妙的见解，这种错误的见解要通过适当的实际操作才能改变。也就是说，你心里很想嫁给一个帅哥，但真有一个帅哥来到的时候，你会觉得配不上，这个到底怎么来的？这个也与原生家庭有很大关系。你必须往回找，看你不值得拥有背后的情绪是什么。有的人觉得这是自卑，有的人觉得这是不敢面对，有的人觉得这是逃避……太多了，你要自己面对自己。

二是觉得有罪恶感。不值得拥有是一回事，接下来会有罪恶感。比如说有人买了很好的东西给你的时候，你会有一种罪恶感，你莫名地恐惧，你说不出原因。你的能量出了问题，你做出来的事情必然会让它消失。也就是说当一个人拥有很好的事业，可是他充满着罪恶感的时候，他会让他的事业崩溃。发生这个问题的时候，你要懂得调整，你要觉察你这个罪恶感是从哪里来的。这种错误的思想不断影响你，不只是在你的生活中，甚至在你的事业、你的关系、你的财富中。为什么你拥有这个美好的东西你会有罪恶感？必定是你在生命当中做出有亏的事情，不然你不会有罪恶感。生命就是这么特别，怎么来，怎么去，你在道上有不圆满的地方，就会出现这种现象，它会流出去。

三是手里一有钱，就想把它花出去，一有就觉得不自在。为什么一有就想要给出去，不给你还觉得怪怪的，你看着自己的存款有一万、两万的时候，你就觉得怪怪的，不给出去不行，这背后有你很重要的生命功课要探索。这些不断地阻碍着你的通道，水流不进来。

四是压抑自己的欲望或放纵自己的欲望。压抑自己欲望的人，是因为他觉得他花了之后会没有了。那放纵自己欲望的人，是有了之后他总是想花，因为他不知道什么时候还会有。那他背后也有障碍财富的心念，就是怕不会再有，这些都是错误的，必须把这些错误的见解一个一个拿掉。

我讲的是一种感受，这种感受不是我用语言文字描述后，你说我懂了，不是这样的，是你面对那个状况的时候，你自己那个感觉就跑出来了，感觉没有办法欺骗人，就像你爱不爱那个人，你自己知道，你不能勉强自己去爱。那个就叫感觉，你没有办法欺骗自己。所以过度压抑或者过度放纵背后都有障碍你财富的心念，这种错误的见解，来自你过去可能发生过某种不好的行为，这些东西你必须面对，如果不去面对，你没有办法变好。

五是酸葡萄心理。这种人常常讲，其实人生所得我们都带不走，我们要淡泊名利，有就好。讲这些话的时候我们要确认自己的内心，如果你是真实地经历了一些事情，体会到金钱不是人生最重要的，知足就好，淡泊名利，生活简单就好了，而且你内在是充满能量的，那么这时候你讲这些话后面带动的能量会非常高。如果没有，你讲这些话的背后是一种酸葡萄心理。这一点就是障碍你财富的关键。你会告诉自己：我追求不到钱财，我没有这个能量，所以我给自己一个很合理的台阶下。但人生不是这样的，如果你有这样的想法，那你在五伦关系上面也必然会出现这样的问题，也就是你会觉得你做这些事也没有什么意义，你的生命会变得非常消极，非常没有动力，这些都不是正确见解应该有的，这都障碍财富，也会障碍你人生走向幸福。

障碍财富的第三个心念是缺乏行动力。错误的见解每个人都有，这些错误的见解需要深入探讨，需要一些适当的操作，让你把内在的那个感觉调整过来。当你调整过来的时候，也就是说你的分子结构是在对的状态之时，那么你必然会吸引财富到来。我们很多人讲吸引力法则，在家里放一个面板，把想要的车子、房子，还有喜欢的东西都贴上去，为什么还是没有用？你不断地催眠自己“我一定能够达到，我一定能够达到”，为什么没有达到？催眠有用吗？不是没有用，是你内在那个真实的能量跟它的频率不同，那你怎么可能会让它到来。你的频率接通的水管，是来自地沟的水，那么引到你田里的都是下水道的水啊。如果你打通的渠道是长江的水，那么引到你的田里的必定是丰盈的水。

我不是说吸引力法则是错的，不是这个意思，你用吸引力法则来吸引车子、房子，这些没有错，问题是你在接引的时候，是在接引下水道的水，那是不好的水，真正障碍你渠道的，是你接错了地方。同样是吸引力法则，为什么人家做就有效，为什么你做没有效，你的渠道来源错误啊，所以你接下来要配合正确的行动力，你要运用正确的行动力，朝着正确的方向走。我们要培养吸引财富的内在能量，我们就要建立正确的渠道。

各位，你不是不能拥有钱，你也不是有了钱之后一定要把钱花出去，你也不是不能拥有自己的欲望，你可以拥有，但是你要怎么让你建立在正确的、可以吸引财富的能量状态上，这是关键。你要建立正确的行动力。

你为什么缺乏行动力？这个是障碍你财富的心念，为什么这个是障碍呢？为什么你做了还是没有效果？很多人不是不做，他有在做，但是他做了之后发现也没有效果，所以导致他在做的过程中会产生怀疑。各位，当一个人跟另外一个人相处，充满怀疑的时候，会产生什么心态？提心吊胆、不信任、留一手、算计，这不就是你内在真实的心念吗？这不就是你真实的情绪吗？那么你产生的分子结构是什么样？你产生水的结晶是什么样？不就是那个混乱的、破裂的、不好的吗？

你缺乏行动力，甚至你行动了还没有好的结果，都来自你内心还不断在怀疑这个东西。我为什么一开始就跟各位说，最后你一定会达到你想要的，因为我已经操作过，连我自己都算不清有多少人改变，那么你为什么没有成功？因为你在第二个错误见解中，你自己是属于不值得拥有的人，所以你产生了怀疑。这一套系统，问题是在你身上，你不改变，我给你再好的东西都没有用。

你有没有曾经做一件事情，充满好的幻想，想它以后的结果，有什么样的好处，你都想得很清楚，可是你附带一个条件，你内在很多负面的想法、错误的见解，比如你会想，这个事情也没有想象中那么简单，如果做失败了，我要赔多少钱，我以后的人生会怎么样？你想了一堆好的，也想了一堆不好的，请你告诉我，你相信哪一个？你从内心相信那个不好的，所以最后你就会实践那个不好的，那不就是你吸引来的吗？

那你说你缺乏行动力吗？不是啊，你很努力地在行动，可是为什么最后会吸引到不好的，不就证明你没有把你内在错误的心念排除掉吗？你不断在实践错误的心念“我不值得拥有”，最后导致你现在的结果。

只要你没有找出障碍你的错误心念，你都是不断在错误的路上走，好的水源不会到来，所以我希望大家不仅要看清自己的问题，还要通过实际的操作让自己改变。既然你学习了，就必须不断让自己提升。也希望各位有更多觉察、更多改变，让你的生命感受到道的力量与神奇，当你内心产生信心的时候，你过往那些错误的见解自动消失，这没有什么好怀疑的。

第八讲

让付出成为一种习惯

当一个人处在感恩与喜悦的状态之下，他的能量很强，这个时候生命出现一些逆境、难关，他都会想办法解决。就好像今天你要去见男朋友，即使有很多事情要做，你一定会想办法解决处理，而且你都不会觉得累，你只是一心一意地想要见到他。只有你在这样稳定的状态之下，你才有办法突破并改变命运上的困难。

我们在财富上有障碍，那是因为这些障碍大过我们内在的能量。当我们内在的能量大于外在的时候，外在所有的冲突都不再是问题。而我们也不会把它当作一种困难，因为我们想的是怎么达成目标。我们内心并没有所谓的顺境或逆境，我们一心一意想的都是如何达到一个目标，当我们陷入所谓的好与坏的时候，我们的内心会产生对立。

当你的内心是在一种感恩和喜悦的状态时，你会超越对立，你的内心只会看到美好的未来，或是你想要实现的那个目标，因此你的内心没有任何负面能量，所谓的好坏对你而言就只是一个事情。你的心里没有好坏的分别，你只是把事情处理好就对了，其他的再继续往下走就可以了，你没有过多的情绪，没有太过复杂的思想，你很单纯地往前走，在这一股能量之下，你超越了对立的范畴。

这一个超越会让你在道上。所以我说慈悲喜舍是要不断地做，从而达到一种稳定的状态。你今天在帮助人的时候，你会看到内在有非常多的烦恼，当你在付出的时候，你会看到内心有很多执着、计较，那个就是障碍，是你没有办法超越的原因。而你要做的事情就是超越它，把它当作一种很正常的事情，这根本就不是困难，你只是把事情处理好就行，接下来再往下走。

我们就只是不断地往前走，内心不去评判好坏，这个就是我们要学习的。而这一个心态就是付出，这是真正重要的。我用比喻，就是要告诉各位真正的付出是超越对立，你在哪一个状态之下的付出，就会遇到相符合的共振频率，这个时候你所要追求的任何一件事情，都可以随之到来。我们现在要做的事情就是让自己的付出达到那一种频率。

《增广仪圣王凤仪语录》将所有学道的人分成四个阶段——志、意、心、身。志界人，不求而得，他连求都不用求他就有了。意界的人，是求而得之，他只要心里动个念想就会得到。也就是说民国初期的一位善人，一个普通老百姓，一个庄稼人，他都可以体会得到这一点，他都可以做得到这一点，我们为什么做不到？不是我们祈求的上天不给我们，是我们的能量没有那单纯的状态，所以王凤仪先生在志界里，志界人的内心是非常单纯的，他达到非常纯的境界，因此他不思而得。他连想都不用想，他连跟宇宙下订单都不需要，他就会有。我们做不到志界，那我们至少要做到意界，意界人求而得之，也就是说，只要你在这一个能量上，你求了，你就会有。那我们现在回过来问自己，如何让自己保持单纯的心？就是这个单纯在改变整个因缘。因缘的出现就是靠付出、布施改变的。我们所有学道的人，都非常明白一个真理，就是等待因缘的改变。

等待不是空等，等待是不断在正道上付出，就只差那个因缘。什么意思？春夏秋冬，只有冬天可以种小麦，你只等这个时机，在这一个时机未到来之前，你要做的是翻好土，你要做好所有的准备，你要储备好你的体力，你要做好所有一切的付出。因缘到来的前提是我们必须单纯地付出。

《孟子》中有："君子行法，以俟命而已。"君子通过修身，修好他内心，修好自己的能量，他努力付出，更重要的是他要修正内心所有的问题。"俟"是等待，修好自己只等待那个机会就好了。所以，修身立命，他的命就立住了。

我们学道时有很多很重要的观念，我们都要建立。不是我们的打拼不够，不是我们不努力，不是我们没有资金，我们学道的人要先把观念打通，我们要立命。要立命，就先要修身，修身是重点。修身的前提是什么？是存心。你存什么心就会有什么结果。

在修身的过程当中，我们要做的事情就是付出，付出才能改变一切。你在付出的时候不能期待有价值的回报，不能有等待回报的这个心态存在。你要把它当作这是你本来就应该做的事，你没有什么怀疑，也没有什么不高兴，因为这本来就是你该做的。当你把心态调整到这样的状态时，你的能量就很单纯。

要改变命运，我们就要知道命从哪里来，我们为什么会这样。我先做一个说明，我们不是为自己而活着，要先了解这一件事情，我们来人世间这一趟，是为了服务他人而活着。你可能没有办法想象，但是当我说明你就可以理解。你有没有想过，你现在觉得你在打拼，为了这个家庭，为了你自己往后的人生，但是你有没有想过，当你出生的时候有多少人跟着你一起来？

各位，你不要小看这个因缘，你一出生的时候就已经注定了有人要来照顾你，就已经注定了会有你要嫁的人，或是你要娶的对象，这也注定了有人必须为你提供服务，你的食衣住行等方方面面有多少人要提供服务。

各位想一下，你真的是为你自己打拼而已吗？你真的就只是想要得到财富，让自己过得好而已吗？如果你的心没有打开，你没有思考这个层面，你会自私。同样的道理，别人的出生，也代表着我们跟他有一定的因缘，我们也有要提供服务与贡献的地方。所以我们并不是单纯只为自己而活着，我们要做的贡献与服务远远超过我们的想象。所以我们并不孤单，我们有今天所有的一切，那是多少人的付出与努力得来的，难道我们不应该感恩吗？

我们今天有这么多因缘的出现，为什么我们只看到自己是辛苦的，自己是穷困的，自己的经济条件不富裕？为什么我们没有想过，可以为他人提供什么样的价值，什么样的服务，什么样的付出，来满足对方的需要？如果你永远看的是自己，你会觉得自己很辛苦，但是当你把眼光、把整个因缘格局放大的时候，你就会领悟，你并不是只有赚钱这件事，你有超出赚钱之外的价值与贡献。

我们现在所遇到的种种因缘，限制了我们的生命状态，这个就是我们的命，即宿命。你现在所有的因缘交杂，你目前人生遇到的种种困难，或是你遇到的辛苦，就是你的宿命，这因缘里面有着你的宿命，换言之，有着你的生命功课。这个生命功课的出现代表着你以前可能没有处理好，还有不完善的功课，今生必须把这个功课修圆满。

我用一个简单的比喻，如果你今天上小学二年级，你二年级的数学没有搞清楚，你以为进入了五年级、六年级你就会了吗？不是的。你二年级的功课没有完成，你必定在这个地方有很大的瓶颈，这个因缘就是你要去做的功课，除非你把二年级的功课完成，你才有可能进入三年级。我用这个简单的比喻，想要告诉各位的是，如果你生命的状况，现在是在二年级，那么不论你向宇宙下多大的订单，不论你有多高的诉求，都没有意义。

因为你二年级的问题，你都不愿意处理与面对，那么就不用想以后的事情。如果你可以接受眼前所发生的一切，你要看看你的心态是付出，还是不断在自怨自艾，不断索取，觉得处处不公平。如果我们没有办法调整自己的心态、自己的眼光，重新看待这个因缘，那么我们就没有办法升到三年级，也就是说我们想要的财富状况不会达成。

面对一个糟糕的因缘，我们如何改变自己的宿命？那就是依靠着我们的慈悲心、感恩心、施舍心和付出的心。也就是说，当我们陷入宿命之局的时候，怎样做才可以打开这个宿命之门呢？就是修我们的天命。什么是天命？天命就是符合仁义礼智信，符合慈悲喜舍的生命状态。孟子将天命用“天爵”两个字来形容，《孟子》中说：“仁义忠信，乐善不倦，此天爵也；公卿大夫，此人爵也。”人爵是指通过官位和官阶来实现的社会地位。我们今天社会中的企业家、医生、律师、公职人员等可称为人爵。《孟子》中说：“古之人修其天爵，而人爵从之。”修天爵就是修仁义忠信、乐善不倦，即修养好仁义忠信等个人品德，并乐于行善，孜孜不倦地做下去，人爵即公卿大夫、名利富贵很自然就有了。王凤仪先生说，唯有天命变大的人，宿命才会变大，长天命的人，宿命必大。这就是我讲到的，一个愿意为众生服务的人，上天必定先让他成功，因为他要让众人好，所以上天会让他成功。这就是生命的循环。

今天我们不断努力追求，如果我们没有改变内心，没有修天命、修天爵，对待众人没有慈悲喜舍的心，我们就没有办法改变我们的宿命，那我们所祈求的财富又从何而来？如果今天我们生命当中的因缘仍然没有出现，想得到的结果还是没有得到，是因为我们内在的天性、天命还没有真正地开发出来，也就是因缘没有转变。

我们学道的人不会夸口说大话，我们知道自己命运有没有在改变，就只看两个字——因缘。只要因缘没有变，我就很清楚地知道我所做的这一切都还非常少，我所做的这一切还不足以改变我的宿命，所以一个人要超越本来的宿命，就只有靠修天命。天命增长，你的宿命才会改变，所以"修身以俟之"，这就是我们立命的地方。

我们来到这个世上是为了挣命，而不是挣钱。命好，福报就来，你命不改，个性不改，想要的都很难实现，很多时候都是求而不得，只因为我们都在求，这个循环就是道的循环。我们永远都在求，所以我讲的是立命之学，把我们自己的命给立住。这一关做不好，后面的事情根本无法有进展。在因缘里面，我们讲要受了。什么叫受了？受了就是你过往曾经做过不好的事，或者曾经因缘上没有圆满的，你都必须使它圆满之后，才有办法进入下一个阶段。简单地说，就是我们功课未了尽，因此生命才会出现障碍。比如说父子关系有障碍、夫妻关系有障碍、亲子关系有障碍等，这些障碍必定都会深深地刺痛你内心的某一个地方。你打通了这个地方，你的财富能量自然就打通了。

我们做事情，其实就是做五伦关系上的事。在五伦这一个伦常道上，你的行为有亏，因此你的因缘没有办法转动。我们用另外一个讲法，也就是目前提供服务给你的人，都是小学二年级阶段的人。你想要十年级阶段的人提供服务给你，那么你自己必须先升到第十年级的阶段。

怎么升级？就是说现在提供给你服务的人，虽然都是小学二年级的水平，但你不要怨他们，因为你的等级也在二年级这个阶段。为什么你遇不到贵人，遇不到十年级的人？不是他们不出现，是你的等级没提高。因此，你生命当中目前出现的因缘就是你的等级，你要通过他们改变你的命运，所以你还要感谢他们。

你必须把眼前的每一个人都处理好，让每一个人在你的内心都产生价值，从他们身上看见你生命的意义，看见这个因缘的价值，还有思考他们出现要带给你内在的提升是什么？当你都达到的时候，就会出现新的因缘，这个因缘是自然出现的。

我自己在行道的过程中，不断反省的是，今天我遇到不如意的事情，我是否能够让我的内心保持在一种欢喜、愿意接受的状态，而不是抱怨、埋怨、指责对方、推卸责任的状态。问自己是否愿意吃苦，是否经得起磨炼，考验我内心的稳定性，最后会让我的心很单纯。

当你具足了这些观念，接下来你的付出才有可能是真正的付出。每个人都要给自己定功课，比如说，我会给自己定一些功课，我会定期做一些捐款。这些捐款，我专门在对治我自己内心某些不好的念头。我记得我刚开始做捐款的时候，我也很执着，因为收入是有限的，每当我要做这些的时候，我就会想，我的收入也没有多少，我给了不就更少了吗？很奇怪，一开始做，这些念头不自觉就出现了。所以我看到自己的内心是一种匮乏的状态，我这样做，我也很执着、很挣扎，但是我坚持不断地做，养成习惯之后，我仍然在做，之前那种念头已经没有出现，我自己不断地回想，为什么那个念头突然就消失了？就是不见了，我再去想那个的心都没有，代表那个因缘结束了，就是受报结束了。当这个受报结束的时候，因缘就变化了。我们在一个地方所做的善，上天会用其他方式回馈给你。

我慢慢地体会到，原来真正的付出，真正的布施，并不是指我们要布施多少钱，而是在布施的过程当中，在付出的过程当中，我们内心的悭贪、执着、计较、不平……所有这些会让我们内心起伏的心念被全部扫平，当这些全部都没有的时候，我内心只存在一个观念就是——这是我应该做的，没有什么好奇怪的。这样的状态就是最纯净的一个状态，当我的内在很纯净的时候，做任何事情都变成是应该的，我没有觉得付出是不对的。

我不会计较，我也不会想做多做少，我只想做这件事情有没有符合我的良心，我有没有做得高兴，我有没有喜悦，我有没有做得有价值，我有没有做得让别人觉得很好，当我脑中想的都是这些的时候，所有障碍我的心念全部不见了，消失了。当这些都消失的时候，就是遇到同频率因缘的时候了。我不敢说我们是志界人，但是我们慢慢地就往意界人这个境界走了。当我们慢慢地往意界人的境界走的时候，我们就感受到古人所留存下来的智慧，全部都是真的。

我们做不到、达不到的原因，都源于我们的私心私欲太重。我们今天的付出不是为了得到回报，是本来就应该这样做。我们今天的付出，也不是去怜悯对方，觉得对方很可怜，是因为付出本来就是我们应该做的。如果你今天在付出，对于这个人、这一件事，你内心会感受到执着、痛苦、不舒服，那么我要告诉你，这个因缘里有你的功课，你千万不能逃避，你要持之以恒地去做，我在实践的过程当中感受特别深刻。

每当你完成一个功课，你的生命状态、你的财富状态、你的身体健康状态就会全部改变，这个就是我觉得天命很特别的地方。《孟子》中有："仁义忠信，乐善不倦。"仁就是慈悲心；义就是道义，就是一定要做正当合法、在道上的事；忠就是我们的心不可以有邪思邪念，我们要忠心，我们要单纯；信就是对于道上的事情我们要坚持去做，对于对的事情我们要信守承诺，我们不可以说变就变。

古人留下的这么几个简单的字，其实就是我们改变命运的关键，你越了解你该做的事，你内心越不会害怕，你会更有信心。所以真正的付出就是单纯，假如我们一开始没有办法保持这种单纯的心，或者我们就是有目的地在做这件事情，或者我是希望改变我的财务状况，该怎么办呢？这是一个过程，很正常。但是我们要在这个过程当中，慢慢地淡化这个目的性的心念，这个过程叫习惯。

为什么我说要让付出成为一种习惯，其实当你习惯之后，你就再也不会起这个心，所有东西最后都会习惯。如果在做的过程当中，你仍然会生起一些感觉不太对的想法，那么我给你另外一个方法，让你来练习做观想。面对一些灾难的发生，比如说汶川地震，或是天然气爆炸，或是某个孤儿需要救济等，我们都会有这个善心，想要捐一些钱给他们。请问你在捐这笔钱的时候，你会想这笔钱有一天会还给你吗？我想你应该不会有这样的心吧？你应该不会等这个孩子健康之后，然后叫他以后赚钱，把钱还给你吧？我们是不是很自然地知道这一笔钱就是我们要给的，我们很愿意，而且我们觉得很有意义。

如果今天你在付出的过程当中，不管是精神的付出，还是体力的付出等，是在家庭当中你的本分上面的付出，而你对对面的那个人有很强烈的厌恶或是不愉快的心，那么请你把这件事当成你是在捐款给一个慈善单位，如此一来你不会想他好了要回报给你。为什么我要这样做、我要这样说？原因是单纯的心超越对立，当没有对立的时候，改变因缘是最快的。

我们要做的事情就像是这样，不论你今天对任何人或事，是什么情况之下的付出，都要练习这个。随着你付出的能量越大，你感受到的变化就越大，这是非常自然的事情，当你在这样的状态下付出的时候，你所想要达成的结果就离你不远了。

让付出成为一种习惯的最后一个条件：所有你付出给别人的，也必须先让自己得到。什么意思？你今天愿意付出 100 元给别人，你也必须让自己能够享受到这 100 元的喜悦。人很奇怪，当你自己也感受到那一份爱的时候，你才有办法给的更多。我自己切身的感受是当我觉得我已经很幸福的时候，当我觉得我已经拥有很多的时候，别人有好处没给我，给了其他人的时候，我不会难过，我也不会计较，因为我觉得我已经拥有很多了，我少拿一点也没关系，还有人比我更需要。我的内心不会起计较、嫉妒，或者觉得对方偏心。因为我觉得上天给我很多了，我已经拿到了最好的。我内心觉得对方有，我也很高兴。这个就是慈悲喜舍的喜，“见修善者，心无嫌嫉”，我们见到别人有，内心很高兴，因为我们自己也有的，所以没有关系。

即使金钱有限，我没有得到，我心里想的也不是我没有，我想的是我内在有非常富足的状态。即使我少拿一些金钱，也不会影响我的生命状态，如果这个人真的需要这一笔钱，他的内心可以快乐，那么这笔钱给他，我觉得没有关系，我内在的能量就在这里，所以外在的条件不会撼动我的内在，因此我想要的任何一切，都会来到我身边。

当我所有的一切都可以心想事成的时候，我觉得上天已经对我很好了。生命还有什么比这个更可贵的吗?我已经拥有最好的了，那么其他的给别人没有关系，所以我可以施舍，我可以给予，我可以付出。因为我觉得我已经拥有很多了，我所做的任何付出，都是因为我感受到我内在已经很满足了，我已经拥有很多了，我给的过程是充满正能量的，我相信接受的人一定能够感受到。我没有匮乏，你要你就拿去吧，我不担心，因为我还有办法可以创造，我不担心，因为我的心量是开阔的。

让付出成为一种习惯，有一个前提条件你必须做到——你要爱自己。你一定要从自己的生命当中感受到爱，感受到拥有，感受到其实你有很多。在这个前提下，你所有的付出都会是一种庞大的能量。当你养成了一种习惯之后，当你养成了这种单纯付出的习惯之后，已经没有过多的负面杂念的时候，恭喜你，你内在已经具备吸引财富的能量，你所得到的，我相信绝对不是只有财富而已。

希望各位不断地做，让付出成为一种习惯，在付出的过程当中改变内心的执着。让我们的受报因缘结束，让我们现在这个等级的因缘结束，让我们提升到一个新的等级因缘，这才是付出关键的地方。钱的价值不是等价物，钱真正的价值是改变因缘。既然我们已经了解了，我们就去做，在做的过程当中慢慢改变。我知道一时要做到不容易，但是我们现在就是在往净化的路上走，不断提升生命的纯度，才可以感受到生命的变化。我希望各位是一个实践家，去实践你生命中该做的事情。

你一定要在生命当中有所改变，当你尝到那个甜头，当你看见一切在变化的时候，我相信你会乐善不倦，你会坚持走下去，终究你想要的人生一定都会实现。一切都是上天给我们的恩惠，我们要感恩，感恩的人是一个有福的人。祝福大家身心愉快，生命充满智慧。

第九讲

寻找自己的财富之路

每个人都有自己的财富之路，你来到这个世界上，上天就会给你一口饭吃，你不需要过得那么焦虑，那么紧张，那么有压力，也不一定要竞争要出人头地，不是我们想的那样。每个人都有自己的财富之路，每个人都是独一无二的。

你生而为人来到了这个世界，就有你的一条路，上天会给你一条路，问题是你这条路有很多障碍。我们要边走边扫除障碍。扫除障碍是我们在学道、在创造财富的过程当中很重要的一个观念。你今天要走的这条路一定会有障碍，如果你没有办法觉察，没有办法面对，你就不容易寻找自己的财富之路。

如果你内心真的想要走上创造财富之路，或是说你想过上幸福自在的人生，那么你愿意付出代价吗？这是很重要的观念，你要问问自己愿意付出多少？还是你只是想坐享其成？如果你只想坐享其成，不愿付出，那你所期待的财富之路是一个幻想。

当触碰到自己内在的东西时，我们会顽固地抵抗，拼了命也不愿意承认，也不愿意改变，那么我们要寻找自己的财富之路，各位觉得会容易吗？很难。为什么我今天要先讲这个？因为寻找自己的财富之路，背后有一个非常重要的因素，就是你与生俱来就有一个很好的特质能做这份工作，而那个特质在你身上，我们称为天赋，也就是上天要给你吃的那一口饭。这个天赋有非常高的能量，这个能量不是你想驾驭就可以驾驭的。我打个比方，一架飞机的时速可以到800公里，你觉得它可能在一般的街道上面跑吗？它得飞上天空，它要起航的时候，必须完全没有障碍，跑道还要宽阔、敞开，万无一失。各位不要只想拥有天赋的最高能量，却没有想过你需要在下面给它铺路造桥、扫除障碍啊。

很多人对我说，老师你帮我开发潜能，帮我开发出我内在的天赋，让我做我喜欢的工作，又可以赚很多钱，然后又过得很有意义。各位讲的很简单，你知道要扫除那些障碍的时候，你内心可以面对吗？你知道要付出代价的时候，你准备好了吗？如果我们今天的心态是只想拥有却不想付出任何代价，那么我们只会失望而已。

要寻找财富之路，就必须把潜在的天赋开发出来。这个天赋是什么？就是我刚刚讲的，你天生下来要吃的那一口饭，而且只有你能吃，别人吃不了。我们用更简单的话来讲，也就是说这个天赋会让你内在有非常高的能量，你做这件事情会充满快乐、喜悦，而且觉得很有价值，每天活得非常有意义。你现在遇到一点挫折就退缩了，遇到一些困难、考验就放弃了，那么你这个高的能量也就被你糟蹋了。

比如说我的天赋开发出来之后，我发现原来我的天赋是关心别人。好，那我们就走关心别人这条路的相关行业。可是遇到误解、打击你就退缩，你的天赋有用吗？再好的天赋都经不起你不断地自我放弃，再高的能量都经不起每天不断的摧残打击，你最后会摸索不出来你的天赋到底是什么。如果你已经养成了放弃的习惯，你最后会找不出一条适合自己的路。要探索天赋，你要先改变这些内在的障碍，我帮你开发出来的天赋才有用，不然你最后也是放弃。

当有能量阻碍你的时候，即便你在做着天赋的事情，你一样会不快乐，你一样会失败。为什么我们愿意花这么多时间来学习、来进步，就是要解决自己内在的很多问题，不然那个好真的出现在你生命的时候，你仍然承受不住，你仍然没有办法走下去，结果就是你在糟蹋你自己，你让你自己过上了一个不好的生活，是你否定了自己的天赋，所以我不希望大家是这个样子，这样太可惜。

我们现在要寻找自己的财富之路：第一条，必须扫除内心的障碍；第二条，开发天赋，找到自己的天赋是什么。天赋就是最合乎你天性的一个职业，你在做这一份工作时会产生最高的满足感。你对做这件事情充满热情，而且你会坚持不懈地做下去，这就是你的天赋所在。

你要自己想，如果你想不到，我告诉你原因，就是你从以前到现在，你的那些负能量一直阻碍着你，让你看不见你的天赋。如果你是不断扫除自己障碍的人，扫除内心阻碍的人，我给你做这样的引导，你就可以慢慢地探索出你自己的天赋。当然，我们在线下课程里面也会帮助各位，我们会适当地运用一些可操作的方式，帮助各位看见自己，真正可以走到这一步。天赋是很棒，但是我要跟各位说，天赋只是创造财富之路中的一项，它必须配合其他两项才可以。

第三条，你必须有足够的专业技能或是专业知识。这个不是我来教你，你自己要在那一行投入时间和精力学习。第四条，你做这件事情时不仅充满热情，充满满足感，还要能够创造金钱。也就是说这个工作你是可以赚到钱的，不论多少。如果你在这个地方体悟越多，你就越有满足感，越觉得快乐，越有热情。如果你做这件事情没有让你感受到价值感，那么你现在做的这一份工作，或是你创造出来的天赋就不会长久，迟早会面临很大的问题。所以你要寻找自己的财富之路必须有这几个指标，完全合在一起才行。

那么有人就问我，吕老师，那我怎么知道自己适合做哪一行呢？如果三百六十行都看透了，都不适合怎么办呢？各位，为什么我们要学道？学道的重点就是在这里，今天如果你在走这条路，你一定会走上自己的财富之路，只要你是依道而行、依道而做的，你一定会走上自己的财富之路。如果没有，代表你没有真修实做，你不是真的在改变自己，那你的命运不会改变。

财富只是最后的一个指标，财富是所有学道者自然、必然出现的结果，它根本不是强求来的。创造财富的这个过程，不是我们想象中的那种刻意为之，而是内心很单纯的状态之下，才有办法产生的。

如果你在做事情的过程当中，感受不到自己的价值，甚至你也没有看到自己的变化，那你要反省，要反省自己有没有在本位上立住自己的命。我们必须把天命搞清楚，因为天命跟你的天赋合在一起，只要你能够顺着你的天命做你天赋的事情，那么你等于是顺水推舟，走得很快。当然，前提是你扫除了你的障碍。天命，最简单的说法，就是为众人付出。可以利益众人、利益大众的职业或事情都属于天命。你一出生，就有你的天命，你有什么名，你就有什么命，这个命就是天命，生下来就有的。这个名不是指你叫什么名字，而是指你一出生下来，你就当人家的儿子或女儿，对吗？你有儿子的名，你一定有儿子的命，这就叫你的天命。请问儿子的命是什么？一定有人养你，不管谁养，父母养，姥姥姥爷养，或者你是吃百家饭的人，你都有人养。因为你有当儿子的命，就有人养。你要先了解这件事，至于命好不好，幸福与不幸福，那是后面你的心所衍生的，今天我们不讲这个。

也就是说，不管你是什么样的人，你一出生下来，就有当儿子的命，就有人养你，对养你的那个人，你就要为他做相应的事。你做人家的儿子，你要有饭吃，很简单，你要乖，你要听话，你要长大自立，你要身体健康。相对那个名而言，你有要尽的本分，你有要尽的义务。孔子讲“命者名也”，你对不对得起你的名很重要。

别人养我们的饭菜好不好吃，这跟我们的命没有关系。我们做人家的孩子就是好好长大，至于他养的好坏，我们吃的食物好坏，不是我们可以抱怨的。抱怨是我们的问题，不是别人的问题，因为比上不足比下有余。如果你产生了种种怨恨恼怒烦的心，那接下来就会纠结成障碍，就会阻碍你的能量，往后你会产生不值得拥有的罪恶感、自卑感、恐惧、害怕、放弃等。因此我说这些障碍财富之路的心念是我们自己产生的，怪不得别人，也怨不得别人。所以你有的这个名就是你的命，这个命就是天命，你要按自己的本分行事。

依照准则做人就是立命，天命立住了。比如你有儿子的名，儿子就是你的天命，你把儿子当好了，你就是孝子，众人佩服你你就长天命，反之就是亏天命，又叫丢天命，先把这个逻辑搞清楚。搞清楚你有什么样的名，然后想你该想的，做你该做的，那这个就是你的命。也就是说，我们每一个人的内在都有天命，因此我们都要做与人为善、利益大众的事情，这些就是天命，因为我们有众人的名，我们也是芸芸众生之一，是社会之一员。

我们今天生而为人，就承载了天地的好生之德，我们有这个天命。我们每个人都喜欢与人为善，我们与人为善的时候，内心会感到快乐。今天为某个人做一件好事的时候，你心里觉得很快乐，这个快乐你说不出来，所以从这里可以证明我们的内心是向善的，是利益大众的。

我们的天命就是与人为善，创造价值，如果这个地方你没有疑惑，你也认同的话，请你问问你自己，你现在做的事情是天命，还是为了你个人的命？如果你是为了天命，这条路你一定会越走越好。如果你为的是个人的私利，你在争贪搅扰，为的是你自己功成名就，那么这条路你不会顺利，你会越走越苦恼，即使拥有的很多，即使你住在豪宅之中，你也体验不到那份快乐，因为你为的是个人的享受，你内心的恐惧、害怕一样很多。因为你所得到的一切，都不是为了天命，而是为了你个人的命，你不会过得快乐。

当你懂了什么叫立命，你要把命立在天命上，天命就是立功、立德、立业、与人为善，创造价值。各位，你可以创造什么价值？当然就是你的工作，我们这一辈子创造的最大价值就是通过工作而呈现。你当别人的父母，你利益的就是你的孩子，你做人家的太太你利益的就是你老公，你利益的永远都是你那一个小家。而工作是利益成千上万的人，这是最大的天命。所以古人讲工作就是天命。可惜我们现代有些人看不上自己的工作，只想做少的事情，拿很多的钱，还要轻松，还要权力大，这全部都是亏天命、丢天命。

无论做哪一行，你都想少做多拿，处处占便宜，处处想的都是自己，都在亏天命，都在丢天命，你在损你自己的福报。如果我没有说错，这样的心态，到最后人会无路可走，路会越走越惨。在我的眼中工作无贵贱，管理者跟清洁工是一样的，位阶不同但天命一样。县长服务一个县的百姓，清洁工服务一个城的百姓。

职务无贵贱，从形势来看，社会地位相差悬殊，无法相比，但是从人的品德来讲，不分高低。如果你拥有高的地位，拥有大的权力，你没有创造价值，没有为民众创造利益、创造价值，只是为了满足你个人的利益，那么你的天命全丢了。天命丢了名就没了，名没了命也没了，迟早会有灾殃。反过来讲，一位清洁工，如果他尽心竭力干好自己的本职工作，处处为大众着想，做到让人家称赞，他的天命不会输给那些达官权贵，他所拥有的福报不会比他们少，他往后的路必然顺遂，他生命会越走越好，他的后代子孙也会很好。

现代社会一些人只看钱的多和少，没有看到天命的大和小，没有看到生而为人是在创造价值，并不是金钱的多少。我说过上天会给你一口饭吃，这跟你的钱多钱少没有关系。也就是说，如果你今天以前是以财富为衡量标准，那么你很有可能会误判，你后面的路会有很多问题。如果你今天能从你的工作当中、从你的天命当中创造价值，施展你的热情，你觉得生命充满了意义，那么恭喜你，这一份天赋与你的工作刚好合而为一。

很多人说：吕老师，我也很想做我喜欢的工作，可是偏偏我就没有啊，我处在这样的环境我还不得不配合他们，不满意我也不能说什么啊。你一样也是在丢天命，职务无贵贱，你要做的事情是创造价值，没有一份工作是完美的，只要是有人的地方一定会遇到问题，但是你要做好你该做的事情，创造出你该创造的价值。也许工作中会有一些人行为不合道，但是你的心念都在为众生，都在创造价值，只有这样才会有好的因缘出现，因缘的变化不是你可以控制的。

因缘的变化由天决定，而天就属天命，所以依天命而行的人，最后会碰上好的因缘。你静下心来想，在这短短几十年中有多少事物不断在变更。在这些变更的过程当中你的命是越来越好，还是越来越糟？你仔细想一想就会发现其实因缘在变好。但是为什么我们没有更好，那么我们就要反省自己，不是别人的问题，而是我们自己的问题，说明因缘还没有到。而你现在即便是工作不满意，你仍然要非常尽心竭力地做。因为你现在手上的工作就是你的天命，你现在手上会出现这样的工作，就是你过去的因缘造成的。这个因缘是要清除你内在的阻碍，在工作的过程当中，你会看见内心的障碍和执着，你会看到你的禀性，也就是说你只要能够改变自己，努力地做好手上的工作，那么你的因缘就会发生变化。

每个人都有自己的天命，每一行都有它的天命。也许环境不如意，也许有很多考验，但是这跟你的天命没有违背。即使你的父母亲真的很差，但这都不是你不行孝道的理由。即使我们是吃百家饭长大的，这跟怨恨我们的父母亲没有关系，天命是生命的本质，我们尽管做好自己的本分就好，其他的事情由天来决定，不是我们来决定。

如果你是读书人，你是老师或是知识分子这一类，你需要教化他人，要让不明理的人明理，要让愚者成为贤者，成为智者，你要把教化当成自己的责任。这个跟政策、跟环境有没有关系？你走到哪里都可以这样做，这就是你的天命。今天你是商人，商人主要是创造，让顾客拥有使用的价值，比如说这个产品会带给顾客什么样的好处，所以身为商人就是不断地开发好的产品，然后流通到各地，那么这个跟法规环境没有关系，你只需要做好你的事。如果今天你是农民，那么你的天命就是把地种好，要让世界的粮食更多，帮助更多人有粮食。如果今天你是产业工人，那么你就好好工作，确保产品的品质是好的，这个跟什么领导、环境、政策都没有关系，你就是要做好你的天命。如果你做到干一行爱一行，那么你就是把自己应做的事情做圆满了，你让众人佩服了，你就是长天命。

你不要给自己太多似是而非的理由或借口，让自己不尽本分、不尽天命。既然你身上有这一份工作，你就要敬重这一份工作。这一份工作不仅让你养家活口，还让你创造，服务众人，你要满怀感恩，你要想怎么把工作做得更好，至于因缘怎么安排，不是你想的。

只要依着道去做，因缘会不断地变化。好的因缘会出现，或许你会找到一份好的工作，而且跟你的天赋很契合，这个都不是求来的，都是靠你自己不断做来的。只有你把当下该做的事情做好，你的命运才会变好，你才会找到真正的财富之路。

我们今天要寻找自己的财富之路，必须依天命而行。我们要反过来问自己：你愿意付出吗？你愿意付出多少？即使你做着自己不喜欢的工作，你愿意付出你的热情，让自己坚持吗？你有让自己努力做下去的态度吗？这个很关键。如果你没有办法在你现有的工作中找到热情和努力坚持下去的态度，那么当好的因缘来到的时候，你不会看见，你接不住。所以，这三点很重要：第一，你愿意付出多少努力去做好你手上的工作？第二，为了化除你内心的障碍，为了让工作圆满，你愿意改变多少？上天会给每个人一口饭吃，你想要追求的、你想要创造的财富之路也会到来，问题是你愿意付出多少代价？你不可能坐享其成，那一口饭的大小，你自己决定。第三，在你达到所谓的财富之路之前，你愿意克服多少阻碍让自己向前走，你有立这个志吗？你有坚定的信心吗？你愿意吗？我们可以问自己。嘴巴讲的都不算，遇到事情就知道真假。

如果你做的很少，那么你的改变应该不会太多，因为嘴巴说的都比较容易，等事情发生的时候，你就会知道你在什么样的程度。我们所种的种子为什么没有办法发芽？因为我们的种子根本就不牢固，当然就没有牢固的结果，一切都是我们自己造成的。我并不是要你把家里所有财产都拿出来做善捐款，我讲的是你愿意在你的工作当中牺牲自己什么，改变自己什么。

为了让众人更好，你愿意扩充自己什么，这个就是我们讲的心量。你的心有多大，你的量就有多大。心越大的人，量也越大，量越大的人命越好。

我们开发天赋必定要跟天命结合，不然天赋没有意义，只有把自己的天赋与天命结合才有办法创造真正的财富之路。往后我们的内心会充满能量，那种生活才是我们要追求的，而不是过着有钱却内心苦不堪言的生活。外表打扮得漂漂亮亮，内心却有苦难言；住着豪华的房子，开着非常高档的车子，但是内心却非常孤单、恐惧。我们不要过这种生活。

希望今天的课程，各位通过寻找自己的财富之路，看见自己目前需要下功夫的地方在哪里，自己需要不断提升的地方又在哪里。我们的生命依道而行，必定是越来越好，不仅是外在的财富变好，我们内在的精神世界也会越来越好。

第十讲

创造真正的富裕生活

在生命的过程当中，我们到底想要过什么样的生活，跟我们想要成为一个什么样的人有特别的关系。我们抛开“富裕”这两个字，先来了解你想过什么样的生活。

为什么要先说这个，因为大部分的人，包括还没有学习的伙伴，都在盲目地追求与比较，甚至活在自己认为的一种幻想世界里面。比如说我想过大富大贵的生活，这个就是幻想的，毫无实际可言。比如说我想过王子般幸福的生活，那个是童话故事，也是一种幻想。因为你要过什么样的生活，就意味着你要成为什么样的人，也就是说你到底要成为谁，这个是很重要的观念，我们静下心来想一想。

如果你想过一种悠闲的人生，以后不用为钱担心，早上要睡到自然醒，有空闲就在公园里面走一走，跟人讲讲话，中午睡个午觉，下午起床为家里做点事情，打扫屋子也好，或是为家人准备点东西，或是去喝喝下午茶。晚上再看个电视，然后早早睡觉。或是说假日的时间，可以到各地玩，没有时间压力，没有工作压力，可以看山、看水，非常清静，可以在大草原上很自在地呼吸。

各位，这样不就像童话故事吗？如果你想要过的生活是这样，那我提几个问题你来想一想，这样的生活真的是你想要的吗？每天早上睡到自然醒，醒来之后不知道自己要干什么，就去买买菜或是逛街，跟朋友喝喝茶，一整个早上就过去了。然后中午再吃吃饭，睡个觉，下午去公园走走，或是再找个朋友喝喝茶。晚上陪家人看看电视。你想一下这样的生活，你不会觉得很无聊吗？如果让你过一个月，你确定这是你想要的生活吗？各位，你确定你要的真的是这个吗？有的人说我有足够的钱啊，我就可以到处去旅游，到处去看看，多么自在啊，没有压力。各位，你再想想看，当你有这样的生活的时候，你还快乐吗？这样的生活能让你维持多久？每天到各地去玩，国内玩够了，就到国外玩，国外玩得够了，就到外层空间去玩。每天就是玩，然后吃喝、照相。你觉得这是你要的生活吗？

我们往往很不清楚自己要过什么样的生活。因为我们想过的生活，有一个很重要的基础，就是你想成为一个什么样的人。如果这个生活跟你想要成为什么样的人没有关联，那就没有意义。因为我们都很清楚，人生在世的目的不单只是为了吃喝玩乐。如果我们打拼一辈子，最后只是为了吃喝玩乐，即使你真的想要这样，那你也不会快乐。

我们的生活并不像我们脑袋想的那样不切实际。你想成为什么样的人，跟你要过什么样的生活有极大的关系，所以人绝对不能盲目地比较，人也绝对不能盲目奋斗，你必须很清楚地知道你想要成为什么样的人。

如果你有这样的认知，你生命的这一条路，你追逐财富的这一条路，能量是完全不一样的。我们要找到自己的天赋，这个天赋必须与我们的天命有关系。天命就是你要有服务众人的价值。也就是说，富裕生活的展现必须缘于你是一个有价值的人，你能够成为一个带领众人生活出价值的人。所以我们想要过的生活并不是那种什么事都不用做、整天都在享受的生活，绝对不是这样。我们想要过的生活有很大的一部分会跟我们的工作有关系。工作的定义非常多，工作的范围非常广，并不是去上班叫工作，我们在这个地方不做太多探讨。

当你静下心来看你自己的时候，你要先问问自己到底要过什么样的生活。先想象一个画面，当你达到你所要的富裕状态的时候，你会做什么事。如果你的回答跟我刚刚讲的那种一样，早上睡到自然醒，下午跟朋友喝喝茶等，如果真的让你达到的时候，你会觉得生命很空虚。当你真正达到富裕的状态时，这个富裕的状态，并不是指有很多钱，这个富裕的状态是你想过什么样的生活，过什么样的生活你感到快乐，你感到有热情，你感到每天充满着意义，你感到每天充满着能量。这些必定会跟你的工作有关系，所以我讲工作是天命，就像我要跟各位分享的这一堂课，我非常快乐，我打从内心一直期待，我期待这一刻可以跟大家见面，可以跟大家分享。我内在有一种说不出来的能量，那种感觉很特别，我很期待，充满热情。这个就是富裕生活当中很重要的一个部分。你必须先搞清楚，富裕的生活不代表什么事都不用做，而是过着非常有价值、非常有能量、非常有热情的一种生活，这个才叫富裕的生活。

富裕，是一种能量，是一种热情，是一种生命力，是一种价值。如果我们的富裕是槁木死灰，整天活得行尸走肉，这样的富裕不叫富裕。富裕并不是让你很有钱，然后开着跑车，在各大城市里面绕一圈又绕一圈，那你去参加 F1 赛车（世界一级方程式锦标赛，是当今世界最高水平的赛车比赛）就可以了。也不是让你坐上豪华的游轮，到处看风景、吃东西，不是这样，那称不上富裕。富裕是有价值的，是有能量的，是可以帮助人、引导人的。

首先你要找到你内在真正的能量，那个就是你要过富裕生活的关键。我们每个人都想创造富裕的生活，都想过富裕的生活，但是富裕的生活不是天上掉下来的，富裕的生活是我们创造的。我们都想要幸福的家庭，幸福的家庭也是创造来的，是经营来的。不是在路上遇到一个人，然后一辈子都不会吵架，没有那回事。

一个人内在的热情，一个人内在的价值和力量，是他不断面对困境突破来的、经营来的，不是天生就有的。学到一定程度，我们静下心来想，我们不要只看到后面想要的富裕生活，却忘记了前面你应该要先创造，什么叫创造？创造就是从无到有，创造代表什么？创造代表你愿意努力打拼，本来没有的，你创造出来，你才有。本来没有滴滴打车，有人创造了这个服务平台，结合了各种资源，它提供了新的价值，给我们的生活带来便利，他必定创造财富。如果你今天还是很执着钱的多寡，你没有关注创造，那么你就是一个没有价值的人。能够创造财富的人，代表着他是一个懂得创造价值的人。

如果我们只是想享受，那么我们不要讲富裕的生活。所有的富裕生活必定来自创造，所有幸福的家庭必定来自经营，所有健康的身体必然来自用心的养生，所有孩子的成就必定来自父母亲用心的教育。你想要的一切都是你要创造经营的，而不是你期待的、从天上掉下来的、不劳而获的。

我所见到的成功人士，甚至我周围很多成功的企业家，我跟他们在一起，会感受到他们非常有活力，非常有思考力，非常有创造力，他们可以很有动力地想怎么把他们的工作做得更好，所以他们永远可以开发出新的东西。而我们呢？我们永远都在当一个接收者，人家提供服务给我们就好，我们就是在选择而已，我们不是在做一个创造者。你要先搞清楚你的人生，你的人生是你自己创造的，不是别人给你的。身为一个创造者，你就必须为你自己的行为负起百分之百的责任，而不是去怪罪对方没有提供给你好的条件，没有给你好的机会，你没有好的身家背景，你没有含着金汤匙出生，这都不是你该抱怨的，因为一个创造者是有责任感的。

很多有能量的人，甚至很多社会上认定较为成功的人，他们做事情的态度，他们对一件事情的坚持，对自己行业的敬重，那不是我们可以想象的。不管职业的高低，事情的大小，内在都需要很特殊的人格特质才能做好，这才是我们要创造富裕生活的一个条件，如果这个都没有了，那生活一定很枯燥。

创造的第一个条件是勇于付出。一个创造者，他必定是愿意勇敢付出的。他绝对不是责怪别人，怪东怪西，他会积极地创造，他会勇敢地追求。对于想要的他会追求，他不会否定自己，他会努力往前迈进，但他是用健康正确的心态，而不是用投机取巧的心态。他是在合乎道德的路上走，而不是让自己走上旁门歪路，他用健康正确的心态和正确的方法接近自己想要的目标。

我们要想一下，哪一个工作，哪一个行业，哪一件事情不会遇到挑战？我们若被一个人拒绝，我们难过，被两个人拒绝，可能我们就放弃了，而一个企业家刚开始创业时可能面对的是成千上万次的挫折。他仍然坚持着理想，开拓出一条路。他享有的成功是理所应当的，因为他付出的代价是我们做不到的。

我用最简单的比喻，你具备培养你的孩子成为一个人才的条件吗？如果你确定你有这个能力，不管什么样的孩子给你，你都可以把他培养开发出来，成为一个好的学生，往后是个好的人才，因为你有这个能力开发、创造。同样，他有能力创造富裕，而我们的内在没有这条件，为什么我们没有这条件，因为我们少了一种承担责任的心态。

创造的第二个条件是愿意承担，愿意负责任。你愿意承担你所有决策的结果吗？你有这个责任感吗？你愿意把这个责任放在身上吗？这就是内在条件。一个创造者，他的内在是具足这些能量的。这就是他内在的状态，他要承担这个责任，他势必要努力，他势必更投入，他势必要更用心，因为他要负责。我们为什么不会成功，因为我们不愿意负责，我们只想推卸责任，我们只想多一事不如少一事，所以我们没有创造富裕的条件。我们创造的是一种逃避的生活，我们过的是一种幻想的生活，然后我们还期待那美好的日子赶快到来，那是不可能的。

各位不要小看创造，创造代表着你勇敢追求，你愿意承担，你愿意负责。而我们想的是，原来我们要过的生活是要付出这样的代价，那我们不要了。我们永远都怕麻烦，我们永远都想走捷径，我们都希望速成。

创造的第三个条件是具有面对恐惧、压力的内在能量。你经得起别人的折腾吗？你经得起恐惧吗？你经得起没有成果之前的不安吗？还是你想要过的就是，“我只要每天能够在家里有一口饭吃就好了，我不要过太复杂，我只要回到家，然后每天可以睡觉就好了”。我们今天想要的任何一切，我们都必须自己努力，我们要突破内在，我们有很多需要改进的地方。我们在自己的工作岗位上，或者面对生命的课题，遇到一点考验，遇到一点麻烦，就心灰意冷，就没有热情，何来的富裕生活？

创造的第四个条件是具有共享的精神价值。创造代表有价值，这个价值不只是指物品，不只是指服务，还代表一种精神，一种共享，一种提升。当这些都能够融入我们的生命、我们的内在，我们一定可以创造出想要的富裕生活。要创造的人，怎么可能是一个没有责任的人？要创造的人，怎么可能是一个没有价值的人？要创造的人，怎么可能是一个没有勇敢心的人？真正的富裕不是物质条件，真正的富裕是找到你的内在价值。所以创造富裕的生活，必须先拥有正确的观念，要有创造的观念。

下面我们进一步探讨创造富裕生活中的财富条件。我刚刚讲了，你具足了前面这些条件，再配合上你的工作，你才有办法创造一个富裕的生活。而这个富裕的生活，其中一部分必然来自金钱。就像滴滴打车这个创造必定带动庞大的收入，这是相对应而来的，但创始人不是一开始就想钱。我们要创造财富，就要先看自己，一个人的财富与他的个性有很大关系。保守的人，他害怕改变与挑战，他担心风险，他害怕别人的批评，他有很多恐惧，他甚至有罪恶感。

反过来讲，一个敢于创造的人的内心是怎样的？他想要创造，他有新的想法，他愿意接受挑战，他充满新鲜感，他很积极。他专注于自己想要做的事情，他觉得人生充满希望，他觉得很有可能实现，而这些能量大过他的恐惧感、罪恶感，他不在意别人的眼光，不害怕改变和挑战，因为他具足开创的能量。

创造富裕生活的第一个方法就是要让你内在的正能量大过你的负能量。也就是说你现在对你的生活、你要做的事情，应该是充满新鲜感，你愿意接受挑战，你很积极，你只专注在你想要做的事情上，而且充满希望，你在做这些事情过程中，都是一种享受，你觉得很快乐。

就像我今天跟各位分享，我觉得是一种享受，尽管还有很多我不了解的东西，但我可以突破，我可以改变，我可以学习，我觉得很新鲜，我可以不断创造。我不会保守，我不会坚持自己的不改变。我喜欢学习，我想看看我还可以改变什么样的学生、什么样的家庭，我内在是追求突破的。

如果你把这一切当作一份很枯燥乏味的工作，你就会觉得，怎么又有一个学生提了这么难以解决的问题，你内心的能量是什么？不想改变，怕麻烦，觉得很不安。如果你是个创造富裕条件的人，你内心是什么？我想看看这样的条件我有没有办法改变，学员这样的问题我有没有能力来处理，我还有什么没想到的，我还可以做什么。你充满一种新鲜感，充满积极的心态。当然，我并不是说每天都要保持这么高的能量，总是会有一两天沮丧的时候。但是，创造真正富裕生活的人，他内在的能量，大概有八成到九成都是在这个好的状态，那我们反省自己，我们是什么样的状态？

创造富裕生活的第二个方法是重视自己的内在价值。创造富裕生活的人，他很重视自己内在的价值，他很少往外求，比如说他不重视漂亮的衣服、名贵的手表、豪华的住宅和气派的场面。创造富裕生活的人，他看待世间的问题，他觉得很简单。而一个没有办法创造富裕生活的人，他把问题看的很大。世界的问题其实是一样的，如果你的心量相对小，你眼睛看出来的问题就会变得很大，你会觉得你自己很卑微，你就会觉得这个事情大到无法解决，你容易恐慌，急着回应，急着解释，急着争辩，急着生气，反正种种这些都不是你创造富裕生活的条件。而富裕的人或是有钱的人，对他们而言，他们内在的能量大于问题；穷困的人，他们内在的能量小于他们的问题。

也就是说一个富裕的人，他有自信，他不在意别人怎么看，他觉得所有问题都可以解决，只是方法不同，“条条大路通罗马”。只要愿意处理，对他而言，问题是相对小的，懂得处理问题，而不制造问题，让自己处在一种很好的状态。而我们大部分人是害怕出现问题，希望不要有问题，最好是没有任何问题，但是你觉得有可能吗？一个能够创造富裕的人，代表他有解决问题的能力。为什么我要这样讲？因为他要创造更高的价值，就代表着他要能解决众人的问题。不是像我们，不想遇到问题，就想最好没问题，永远都不要有考验，然后好事就发生。如果好事真发生在我们身上，我们都接不住，因为我们没有那样相对应的福报。这跟德有关系，心大的人量必大，量大的人必有德，有德的人一定好命。

你静下来仔细想一下就知道，一个能够解决众人问题的人，也代表着他可以为众人提供价值。所以创造富裕生活的第三个方法就是做利他的事。富裕的人，他们都有一个特点，他们很喜欢做利他的事。一般人通常最不喜欢做的事是利他的事，因为利他，我就损失了，这是穷困的人的心胸。富裕的人，尤其是有能量的人，他们喜欢做利他的事，因为利他代表共好。

而穷困的人不喜欢做利他的事，因为他的观念叫竞争，你好我就不好，我好你就不好，竞争会导致越来越少，共好会导致越来越多。富裕的人喜欢共好，喜欢利他，他喜欢分享，他不怕人家拿，他不怕人家学，他不怕人家偷，因为有越多人受益，对他就越好，这个就叫心胸。富裕的人都在创造价值，不只是这个产品，也不只是这个服务，还有共享，这个是非常高的价值。你想想，所有东西都需要经过你来提供的时候，那么你就具有非常高的价值。这个价值能不能适当地转换成金钱，只需要通过一些方法就可以。所有创造的人，所有富裕的人，都很乐于利他。我们不要一直讲钱，先讲能够创造出多少利他的事情，先讲能创造出多少好处，若我们这样做了，不是只有我们的事业受益，我们的家庭也会受益。

如果你做人家太太，你想的是怎么利他，那你老公是不是更爱你？如果你是人家的老公，你想的是怎么利于你的太太，你太太是不是每天更细心照顾你？我们都不用讲到事业，就讲这个家庭，如果你能做得到，你必定是个好命，就这么简单，你能够利他代表你在创造共好。如果你多做一点，你觉得委屈、吃亏，那么你的观念叫竞争，你越竞争你越少，你越分别会越自私，你会越苦，你的路会越走越窄，这不是一个富裕的人的心胸。

所谓成功的人，都是生命过得好的人，他们展现的生命能量完全不一样，他们的观念里面没有吃亏，因为他们觉得给出去了，大家都可以好，他们在创造共好。而斤斤计较的人，都自私，所以各位要很留意，在学习的过程当中，自己一定要改变。如果你对家人都没有办法无私地利他，如果你用这样的心态来做生意或是做事业，或是想要创造财富，你的失望会比较多。

创造富裕生活的第四个方法是你要去做。富裕的人不会满足于现状，会不断努力地开发。不满足于现状，不代表他们不知足、不感恩。如果你的知足、感恩是下面这种，这不叫知足感恩。比如我知道我买不起房子，好吧，那我买一台车子。房子买不起，没关系，那我就换车子。哎呀，我买不起车子没关系，那我换手机，出了新款的手机，我再换。算了，我买不起手机，那我买一些我可以掌控的小东西。这些满足感不叫知足。这样的叫退缩、自卑、不求上进。富裕的人的知足感、满足感，不是这样。富裕的人的满足感是什么？他现在虽然买不起这个房子，但是他在努力打拼，或是他对他现在住的房子充满感恩，他很知足，他现在有地方住，但是他还是努力打拼。这个态度延伸到工作上，他对于现在创造的产品，他觉得不够好，还可以更好，还有再创造的空间，还有更多新的东西，他会不断地创造。

他们内心很知足，但是他们充满创造力，他们对于想要的目标，想要达到的那一个方向、那一个结果，不断地挑战，让自己保持前进。我们不一样，我们达到了目标想要什么？哇，终于可以休息了；哇，终于可以放假了；哇，终于解脱了……富裕的人，创造富裕生活的人，他们达到了，想的是怎么做可以更好。因为他们内在的能量是创造，所以他们做什么都很快乐，他们很知足，他们不追求外在的东西，他们很重视内在的开发。

创造富裕生活的第五个方法是自律。真正富裕的人，他的自我管理能力非常高。成功的人，大多数并不是上班打卡的人，他们所有的生活都是自己设定的，也就是说他们的生活非常自律。如果是早上九点上班，我们大多数人会睡得很晚，早上起来很痛苦，去上班充满压力，觉得很累。富裕的人完全不一样，如果是八点上班，他们甚至五点就起床开始做准备。

富裕生活的人都有一个很好的特质，就是身旁总会有一部到两部经典书籍，这个书籍是在自己人生遇到困难，或是工作、生活遇到困难时的锦囊妙计。我时常看的书其实就两种，第一种是“四书”，就是《论语》《孟子》《中庸》《大学》。第二种是《增广仪圣王凤仪语录》。我看过很多书，但这几本书可以解决我生命的很多问题。所有富裕的人，他们都会有一部很重要的书，作为他们逢凶化吉、化险为夷的宝典。他们看的书不是那种看了一遍之后就再也不看的那种书。他们会将他们的时间用在这些书籍上面，不断地提升，这就是很关键的地方。

以上五个方法是我们创造富裕生活真正要做的。我的生活非常规律，几点吃饭，几点写字，几点读书，几点要做什么事情，都很规律。跟我一起做事的学生，他们会感受到惊人的力量，就是吕老师每天读书的时间可能会超过六个小时，而且这六个小时不是就读书，还在不断地开发、不断地创造、不断地提升。各位，我们要过富裕的生活，就要给自己这样一个空间，这个与你现在手上是什么工作、你往后要成为什么样的人息息相关。

如果你没有较明确的目标，你生活的所有安排，就会非常混乱。所以创造真正富裕生活的第六个方法就是有明确的目标。真正富裕的人，对于要达到的目标，会规划好一步一步地去做，他不会求快，也不会拖延，他会稳扎稳打做好每件事情，哪怕他现在的工作不是他真正有兴趣的事情。他下班之后，从事他有兴趣的事情时，他一样稳扎稳打地做。

我记得在我还没有成为这个专业的执业老师时，我下班后就是在电脑前剪辑我以前讲课的录音，然后自己打字幕，自己找软件，自己弄，乐此不疲。今天弄不完，明天再弄。我一个月可能只能做出来一个东西，我做这件事情时，内在充满着快乐。

我们都想让自己达到富裕的状态，富裕不是嘴巴讲讲。一个能创造的人，是有生命力的人；一个能创造的人，是一个有价值的人。希望我们是一个有价值的人，是可以自己过得快乐的人，是有能量、有热情的人，是大家想跟我们在一起的人。

第十一讲

如何永续财富能量

我们都想求好，都希望一直好。那么，我们在求的这个好，是不是真正的好，这里面当然有很多问号。我先跟大家讲一个故事，通过这个故事我们来看一看自己。

有一个妇人，她非常容易为一些琐碎的小事情生气，她自己也知道这样不好，但她就是控制不了自己的脾气。这些琐碎的事情时常让她心烦意乱。有一天，她请教一位高僧，希望求得一个禅机，破除她的执着。那高僧听完她讲述自己的问题，然后不发一语把她带到了一间禅房。高僧把妇人请到禅房之后，就锁上房门离开了，也没有告诉这个妇人什么原因。他什么都没有讲，就走了。这妇人气得跳脚大骂，因为她在这里面很痛苦，一直大骂“你这个和尚，你把我关在这里面干什么？我还有事情要做啊”，骂了很久。这个高僧当然听得很清楚，但是不理会她。这个妇人就开始转变了。（从这里开始，我们可以看一看这个妇人转变的原因。）她开始求了，她求高僧：“拜托啊，让我出去呀，我还有很多事情啊，你把我关在这里我很痛苦啊。”高僧不予理会，就当作没听见，继续做他的事情。求久了，那个妇人也就慢慢地平静下来，开始沉默，也不讲话。高僧走到禅房外问她，“你现在还生气吗？”这位妇人就说：“我当然生气，我是气自己，我真傻，我怎么会来到这个地方受罪。”

她讲了这句话之后，这个高僧就说，“连自己都不能原谅，你的心怎么能静下来？”高僧讲完这句话就走了。这个妇人听到这句话之后，开始反省自己。过了一会儿，这个高僧又出现了，就问她：“你还生气吗？”妇人说：“不生气了。”高僧说：“为什么？”妇人说：“气也没办法，我都已经被关在这里了，我气有什么用？”高僧又说了：“看来你的气还压在心里面，以后还是会爆发，会越加剧烈的。”高僧说完离开了。

又过了一阵儿，高僧第三次来到了门前，又问妇人：“你还生气吗？”妇人说：“我不生气了，因为不值得气。”那高僧又说：“既然你觉得不值得，那代表你心里还在衡量啊，那么你的气根还在啊。”当时高僧站在门外，他的身影经太阳一照，通过这扇门，妇人看见了这一个影像，心里非常虔诚，很恭敬地问高僧：“大师，到底什么是气啊？”这时候高僧将手中的一杯茶泼到地上。妇人看着那一个动作很久很久，终于有所领悟，向高僧磕头感谢，高僧打开门，妇人离开。

从这个故事中我们也要看到自己。我们就像这个妇人，内心有很多执着，为什么会有这么多执着？为什么这些琐碎的小事会让我们生气？因为我们要的太多了，所以我们内心很痛苦。只要有一点点不如意，我们就生气。当发生一个事件、一个冲突的时候，或是有一个不如我们预期的结果时，我们最直接展现的就是情绪，那就是最真实的自己。这个故事与我接下要讲的创造永续的财富能量有很密切的关系。我们都知道，要驾驭财富，必须有很高的能量。同样的道理，当我们面临一些冲突，面临一些不如意的时候，我们直接的情绪反应非常激烈，我们使用抗争的手段，我们使用激烈的言语，就是为了达到我们的目的。但是我们都不会得到好的结果，就像高僧不会理会她一样。如果我们活到今天这个年纪，还是想用吵、用骂、用计较、用执着、用算计得到一切，那都不会得到。

想想我们自己，当我们发泄了情绪也一样不能得到的时候，我们变成什么样的心态？我们变成用一种消极、一种自卑、一种退缩、一种否定自己的心态开始祈求。我要跟各位说，财富不是求来的，也不是你很积极、脾气很大、很有野心、很有抱负你就求得来的。所以当妇人苦苦哀求的时候，高僧一样不予理会。这个就是在讲我们的心，我们的心要么就很狂野，要么就很否定。这两种心态都不会让我们得到我们想要的结果。当妇人开始沉默，懂得把心静下来的时候，高僧才出现在她的面前。

故事到这里是一个转机，如果我们没有办法把心静下来，那么机缘不会出现，我们不会看见自己的问题，我们没有办法调整自己的能量，我们没有办法改变自己的状态。不论你情绪高昂还是情绪低落，你都没有办法改变。要想调整能量，你必须先把心静下来，不然你只是在走两条错误的路。这时候高僧问她“你现在还生气吗？”妇人回答说是“我当然生气，我是气我自己，我真傻，我怎么会来到这个地方受罪”。我们也一样，当我们静下来的时候，第一个想法是什么？我真傻，我为什么要做这个行业；我真傻，我为什么要嫁给他；我真傻，我为什么要娶她；我真傻，为什么我要做这个决定……各位，这也是我们的毛病。

我们生命走到今天，如果我们只是气自己真傻，“我以前怎么犯这个错，我为什么做这个决定”，那代表我们还没有到创造财富、创造富裕的状态。一个创造富裕的人，他是一个愿意承担责任、愿意面对自己内心的人，不是将错误怪罪给他人。

各位，你千万不能说你今天人生走到这里，是你傻，然后你来到这个地方受罪，或是你真傻，你竟然选择了这样。生命中的每一个到来的人或事都有理由，我们应该看见，它所要告诉的我们生命功课是什么。所以高僧回答，“连你自己都不能原谅，你的心怎么能静下来？”其实这句话的意思是在告诉我们，如果我们连自己人生的抉择、人生的决定都不能负责，都不能承担，我们的心又怎么能静下来。

如果你来学道，你说：“哎，吕老师，没办法，我人生走到今天这个地步了，我除了这条路，我没有其他路了。”那么，以大师的讲法“你的气还压在心里，以后还是会爆发”。如果你说“我是没办法所以来学道”，我告诉你迟早有一天你会爆发，爆发什么？学道没有用的，学这个都是假的。因为你心里还是在怨，你心里还是在恨，你是没有选择之下才走这条路的，你不是心甘情愿的。一个创造财富的人，他是心甘情愿的，没有人逼他。同样，你要创造能量，没有人逼你，是你自己想做的。如果你要开发你的天赋，创造你的富裕生活，这一切都应该是你心甘情愿的。你会跟我说，“学那么久了，也没有用。你叫我做善事、布施，我做了我的生命也没有变好啊。”是你的心根本没有改，你内在真正的那个习气还没有变，你不是心甘情愿的。你去看看所有创造财富的人，所有富裕的人，他们做任何事情都是心甘情愿的，都是满心欢喜的。

如果今天你对于你自己的选择是想说，“哎呀，反正我也没办法”，气也没办法，那你迟早爆发。所以高僧第三次再来找妇人，问“你还生气吗”，这个时候这位妇人讲出来的话有境界，代表她在反省了，她反省到：“我不生气了，因为不值得气”。高僧一听到这句话说“既然你觉得不值得，那代表你心里还在衡量啊。”

我们的生命为什么还没有改变？我们还在衡量，我们还在算计，我们还在看这一条路值不值得。各位，创造永续财富能量的人，他不是衡量，他不是算来的。如果你还在算，你会被自己给算死。所以高僧笑着说，“那么你的气根还在啊”。这时候这个妇人就静下心来想：

原来我这一个气，内在这一个错误的思考这么严重，是造成我不断生气的原因。她不断生气的原因在哪里？在于她不断地衡量。

你不断地衡量，你就是不断地在创造对立。真正富裕的人，他是一个能够利他、创造共好的人。而你还是在衡量你自己好不好，那么你怎么可能会变好。所以当高僧站在门外，妇人问了一句话，“大师，到底什么是气啊？”高僧将手中的茶水泼洒到地上，妇人一看，有所感悟。

所有的一切，就像茶水洒到地上，没有所谓的好坏呀，洒到地上，你想想什么？值得吗？浪费了吗？还是很可惜？还是不高兴？它就只是一个动作，为什么我们有这么多的情绪？如果我们能够理解，就会慢慢看见，这个气从来就没有存在过，是我们执着什么才产生什么念头的。我们今天要追逐，我们今天要创造，我们要让自己达到永恒的财富能量，就必须先把自己心里的执着放下，把想追逐的心放下。你必须把你的心先静下来，它就只是一个过程，你不需要过度投入你的情绪。你过度投入情绪的时候，你会变得很痛苦。

如果你看过《吸引力法则》（杰克·坎菲尔德著、张彩译，光明日报出版社 2015 年版）、《秘密》（朗达·拜恩著，湖南文艺出版社 2013 年版）等书，我建议你先不要照着去做。为什么？因为当你启动了“吸引力法则”或是“秘密”的时候，通常你背后的情绪都是贪婪、不安、急躁、自大、自私、恐惧，想要炫耀，这些情绪如果你拿来建筑在吸引力法则上，或是秘密这个法则之上，那么你会崩溃。因为财富并没有后面的这些情绪。我们要先理解，财富就只是一个使用工具，它只是站在一个用的立场而已，它没有所谓的情绪。用它的人的能量在哪里，决定了这些钱财的流向，决定了这些钱财创造出来的价值。而我们大部分人想用吸引力法则，都是一种恐惧和贪婪，一种匮乏感，用这样的方式经营我们的能量，要达到永续，不是一件好事。能量是什么？能量就像那位高僧讲的气一样，它就是这么简单，我们不要过度地增加或减少。气就只是一个能量的流动，就像手中的茶水洒出去，就是一个流动。茶水洒到了地上，太阳把水蒸发了，它又变成天上的云，条件合适就变成雨水降下来。气就只是能量的流动，没有什么可惜不可惜，好或不好，没有这些观念在其中。

怎么来创造这个能量？什么样的人拥有永续的财富能量？《大学》中有一句话："是故君子先慎乎德。有德此有人，有人此有土，有土此有财，有财此有用。德者本也，财者，末也。"作为人，我们最先谨慎的就是看看自己有没有德。这个德其实就是能量。古人把能量写成德，德就是一种感召力，你喜欢跟乐观的人在一起，因为乐观的人有一股正能量。我们喜欢跟讲义气、讲信用的人在一起，为什么？因为跟他在一起不会吃亏，而且他会照顾你，感受到他的能量很好。这个义、信在古代就叫作德。一个有正向能量的人，也就代表他是一个有德的人。"有德此有人"，必然会有人想靠近他，所以他一定会先有人才。这叫自然法则。自然被吸引过来的，自然靠近的，没有人强迫，这就叫能量。所有运用金钱的人，他都是自然而然的，他不是追求来的。春夏秋冬就是自然。你个人对春夏秋冬有什么喜好，那是你个人的事情，跟春夏秋冬没有关系。同理，一个有德的人，他自然而然会吸引人跟他相处，跟他在一起，想跟他一起做事，一起共创未来。

如果你是一个好老师，家长就会把他的孩子送给你教，为什么？因为你有很好的能量，你有很好的为人，甚至你有很好的教育方式，你从头到尾都没有求，自然就是这样流动。你个人生气，那是你的脾气。真正的气是能量的循环。你有德，跟你在一起的人，会很自然而然把这个家庭经营好，你会不会幸福？你的孩子会不会自然就成才？你要打他吗？不需要。他感受到那个好，他自然会追求，他自然会往好的那个地方走。这不需要勉强的，都是自然而然的事。

“有人此有土”，这个土不是我们现代人讲的买土地、买房子，不是。这个土代表一个有形的东西。你做人做得好，你家庭是不是就经营得好，这个家庭就是土。你做人做得好，有人想要追随你，一起共创事业，这个事业就是土。你为人好，你今天想要做一件事情，所有人都想来帮助你，你要做的那件事情就可以成功，那件事情就叫土，那个土也是自然产生的。你做妈妈做得好，你不用要求你的儿子，你儿子自然就想跟你学，你怎么把人做得好，那他自然跟你学习，你在做的那件事，那个也叫土。这个土是很广泛的定义。

当你有土之后，也就是说你们有共创的一件事情，或是一个行业，或是一个目标、一个理想之后，你会怎么样，你自然“有土此有财”，你自然会创造财富。如果我们不讲财富，我们可以讲什么？你自然会创造幸福，你自然会创造和谐，你自然会创造自在，你怎么延伸都可以。所以“有土此有财”，你自然会拥有相对应的物质条件，不是别人给你的，是你在创造的过程自然拥有的。

“有财此有用”，这个“用”就是关键。具有永续财富能量的人，代表他是一个会用钱的人。钱财的重点在于用，不在于你有多少，不在于你用什么样的情绪追求。你用过多错误的情绪追求，对钱财、财富而言，没有关系，因为它们属于不同的层面。永续的意思就是循环，你只需要不断地循环，你就不断地在创造财富。那么用在哪儿？当然是用在德上，用在可以让你创造德的地方，如此就完成一个循环。循环就是永续。高僧将茶水洒在地上，这个就是气，气是一个循环。而我们理解的是生气，所以我们永远都在发脾气，真正具足财富能量的人，他只是把财富视为能量的使用者而已，但是我们却把财富变成恐惧、贪婪、不安、自大。

永续财富能量的第一条是持续创造。各位，请问你当妈妈要当几天？当到哪一天才叫结束？你今天的工作就是你的天命，请问你要做到什么时候才叫结束？永续的意思就是持续创造，永续代表长久，源源不绝地流动。只要你有不断创造的这个精神在里面，那么你必然能够创造永续的财富能量。当你拥有永续财富能量的时候，当你真正达到财富能量的那个好，那个状态是很平衡的，那个状态是有高能量的。你要持续创造，你必然是一个永远愿意付出、承担、负责任的人。你是心甘情愿的，你不是不高兴的，你不是为了追求财富才去做这些事情。

如果你带着目的去做，你很容易陷入贪婪、不安、恐惧、匮乏。因为你求不到必然会苦，你求不到你必然会否定。真正拥有财富的人，他只是在做好他的德。如果你没有办法在你的生命当中不断落实这个观念，你很容易陷入刚刚讲的那种两端，就像妇人一样，要么跳脚大骂，要么苦苦哀求。如果你生命一直在这种状态，给你多少钱，你都不会快乐，给你多大的房子，你都不会快乐，因为你的生命是在对立状态，不是在能量状态。

永续财富能量的第二条是不断实践。我分三点来讲。第一点，你要有明确的目标。各位实践的重点不在金钱的数量，你要确保你的能量是对的，是在正确的那个状态。我观察很多人没有办法创造钱财，或是他没有办法得到成功或是幸福，都不是因为他不努力，而是自我放弃。为什么自我放弃？因为得不到。

各位，只要你带着错误的情绪，那么那个锁是打不开的，因为你在错误的能量当中。他们都不是被环境给击倒，都是被自我放弃给打倒的。为什么会自我放弃？因为他的目标都定在钱的数量上。所以我说一开始绝对不能用吸引力法则那种方式去做。对一个学道的人而言，富贵只是最基本的一个条件而已，这个一点都不难，你要明确你的目标是那个天命，是那个天赋，你的目标要定在那里。如果你不知道你生命要创造的价值是什么，那你这辈子就会做一件事情，就是很拼命、很辛苦地一直在打工。

你想过什么样的生活？你想成为什么样的人？如果你没有一个明确的目标，那么你也只能很盲目地一直走下去，你也只在追求财富当中，内心感到痛苦。这不是我们要的。当你追求财富到一定程度之后，财富对你而言，其实就只是一个数字而已，你会觉得很无聊。

第二点，通过实践确定自己内在能量的状态。如果把你锁在一个房间里面，你当下所有的情绪反应就是真的，这就是这个故事的真相。你根本没有办法欺骗你自己内在的能量，而这个能量就不断创造你外在世界的条件。我们在实践目标的过程当中，都在改变自己内在能量的状态，在改变我们内在不好的能量。只有这样我们才可以创造永续财富能量的那个状态，各位有没有过这样的状态？比如我打篮球，我状态好的时候，我就投十中十。什么角度、什么姿势、什么人防守，我都投得进，我只能说就是在那个好的状态下，我自然就能打好，而不是我去追求那个好。我的技巧、我的技术都一样，都没有变过，但是我今天状态很好，我做什么都顺，怎么投怎么进。我曾经有一场比赛，就是这种感觉，从此再也没有过了。那个状态不是求来的，那个状态是自然展现来的。那是在你的内心、肌肉等所有东西都协调一致的时候展现来的。我今天要引导大家的就是，永续财富能量的那个状态，不是你求来的。你今天在工作上面展现价值、付出所有一切的时候，就是在改变你内在能量的状态，你要做的事情就是改变那些不好能量的状态。

第三点，你要去做，不求回报地去行动。只有不求回报的行动，其中的能量是最纯的。那个最纯的状态，就是永续财富能量的那个状态。我最有感受的就是“有心栽花花不开，无心插柳柳成荫”。这在我的生命中已经不知道多少次这样实现，我很用心要做的一些投资，都不成功，反而我无心，我甚至一点奢望都没有时做的事情，竟然成功了。为什么？因为无心时，那颗心、那个能量最纯。我已经在不断透露，财富的能量没有好坏，只看你有没有那个德，那个德就是不求回报的行动，那个能量最纯。越是无心的，越能够在那里面找到能量。各位，你可以做这个练习，你生命当中，真心无所求，不希望有任何回报地去帮助一个人，然后你静下来回想，你就可以看见自己能量大部分都在什么状态。这三点就是我们永续财富不断实践的关键。

永续财富能量的第三条叫正向关怀。这就非常简单了，关怀太广泛了，你自己去做，不用我再讲了，我讲的重点是正向。你愿意做这件事情，我知道你有很多目的，很多算计，我可以允许，因为这是个过程，这也是正常的，但是你要正向，如果你不正向，你很容易陷入痛苦。一个创造富裕的人，内心必须正向。关怀不一定是给什么东西，关怀有可能是一个安慰，或是一句无心的话，等等。我们可能没有很多钱，但是总有正向的关怀吧。组织里面总有人需要你正向的关怀，你去做这些事，这些事情就会改变你内在能量的状态，这是创造永续财富能量的关键。

《大学》中有这样一句话：“德者，本也；财者，末也。”能量是本，钱财是末，请问什么是德？《孝经》中有：“夫孝，德之本也。”也就是说孝顺、孝道是德的根本。之前我讲到：当你与父亲的关系越好的时候，你的财富机会会增加。当你与母亲的关系越好的时候，你很多财富的障碍会被扫除。也就是我们培养德性的根本，先从对父母尽孝开始。那么我反过来讲一句话，如果我们对父母尽孝，都不能做到纯心了，那么我们做其他的事情应该别有用心的比较多。

生命的力量，宇宙的恩典，是通过父母亲来到我们的生命。各位，我们不能否认这件事。从我们在母亲的肚子里面，我们就是通过父母亲得到生命力。我们没有办法否定这一切，生命能量的法则告诉我们，生命就是关系。而生命当中最重要的关系就是父母。哪怕这个父母不是你的生身父母，这个父母的关系就是我们生命的源头，也就是我们的根。

为什么我说父母亲的关系会影响我们的财富呢？因为父亲就像是一个代表，像物质世界的一种力量，所以父亲就像什么？父亲就像山，他就代表这个力量。如果一个人跟父亲的关系不好，也就是说他的能量缺乏一种安全感，他没有那个力量支撑自己，所以他必然少了一种奋斗，少了一种开创，少了愿意打拼、承担的那一种力量，因为他与父亲的连接没有产生。这个连接没有产生，这个能量没有产生，那不就是我们孝道没有做好？古人讲的，不管父母亲慈不慈，只问自己孝不孝。既然你跟你父母亲的连接不够好，那么你内在的状态就会有冲击，你在外面的财富、事业、工作等都会有影响。那母亲代表什么，母亲代表一种柔的力量、一种隐藏的力量，代表着一种保护，代表一种忍耐，代表一种防守的历练。所以，如果一个人没有了父亲的力量，当他遇到困难的时候他会先想什么——“哎呀，我有妈妈抱就可以”，他永远都在退缩，母亲是底线，母亲不是给我们开创的力量，所以一个人要开创，他要创造财富，他必须与父母都要连接。如果你不是父母养大，你是姥姥姥爷养大的，那很简单，他们就是你的父母。如果你没有父母，那么老师就是你的父母，正所谓“师徒如父子”。如果你缺少男性的力量、父亲的力量，好，那你去找一个好的老师，男性老师，他可以带给你生命的力量，他可以的。如果你在母亲方面缺少了这样的力量，好，那你从女性老师身上得到。但是我现在要说的是，除非你是那种少数例子，你真的是没有这种父母亲关爱，或者你从小都没有得到这些，然后父母亲现在又不健在了，你才可以这样说，不然你就是要回去尽孝，因为那就是你的根。他们就是你生命能量的来源。因此，母亲代表的是我们内在的力量。也就是说，当你愿意与母亲连接的时候，你的障碍就会减少，因为母亲给我们的是什么？母亲给我们的是一种包容，是一种在奋斗过程当中忍耐的精神。

我们面临世间障碍的时候，我们可以包容，我们可以忍耐，但是我们又有父亲的力量，可以开创，我们在道的法则下，阴阳平衡。各位，你仔细想想你自己，做事业时，你会重复遇到一些问题，或是一种似曾相识的损失，或是说你一直努力打拼，但是成功都跟你擦肩而过，或是在每一个工作当中，你都跟你的上司关系不好，然后以差不多同样的方式不欢而散，或是每一次创业都遇到相同的挫折、相同的失败，或是你赚到一笔钱之后，就会遇到类似的情况，又把它损失掉了，然后不赔光不罢休，那么你就要检讨你与父母的关系。你一定要从与你父母亲建立连接开始，这个很重要，这是打通永续财富能量的关键。

第四篇

深度财富功课

第一讲

认识生命中真正的财富

生命当中真正的财富是什么？我们大多数人，尤其现代人，大概最明显的感受财富就是金钱。这样看待财富会非常有局限性，因为金钱只是生命财富中的一部分，当然我们也不可讳言，如果连赚钱都觉得很辛苦的话，那么生命要过得好，也就不容易。为钱而苦恼，我想这个也是很正常的。

在人生每一个不同的阶段，我们对财富的看法会有不同，随着社会地位的变化，对财富的见解也会发生变化。在我刚走入社会为生活打拼的时候，我最在意的其实就是金钱，我认为金钱就是财富，我只要有钱就可以拥有一切，想做什么就做什么，我要做什么都可以达成。但其实这是在生命非常懵懂无知的时候的认知，我很自以为是，很世俗化，很物质化，那个阶段我看待财富是很肤浅的。

随着自己在社会中、在工作中地位、职位的不断变迁，以及个人专业能力的不断提升，慢慢地我对金钱财富又有不同的看法。其实眼界决定了我们对财富的看法。每个人都不一样，所以我们很需要通过学习去打开自己的局限，因为我们是被自己的想法给障碍的。就好像一个小学生，他的智慧高度能够到哪里也是有限的，毕竟他经历的少，他面对的生命课题很少。生命当中财富的观念也是如此，如果我们用自己的那一套眼界、那一套心胸处理财富，可想而知大概三十年后结果也和现在一样。

我自己也是从很执着金钱，一直到最后我认为金钱只是生命的一种展现。现在金钱对我而言已经不再是快乐的源头和动力。我今天讲这样的话并不是在吹嘘说我的境界很高，或是说我就不需要钱了，不是。而是在生命的不同阶段，不断打开心胸，慢慢可以理解什么是生命中真正的财富。

一个人活着，他必定有两个世界，一个是物质世界，另一个是精神世界。若你的精神境界很高，但是你没有基本的经济基础，那么你仍然无法面对现今社会巨大的现实压力。同样的道理，一个人拥有非常多的金钱，如果他没有相对应充实的内在精神，他内心会非常恐慌、虚空、寂寞，而这一切甚至会摧毁掉他所建立起来的金钱帝国。这些情况在我自己的生命过程当中都发生过。

我很清楚地了解，如果一个人没有相对平衡的精神与物质，两个方面有一方面失去平衡，只会不断地溃败、亏损。我们中国人讲厚德载物，我们要承载相对应的东西，必须要有相对应的德性，这是对等的。所以就不难想象我以前年轻的时候是多么可笑，一味地想追求钱财，把赚来的钱财不断地拿去投资，找更多的机会，偏偏这些投资、这些机会都不断让我失败。不是我不聪明，不是我不专业，也不是我没有方法，也不是我没有人脉，这一切都用尽了，仍然还是失败，那就可以证明是德不配位。

当没有相对应的承载力的时候，我们所有的努力都是白费功夫。为什么我在这里劝导甚至鼓励跟我一起学习的学生，我一直都强调，先把道学好，钱只是一种附带条件，它自然到来。我们常听老一辈的人讲，人要是去追钱很辛苦，要让钱来追你才轻松。以前我不懂，我在想：你不去努力，你不去打拼，钱怎么会来追你；你不去想方法，你不去规划，钱怎么可能来追你。现在我可以理解，古人讲的都是真的。

我们要认识生命中真正财富的第一个观念：一定要先接受平衡的观念。你问问你自己，如果你今天上班觉得很累，那么我要告诉你，你要小心，你要反省你自己，因为你已经在失去平衡，你赚到的钱不会让你快乐，而只是一种压力。你内在没有喜悦，没有感受到意义和价值的时候，你的财富绝对不会增加。我为什么可以讲得这么确定，因为我就是这样走过来的，当一个人的内德与物质条件失去了平衡，道的法则是不会实现的。

无论你处在什么样的生命阶段，无论你处在什么样的工作岗位，无论你拥有什么样的社会地位，不管你高低、贵贱、贫富，只要你打破了财富与精神的平衡性，你一定会溃败，一定没有办法提升，请你不要怨恨机会不来。如果你先把这个观念打通，你先来看看自己在面对工作时，面对你手上的事情时，你真实的心态是什么，你真实的生命能量状态是什么。

我时常觉得一部分人非常短视，想得到更多的钱财，但是如果去问一个人：你愿意比别人辛苦十倍百倍，而且要熬十年、二十年、三十年，你才会看到那个结果，你还愿意努力付出吗？答案一定是否定的。我觉得人有时候要真实地问问自己：到底是贪婪，还是愿意承担责任；到底是愿意付出，还是只想坐享其成；是愿意成就自己的生命价值，还是只想说说就轻轻松松得到。如果你问你自己，你就会很清楚知道自己值不值得拥有，你会为此而惭愧。

在我的生命当中，我所交往的非常成功的人，非常具有财富地位的人，他们的内心世界、人格特质都超乎我的想象。你也可以说我们都是平凡的人，但是不平凡的地方在于，他们可以把一件事情、一个承诺、一个挑战、一个看似不起眼的工作，做到问心无愧，做到让人看见这个工作的价值，这样的人注定会成功，这样的人值得拥有财富，这样的人可以驾驭金钱。人最难驾驭的是自己，根本不是金钱。

如果你想的都是钱，你没有想过你自己的个性、自己的心态、自己的言行不一致，那么我要告诉你，金钱非常鄙视这样的人，金钱看不起这样的人。因为金钱是表里如一的，一百元钱就有一百元钱的价值。若我们的言行、身心非常不一致，就只是在拉大我们与金钱的距离。我常常看见那些成功的人，他们在奋斗的过程当中，是如何面对财务危机的。面对财务危机，他们没有失去个人的信用，那我们面对财务危机的时候想的是什么呢？

有这样一个故事，一对夫妻过着粗茶淡饭的日子，他们以卖豆腐为生，每天在做豆腐的过程当中总是会哼着歌，非常快乐，也非常和睦。他们旁边住着一户富人，富人拥有三妻四妾，家财万贯，他每天听着这对夫妻唱歌，心里非常嫉妒，他就对身旁的小妾说，他们现在高兴是因为他们没有钱，等他们有钱的时候，他们就会很痛苦。这小妾觉得怎么可能，人有钱之后才不会痛苦，怎么可能有钱的时候会痛苦呢？那富人就说，不信我明天早上就证明给你看。到了晚上，他就偷偷扔了一袋黄金到邻居家。这对夫妻醒来的时候，看见这一袋黄金，两个人瞬间就被吓到了，怎么有这么好的事情发生？从此他们就可以不用每天四五点起床辛苦做豆腐卖豆腐了。这时候他们开始想，这钱要放到哪里比较安全。

因为是天上掉下来的一笔钱，所以他们想藏起来也不对，拿去花人家会问你什么时候赚这么多钱，也不敢拿去存，内心很纠结，非常痛苦。从这个时候开始他们每天工作的时候也不再唱歌了。沉默了一天、两天……一个礼拜过去了，这个时候，这个富人就对小妾说，你还听得见隔壁卖豆腐的每天早晨唱着歌吗？那小妾就非常讶异，真的不唱歌了。最后这对夫妻，受不了有钱的痛苦，只好把这一袋钱拿去官府报官，说天上掉下一笔钱，不知道是谁的，所以我们诚实地拿来上缴。从此之后，他们又过着快乐的日子，每天唱歌、做豆腐。故事很简单，但是反映了很多。假如天上真的掉下一笔钱，你会快乐吗？如果你的能量还没有到那里，你没有办法驾驭那一笔钱财，那么你最后还是因为钱财而痛苦。

同样的道理，如果你现在的工作让你一个月赚三千元或四千元、七千元、八千元，你都没有办法让你的内心感到快乐，那么你又有什么资格驾驭一个月一万元、两万元、三万元、四万元、十万元的生活，你内在相对应的条件不够，给你更多只会更痛苦。你一定要很清楚，生命真正的财富是内外兼修，没有人可以逃避。

我们要认识生命中真正财富的第二个观念：请你从现在开始修炼与财富相对应的美德。你修炼的过程，其实无形当中在提升你对物质、金钱的拥有条件。如果我们只是以金钱为目标，只是把追求金钱作为我们生命的方向，那么我们贬低了财富的地位，我们就没有办法创造出价值。

大部分人在工作当中就只是完成任务，并没有创造这一份工作的价值。大部分人就只是在应付手中的工作，并没有让这个工作产生更多的价值，所以他的内在并没有具足美德，因此他贬低了财富的价值，金钱不会到他的手中。因为金钱不等于财富，财富不等于金钱。如果我们没有搞懂这个关系，只是不断反复，当然不会有什么变化。

你通往财富的道路其实就是你通往自己内心突破的

道路。如果没有通往自己内心通达的这条路，那么你可以仔细观察，拥有金钱的人必定享受不了金钱。因为通往财富的过程，其实是在打通你的内在，如果你没有打通你的内在就具足了金钱，等于你提早达到，也就意味着是你该结束的时候。

生命当中真正的财富，必须通过突破我们生命当中的逆境呈现，每一个逆境中都有我们要学习的功课。这个逆境不外乎我们要与人共事，与人相处，绝对没有一个人可以独立生活，不对任何人作出贡献。所以突破逆境，学会分享，学会与人相处，并贡献给周围的人，这是我们修炼美德的第一点。任何一个成功的人，一个拥有财富的人，他必定能够创造、分享、贡献给周围的人，如果你没有，那么你怎么可能拥有金钱，怎么可能拥有财富？

如果你不能化解你跟你的父母、跟你的兄弟姐妹相处中的冲突，那么你怎么可能拥有金钱？那你说吕老师这么说不对，我赚钱跟我爸妈有什么关系，跟我兄弟姐妹有什么关系？看起来似乎没有关系，但我要说的是，你内在的功课会影响你的财富。因为你在家里没有办法突破的这些逆境、这些跟人的冲突等功课，那么面对外面世界的人，你更难处理，因为一个拥有金钱条件、拥有财富能力的人，他必然要跟非常多的人打交道。

这就是为什么我不断跟大家讲，你一定要出去分享，有好的东西、好的课程、好的信息，你一定要去推荐，你一定要去分享，你一定要让更多人受益。为什么？因为你在创造循环，你在打破你内心的自私，你在突破你内心不敢面对的逆境，你怕烦也好，怕冲突也好，你要突破你内在的挑战。如果你今天不愿意布施，不愿意付出，那么你怎么可能会拥有财富。

既然钱财不会从天上掉下来，即使从天上掉下来，我们也接不住，那么唯一可以改变的就是我们的内在，如果我们的内在不愿意改变，那么即使掉下来的又有什么意义，永远都是一场空。在培养美德的时候，我们一定要开始学习布施、分享、付出，这个非常重要。

大部分人会觉得自己都还没有过好，自己都不是很有本事，一直付出为了什么。这个就是我们现代社会的错误观念，我们很爱自己，爱到最后就是自私，自私到最后就没有路走。我们是被自己困死的。反过来想，没有能力的人，没有能量的人，他仍然要去爱别人，真的要去付出的时候，请问他要怎么办？他必须提升他自己，成就他自己，打开他自己，所以他在不断提升，不断提高。

修炼美德的第二点是要精进。什么叫精进？就是你今天有进步吗？你今天比昨天有进步吗？当然我也承认，人不可能每天进步，那我们可以放宽一点，你今年比去年有提升吗？你的内在涵养，你的包容，你的慈悲心，有提升吗？如果你没有精进，谁愿意跟你在一起？有好事为什么要找你一起做？

我时常会反问我自己：我有什么吸引别人的人格特质，让别人投资我，愿意给我机会。如果我没有这样的特质，这时候一个好机会找上我了，那么我会怀疑，这背后一定有问题。这么简单的人生道理，难道需要犯错了之后才能够了解吗？我们问问自己：愿意吃苦吗？愿意放低身段吗？愿意不厌其烦吗？有抗压能力吗？有开拓能力吗？……这些我们都没有，我们也不愿意吃苦，不愿意承担责任，言行不一致，机会不会来到我们身边。

我今天的精进，并不是说我读了很多的书，不是。而是我内在的条件改变了，我不好的个性没有了，我有觉察、反省、提升。学道过程就是不断化禀性，禀性没有变，那么可以想象，我们没有办法精进，我们面对困难、面对冲突的时候，遇到挫败的时候，都是用同样的心态，那我们怎么会有更好的结果。

人要有自知之明，我会不断地反省、反思自己，我真的具备这样的能量吗？真的有这么好的机会可以轮到我吗？我的能量真的可以驾驭这样好的机会吗？如果没有，那么我们就要谦虚，我们还有很多要精进的地方，

修炼美德的第三点是要经得起诱惑。为什么要经得起诱惑？因为我们太贪，太想要一步登天。现在的一些人们太急了，经不起诱惑，不考虑自己的实力，也不掂量掂量自己，有好的就知道拿，照单全收，这个迟早出问题，迟早破败。我考验一个人最简单的做法就是，你要的东西我都给你，为什么？就知道你这个人很贪，你既然可以这么贪，有一天，你一定会为了其他事情放弃原则，你经不起诱惑，你一定失败。这不是很简单的道理吗？你没有相对应的驾驭内在的条件，今天让你有很多金钱，你根本不知道怎么驾驭这个金钱，你会困在其中。

如果我们不懂得原则，不懂得底线，不懂得做人的

基本道德观念，不配谈金钱，不配谈财富。因为你打破了平衡，它就不会存在。所以我们要多做修炼，要经得起诱惑，要不断自我要求，自我管理。

我实践国学二十年，依传统文化的路去做了二十年，我改变了多少家庭，我已经记不清，我改变了多少学生我也记不清。只有一个原则，必须依道而行，只要你不在道上，你不会成功，时间会证明一切。

修炼美德的第四点是要经得起折腾。这是非常神奇的一件事，当上天要给你好处的时候，一定会先折腾你，为什么？因为不折腾你的话你不会珍惜。太容易让你得到，你会快乐？我曾与几个比较有成就的人坐在一起喝茶，我们谈论一些生命改变的话题。我分享了一个观念给几位成功人士，我说在座的几位，你们之所以成功，我确定一件事情，你们年轻的时候一定都很穷、很苦，而且没有地方睡觉。他们说这是真的。如果上天在你很年轻的时候让你赚了大把钱，让你很成功、很顺利，你一定会很骄纵、很自大，到最后什么都没有。如果年轻的时候让你过得很苦，你想要得到的任何东西都得不到，最后你会养成很好的个性、很好的人格特质，从此你开始赚钱，你才守得住。他们都很认同。你要经得起折腾，经得起磨炼，经得起打压，经得起忍耐，这些都在测验你能不能坚守底线，能不能经得起诱惑，愿不愿意继续付出、继续精进、继续分享，如果这些你都没有淬炼出来，不配谈金钱。

我自己一路走来，在学习、进步的过程当中，我看到一个人如果没有经历过这些事，他不可能打开心胸。人就两种，一个经历过了打开了，一个经历过没有打开，后者从此活在自己的世界，越活越自私，越活越窄，越活越小。所以我们今天能不能进步看自己，不要看别人。没有人可以让你受伤，除非你告诉自己你很受伤。其实你没有受伤，你只是经不起考验，经不起折腾，不愿意精进改变。

修炼美德的第五点是要经得起背叛。你要修炼宽大的心胸，在这个社会上被骗不是正常的事吗？人心险恶不是正常的事吗？还有必要因为这样而过度保护自己吗？你看那些赚大钱的人，他们都不怕付出，不怕分享，愿意舍，他们很敢舍。因为他们在舍的过程当中去识别人。

你经得起背叛，经得起否定，经得起人心的险诈，你才懂得怎么识别真正的好人、坏人，你才懂得接下来要修养的美德叫智慧，你才有智慧面对生命、突破生命、改变生命。你经不起背叛，你不愿意付出，不愿意慈悲喜舍，你要的财富就进不来。

我反复地讲生命真正的财富根本就不是金钱。我这么多学生，他们很会赚钱，他们真的能力比较好吗？有的不是，是他们真的在改变，遇到了好的机会，他们的生命从此就改变了。好机会怎么没有轮到你？我刚刚讲了，你不具备相对应的内在条件。

我们今天在修炼自己内德的时候，要懂得付出、分享、精进，你要敢做、经得起诱惑、打开你的心胸，让自己成为一个有智慧的人，那么你会是成功的人。要不然我们今天在讲生命真正的财富，那你今天有钱了，你真的快乐了吗？你今天住的房子比你的父母亲都还要好，你快乐了吗？你觉得你很富有了吗？你财富很好了吗？你问你自己。如果没有的话，我们怎么可以说，我们真的在财富之路上？我们是偏离了财富之路。当我们能够修养品德的时候，其实人生的经历就是财富的累积，当我们可以战胜苦难的时候，才是具备财富资格的人。

我认为面对生命、提升生命的过程，不是空谈，是很实际地面对自己内心。你心知肚明你自己在逃避什么，你还说没有办法转换，你在懒惰什么，你不愿意付出什么。我们都很清楚，我们都很会自我保护，我们都很想坐享其成，甚至只想张张嘴巴就得到一个好的结果，我想这是不公平的。当你达到内外的平衡，生命中的财富才会真正到来。

希望大家喜爱自己的生命经历，面对自己的生命过程，我希望大家能找到生命的价值，不断地提升，改变生命当中局限、狭隘的一些观念，帮助与我们有缘的人、有关系的人过得更好，尤其是我们的家人，尤其是与我们有血缘关系的人都越来越好。

第二讲

是什么堵住了我们的财富通道

今天要跟大家分享的课程——是什么堵住了我们的财富通道。堵住了就代表不通了，我们怎么知道自己通不通？很简单，我们想要的都没有得到，那我们就要反省，一定有阻碍的地方。我们人之所以可贵，来自我们有思想，有反省、觉察、觉悟的能力。我常说一个人要进步，他必须懂得反省，一个不懂得反省自己、永远将问题归罪于外的人，这样的人没有办法进步。

如果你都是埋怨别人亏欠你，都是环境不好，哪里不公平，那么你进步的速度很慢，因为你并非调整自己的内在，简单讲就是你没有修养自己的内德，那么你就没有资格驾驭金钱、财富。我们今天要反省自己，我们一定要看见自己的错误，要承认错误，如果没有办法改变什么，无论有多大的本事都没有办法成功，因为我们看不到自己的问题。我看过太多的例子。

我看过很多很有能力的人，专业技术也很好，但他这一辈子的事业、金钱都不顺，为什么？因为他没有注重自己内心的反省与改变。我们中国人常讲，可怜之人必有可恨之处。我们都觉得他好可怜，可是我们没有想一想，他一定做出了不应该的行为，才导致今天这样的结果。一个成熟的人，他其实是很重视自我反省和觉察的。所以，如果我们今天学习这一系列课程，没有抱持着一个谦虚、空杯、反省自己的心态，我想那只是在听一场知识而已，这样没有意义。希望各位保持谦虚的空杯心态，不论现在的社会成就有多高，我想暂时都放下，在圣贤面前，在国学面前，我们很渺小，我们还有太多不懂。所以我曾经说过一句话，我们都太渺小，我们还有很多不懂，我们在通往财富之路上还要多多学习。

我想每个人的内心大概逃离不了这样的心态，我的过往也是这个样子，我最想通过财富干什么，不就是为了让人家知道我很成功吗？我想几乎每个人都一样，想让人家看见我们风光的一面，终于可以扬眉吐气了，可以高高在上了，终于可以不求人了，可以用鼻孔对着人讲话了，让别人觉得自己很成功，是不是这样？

但是各位，你觉得有钱的人他的人生就很成功，但是若他很俗气，不懂得做人，他真的成功了吗？这个我们大家应该很清楚。很多人以为有钱就是成功，达到成功就必须拥有财富，那么我想问你，什么叫成功？为了成功两个字，你让你整个内心的系统都变得混乱，这个是我们的盲点，这个地方必须纠正。什么意思？请你放下金钱就是成功、财富这样的观念。你要放下，不然你内心会很愁苦，你永远转变不了。

为什么？因为你有一万元的时候，你会跟拥有两万元的人比，等你有两万元的时候，你会跟拥有三万元的人比，等你有三万元的时候你会跟拥有十万元的人比，因为你比的是钱，那么你永远会痛苦。这是一个错误的循环，你必须打住。我们不能让错误的循环不断发生，因为它是一个诱因，它会不断在你的内在躁动。即便你一个月赚了十万元，你在某些比你更好的人面前，一样感到自卑。为什么？因为这是内在的问题，并不是金钱的问题，你用这样的心态追逐金钱的时候，无意当中，你还是会自卑。

既然这条路是错误的，也就是说你永远感觉不到你自己成功了，就像纸包不住火，你越烧越多，最后你会将你所有的一切恢复到空的状态。很多人也许这一阵子赚了一些钱，可是为什么这些钱都留不住，因为他们内在的系统并没有调整。我们学道，从来不希望一开始是以金钱为目标，原因就在这里。当一个人的内在系统改变的时候，自然而然金钱对他来讲是可以调整的，也就代表他具足这个能力。

我们为什么要成功，因为我们想证明自己不平凡。但是各位，你把心静下来，你仔细想一想，路边卖烧饼的有没有生意很好的人，一定有啊；在做超市的有没有生意很好的人，一定有；开美容院的有没有生意很好的，也有。请问，卖烧饼的、开美容院的、开超市的这三个谁成功？请问他们开店是为了成功吗？是为了让人家觉得他很不平凡吗？那你今天走过烧饼店，去里面看着他，你觉得他有没有很成功？一个开美容院的人，你觉得他很成功吗？他很不平凡吗？这里面有很大的盲点。

我们每个人都是平凡的，没有人不平凡，我们只是在自己的工作岗位上，做好自己的本职工作，服务好我们应该服务的客户，展现出我们的价值，自然而然我们就打通了财富之路。而不是为了证明我很不平凡，我很成功，不是这个。钱财、财富是在我们服务的过程当中随之而来的，不是来证明我很成功、我很不平凡的。如果你能允许自己平凡，你才会真正地落地，你才会脚踏实地。

不管我成不成功，不管我平不平凡，我的工作就是教学。我要让每一个学生清楚、明白我在教什么，帮助他在生命中达到他想要的目标，我的任务在这里。我的任务不是通过讲一堂课，让学生觉得我很成功，让学生觉得我很不平凡。我不需要用那样的讲课内容，我不需要用那种夸张的言辞来介绍自己，我不需要，因为我很平凡。

如果你能够让自己平凡，脚踏实地地面对自己生命的问题，那么你就踏上了通往财富之路，你就踏上了通往成功之路。你自然赢得别人的敬重，你自然赢得财富。得到财富的能量，完全不需要追求。为什么一开始我就说要反省，因为这就是我们的误区。

你仔细观察你周围所有成功的人或生意好的人、事业好的人，你去看背后一定有原因。他们都觉得自己很平凡，他们只是做好他们该做的事，他们内心根本从来没有想过要让自己成为一个不平凡的人，成为一个成功的人，没有，他们从头到尾没有这个想法。那请问是谁阻碍了你的财富之路，就是你自己。更可笑的是，有人想通过钱财证明自己伟大，通过财富来证明自己高高在上，这就是阻碍财富之路的心态。

你想证明你很有本事，你高高在上，那你有钱还得了。你仔细想想，上天可以让你这样的人风光多久？你想一想，风光都是一时的。

你仔细看就会发现真理在哪里，那些嚣张跋扈、那些想证明自己高高在上的，都摔得很重，跌得很惨。钱财不是让你证明你高高在上的，不是让你证明：你有钱了，你回家可以对父母亲大呼小叫了；你成功了，就证明他们错了；上天不是让你用成功来批评别人的。一个成功的人，是谦虚的人；一个有成就的人，是心胸宽大的人。

不要小看我现在讲的这几个观念，阻碍财富之路的大多就是这些观念。我们内心太功高自大，内心有太多的恨，那种不满，那种怨气，这样怎么可能吸引钱财。不要说吸引钱财，你觉得周围有人愿意跟你一起打拼创业吗？如果你是开公司的、创业的，你为什么留不住人才，你讲的再好听，都没人相信你，都一定会离开你，为什么？你这个领导高高在上，你永远都在鄙视人，看不起人，永远都在自以为是，别人都不愿意跟你在一起，钱会来才有问题。有时候想清楚，就会发现，不是别人有问题，是自己有问题，我们的眼睛长在自己身上，但是看不见自己。你的问题，谁帮你看见？别人帮你看见。你要是看不见，别人讲了你又不听，上天会给你考验，没办法，道就是这样运作，你要是真怕了，你就乖乖学道，好好做人，其实把人做好，自然就会赚钱。

人都做不好的，没有人想跟你在一起，你就不要想赚钱的事，所有人看到你，怕得要死，谁想跟你一起赚钱？这不都是显而易懂的道理吗？为什么现在没人学，因为我们都听不进去，没有几个人讲的话我们听得进去呀！不信你问你自己，你这一生有谁讲的话你还听得进去，你问你自己，我们从小受教育到现在，教育程度越高，越是谁的话都听不进去，那不就是我们高高在上吗？

我们抱着那个悲愤的心，想借由成功、借由金钱来证明自己是对的，那不就是跟我们站在不同立场的每一个人都等着挨骂吗？如果你的成功是为了回去责骂你的父母，那你更不会成功了。因为上天让你有钱绝对不是让你回去骂父母。越不孝顺的人，钱财越不顺，因为你赚钱是为了证明你比你的父母更了不起，上天不会允许。你违背了道的法则，你违背了财的法则。

我们想要证明自己成功，证明自己是对的，证明自己不平凡，这是堵住财富通道的第一个问题。第二个问题是内心对财富有很强烈的矛盾感：想要，但是不敢面对；喜欢，但是不敢表达。这种强烈的矛盾会让你的内在系统错乱，你想要又怕没面子，这种都是假清高。你想要，但是你又很怕没面子，你应该去争取，但是你心里有很多障碍，这类情况缘于你内在系统的混乱。你要解决你内在的系统。这里面有你内在的问题，比如说恐惧、害怕没面子，这些让你没有办法面对。其实这两个是一样的道理，很想证明自己的人不就代表自己的内心很自卑吗？很想证明自己成功的人不就觉得自己现在很落魄吗？

有些人在内心里觉得有钱的人其实也没什么了不起，这不就是在否定金钱和财富吗？你内在系统混乱的时候，你根本没有资格再谈财富。我敢去追求，失败了，我承认，这才是正确态度。你否定了，那就说明你内心不喜欢，你怎么可能去到那里？

我没有钱，我会说我就是没有钱，所以我好好努力，我的表达是正向的。我绝对不会说我没有钱，但是我觉得有钱也没什么了不起的，没钱我也可以过得很好，这就是自欺欺人。我不会这样讲。如果你这样讲了，就代表你内在系统混乱，代表你很想证明，但是你又很自卑，你拿不定主意，你无法往前走。你就是你，你不要比较。我就是我，你就是你，自己和自己比。

没有所谓的平凡不平凡，没有所谓的成功不成功，请你先接纳你自己，接纳自己什么？接纳你的现状。我就是住着一间破房子，可是我不会觉得我住在一间破房子里代表我很落魄，代表我很不成功，我不会这样想。我觉得我就是住在一间条件没有这么好的房子而已。而我在这里面一样可以过得快乐，我会调整我的内心，我不会鄙视，我不会看不起我这一间房子，因为这间房子给我安定，给我遮风避雨。我是感恩的，不是矛盾的。

如果你没有办法把你的内在系统变成单一化的，你就会混乱。在混乱状态下工作的时候，你的心情不会稳定，你对手上的事情会很随便，那么很自然，你没有办法创造价值，你的财富之路就不会打通，你没有办法真正得到财富，因为这些都是息息相关。我今天讲的这些，看起来很简单，但是在修炼的过程当中，我们的心不是这么简单；道理谁都懂，但是心的修炼需要时间。

你要修炼的其实是你内在的德行，这个要时间，而且要反复操作，不断学习，你要进步。时间会证明一切，一年，两年，三年……五年……十年……你会看见你的变化。我现在讲的是我们在正道上走，如果你走的不是正道，你走的是术的层面，是那些销售话术，我告诉你，最后还是一场空。你今天很清楚地知道，我们现在学习的东西，是要改变内在的系统，你要花时间投入。这不是讲讲而已。

当你懂得调整内心的矛盾，改为感恩心态的时候，也就是说，无论你处在哪一个阶段，你一定有很多不圆满的地方，但是你都可以让你的内在系统变成感恩的时候，你就在道上了。但我并不是说，你内在系统调整了，你就不用打拼了，你还是一样需要努力打拼，你还是要认真赚钱，但是你的命运完全不同了。我刚刚说你要表达，你要去努力，但不是不择手段，这个很重要。

用大家比较熟悉的讲法叫种子法则，你种什么因，你收什么果。财富这一条路，你想要有好的结果，你要做的就是正财。通过自己的劳动，通过努力、勤奋或是通过自己的智慧，通过自己的文化知识、专业技能，所获得的财富，叫正财。

依着你的劳力、体力、智慧文化等辛勤的工作，只要是在这样的情况之下建立起来的全部都是正财。这些正财是为了什么，是为了服务更多的人。你是为了服务更多的人，如果说正道上面的你不去做，你不去宣传，你不去付出，你不去让人家知道，那么你怎么会有钱。

你要敢去做。你要去做这些事情，因为这些事情是对的，比如说我在讲课，这课好不好？很好啊，你要不要宣传？你要宣传，你不宣传是不是很多人不知道？这么有价值，这个可以造福很多人，可以让更多的人脱离痛苦，所以这件事要不要做，要做，完全是属于正道，这是非常有能量的事情，你越做有能量的事情越好，那就对了。为什么我们今天做一个事业、行业，彼此也有差别。你可以影响的范围更大，你可以影响的人更多，可以带领他人的内心更有价值，那么这件事情就更要做。

你赚取钱财的过程当中，你的行为要符合上一讲中的修炼美德。你要经得起诱惑，你要经得起打击，你要能面对颠簸劳顿，你都要做到。因为道考验你的内心，这个才是重点。如果你的心不对，即使你在做跟上面一样的工作，都不是正财。请各位把这句话记清楚：哪怕你做的是正道的行业，但是你的心态错误了，就不是正财。因为你的心有问题，你已经背离了财富的法则。

只要你用正确的心态赚取的钱财，我保证，不会不见，因为古人讲过一句话：是财不散。是你的钱，绝对不会散。那么你想一想，你有没有这样的经验，你这个月好像情况不错，多赚了一些，你就是留不住，好像就发生了某些事情，让你又把这个钱弄没了。你仔细看，你就会发现你内在系统出了问题。

堵住财富通道的第三个问题，需各位自己观察。我们世间事都有正反两面，有好就有不好，你仔细留意这背后的奥妙。我先举一个最简单的例子，同样都做一行生意，比如都卖烧饼，两个人开的店面也相差不远，一家生意很好，另一家生意很差。请问原因在哪里，你不要跟我说其中一个店面的位置比较好，我就说店面相差不远，烧饼一样好吃。这种情况太多了，一家生意特别好，还要排队，另一家就是没生意，为什么会这样？问题出在哪里？心态有问题，生意好的那一个，背后一定有你没有理解的地方，生意不好的那个背后一定也有你没有办法理解的原因，你要观察。今天你生命中会发生这些问题，你要观察你自己，你这个月赚的比较多，可是这个月为什么也花的比较多，那不就代表你背后有漏洞吗？也就代表着你在赚进钱财的过程当中，你心态有问题。如果你没有办法分析你财富背后的问题，你怎么解决？

你身旁肯定有成功的人，心胸宽大的人，你就跟他相处，你就能看见你不足的地方在哪里。

任何一件事情的发生，代表背后有另外一件事情在发生，不要只看表象，你要学会观察，观察自己不知道的问题在哪里。你去接近成功的人，你就知道你的问题在哪里，你就知道你跟他的差距在哪里。不要整天都跟那些爱抱怨的人在一起，如果你整天跟爱抱怨的人在一起，那也是一样，任何一件事情的发生，都代表它背后还有一件事情的存在，那你就去观察那一群爱抱怨的人，为什么他们的生命过程是这样，他们背后一定还有事情在发生，你要理解他们。不然你也看不见自己的问题。如果你身旁有很多爱抱怨的人，你会在他们身上看到你跟他们一模一样的影子，你仔细去看。所有事情发生的背后都代表有另外一件事情在运作。一个学道的人很清楚，知道自己在干什么，我们自己的起心动念自己很清楚，根本骗不了别人，除非自己活得不明不白，不然不可能。

堵住财富通道的第四个问题，就是你不清楚自己的信念，你没有办法觉察。你根本不知道你的起心动念是什么？浑浑噩噩，这是最麻烦的问题。我觉得现在大部分人都活得不明不白，也不知道为什么犯错，也不知道为什么自己没有，反正就是去追逐就对了，也不会去想问题在哪儿。

人之所以不同于动物，就在于我们有觉察、反省的能力。你今天为什么没有启动觉察内心的动力？你为什么没有办法觉察？因为你随便讲话。你知道随便讲话，没有办法坚守自己的承诺，你会把你自己搞得晕头转向吗？你知道随便开口，随便讲出来的话，甚至只是开玩笑，很随心的一句话，已经在远离财富的能量了吗？你知道多少成功的人，他们对自己讲出来的话一定要做到，有多么坚持吗？他们不是一年、两年，是十年、二十年，坚持要做到这件事。

你仔细去看任何一个成功的人，甚至是领导，他们每一个决定，每讲一句话，都是不断地反省、觉察确定之后才讲，因为他们要让自己回归到想法的原点，才能看见自己的起心动念，才知道哪里出问题，才有办法面对他的内在。是为了财吗？是为了名吗？是为了一时的炫耀吗？是经不起诱惑吗？现代社会中一些人之所以很随便，原因就在于自己讲了什么都不记得。这样的人，谈什么合作，谈什么共创未来！连对自己的家庭、自己的另一半都没有办法兑现承诺，你还能在生意上面跟谁兑现承诺？没有人信。对自己的父母，对自己的兄弟姐妹，都不能负责任地讲话，都随便说，那么你在外面做的事业怎么可能会成功。你违背了天理，违背了人伦，你做什么就不可能顺利，这都是浅显易懂的道理。我们对自己的承诺没有坚守，内心答应别人的事情可有可无，这样的人，永远都不知道自己心里在想什么，思想混乱，这是非常大的问题。你自己讲的话，你对谁讲的什么，如果你会忘记，那么你怎么可能把别人讲的话记得一清二楚？

如果你的信用破产了，有人相信你吗？没有人相信，对吧？你今天跟上天打交道，你每一次都骗上天，上天还会给你好的机会吗？“上天，你给我个好机会，我一定好好做人，我一定好好回馈社会，我一定好好爱我的家庭，我一定好好……”给你机会，你也从来没有回馈，你觉得上天会再给你机会吗？这都是很明白的道理。各位，问你自己，这都是阻碍你财富的问题，如果你今天还不懂得反省，不懂得检讨自己的身心，那么你要怨谁？

你累了，可以休息，但是你不能背弃你的承诺，你可以今天没有动力，你想稍微懈怠一下，玩乐一下，但是你不能忘记你以前讲的话。考验人的就是这个。你说成功之后你要照顾更多的人，既然你这样说，那就给你一点好处，可给了之后你就已经自大了，上天怎么会给你更多的好处？你随时都可以翻盘，你随时都可以欺骗别人，你随时都可以忘记。因为一时的成就，你忘记你以前讲过的话，或是因为一时的苦难，你忘记了以前所信守的承诺，上天为什么让你成功？钱财为什么要跟着你？你是一个没有责任感的人，上天怎么敢把这件事情交给你。

为什么我说在追求财富的过程当中，你不能只想着金钱，你要想的是你的内德。因为如果你失去了这些内德，那么你只是一个赚钱的工具，你就已经成为金钱的奴隶，你不会快乐，你没有创造价值，你没有提升价值，你没有让更多的人感受到幸福，感受到生命更好的能量，你就违背了法则，违背了财富的法则。既然你都失去了内德，你不就是拖着疲惫的身体在上班吗？你不就只是在过着不高兴的生活？

财富之路就是创造你的价值，你服务的人越多，你的价值、你的效能就越大，你的价值来自你服务的人。不是嘴巴讲讲，是要通过你的实际行动，兑现你内心的承诺，呈现你的价值。只要嘴巴讲，我们都会讲。若我们对自己没有任何要求，那我们的孩子以后绝对不会听我们讲话。因为我们讲的话从来没兑现过，为什么要听我们讲？所以孩子教育不成功。我做到了，我的孩子没话讲，为什么？爸爸做到了，孩子有什么好说的。

一个人之所以能立足，就来自他能信守承诺，他通过自己的实际行动创造价值，而不是满口讲理想抱负，却没有展现任何实际行动让人肯定、让人敬佩、让他人学习。如果我们的孩子都不听我们这一套了，我们又能去说服谁呢？各位，这不是很简单吗？你的孩子都不信你，你拿着这一套要把产品卖给别人，别人会相信吗？是不是所有的问题都在我们自己的内心？我们有没有看到自己的问题，知道要转换了吗？

如果我们还不懂得面对，那么财富之路离我们还很遥远。所以我说这个绝对不是听一堂课就会好。要实际行动，请通过你的实际行动来实现你的价值，让跟你有缘的人、你服务的人都感受到，你的价值不是你嘴巴讲的，是被服务的人讲的，是你周围的人讲的，不是你自己说“我很棒，我很棒”。你跟你儿子说，妈妈很棒，爸爸很棒，你儿子不相信。你很棒吗？你确定你很棒？价值就是事实，是创造出来的，不是嘴巴说的。

堵住财富通道的最后一个问题是贪。我们不能贪，永远都要简朴。什么意思？我不是叫你赚了钱，有了财富不能过好的生活，没有这个意思，但是我要告诉你不能贪，因为你内心越贪，你就越乱。我希望你有了钱，而你一样过着简朴简单的生活，什么意思？是内心要简单，你永远都要回归思想的原点。人成功的时候一个样，失败的时候又一个样，但我劝大家成功和失败都要一个样，那就叫坚守承诺。这样你绝对不会失败，因为你的内在系统已经很稳定，这个时候你不会大起大落，你能够恒平持久。

我们看到很多人贪，贪就会急，急就会躁，躁就会判断错误，判断错误就会失败。人生有几次可以失败？二十岁、三十岁失败还有机会，四十岁、五十岁失败代价很大，还有体力吗？还有机会吗？我们要清楚地知道错误的心态会导致严重且不可承担的后果，人应该简单一点。我们不能让欲望牵着走，难以控制赚钱的欲望，最后沦为金钱的奴隶，只知赚钱，然后失去了生命的信念、目标以及做人的原则。当我们失去这一切的时候，等待的大概就只是崩溃而已。

如果今天能够调整，回归简单的内在，等于随时让自己保持在很好的状态，用这样的心态打拼事业，建立事业，追逐财富之路，就是非常稳定的。你赚取进来的钱财是正财，会帮助你往后有更多的发挥。希望大家通过这一堂课，先感受到——让自己平凡其实就是不平凡。金钱不能够驱动你，不能够改变你内在的价值，你不能轻易改变内在的美德。成功没有不好，但是不要被它驱使，不要为了成功而追逐金钱。

接下来请你开始行动，而不要总是准备行动。我时常觉得有些学生很可笑，“老师，我准备好了，我就会做”，那你永远没有准备好，你就是要现在去做，改变自己，就是现在，就是去做。希望大家在实践财富之路的过程当中，是享受的，是看见自己的成长和变化的，不要活在痛苦当中。一个人在成长改变的时候，是很快乐的事情，是很享受的事情。如果你今天告诉我，成长和改变很痛苦，但是我觉得堕落是很快乐的，那我就没话讲。

如果你今天的自我成长和改变，你感觉是很享受的、是喜悦的，那么，恭喜你。我希望在这条路上，你是享受的，你不觉得改变是痛苦。因为财富来到我们身上就是要享受，不是要让我们痛苦。如果你在建设财富之路的过程中是很痛苦的，那么你就已经违背了财富的法则。财富是为了让你快乐的，而你现在变得痛苦，那你现在就要调整。如果你现在的工作让你觉得很痛苦，你要调整。

出现问题，没有关系，我们再回来学习，我们再调整自己，因为不同阶段，我讲课的内容会完全不一样，因为人的生命是变化的，我讲课几乎没有重复。

人是不断变化的，所以不同阶段有不同阶段的需要，你要在这个阶段先做好这些事情，往后你才会有更多的突破。如果你不去做现在的事情，你还希望有更多的改变，我觉得不太容易。希望大家在这堂课中有所收获，你觉察多少，你感受到自己的问题在哪里，你就下功夫在那个地方改变，也不要想一次全部改变，你也不可能一次做到全部。你就是稳扎稳打、脚踏实地地做，不要急，肯定会有更好的结果。

第三讲

父母对子女财富的影响

我们对金钱、对财富的观念，从小到大无形当中受父母亲的影响很深。当然，我们在发展自己的金钱观念和财富观念的时候，与我们自己的个性也有关系。

我举个例子说明，因为我自己的个性，我不会找父母亲要钱，因为不想看到他们为难，那么我对财富的观念就会产生一种扭曲。这就是人思想特别的地方，这么小的时候就形成了。我永远要不到我想要的，所以我不想要。我不想让我的父母亲为难，干脆我什么都不讲。我想不想要？我想要，可是没有挣得金钱的能力。我就会观察是什么原因让我的家庭没有钱。这是人的本能。我开始找原因，结果不小心让我找到了（通常这样找到的都是错误的）。我发现原来是我的爸爸不会赚钱，或是我的妈妈很会花钱，或是我的父母亲做生意失败等，因为每个人家里到底发生什么事情，没人知道，但是你自己要清楚。

当我看见我的家里没钱是因为很多投资失败，我就产生了一个观念：如果这些钱不拿去投资，好好存下来，那么家里至少也可以过一个不差的生活。为什么一定要贪图这个成功、贪图这个富有呢？这个观念已经形成了，无形当中就阻碍了我的财富观念。可是等我长大了，等我有机会的时候，自然跳出的一个观念是，我为什么一定要这么冒险呢？说不定我这样安安稳稳地存钱，也可以过上好日子。

你想不想要富有的生活？你想。你想不想过上可以自由掌控金钱的生活？你也想。可是你内在总有一个东西不断限制你，不断捆绑着你，你没有觉察这个观念从哪里来，原来是小时候你想得到一个东西没有得到，而你开始找原因的时候，你发现父母亲做出了一些行为，而这些行为其实没有对错。但是我们因为得不到，总要找一个理由来告诉自己，得不到的原因是什么，好让自己打消这个念头。所以无形当中我们受父母亲的影响，产生了自己的想法，在这个错综复杂的变化过程当中，我们对财富、对金钱的观念就被绑住了。而我观察到，大部分的学员，很多的观念，不管是不是财富，甚至连婚姻、家庭教育和人生规划几乎都是在与父母亲做对抗。

第一步是要先跟父母亲和解。我们人生大部分的观念都是从父母亲那里来的，在生活当中，我们无形中被支配着却不知道。

有的人是与父母亲产生了对抗，有的人是对父母亲产生了怜悯，想要改变父母亲，这两个的结果都是一样的。比如我买不起一辆脚踏车，我发现父母亲没有钱是因为他们错误的投资，我没有怪罪他们，我想要拯救他们，我希望他们可以改变做生意的方式，或者改变财富的观念、改变安排运用资金的观念，我想拯救他们。

这时候我花了很大的力气去影响父母亲，可是父母亲是不会受我影响的，他们不会认同孩子的。如果我们的孩子向我们建议人生要怎么走，怎么做生意，怎么投资，请问我们会相信吗？我们接受吗？我们不可能接受，因此我们想要拯救父母亲的行动，绝对不可能成功。那么，不可能成功的情况，会变成什么，会变成心中的遗憾。而我们抱着这个想要拯救父母亲的心态，内在就会开始有冲突和扭曲。

依着我们的方法可能真的越来越好，在往后的人生里面，生活也不错，财富也不错，看起来都蛮不错，但是，因为我们没有办法拯救他们，也就是说父母亲不认同我们的观点，这时候我们内心一样得不到快乐。父母亲对于金钱的那种恐惧感会束缚着我们，我们往后做生意，如果有成功的时候，也不敢让自己快乐。所以即使我们赚到了钱还是不快乐，我们会在某些行为上面有着与父母亲一样的恐惧、一样的害怕，因为我们想拯救父母亲的心没有放下，我们没有理解，这个不是我们可以控制的，我们只能处理自己。由于父母亲不愿意接受改变，不愿意认同孩子的财富观念，很自然孩子会否定自己，即便孩子做的是对的。

即便我们已经有一份很好的收入，而且有稳定的工作，可是你会发现你过的生活，还有你内心世界的感受，与你的父母亲是一样的。因为你的内心无形当中与父母亲产生了连接。也就是说你们并没有和解，你走的要么是对抗的路，要么是想拯救的路，这两个都是有问题的，因为都不是和解。那什么是和解？和解就是放下，你必须放过自己，也放过别人，放下内心的执念。

我们每个人都想得到父母的认同，我们对抗父母也是希望父母认同，我们想拯救父母也是希望父母认同，其实我们想要得到父母认同，已经违背了道的法则。做孩子的，永远只能尽好自己孝的本分。我们违背了顺序，我们打破了平衡，我们想得到的就没有办法实现，我们的内心无形当中会与父母错误连接。

不论我们如何反抗父母亲，其实我们的内心都是爱父母的，就更不用说我们想拯救父母亲了。我们都是爱父母的，我们都是孝顺父母的，可是我们的孝顺违背了顺序。父母亲比我们大，他们出生在我们前面，所以我们没有办法管他们。我们没有办法支配他们，而在与父母的关系当中，我们唯一要学习的是尊重、理解、和解。当我们非常尊重父母亲，不多加干预、干涉父母亲的原貌时，我们就会看出背后的功课。

每个人都有自己的生命功课，我们的父母亲也有他们的生命功课，我们也有我们的生命功课。我们不希望孩子来管我们怎么做，因为孩子不是我们，孩子没有办法过我们的人生，所以我们会告诉孩子“你过你的人生”。因此，孩子无形当中就会产生对抗和拯救的心态，就会让自己的观念变得复杂、扭曲。

在我这几次突破的过程当中，我就看到了我不能买脚踏车的原因，并不是因为父亲做生意失败。父亲做生意失败不能影响我，成为往后我想做任何事情都害怕的原因，也不会成为我以后要买任何东西都很压抑自己的原因，因为当我从新的层面来理解的时候，我便从内心深处与父母和解了。

今天我长大了，我重新看待这一切，等我有孩子了，我一样要努力打拼，我也想要赚更多的钱。我做生意也是希望我们的家庭更好，只是这个生意我没学会，这个生意我做不好，结果赔了钱，请问你希望孩子怎么看这个事情？我开始转换这个立场，我希望我的孩子看到的是，不给他买脚踏车是现阶段还没有办法，过一阵子经济状况好转了我就可以买，我希望孩子是正向的解读。

我们小时候没有办法了解大人在想什么，大人也不会来跟我们沟通，也不会向我们说明，所以我产生了这样的观念。等我长大了之后，我做了父母，我自己也在做生意，生意总是有好有坏，投资总是有顺利和失败的时候，那么请问孩子心里所解读的跟我们一样吗？完全不一样。所以我就重新解读，这是父母亲他们做生意遇到了困难，跟我没有关系呀。

父母亲就只是很单纯地告诉我们，现阶段没有办法买给我一辆脚踏车，那么我后面产生这么多的思想，这是我复杂化的东西。那我长大了，我就要重新理解我父母的心意，原来做生意本来就会失败，那失败了不顺利了，不代表他们不爱孩子，不代表他们的行为是错误的。我不需要去恨我的父亲，我不需要去恨我的母亲。我也不需要告诉自己：我只要不做生意，只要不投资，我每个月安稳有生活费就可以过了，至少我能买一辆脚踏车，过生活没有问题等。我不需要产生这些观念。

我只需要看到这个月比较辛苦，最近这段日子比较辛苦，刚好这个时间被我碰到，那不代表这是父母亲的错，我不需要怪罪他们。当我重新看待这一件事情，我不会认为这是我父母亲犯的错，才导致我这么辛苦，我会认为这就是人生过程当中很自然发生的事情，这个没有对错，这是自然的，那么我的财富观念就松动了。我就认为只要有好的机会，我只要好好学习，那么我一样可以成功，那么我就打开了我的财富限制。

我打开了我的财富限制，当我创造财富的时候，我就没有受到我父母亲的影响，因为我解读的不一样。我长大了，我学习了，我可以重新来看待这个事情了，可以看见我思想的盲点在哪里。我重新修复我对我父母亲的看法，我用新的、正确的心态来理解财富，理解坚强，我不需要对抗我的父母，我也不需要拯救我的父母，我只需要了解我的父母，与他们和解。

这样的观念打开了之后，很神奇的机会就产生了，好像那个因缘就变化了。因为我的心态已经准备好了，我已经不再被过去那个对抗的观念所束缚，我打开了，这时候我就可以抓住一些机会。而我本来的学习，以前的能力，刚好我都用得上，我打通了财富之路，开启了一个新的财富信念。

我想跟各位说，这也是我们的功课。首先，父母亲过去哪些话语限制了你的财富、思想。比如说，哎呀，不要冒险，你就老老实实地做一件事情，保守一点就好了；哎呀，你就好好找一份工作就行了，每个人的家庭背景不同。其次，父母亲的哪些金钱观念，你不认同，甚至是想对抗想逃避。这些你都写下来，重新回到过去的世界理解他们。当你愿意放下对方的时候，你就是在放过你自己。大多数人，因为太想得到父母的认同，所以无形当中跟父母亲做了一样的事情，但我们知道，生命当中最重要的是尊重、理解，最后是和解。你尊重对方，你才有办法跟你自己的内心和解，你才有办法走你该走的路。每个人都有自己的财富世界，每个人都有自己金钱的观念，你要建立的是你自己的，而不是不断受别人的影响。

允许父母做他们自己，接受他们的状态，而不是想要改变他们，或是改变你自己去配合他们，只有你安心地做好你自己，你才可以真正开始，活出你自己。这是我们在学习财富与父母关系的时候非常重要的一个环节。如果我们总是不认同父母亲的观念，其实就是我们在挑剔、批评、否定对方。同样的道理，父母也希望你不要批评他们，不要否定他们，而是认同他们。所以，重新解读父母亲的行为，不对抗、不逃避，给他们以尊重、理解，最终达到和解，是第一阶段我们要做的。

当我们与父亲或母亲的关系不够和谐的时候，那么无形当中，我们的财富能量就会下降，我们无形当中在接引父母亲错误的、我们不认同的财富观念，这个时候我们无形当中被绑在一起。所以在第二阶段，我们要重新整合与父母亲的关系，要打心眼里爱他们，愿意接受他们。他们怎么做，不论对错好坏，我们都可以接受。

你要重新回到原生家庭，找出父母亲的行为让你产生了什么观念，你要和解、认同，然后你要重新定义，原来父母亲不是不好，是因为各种条件受限他们才会如此。这样还不够，你必须在你的心里面真实感受到一种和谐关系，是一种充满爱的关系。当我们没有爱的时候，我们与父母亲的关系就会陷入对立，我们就会回到对抗、不认同。即使我们找出道理来说服自己，父母亲有他们的行为方式，我们可以理解等，可是我们心里不认同，迟早会再次产生对抗。

当我们的内心没有办法和解的时候，我们就会不断产生对立的思想，而这又会让我们陷入仇恨、抗争、对立、逃离等情绪。也就是说当你的内心对父母亲还有很多情绪、很多看法的时候，那么你就是还没有和谐。你也许在道理上已经可以认同、接受父母亲这样做，知道他们有他们的原因，可是你心里面的情绪没有和谐。只要你不能和谐，你就没有办法打通你的财富观念，你无形当中会一直被父母亲的观念影响，那么你就会一直想要做出让他们认同你的事，那么你就违背了顺序法则。

你无形当中又想操控、管你的父母亲，这样一来你又陷入对立。我们做子女的本来是爱我们的父母亲的，我们陷入对立后爱就变成一种恨，这是很自然的一个过程。其实我们内心对父母亲是非常忠诚的，我们表现出来的行为可能是对立，父母亲的思想、行为对我们产生的影响，其实背后就是我们的生命功课，我们必须学会和解，重新整合与父母的关系。就像我现在看我父母亲的财富观念，我们真的是完全不一样的人，可是以前我会想要去纠正、批评，甚至告诉他们要跟我一样做，他们就可以不用这么辛苦，可是他们不接受，然后我就会陷入对抗、对立，希望他们照着我的话做，这时候关系就会破裂，破裂后会变成一种恨。

当我们越恨的时候，就越想去证明，就越想用财富上面或事业上面的成功来证明“我对你错”，那么我们的财富我们的事业就永远不会对。因为我们的生命不是来教训父母亲的，我们的生命是来跟父母亲和解的。当我们又开始陷入“我要证明我是对的，你是错的，我要教育你”的时候，就陷入了错误的循环。父母亲是需要和解的，我们要打心眼里去爱他们、孝顺他们，我们的证明已经违反了自然规律，我们的事业和财富都不会成功，不会顺利。

当我越从内心里接受、爱我的父母亲，我越清楚他们就是这样的思想，他们就想要这样过他们的人生；虽然辛苦，他们也甘愿，即使失败了，他们也会不断再找方法。这个过程我虽然看得很痛苦，我也很不忍心，可是这就是他们的功课，我接受这个过程中的一切。在我心里，我与他们是和谐的，我理解他们。

当我从内心里爱我的父母亲，就是不管他们是什么样子，我都爱他们的时候，我的财富观念就打通了。因为我与父母亲之间就是爱而已，其他任何一切，包括经济好坏，是否造成我生活的困苦都不重要了，因为我心里就是爱我的父母亲。当我很爱我的父母亲的时候，我就自由了，我没有再陷入矛盾的状态，我没有再陷入痛苦的状态，我出来了。只有这样，我才能安心地做我自己。

《百孝经》中讲“福禄皆由孝字得”，以前我不懂，赚钱、升官、发财与“孝”有什么关系，后来我慢慢理解，当我内心愿意化解从小到大这些错误情绪的时候，其实最后解脱的是自己，我不断拥有创造财富的机会，因为我已经不被任何东西束缚了。当我自己在走这一条路的时候，我慢慢发现，其实古人讲的“孝顺”就是与父母亲内心世界的和解。

到第三阶段的时候，你必须创造出属于你自己的财富观念。什么意思？你必须了解你自己的人生，你必须了解你自己的命运，你必须了解你自己个性之下可以支配金钱的能力。以前我们是受原生家庭无形思想、无形观念的支配，所以我们不由自主。但是当你走过第一阶段、第二阶段之后，你会产生出新的财富观念、新的金钱观念，这是适合你自己个性的，适合你自己节奏的，适合你自己福报的金钱观念。这个时候，你就要开始理解、运用自己内在的能量，如果你对金钱有恐惧感、匮乏感，那么一定是你与你的父母亲还没有和解。如果你已经可以赚钱了，但是你对金钱仍然充满了恐惧、匮乏、担心、害怕，那么代表你的内心与父母亲的内心还有连接，你无形当中在向他们靠近，代表着你还有不认同，或是想拯救他们的心在这里面。你要看见自己生命的财富道路，你有自己的个性可以赚的钱，你有你自己的财富道路。

当我与父母和解的时候，我产生了新的财富观念，是，我可以做生意，我可以投资，但是我的投资一定要顾及家庭的基本开销。这是父母亲给我们的生命礼物。对父母亲以前所犯下的错误我已经和解了，内心重新整合的是对他们的爱与尊重，父母亲的这个生命功课就变成了生命的礼物。它让我看见，从小到大，受环境熏陶，无形当中我早就拥有做生意的特质。它让我看见，只要我不过度贪婪，我留下适当的金钱支配家用，那么我做生意就不会失败。所以我走出了我的路，父母亲给我的功课就成为我成功的资粮。当我在外面做事行不通的时候，我一定会去反省，一定是我与父母亲还有什么心结没有解开。每当我解开一个，我就会看见我父母亲这一生的功课，其实就是他们要给我们的礼物。

即使父母亲是错误的，但也并不是要让我们更加自卑或是更加对抗，这个不是我们要学习的。比如我们人生中的一件事业失败了，不用陷入自怨自艾，而是从里面找到突破，找到成功的方法。父母亲的错误不是让我们去批评、对抗、否定，而是让我们去理解、和解，整合之后产生新的智能，然后我们去走这条路。当我重新看待父母亲的时候，我就可以理解，我可以从他们那里提升什么。当我把对父母亲的怨恨转换成一种感恩的时候，所有的能量积蓄就从我的内在爆发出来了，我知道当机会来的时候我可以运用什么。

接下你可以仔细观察你自己，每当你与你的父母亲和解的时候，你改变了以前某些被限制的观念、突破了以前错误的观念时，我保证，你一定会有好的机会出现。如果你解不开，机会都不会出现，即使出现，你都抓不住。为什么？因为你只是一直让自己越来越封闭，越来越不敢往前突破。父母亲要给我们的是突破，是更高的生命，因为我们是一代比一代进步，是我们没看懂父母亲，因为我们心里怨恨着父母亲，对抗着父母亲。

孝顺父母要真的爱他们，因为当你真的爱他们的时候，你就不会一直看见他们错误的东西。你会看见这个事件要带给你的能量是什么，带给你的智慧是什么，这时候你整个人就提升了，你就会找到属于自己的财富管道。你可以做做看，每当你突破一个观念的时候，你就会有一个好的机会。你的内心如果不改变，你永远都过得很辛苦。你今天很努力，你的能力也比父母亲好，为什么你没有成功？因为你在对立，你还没找到和解的那一条路。希望各位找到父母亲过往哪些财富信念或者哪些话语限制了你，或者说有哪些你不认同，想逃避，甚至衍生出来自己的想法，这些你都要一个一个处理。当你处理了这些，你还需要重新整合你与父母亲的关系，和解这个关系，和谐这个关系。当你真正做到时，你就无形中打通了你的财富通道。

祝福大家在创造财富的过程当中，是在圆满我们的家庭关系，而不是破坏我们的家庭关系，请各位要搞清楚，财富是要让我们圆满快乐。

第四讲

探索自己的生命天赋

我相信在大家的生命当中一定都有好的机会到来，可是各位有没有这种感觉，你就是抓不到这个机会，你的能力也不够，或者即使你已经抓到这个机会但是留不住它。

我们也很努力付出，我们也不断提升自己，可是很奇怪，当财富时机出现的时候，财富好像很容易溜走，或者我们很容易就错失时机。难道我们的能力真的不够好吗？或者说我们真的没有这个“运”吗？我想当你学习传统文化之后，当你开始学道之后，你会发现，其实生命的障碍是我们自己。你想要成功，你想要达到某个目标，你除了抓到机会之外，是不是应该问问自己有没有相对应的条件，或是这过程当中有什么东西阻碍着你。我们可以仔细想想，每个人都想得到，那么为什么有人能得到，是不是代表他在这个过程当中，已经扫除障碍？是什么使我们的内在没有办法突破自己，没法跟这个时机、这个因缘融合？或者我们抓到时机之后，我们能不能承载？那我反过来讲，我们的内心是不是有很多障碍还没有扫除？

一直跟我学习的伙伴，应该很清楚地了解什么是我们内心的障碍。这些障碍分布在我们关系当中，即分布在父母关系、夫妻关系、亲子关系、兄弟姐妹关系、朋友关系，甚至职场同事关系当中。在与这些人相处的过程中，我们内心有很多障碍没有打通。障碍我们财富之路的是我们内在的这些禀性，是我们内在还有很多没有打通的能量。我们在做善事的过程当中，包括做有意义、有价值的事情过程当中，就在突破自己的障碍，这是第一个要做的事情。

如果你一直逃避跟家人的关系，你都不愿意突破你自己，那么你财富时机的转变、因缘的转变可能很慢。如果你愿意扫除这些内在的障碍，你还要慢慢地做一件事情——做行天命的事。什么叫行天命的事？就是做善事。我们所有学习传统文化的人一定要做这件事，而且你做的这个善事，一定是要为众人去办，去做有意义的义举。义就是义气的义，是对众人有好处的义举。因为你在行义举的时候，你内心的所有障碍就会全部涌现，你会看清是什么阻碍你的人生，可以看见自己内心的挣扎，你就可以知道有多少障碍让我们没有办法开发天赋。

我们不是没有天赋，是有很多障碍把我们卡住。我们每个人都想不付出就可以得到，这样公平吗？每个人内在都有宝藏，它埋在深处，我们即便知道它在哪里，也要花点力气才能把它挖出来吧，至少也要投资买个设备把它挖出来吧。现代社会中的一些人很可笑，就是连付出都不想付出，但却奢望有更好的财富，这是很不公平的事情。

在学道这条路上，没有不劳而获这个概念。任何生命的突破，都必须付出代价。我一直不断反复强调这些事情，不付出任何代价的学习，或是别人给你再多这些学习的机会，都没有办法进入你的生命，天底下根本就没有不劳而获的事情。所以，当你慢慢突破家人关系之后，你要开始试着去做一些善事，看起来是在做善事，其实是在开发你的天赋，无形当中它会更快速地扫除你内心的障碍。

希望大家跟父母亲和解，也延伸到跟其他家人和解，甚至跟同事、领导、下属等和解，这都是你要做的事，慢慢地你要让自己做义举、善举，这是在突破你内在的吝啬、算计、恐惧、害怕等障碍。金钱、财富是非常有能量的，金钱喜欢与充满正能量的人在一起，所以希望各位调整自己。

在工作当中开发天赋也很重要。很多人都说老师我要另外开发我的天赋，其实天赋在你现在的工作中就可以开发，不用舍近求远。当你不断扫除障碍的时候，你要同步开发你的天赋，你现在的工作就可以帮助你开发天赋，每一份工作的背后都有要带给你的生命功课。每一个工作过程都会帮你发掘出你生命天赋的一部分，等你把这些全部都了解之后，你就会看见生命要走的路在哪里。

你对现在的工作应该充满热情，即使有很多乌烟瘴气的事情，你都要转换。如果你没有办法转换，就代表你不愿意提升自己，你不愿意看见现在这份工作要帮助你开发什么天赋。从现有的工作中开发我们的天赋，这里面我再分三个小点来讲。在工作当中很大一部分人做事情是能拖就拖，能少做就少做，这是在浪费自己的生命，这样会让自己活得越来越没有能量。

第一点，在工作当中必须创造价值。每个人的工作都是从基层、基础不断往上做，每个工作岗位都有我们要学习的地方。也许这些工作看起来就像是例行公事，但是背后都有它的价值。我们在工作的过程当中，首先要创造价值。什么叫创造价值？很简单，如果我用一百元钱请你做一件事，你做出来的价值是一千元，那就代表你的价值大于你的价格，所以你是一个有价值的人，那么你往后必定是一个有价格的人。同样的道理，我们认定一个东西有价值，我们愿意支付更多的钱去购买。在我们的生命里面，不论这个工作有多么简单，多么枯燥乏味，它背后一定有你可以创造的价值。你愿不愿意创造这个价值？还是对每一份工作你都很不耐烦，很无奈，很无所谓，就只是完成了它，然后你就可以早早下班？如果你用这样的态度对待自己的工作，最后受伤的会是你自己，因为你完全看不见你生命的光和热在哪里。我过去在公司上班，公司每当有大型活动都需要一个主持人，我有个同事，每次只要遇到大型活动，他都会被邀请去当主持人。因为我蛮欣赏这个同事的，我时刻都在观察他。其实他就是在办公室里面做行政方面的事情，处理一些文件，打打字，其实真的是例行公事，没有难度。可是他在这份工作之外找到他的价值，他很喜欢当主持人，他的主持可以带给大家很多欢乐。那么在这个公司，无形当中大家看到他的不是他的工作，而是他带给整个公司的欢乐，因此他的人缘非常好。他的天赋藏在哪里？藏在他的工作岗位当中。由于每个处室每年轮流办活动，当年刚好轮到他的处室，刚好他也很认真地对待每一份工作，他从这件事中发现，原来他有很棒的主持能力。那么一年主持，两年主持，越来越多人指名一定要他主持，请问他有没有找到一个新的工作领域？他可不可以到外面接更多的兼职工作？他有没有看到他的天赋？我们对工作的态度其实无形当中影响着我们的财富机会。

我们扫除障碍的过程，其实等于在修通我们的财富之路。我想他应该从来没想过他可以靠主持来赚钱，请问一下他可以做这个事业吗？肯定可以呀，无形当中他的天赋被开发出来。

各位，你在工作中创造出了什么价值？你可以问问你自己。你为什么不愿意多付出？你仔细想想，在这个过程当中损失的是谁。我们每个人的工作都很辛苦，每天都要工作八个小时甚至更长时间，那为什么要让自己活得这么消极、这么无奈？为什么不愿意多创造价值？

第二点，要创造好的体验。什么是好的体验？你看我那位同事，每年主持都带给大家很好的体验，对不对？这个非常重要，因为天赋一定可以带给别人欢乐，带给别人热情，带给别人正能量，带给别人印象深刻的好体验。

各位，我们在工作中都会遇到困难，如果每次遇到困难总是要领导多派一些人来帮忙，那么大家想到你的时候是好的体验，还是不好的体验？怎么又是你啊？每次交代给你的工作你总是不会做，需要别人来帮你收拾？难免会有人这样想。那么反过来，别人有困难，我们总是挺身而出，总是可以帮忙处理，请问领导、主管、同事怎么看？这时候你在创造价值，也就是在创造好的体验。

好的体验能带给别人快乐，你带给别人的是什么体验？当你可以不断带给别人好的体验，那你是不是在不断开发你自己，提升你自己？你的效率在提高，是不是代表你内在的能量、你的热情不断在提升？如果每次主管要请你多做一点事情，总是看到你不耐烦的表情，然后你做不完，还要找很多人来帮你，主管凭什么再给你机会？即使有一个好的财富时机到来，别人会找你吗？若我们平常给别人的印象就是：跟他一起做事不牢靠，他想得不够深，又不愿意努力付出，那么好的财富机会凭什么轮到我们。即使轮到我们了，我们留得住吗？我们的能力根本不够。

当我们接到一个工作任务的时候，出现在我们脑海里面的是好的体验、好的感觉，还是不好的感觉？当有一个任务给我们的时候，我们想到“怎么又是我？这个我不会呀，为什么要我做？”这是我们过往失败的经验产生的结果。那么有好的机会给你，不还是一样搞砸吗？在我们过往的生命当中，好的经验、成功的经验太少，为什么有人可以一直成功，因为他不断地在创造成功的经验；有的人为什么永远失败自卑，因为他不断地在创造失败、自卑的经验。所以当有机会来到的时候，他会问自己——我行吗？但是一个不断提升自己、突破自己的人，他接到一个任务、挑战的时候，他会想：我以前也突破过，试试看说不定我能做到。心态就不一样。偷懒的人会自己害死自己，你越偷懒，越逃避，你的内在就形成一个观念——我行吗？我不会，我怕搞砸了，我还没准备好。请问你要准备多久，你就是不愿意创造价值罢了。

可是不断提升的人、不断突破自己的人，他不断创造好的经验。当有一个新的任务、新的挑战，或者到一个陌生的环境，他会想：我都做过这么多次，我一定可以再突破它。他内在会形成一股能量，内在形成这个能量是他与生俱来的吗？不是，是他不断创造、不断提升来的，不断带给别人好的经验来的。而我们就是不断产生不好的经验，才导致今天走不出来，我们才自卑、才怀疑自己。如果我们不断在工作当中创造好的经验，自然而然就有阳光，就有能量。

当一个个财富机会或投资机会或其他好的机会来的时候，你自然能够承接，因为你内在的能量够了。你仔细想想看，每当机会来的时候，你是不是自卑比较多，那你要怪谁呢？就怪机会来临以前，你没有稳扎稳打提升自己。

人如果没有办法对自己负责，还能够对谁负责？你对自己人生的态度都这么随便，你想要追求的东西怎么可能会得到。我时常在全国各地上课，很多学生对我说：老师，你要好好教我，我一定好好改变。可是当我给他任务的时候，他告诉我：吕老师，这个我不会，我做不到，我压力很大，我不要做。我给你布置功课你不做，你又说你愿意改变，那请问哪个是真的？你不做才是真的，你讲的都是假的。价值是创造出来的，不是讲出来的，你不做你怎么会改变。遇到一件事情，布置一个功课就懒惰，不愿意做，也不愿意突破，那我们怎么会成长。你的观念、你的性格都没改变，代表你的障碍没有扫除，你怎么可能会抓住这个财富的时机，即使你抓住，你又怎么可能留得住。

我们真的要自我反省、自我检讨。很多学生很可爱，他说：吕老师啊，那我不是傻子吗？我要提升，都是我创造价值，我不就吃亏了吗？别人都下班了，难事都交给我做，我带给别人好经验，最后都是我吃亏，我累得要死，别人也不会替我着想。这个问题真是问得很可爱，有时候我也常常想，我们现代人到底是怎么想的，一个要提升自己的人，一个要成功的人，竟然去跟一个不愿意成功的人计较。

如果你是当领导的人，你跟自己的员工计较，那你就不要当领导了。你是当妈妈的、当爸爸的，你跟自己的儿子计较，那你算什么父母亲。你是想要提升的人，你去跟不愿提升的人比较，那你疯了。你是要自我突破、创造价值的人，你去跟一群自甘堕落、没有人生方向的人比较，我不知道你为什么会这样比较。你要跟好的比，不要说“那都是我吃亏，我不是笨蛋吗？”不是啊，代表你很可贵，你很不一样，所以你才会成功，你才会找到那个天赋。

第三点，要打开心胸。你不要小肚鸡肠，你这么爱计较，这么放不下，这么爱算计，你能够做什么大事？你能够开发出什么能量？你永远都要别人来鼓励你，永远都要别人来赞赏你，那你就不要做领导。为什么？我从来没有听过一个领导希望员工来赞赏他，都是领导在鼓励他的员工。你要提升自己，你要自己有能量。不断需要鼓励的人与自己有能力鼓励自己的人，是不同等级的人。

你不能既要好，又不付出。多做一点会怎么样，吃亏了会怎么样，被骗了会怎么样，傻点会怎样，会死吗？我常问我自己，多做一点会死吗？又不会死，有什么好计较的。我是怎么做到这一点的呢？我觉得是在行善的过程当中，尤其在做一件好事、义举的时候突破自己的。我觉得这个过程真的是太迅速，真的很快就提升自己。我在打开心胸的过程当中，我慢慢发现为众人付出的人长天命，越长天命，他的命运就越好，他的能量就越高。所以当我自己工作一段时间之后，我发现我的能力不知不觉已经提高了，这个工作就不难了，因为我能量提高了。为众人服务，其实是在打开自己的格局。

我希望各位通过我前面讲的这三点，真正地去行动。当然这要花时间，因为只从家人关系这边做突破，你就要花很多时间。在自己工作岗位上要做到我刚刚讲的那三点，那也是要花时间的，没有不劳而获的事情。当你不断打通你的内在、不断扫除障碍之后，迎接你的都是好的资源。你内在的德性、你内在的能量越能来越能够与这个机缘相吻合，那么你就能成长。

怎么探索出自己的生命天赋呢？要先放下我们认为成功的定义。如果你永远用金钱、用成功来衡量你的天赋，那你找不到。就像我刚刚说的我这位同事，他做主持一开始是没有物质报酬的，公司各部门轮流办活动，轮到这个部门的时候，因为觉得他最开朗，所以就叫他主持，没想到他主持一两次，变成全公司最红的人。后来公司每年的大型活动都是他主持，这个是不得了的事，一开始他是用金钱、用成功来衡量的吗？

一开始绝对不能用金钱、用成功来衡量，如果你用金钱、用世俗的成功来衡量，那么你的天赋会被扼杀。你一定要留意，你要先放下世俗定义的那个成功，不然你找不出来，你会觉得这个不叫天赋，又不能赚钱，那你就走不出这条路。那么天赋藏在哪里，就是刚刚我说的，通常都在办善事的过程当中被发现。

我也是在办义举、做善事的过程当中发展出我的天赋。因为人用金钱衡量的时候，就会失去本心，这个非常神奇，所以我真的慢慢体会到为什么圣贤一直在讲，很多事情不要一开始就与钱扯上关系，要用单纯的心去做。你越用单纯的心去做，对你的帮助越大。接下来我们有四个小步骤，你可以自己去找。第一，问问自己：你能够教别人什么，或是别人常常请教你什么，或是聊什么话题你很有信心，做什么事情你从来不会感到焦虑和担心。

各位一定要去做善事，办义举，越办你越能看清你自己。其实我教各位的都是老祖宗留下来的智慧。每一个愿意依照传统文化的精神、依照古人的智慧去行动的人，都会找到自己人生的解答，不要小看老祖宗留给我们的智慧。

我没有讲太多古文，但是我把老祖宗的智慧运用到生活当中。各位要探索生命的天赋，你要先问你自己。别人常请教你什么，你什么做得好，别人一定需要你的帮忙，这方面你可以给他很多指引；或者人家都喜欢找你，就像我那个同事做主持，他没有上过大学，没有学过专业的主持知识，为什么人家都找他，因为他做的好。

第二，发现你内在的动力。你观察自己做什么事情的时候很少拖延或不会拖延；你休假的时候，你不工作的时候，你最想要去做的是哪个方面；你宁愿放弃你的休息时间也要做的是什么。你仔细去想。

第三，做什么事情会让你沉浸在其中，忘记吃饭、睡觉。你看朋友圈，看抖音，所有吃喝玩乐这些东西，不是带给你生命提升的这些东西都不算。你在做那个事情的时候你不会感觉到疲倦、厌烦，你会充满能量，仅是想想你就很想去做，那代表你内在有很强烈的动力，那背后有你的天赋。从哪方面去做？我还是建议大家多从办善事的过程当中，从提升工作价值的过程当中探索，这会很有帮助。

第四，与你内在的满足感有关。过往你的工作中或是你的生活中，你做了什么事情让你获得巨大的成就感和满足感，这非常重要，这就是创造好的经验。也就是说，你很适合做这个，那么当你去开发天赋的时候，你就要培养相关的专业能力。人只靠天赋、靠热情是不够的，相关的专业能力、知识技能也要拥有，要投资自己。但是如果你只是为了钱，你只是为了证明你的成功，那么这都不可能，你没有办法做长久。

天赋就是我们生命的独特性，这个独特性并不是指某一种技能。很多人都误会天赋是技能，其实不是，技能是后面学习来的。比如说对生命力的理解程度比别人都好，比如说自己的价值观、人生观比别人都正向，这个也是天赋，只是这个天赋要结合专业技能而已。

希望大家结合我以上讲的四个方面探索生命的天赋，不断地观察自己、发掘自己，在创造工作的价值或是在做善事的过程中看见自己。如果你什么都不做，你怎么可能会发现自己的天赋？寻找你自己的特质，是要付出的，要抓住财富的机会也是要付出的，所有的一切都是要付出的。

当你不断付出的时候，你就会看见你的独特性。如果你什么都不做，你就看不到你的独特性。其实上天很公平，每个人都有自己生命的独特性。是我们太懒惰，是我们不愿意付出，是我们不努力，所以我们才找不到财富的机会。希望这本书中所讲的，不仅帮助我们找到自己内在的天赋，也让我们懂得把握时机，留住时机，真的让这个财富因缘在生命当中创造出来。

如果我们的工作可以结合天赋，又可以创造财富，我想这真的是最好、最幸福的工作。我祝福大家都能够找到自己乐意做的事情，而且这个事情很有意义和价值，又可以创造财富。最重要的是，在创造财富的过程当中，我们的人生更幸福、更快乐，家庭更圆满。

第五讲

如何实现财富运转的正向循环

大家不断深入做功课，然后不断改变与提升，希望在这些功课当中，我们找出自己的盲点，也知道自己的生命应该往哪个方向走，往哪个方向提升。我想做功课最重要的目的是提升自己，不断让自己看见盲点，让自己在正道上越走越好，让生活越过越好，都能心想事成。

我自己在学习财富的路上，尤其在突破自己方面，最大的感慨是——我们之所以过得辛苦，过得穷困，或者说过得不快乐，其实都是因为心胸与格局没有办法扩大。我们气量狭小，我们计较的东西太多，当我们遇到金钱利益的时候，我们的内心非常纠结。

在付出的过程当中，很多人可以感知自己内心有多么挣扎。在实践财富运转的过程中，我不断地感受到，真正阻碍自己的是心量与格局。如果一个人无法扩大他的心量与格局，他永远都在困境当中，无法突破，那么他所用的方法当然就不会有效。不论我们学习了多好的方法，我们都没办法改变现状。

宇宙的真理、道的真理就是它会还原我们内在的真实性。我们内在真实的状况是什么，它还原给我们的就是什么。我们内在真实的起心动念就是我们的种子，有什么样的种子，就会有什么样的结果。参天大树的种子，注定就是一棵参天大树；野草的种子，注定就是一棵野草。

你内在的真实性，其实已经注定了你未来的结果。在不断实践的过程中，我认为最难改变的是突破自己内在的限制与格局，也就是要打破自己内心的真实性。我们的内在是计较，是狭隘，是放不下，我们也不愿意付出，那么上天所回报给我们的当然就不是很好的状况。而我们越执着于金钱，越执着在财富上，结果就是我们更加斤斤计较，更局限了自己的思想、格局与心量，反而更走不出来。

我不知道各位有没有跟一些心胸比较开阔的人，或是成功的企业人士相处，你越跟他们相处，你就越能感受到他们非常乐意付出、奉献、帮助他人。他们的心胸、格局以及他们的付出精神，值得我们学习。所以我希望各位不要因为内在的狭隘限制了未来的成果，不要因为目前的状况让你更局限于金钱上的执着。你应该先把计较金钱的心态放下，那样你才有办法产生正向的循环。

当我们已经了解道的运作是依内在心念的真实性在

运作，那么我们就可以想象，当我们以这种狭隘的心胸追逐金钱的时候，我们的结果绝对是失败。如果你永远以追逐金钱的多寡来衡量你的成功，那么你最后一定痛苦。

你仔细观察，对金钱斤斤计较的人，即使他追求到了金钱，他一样活在压力、恐惧、害怕、紧张之中，他一样过得不快乐。生命的格局，绝对不能用金钱来衡量。

生命的本能是，当充满正能量、充满爱与希望的时候，你才愿意去付出。当你以金钱作为动力的时候，你在追求的过程当中，会充满压力与恐惧，这次你达到了，下次你压力会更大，所以你绝对不能这样做。但是当你用爱与希望、用生命的价值去做这件事，结果完全不一样。因此，你必须先了解你内心对金钱的真正认识是什么？金钱在你心目中的定义是什么？你与金钱的关系是什么？是恐惧，还是想证明，还是为了安全感，还是其他？如果你搞不清楚这个观念，那么你根本无法突破你内在真实性的问题。仔细观察，仔细留意，用这种心态，你的生命会很痛，就像一个学生，如果他读书永远都有压力，那么对他来讲读书绝对不会快乐，考高分只是一种压力。如果一个人对学习、读书充满兴趣，他自然会突破。

如果今天一件事情轮到你，你想的是压力、恐惧，那么请问一下，你会做得好吗？你当然希望赶快结束，你当然希望事情不要发生在你身上，那么你怎么会进步？接下来你要想想，你拥有金钱是为了做什么？我觉得很多人都搞不清楚有了金钱要做什么。如果你拥有金钱，只是为了满足你的虚荣心，为了证明你好像很了不起，那么，这些拥有终究是昙花一现。金钱必须创造价值，请问我们创造的价值是什么？也就是说你拥有金钱到底要干什么？你拥有金钱，却不知道目标，那么金钱在你身上就没有价值。既然没有价值，那么你势必留不住，钱财在你身上就只是进进出出、来来往往而已。我自己在学习、在实践财富之道、在突破财富法则的过程当中，我很清楚、了解我们拥有金钱是为了做什么事情，这非常重要，因为我们做这件事情的过程，其实就是在改变我们内在的真实性，这是一个循环。你必定会面对你内在的真实性，当你内在的真实性符合道的规则，自然而然，你就在创造好的财富循环。所以我们一定要以实践生命价值作为我们生命的动力。希望各位仔细思考，你拥有钱是为了做什么。有很多人说“我拥有钱，我才可以好好孝顺父母”，我想跟各位说一件事，所有的生命功课与钱都没有太大的关系，不管是父母还是子女，所面临的生命功课都与钱没有太大关系，钱只是一个表象，生命功课是内心种子的发芽。

人最可笑的地方就是把所有生命的问题都归于钱不够。我希望各位学习之后放下这些问题，你给家人一个关心、一个拥抱，不是钱可以衡量的，也不是用钱买得到的，生命关系的改变都不是钱，所以不要拿钱当理由、当借口。如果你这些内在的状况都没有突破，那么你没有办法进入财富法则里面的正向循环。不断地自我成长，突破自己的心胸与格局之后，我才知道这个是真的。那么我们如何进入财富的正向循环呢？第一，我们绝对不能违背财富的顺序性。我们是为了家庭幸福才去赚钱，还是赚钱之后才能家庭幸福？顺序绝对不能颠倒，这就是我时刻提醒自己的。如果我们做任何事情违背良心，违背了初发心，路会越走越偏，越走越歪。

如果你的内在被负能量填满，你的财富之路会非常辛苦，但是如果你内心充满感恩，你觉得你今天所做的这一切是非常幸运的，那么也就等于你在内在种下了一个非常好的种子，那么有好的结果也是必然的。所以我会不断调整我的顺序，所谓的顺序就是绝对不能把金钱放在生命价值前面，要把生命的动力作为优先，也就是说我是为了家庭幸福，我才去外面工作，工作所得到的一切，能够帮助我家庭幸福。如果你工作所做的这一切，没有办法帮助你的家庭幸福，那么你走错路了，你最后必然得不到你想要的结果。很多人误以为自己辛苦打拼，有钱后才可以让家庭幸福，错了，是你内心的真实性出了问题，但是你没有发现，你又把问题归咎于钱不够。

我们做任何事情一定要先回归我们的内心，唯有顺序对的时候，才能走下面的路。我们在相爱的情况下才会有孩子，我们与另一半相处是因为爱，不是为了控制他，不是为了弥补自己内心的空虚。如果你是因为内心空虚去找另一半，那么你迟早出问题。因为你内心的空虚，不可能通过另一半来弥补，你内在的问题解决了，你才有办法接受另一半，才会正确地看待另一半，所以问题在自己身上。

顺序性确定了之后，我们接下来就要讲第二个，就是付出。我们是在确定了自己的内在状态之后，才开始规划走这条路，所以这个时候我们才会付出。那么我想问，你在付出的时候心态是什么？如果你的付出都是为自己，那你又要走回原来的路，那不会让你有能量。你在付出的过程当中，你在打拼的过程当中，你应该是有照顾他人的心，有报恩的心、感恩的心。如果你没有，你会越做越苦，那你又回到老路上，越来越计较，越计较就越不想付出，越不想付出心胸越狭窄，心胸越狭窄人就越痛苦，那不就又困在自己狭隘的心胸、格局里面了吗？

你在工作的过程中，请问你有照顾他人的心吗？你有愿意付出的心吗？有报恩的心吗？这个非常重要。我自己在实践的过程中发现，人越有报恩、感恩的心时，能量就越强大。在实践的过程中，我可以明显感受到，知道道理和做到道理是完全不一样的感受。做到很重要，只有做到之后，才会发现产生的动力源源不绝；当你内心充满爱的时候，那个动力也源源不绝。

当你内心充满自私的时候，即使你得到很多东西你也不会快乐，这会让你陷入自我毁灭。当我们想照顾别人的时候，那代表我们的心胸在打开，心量、格局在打开，那是何等可贵，就是这股动力、这股能量，上天才给我们好的机会。我自己在学习之后，尤其在学道之后，感恩的心、报恩的心、要付出的心很强烈。

比如说你要感恩你的父母，没有父母给你打下的基础，你以为你现在可以过这样的日子吗？有人嫌弃自己的父母没有给自己更好的基础，可是你若要嫌弃，你若要不知足，父母亲不管给你多少你都不会满足。父母给我们的至少让我们有一定的基础，就是因为父母的支持，我们受教育的机会就比别人多了，如果父母亲没有挣钱让我们受教育，我们现在会更苦。

你有报恩的心，你的内在才有这股能量。有些人比较自私，没有一点回报的心。若你没有回报的心，你的能量就提升不起来，你的心胸、格局就打不开，财富就不会来。因为财富是有德性的人才可以摄受、涵养的，我们根本不是这样的人。我自己在行道的过程当中，也很有感受。如果没有老师的引导，人生这条路真的很难走，靠自己摸索学习要很久，这些你都必须回报。我讲的回报不是说要给多少钱，是你要有这种心，你愿意付出，愿意感恩他们，甚至把他们的精神发扬光大，传递给更多的人。假如你这样做了，道一定助你，因为你有回报的心。若我们想的是“我不希望让我的老师、让我的父母亲丢脸”，这个能量也会很大，会很自然产生正能量，所以这个我们一定要去做。

其实你愿意照顾一个人的时候，代表你能力开始提升。而你能照顾一个人和你照顾两个人或照顾十个人，哪一个能量大？当然是十个人。你要养三个孩子、五个孩子，请问你的能量是不是提升？你有照顾他人的心时，你为他们设想的时候，你无形当中会扩大你的能量，你无形当中在改变做事的方法。

感到人生痛苦的人其实就是被自己狭小的心胸、狭隘的格局障碍了。当你今天要服务十个人，你想的方法和服务一个人想的方法是不一样的。所以你会突破自我。很多人为什么越活能量越好？因为他一直在提升。为什么有的人越活越狭隘？甚至别人讲一句话，他一个晚上睡不着，那不是他自己的问题吗？所以你要衡量你自己，你在确保顺序性之后，你在付出的过程当中，你内在的心态是什么？你要有报恩、感恩的心，要有照顾他人的心，接下来才讲付出。

第三个是正当性。《大学》中有："货悖而入者，亦悖而出。"意思是，若你的钱财是背离正道进来的，就是进到你的口袋、进了你的户头，也会发生一些事情让它流出去，怎么来就怎么去。你的起心动念影响往后的行为。当你赚取钱财的正当性不够的时候，你的心会不安，你留不住，因为那个不是你应该有的。各位有没有这种感受，假如你发了一笔横财，你会赶快想办法花掉，若你凭你的努力付出得来的钱，你花的时候会珍惜。你很轻松得到的钱，你花的时候，你就觉得很随便。我们所赚来的钱一定要符合天命，也就是说做好本分，越问心无愧，这钱财的正当性越好，往后它创造的循环就越好。什么是正当性？正当性就是做事符合道德良心，符合德性。不管你是工作还是其他，你挣来的钱会让你留得住，因为你内在的发心是正的，你得到了自然你就守得住。

《大学》中有："有德此有人，有人此有土，有土此有财，有财此有用。"一个有德的人，一个有正能量的人，很多人自然想要靠近他，想跟他在一起。有人你才会有团队，跟你有好因缘的人，才会聚在一起。你现在为什么遇不到好的因缘，因为你内在的能量有问题。你只要愿意反省，愿意深刻地检讨自己，你就会看见真理。

你内在的正能量不足，那么感召来的人也和你一样，所以不要总是抱怨别人不好，“物以类聚，人以群分”，什么样的人自然跟什么样的人在一起，因为这就是你内在的状态。你现在的因缘不好，那你要反省自己。当你有德的时候，必定有好的因缘。那“有人此有土”，这“土”是什么意思，这“土”其实不是指土地，现在来讲就是指你的事业，你有人才，不管做什么，你都会顺利。

有的人所在的工作环境好，所在的团队也非常好，在这样的因缘之下，他要创造好的目标、好的结果，是不是比较自然？是不是成功率更高？那么我们想想，为什么跟我们一起共事的人，我们做不起事来？你仔细想，不就是内心那些斤斤计较、那些算计斗争吗？不就是这些，让我们的事业越做越辛苦吗？不就又回复到我们没有德，我们内在的正能量很少，所以来的钱怎么来就怎么去吗？所以当你有“土”的时候，你才会有财。

为什么我们现在拥有钱财这么辛苦，一定是我们德不够，“有财此有用”，你的钱要用在哪里？这又回到“有德此有人”，你是在创造一个正向的循环，所以你一定要会用，因为钱财是很有能量的东西，可以使用在好的地方，也可以使用在坏的地方。如果我们都用在自己的享乐上面，那不就是自私吗？我们用在自己的享乐上面，路越走越窄，最后结果是什么？还是没有。如果你用在照顾更多人上面，你是不是“有财此有用”，你是用在德上，那是不是“有德”又“此有人”，循环就不断反复。这个正当性一定要在正道上，你不能偏离德，否则后面的效果就不好。我们学道，我们都不会乱来。也许前几年比较辛苦，慢慢地，种子会发芽，慢慢地你就会看到那个循环发生。

当你的正当性越来越足够，当你越来越能涵养自己的德的时候，慢慢地你就会看见，其实道是公平的。我们常讲财富的一个原则就是公平，它会平衡这一切。看起来好像你吃亏了，你默默地付出，其实，你吃的亏，道自然会帮你平衡。那么同理，当你总是在占便宜，在欺负别人，总是在斤斤计较、算计，道无形当中也帮你平衡，在某些事情上，你就是做不顺、做不好。道是公平的。

你没有必要去破坏你的德性，你没有必要去消耗你的福报，没有必要。《增广贤文》中说："君子乐得做君子，小人枉自做小人。"各位想想自己生命过得那么累，什么原因？是你自己甘愿过得这么累。你生命可以过得很轻松，可以放下，可是你放不下。正能量的人不断往正能量的路上走，负能量的人不断往负能量的路上走。

很多学员很可爱，他问我：吕老师，我也是真心付出，为什么我没有好的结果？我们先回归一个很重要的议题：如果你有一些种植农作物的经验，你知道有时候有些种子种下去，它不会发芽，为什么？因为你内在的土壤太久没有翻动。你要下更大功夫，要做更多的功课。你看，有人福报好，稍微努力一点，结果就很好。有的人要付出很大的努力，他才会得到好的结果。那为什么要付出很大的努力，代表他内在负能量比别人多。

这就是我们的生命，我们每个人都有一块心田。

如果你在付出、报恩、照顾他人的过程当中，内心很痛苦，代表你还有很多生命功课没有突破。我希望各位在做的过程当中，要不断地看见自己，一切都回归到自己内在的真实性上，你不用担心，你要乐意地做，甘愿地做，欢喜地做。你想得到什么，你就先付出什么。你想要成为什么样的人，你就去帮助别人成为他想要成为的那个样子，你慢慢看见，只有在付出的过程当中，你才能够找到你生命中要突破的点。

有了正确的观念，做很重要。当然你在做的过程当中，一定要有能量，你要感受到喜悦，感受到自己有价值。如果在做的过程当中，你觉得你很痛苦，那么请你调整自己。因为你做得很痛苦，代表你错误的循环又来了。为什么我一直做事，我在突破自己的过程当中，我一定会回归顺序性，我一定会在我的内在状态是好的情况之下才去做事。

我想我们每个人都是一样的。只有你当了父母，才知道父母的辛苦。只有你在帮助别人的过程当中，你才知道自己要什么，你才更能看见自己哪里不足。有时候我们在分享的过程中讲着讲着把自己讲明白了，可见付出多么重要。比如说我想要成为老师，那么我帮助跟我一样也想成为老师的人成为老师，我是不是就可以看见我自己哪里需要进步？

付出的过程当中，你就是在帮助你自己。你想成为老师，你帮助想成为老师的人也成为老师，那么在你的帮助之下，你们两个是不是互惠？各位仔细想想，在付出的过程当中，双方都会好。我帮助你成为老师，其他人都不会帮助你，请问你是不是自然而然也想回馈我、回报我，因为只有我愿意帮助你。那么当你回馈我的时候，是不是也在帮助我成为更好的老师。

比如说你今天做销售，你帮助一个也在做销售的人提升业绩，他肯定会感谢你，因为他有很多生意都是你介绍的。请问他会不会珍惜你，当然珍惜你呀，他一定会回报到你身上，让你更好。其实这就是一个循环，在这个过程中，你们可以彼此成就，而且互惠。你不要批评同一个领域的人，因为每个人做的不一样。你在批评的时候，或是你在否定对方的时候，对方也在否定你，如果你欣赏他呢？你说这个老师不错，在学的过程中，你也会得到收获，对方会感谢你。看起来你们是竞争关系，事实上是你们又在互相帮忙。我们之所以过得很痛苦，是因为我们的心胸、格局很狭隘，若总把对方当敌人，那我们永远都活得很痛苦，但是如果把他看成可以合作的对象，他可以给我们创造更多的东西，我们就有不一样的结局。

你与同事的关系也一样，生命当中，没有所谓的竞争者，都是你自己幻想出来的。我认为生命的过程都是互补、互惠的。你什么都会吗？不可能。你什么都要拿，你什么都拿不到，你什么都要会，你就不可能在某个方面有你的特点。你要懂得互惠互补，你要让人家知道你是有价值的，你要不断付出。很多人都害怕被占便宜，那反过来想，你被利用、被占便宜，不就代表你有价值吗？

你被利用、被占便宜，无形当中在提升你的能量，提升你的能力，那么为什么你这么不甘愿？是你心胸太狭隘。所以你要有照顾众人的心，要有合作的观念。我们共同创造，是让更多人都受益，还是只有你一个人受益？如果在合作的过程中只有你自己受益，谁要跟你在一起？

在这个世界上，大家都很聪明，只对你一个人有好处的事情，你绝对做不长久，但是如果你们合作，大家可以共荣，为什么你不做？其实这也是我们学道的观念，两个人都好才是好。夫妻俩，只有你好，你老公或老婆不好，你会真的好？不可能的事。所以当我们能共同繁荣的时候，代表我们是生命共同体，这是和的观念，这个观念很重要。你可以从这几个方向做，你想想你的工作、你的事业、你的生意可以影响多少人。你要努力创造正循环，你唯有做正道上的事，你才会更有能量。

我在做的过程当中，也不断提醒自己，要用正面的态度解决问题，而不是用担心、害怕的态度解决问题。我害怕我被吞并了，所以我才要合作共荣，这样会越走路越狭窄，要用正面、正向的态度解决问题，调整心态。态度就是能量。

财富的运转有一定的规则和法则，这就是所谓的能量性。你要有能量，你要创造出能量、价值、喜悦，绝对不是恐惧、害怕、担心、紧张、压力。如果是这样，那请问一下，你有钱要干什么？你要明白这个道理，你一定要创造出这个能量性来。你有这样的能量，也代表你的心胸在扩大，越扩大，你越能做到互惠互补，合作共荣。这就是整个财富运转正向循环的方法。

“有德此有人，有人此有土，有土此有财，有财此有用”是古人所教授的财富正向循环。各位要自己实践、突破，生命所有的道理都是实践来的，不是嘴巴说的。越实践你就越感受到道、财富就是这么运作，就是这么一回事。同时，“君子乐得做君子，小人枉自做小人”，各位，真正走在正向循环道路上的人，他是很快乐的。而不相信的人，永远不相信，他永远都在痛苦，那何必浪费自己的时间呢？

希望大家有一个方向、一个目标往前走，能够创造出自己的价值，能够让自己的生命活在一种喜悦中，活出有价值的状态。

第六讲

生命与财富双赢的功课

双赢对于我们每个人来说都不一样，我今天在这里讲双赢，可以把它理解为生命与财富如何双赢。财富当然包含了名利、富贵、地位、权力，但是财富与生命的双赢才是我们要追求的。我们生为人，想要名利，要头衔，这个是正常的，今天在打拼的过程当中，是我们有了价值，随之而来的自然会有财富，是先创造了自身生命价值，才会有财富的到来。如果我们有这个实力、这个本事，那么这个名自然会来，如果我们做的是虚假的，或者是自我的吹捧，那么我们会活在痛苦之中，因为我们活得很虚伪，我们在包装自己。

我们怕被戳破，怕被看穿，这样的名反而是痛苦的。所以我们追求的这个名，不能说不对，但就像财富的法则一样，你要先有价值。你想追求这个名，你要先有这个实力，先有这个本事。一个人为什么有好的名声，是因为他很善，他才配享这个名。同样，你的产品有价值，你自然配享这个价位，自然配享这个财富。《周易》中“德不配位，必有灾殃”，如果我们的品德和我们的财富不匹配，那么迟早出事。三国时期杜恕的《体论》中有：“夫名，所以名善者也，倘善修，而名自随之。”你只要好好做善，名声自然就有了，这根本不是强求的。如果我们没有内德，没有内涵，但我们出名了，我们一定行为错乱，我们没有办法驾驭名声。我们有名了，自我膨胀了，就会产生更多问题。

不要羡慕名，我们要想有名，先要有这个实力。《体论》中接着又讲“非好之之所能得也”，不是你去求好、去伪装就会有的。如果你求好、伪装，你就会做出虚假的行为，就会贪图那个名声，你就会让自己陷入痛苦。我们要回归，所有生命的本质一定建立在脚踏实地上。如果你为了好，甚至做假事，就为了要这个名，一定会伪行要名，这个时候你的行为反而不扎实、不踏实，你反而过着一种提心吊胆的生活，那违背了生命的法则，违背了财富的法则。

古人讲知命的人才能真正立命。如果我们做人做事不尽职，不尽力，喜虚荣，做假事，有名无实，都立不住命，这是古人讲的。你不断观察，过得不好的人都有这些特质。其实古人在教我们“名所以为名，善者也”。我们自己把自己的命运弄坏了，我们自己把自己的财富给毁了，所以我们立不住命，我们的财富之路没有办法走得通。

我们在学习的时候，生命一定要回归，不论我们的生命有什么样的目标，想追求什么，都没有问题，因为人本来就有追求这些的欲望，但我们追求这些一定要脚踏实地，我们是真的要有这个善。我们有这样的能量，名副其实才对。所以我们从这个议题进入，生命与财富哪个重要？当然是生命重要。生命的价值重要，不仅是我们的性命重要，我们的生命价值更重要。

现在很多人为了金钱拼了老命，明明自己累得要死，还是计较得要命。在争执的过程中，在算计的时候，我们是失去理智的，我们舍不得花那一点钱，我们不愿意突破自己做一点善，我们让自己陷入小格局、小心胸里面，我们的种子越种越差。我们的顺序性都是错误的，这叫利令智昏，名利让我们的智慧已经昏迷。

我们应该权衡利益得失与生命价值的不同，可是我们往往在这个过程中争名逐利。结果呢？我们是伪行要名，最终我们一定是做很多错事，犯下很多错误。那我们怪谁呢？如果我们的生命价值可以与财富双赢，为什么我们不做？为什么让自己陷入错误的循环？

《红楼梦》中有一首《好了歌》："世人都晓神仙好，只有金银忘不了，终朝只恨聚无多，及到多时眼闭了。"这真的是在写我们的人性，放眼望去，我们的一生都在为名利所苦，每个人都在追求名利。财富的法则是让自己成为有生命价值的人，而不是整天想着金钱，一直生活在痛苦中。每个人来到人世间都有一个使命，我们要发挥这个使命，我们人生的每一个阶段遇到的每一个困难都有我们的生命功课。我们要先完成生命功课，完成我们的生命价值，财富自然就会到来，这才叫生命与财富的双赢。生命的每一个阶段，都有需要面对的生命功课，当我们突破生命功课的时候，财富自然到来，这才是财富与生命双赢的修炼。可是很多人都在逃避生命的问题，我们都不想面对生命的问题，我们都只想拿好处，所以我们的命都立不住。我们立不住命，也不知道自己的命运是什么，一辈子都在追求财富而不得中痛苦。

希望各位往内在创造你的精神财富。我们生命与财富的修炼，其实就是在修炼我们内在的价值。内在价值提升了，财富自然会提升，会实现名利双赢。如何修炼呢？

第一步，你要认识自我。很多人对自己的个性、禀性运作模式都不知道。你连自己的问题都不知道，都搞不清楚，你一开始学习财富之道的时候，会比较吃力。我让你放下对财富的执着，你不容易做到，因为你急于求成。你急于求成的心不单纯，所以你的方法就不正确。因为你的动机不够纯粹，所以你种的种子没有办法生根发芽。这就是为什么在学习生命与财富双赢时，你一定先要从自我改变开始，你要有系统地认识自我、突破自我，看见自己的问题。

第二步，你要定位自我。知命的人才能立命，你根本不知道你是什么命运，你天生的特质是什么，你应该怎么面对，你根本不知道，所以你怎么可能突破？你没有办法突破，你就没有办法定位自己。像我，我就适合当老师，为什么？因为我没有办法面对太多复杂的商业行为，所以我很清楚知道我要做什么。我把自己定位到好好引导跟我有缘的学生，让他们明白生命，所以我的生命一直定位在我的生命价值和我要做的功课上，而不是定位在财富和名利上。有的人想把自己定位在做大企业、大老板，可你是否想过，你有没有这个命？你的特质适不适合？当你能足够认识自我，能自我定位的时候，你必须开始实践你的生命功课，走向第三步。

第三步，你要面对你的生命功课。不管你处在生命的哪个阶段，你都需要面对自己的生命功课，如果你没有处理好，你就没有办法得到应有的财富。其实生命的每一个阶段都在帮你提升能量，这个过程其实是在打开你的格局和心胸，你自然而然就在突破。你开阔心胸，就是在放宽、提升你的能量。我们大部分人在面对问题的时候都是逃避、厌烦，只是想赶快成功，所以我们没有在正道上。就像我们昨天讲的，你的正当性不够，你没有在正道上，你的德不足，很自然就走入错误的循环之中。所以我们一定要从生命功课里突破，比如我们讲到的知恩报恩、孝顺父母、侍奉师长等，这些都在帮助我们回归生命的功课。

第四步，你要面对逆境，自我成长。生命的功课根本没有办法逃避，越逃避，下一次出现的问题越严重。其实我们只要面对就好，勇敢地面对逆境，因为这是我们命里有的，不要逃避，不要做那种不尽职、不尽力、有名无实的事。这个时候你要学习，因为在逆境的过程当中，你会看见，你有很多东西都不会，那该怎么办？当然是学习。只有不断地学习成长，才可以突破逆境。如果我们没有保持学习的习惯，那么很容易退缩、放弃。当你面对逆境，不断地自我成长提升、不断地突破，很自然就会开发出内在的能量。

第五步，开发出你内在的能量。当你突破内在的能量之后，当你突破那些限制、小格局的时候，其实就是你有价值的时候，很自然你所想要的那些财富、名利，就会越来越顺利，就不会像你以前那样很累。你慢慢地就能够发现，有一条适合你要走的路，你慢慢就会感受到，原来生命运作的法则、财富运作的法则就是那样的。因为你又在不断地开发能量，开发你的德性，所以你越来越好。

第六步，开始帮助更多的人。这是自然的，能量越高的人可以帮助的人越多，你可以照顾更多的人，你可以做更多难的事情。当然，很多事情对你来说已经不“难”，因为你已经自然具备这个能量，你能够处理这个问题。我时常观察，一个人能够处理多少复杂的事情，也代表着他的能量到哪儿了。所以你会慢慢帮助更多的人突破提升，这样你的生命更有价值，循环更好。

在生命与财富双赢的自我修炼里会经历以上六个步骤。在这六个步骤里，你要不断地回归，不断地突破自己，然后看清楚你自己的生命定位，不要贪图你生命本分上不该有的事情，最终你自然会越来越好。

我接下来讲四大领域。通过这四大领域不断提升自我，进行自我修炼，让自己更好。

第一个领域，生理的健康。我们在提升生命价值、创造财富的过程当中，生理的健康很重要，因为生理的健康会提升内在的情绪和工作的效率。人到一定的年纪，会明显感受到自己的精神状况、身体状况走下坡路。如果我们觉得年龄增长，体力、精神状态随之下滑，那代表我们的生理健康出问题了。你不断仔细观察那些成功人士，他们必定有非常好的生活作息。有规律的饮食，三餐节制、睡眠充足，这都非常重要，这是自我修炼的一大法则。越是处理很多事情的人，他们越是随时让自己保持在非常好的状态，他们绝对不会有生活作息混乱的情况。

身体的修炼是自我控制能力的最高展现。什么时间要吃饭，什么时间要起床，什么时间要运动，全部这样进行的人，他有非常强大的控制力和自我要求能力，不要小看这件事，大部分人都做不到。我们常常说坚持一项运动，我们能坚持几个月？可能兴趣来的时候，兴致勃勃地参加了一个活动，报名两个月，从此再也不去，我们大部分人都是随性的、放纵自我的。如果你连你的生活作息、饮食习惯都没有办法调整出一个最好的节奏，那么你不用讲其他的修炼，身体的修炼都做不到，心的修炼更难。所有习惯的建立都非常重要，什么时间要做什么事，每天要给自己规划、提升什么，脑袋要清楚。吃都不随便吃，健康均衡的饮食非常重要，所以我希望各位不要小看这件事情，你可以把这个当成一个目标。你给自己制定一个生活作息表，你看能不能坚持一年，一年在一生当中很短，如果你能做到一年的话，我保证你整个能量、整个状态都会提升。习惯的养成其实是在训练自己内在的自我调整能力。

第二个领域，自我修炼领域，就是我讲的这种心智、智慧。我刚刚讲了，自我修炼要经历六个步骤，尤其在面对困难、逆境的时候，你必须自我提升智慧，所以你要不断学习。这个学习不是学习知识，是学习反思系统，就是我不断教各位的自我反省，看见自己的障碍。如果你看不见，你没办法进步，一个人不进步的原因不是不努力，是看不到自己的错误在哪里。你没有办法不断提升你的心智和能力，你学再多都没有用。你要建立一个自我反思的系统，不断地自我反省、反思，我已经这样做了十年，只要觉察到自己哪里有问题，就反省反思，这个系统已经非常明确。唯有不断进行反思的人，他才能够提升自己的智慧，他才能进行自我成长和突破，他才能在每一个阶段的生命当中面对生命功课。看书的用意是提升我们反思系统的能力，找到障碍的盲点。我不断学习，我不断反省自己，就是要看见自己的盲点，唯有帮助我们看见自己的盲点、导正我们盲点的人才是对的。你必须有自我记录的能力，在提升我们心智的修炼、智慧修炼的过程中，我建议大家有随时写反省笔记的习惯。

如果你的健康你都不愿意求了，那么你的心智练习你更容易放弃。自我反省的功课不可以走形式，不要写着写着就开始应付了，是你自己真的在突破，你真的看见你的问题，你在提升。你的自我反省功课、反省日记要结合你的学习系统，那么你整个智慧的学习系统才有办法提升，这是自我修炼。而你在自我修炼的过程当中，无形中已经打通你的财富能量，因为你内在的正当性越来越足够，你不断地在提升内在的能量，很自然你做事情就顺了。你能够看见问题，解决问题，代表你在提升自己，其实最后你会发现，世界上根本没有赚钱这回事，没有追求财富这回事，从头到尾就是你提升了自己。当你能够解决很多问题的时候，钱财自然就来了，提升价值，解决众人的问题，为众人服务，就这样而已。其实从头到尾就在做这件事，而财富只是在这个过程当中伴随而来的。所以，如果你一开始不是先从道来学习，都只是在追逐表面的利益，那么你永远不会进步，因为你还没有进入到认识自我、突破自我，那你从来没有办法进步。

第三个领域就是情感，或者说是人际关系。我们在强化彼此之间的情感，我们在强化彼此之间的人际关系，这是最重要、最需要进步的地方。所有的问题一定是与人的问题，不会是哪个事情有问题，因为事情是人做出来的，所以问题都是人的问题，人的问题在于心的问题，那么心的问题在于我们没有办法反省，自我障碍，自我有盲点，所以，你所有一切的进步，就看你与人之间的关系有没有进步。

所有一切都会还原你内在的真实。在情感的强化与人际关系的强化过程当中，真正要做的就是付出，你要创造互惠、互补、合作、共荣，要尽忠职守，你要创造这些东西。如果你没有办法创造这些，那么你情感强化与人际关系的强化必定薄弱。我们要做到两点：第一要尊重。与人相处的过程中，我们犯的最大错误就是不断地批评、否定和对立，其实等于我们一直在破坏合作。当你愿意尊重对方的时候，你才会看见对方的优点，你才有办法找出你可以学习的地方，你也才可以看出你思想障碍的盲点，你才知道这就是你的生命功课。如果你没有办法从这个人身上得到突破，你没有办法突破你与他的关系，那么后面所有与你有因缘的人都进不来，因为他只是一个守门员，其实你与他之间的障碍就是你的生命功课，当你突破你自己的时候，以后与你有好的因缘的人全部都进来了，因为那个就是你能量的卡点。你简单地想象，就像一个瓶子，它一定有一个瓶颈，只要过得了这个瓶颈，后面就是海阔天空，那么如果我们过不了，就永远都在里面痛苦，就永远都待在狭隘的瓶子里面，当你能够突破瓶口的时候，外面的世界是非常大的。所以我们在面对人际关系时，在强化的过程中，一定要先尊重，因为唯有尊重才有办法欣赏，才有办法看见自己的盲点。

第二就是聆听、了解对方。唯有聆听、了解对方的时候，你才知道要用什么方法与他相处，要找出什么方法来面对，因为我们内在太自大了，我们都希望别人依照我们的方法来做，可是恰恰没有人愿意去依照别人的想法做。当你愿意找出适合他与你的方法时，那么就代表着财富之路已经打通了，你们后面有一条宽广的路已经打通了，因为障碍你的瓶颈已经突破。所以我与人相处的时候，尤其当我内心很纠结、很痛苦的时候，我一定会先看看自己在意什么？执着什么？放不下什么？为什么我这么固执自己的想法？我固执自己的想法真的是对的吗？如果是在正道上的那没有问题，如果这个坚持背后是我的禀性，是自我认识不够清楚，那么这个就有问题，所以一定要建立反思系统，唯有建立反思系统，再配合学习才有意义。如果找不出来我与他之间的障碍，那么也就是说，我后面的路都走不通，因为每一个人的出现都有一条道要送给你，这条道你走不通，那么后面的路怎么办？

我们要先找出双方都可以赢的第三方法，这就是关键。其实在自我修炼的过程当中，我们慢慢地打开一个信念，我们要找出一个“你好我好”的第三方法。当你能找出来的时候，你可以想象，你创造了多大的空间，你可以改变你内在多少，你可以影响对方多少。当你能找出第三方法的时候，那就代表着你的心胸与格局已全部打开了，也代表着你已经非常了解对方了，代表着你已经可以转换自己了，代表着你非常尊重一切的发生。

各位，这是不是最难的修炼？其实生命根本没有财富这个东西，只有自我提升。在你不断提升自我的过程当中，高能量的人自然会靠近你，因为所有的人，包括高能量的人，都喜欢与高能量的人在一起。很简单的道理，当你还在斤斤计较的时候，你就不要期待有多好的因缘、多好的时机能够到来，因为那是不可能的。

各位，希望你在学习双赢的自我修炼时，不是只着重在一部分，而是要着重全面性，尤其是第三个领域，人跟人的关系占据着百分之九十，我们所有的人生问题都在人里面打转，就是出不来。

第四个领域就是心灵，或是我们现代人比较喜欢说的正能量。心灵的提升，正能量的开发，这非常重要。要怎么做？看我们现代的生活，每个人都很忙碌，说真的，压力也很大。即使我们很想提升自己，但时间紧迫，压力又大，工作又多，所以在第四个领域，尤其是在心灵和正能量这一块儿可以从以下两个方面做起。

第一，你要给自己自我思考、自我独处的时间和空间，你每天都要给自己一段时间。在这个修炼的过程当中，我自己在做，我很有感受。因为事情太多了，通常一个接一个，当你中间没有一个可以喘息的空间时，其实你一直在消耗你的能量。古人强调禅修，我们现代人讲冥想，其实冥想时间不用多，你每天给自己十分钟、二十分钟、三十分钟，或是处理事情的过程中，适当给自己时间和空间，进行自我沉思、自我冥想，或是你选择禅修。不管你用什么方法，你要给自己一个空间，给自己一个心灵空间。

一些现代人急功近利，有的人会说，什么事都不用做，在那边听音乐事情就会解决？你看我们现代的人多么急躁，多么忙碌，那你都不要睡觉了，你睡觉的时候就是花了八个小时躺在那里。各位，自然界都有白天和黑夜，你怎么可以不休息？大自然甚至农作物都有所谓的休耕期，你怎么可能不需要休息和充电，竟然说整天没事给自己十分钟、三十分钟坐在那里干什么。是你心浮气躁。你心浮气躁，怎么沉淀自己？怎么自我突破？

还有许多人更可笑，他给自己找个可以放松的时间，就是去看电影、看微信、刷抖音。各位，那个不叫休息，你越看那些，越被那些信息控制，你根本没给自己一个空间。休息就是放下这些东西，给自己一个安静独处的时间，听听音乐都好。不要盲目地一直处理事情，就像机械一样处理，没有必要，这都不是充实。你真正的充实、真正的充电、心智智慧的提升，不是读多少书，是自我反省系统的建立，然后再配合你的学习。如果没有反省，你那种学习都很肤浅，你看再多书也没记下任何重点。如果你的事情比较多，每天可以有好几段的休息，这个非常重要。

第二，你要接触一些文学、艺术，接触大自然。你接触这些是在干什么？是在平衡你的左脑和右脑，是在开发你内在的能量。有些人做事太有目的性，太急功近利，所以大部分人也还不懂什么叫作真正的心灵成长。我们把心灵成长引导成在追逐成长，各位仔细想，我讲的话对不对？我们的心灵成长已经变化成一种压力成长，各位，这样对吗？你的正能量提升已经变成压力提升，你仔细想想你在干什么？你在修炼的过程当中，应该是喜悦的，是自在的，是看见自己的成长你觉得很有成就感、很快乐，而不是一种压力。所以你自己每天接触一点文学、艺术、音乐，或走近大自然这都非常好，你在释放一些心灵的空间，给自己更多活跃的事情。

这四大领域，你要不断地进行修炼。你提升自己的生命价值后，才有能量帮助更多的人，才有能量反思，这是我们要做的。生命与财富双赢的自我修炼，其实就在这四个领域里，你必定经历这个过程，希望各位明白。在进行生命与财富的修炼过程当中哪个重要？当然是生命修炼重要，唯有提升你的生命修炼，你自然而然就有拥有财富的能量。现代大部分的人，每天为了解决生活、生存的问题，不断地为金钱忙碌，背负着很大的压力，就只是为了博取钱财，追求财富，累积财富，其实很多时候是在破坏自己的财富能量。为什么？你看古代的财怎么写，财左边一个贝，贝是什么，贝就是钱财，右边一个才，才是什么，才是储备待用。各位，什么是储备待用？多的，自然多的，有余的，各位要先明白，有余的，你生命是有余的，富足的，不匆忙的，在这种很好的状态下，多余的才叫财。所以你这些多的、储备够的才能让你轻松。那请问一下，你现在为了解决你的生活、生存的问题，不断地为钱忙碌，你背负着各种压力，请问你在追求财富和积累财富的过程当中，是有余的那种状态吗？不是啊！你已经违背了古人造字的原则。当你有余的财很多的时候，称为富，所以财富这两个一直是这样，那请问，我们财富越多是心理压力越大，还是越有余力？我们财富越多的情况下，我们是越找到生命价值还是越空虚？你问问你自己，如果你都是越空虚、越痛苦、越有压力，那么你根本不配享有财富。你的能量不对了，那能量不会让你后面有好结果，你必然出现一些问题，比如说投资失败，突然又遇到什么事情让你破财……你常常反复发生这些问题。如果到现在我们没有觉悟，那要怎么办？如果你照着这四大领域不断修炼，你提升自己，提升自己内在的状态，你不是为了生存生活，你是为了生命价值而生存，那完全不一样，它所带给你的是一种富裕、富足，因为你有这个状态，你有了，所以钱多钱少对你来说没什么。当你产生富裕的状态时，很奇怪，你就真正懂得财富的意思，那么自然而然它被你吸引，不断地靠近你，就这么简单，希望各位去实践。

上一讲与这一讲都非常重要。我觉得这两堂课非常实际，如果你与他人的关系没有办法突破，那么就不要再妄想太多。我希望各位一起进步，然后一起感受生命的美好，生命价值的可贵，这个是我们活着的重要意义。当然，也希望大家在这个过程中，达到富裕的状态、富足的状态，让自己生命越过越好，让自己的生命与财富双赢。

最后非常感恩、喜悦，感恩每一位家人，因为有你们，我们才可以一同成长。